Über dieses Buch

Mit »Wir Untertanen« hat Bernt Engelmann begonnen, Geschichte nicht mehr aus der Position der Mächtigen, sondern der Beherrschten zu schreiben. Im zweiten Teil seines Anti-Geschichtsbuches behandelt er den Zeitraum von 1918 bis 1938, 20 Jahre deutscher Geschichte, in denen mehr Legenden und Geschichtslügen verbreitet wurden als je zuvor: »Kriegsschuldlüge«, »Schandvertrag von Versailles«, »Judenrepublik«, »roter Terror«, »Volk ohne Raum« – das waren die Schlagworte der Rechtsradikalen jener Zeit, mit denen sie den Aufstieg der Nazis vorbereiteten.
All diese Legenden vergleicht Bernt Engelmann mit dem, was wirklich geschehen ist. So entsteht ein lebendiges Bild der Weimarer Republik und der aufkommenden Herrschaft der Nazis.

Der Autor

Bernt Engelmann, 1921 in Berlin geboren, war nach dem Studium Korrespondent von »Spiegel« und »Panorama«. Heute lebt er als freier Journalist und Schriftsteller in Rottach-Egern. Zu seinen zahlreichen erfolgreichen Büchern gehören: »Meine Freunde – die Millionäre«; »O wie oben« (Fischer Taschenbuch 1454); »Ihr da oben – wir da unten« (zusammen mit Günter Wallraff); »Wir Untertanen« (Fischer Taschenbuch 1680); »Großes Bundesverdienstkreuz«.

Bernt Engelmann

Einig gegen Recht und Freiheit

Deutsches Anti-Geschichtsbuch 2. Teil

Fischer
Taschenbuch
Verlag

Fischer Taschenbuch Verlag
April 1977
Ungekürzte Ausgabe
Umschlagentwurf: Franz Wöllzenmüller
Fischer Taschenbuch Verlag GmbH, Frankfurt am Main
Lizenzausgabe mit freundlicher Genehmigung
des C. Bertelsmann Verlags, München

Gesamtherstellung: Hanseatische Druckanstalt GmbH, Hamburg
Printed in Germany
1838-780-ISBN-3-436-02442-2

Inhalt

Den ungezählten,
schon fast vergessenen Opfern
des deutschen Faschismus

1. Die Republik, die keiner wollte

Am 9. November 1918, einem trüben Herbsttag im fünften Kriegsjahr, endete in Deutschland die mehr als tausendjährige Herrschaft der Fürsten über das Volk.

An diesem Tage und in den folgenden Wochen – so stand es jedenfalls jahrzehntelang in den Geschichtsbüchern und so stellt es sich vielen Deutschen heute noch dar – verwandelte sich das im mörderischen Kampf gegen die halbe Welt militärisch unbesiegte Kaiserreich durch eine Revolution, einen Aufstand der Massen in Berlin und anderswo, in einen demokratischen Staat mit einer freiheitlichen Verfassung, deren Artikel 1 besagte: »Alle Staatsgewalt geht vom Volke aus.«

Der bis dahin regierende deutsche Kaiser, Wihelm II., mußte damals – so jedenfalls heißt es – dem Druck der Volksmassen nachgeben und an diesem 9. November 1918 für sich und sein Haus endgültig auf den Thron verzichten.

Mit dem Kaiser dankten an jenem denkwürdigen Tage auch alle anderen deutschen Fürsten ab. Binnen vierundzwanzig Stunden wurden so im Deutschen Reiche zweiundzwanzig Monarchien beseitigt. Darunter waren so große, mächtige und scheinbar fest verankerte wie die der Könige von Preußen und Bayern, die zusammen rund fünfzig Millionen »Untertanen« hatten, aber auch so winzige und unbedeutende wie etwa die Fürstentümer Reuß ältere Linie und Schaumburg-Lippe, nach Fläche und Einwohnerzahl insgesamt nicht größer als der heutige Kreis Pinneberg. Und zwei Tage später mußte auch der Kaiser von Österreich für immer auf den Thron verzichten; das jahrhundertealte Habsburgerreich war schon Wochen zuvor auseinandergebrochen.

Mit den entthronten Monarchen verloren damals zwischen Maas und Memel, Etsch und Belt auch rund viereinhalbtausend Familienmitglieder der bis dahin regierenden Fürsten ihre umfangreichen, zuvor sorgsam gehüteten Vorrechte. Auf ihren Schlössern und Burgen, auf den Dächern der Ministerien und Polizeipräsidien, ja selbst aus den Fenstern der Kasernen jener Garderegimenter, die dies hätten verhindern sollen, wehten nun rote Fahnen als Zeichen dafür, daß die mehr als tausendjährige Knechtschaft ihr Ende gefunden hatte.

Die Gefängnisse waren gestürmt, alle politischen Gefangenen im Triumph befreit worden. Es gab keine Zensur mehr; der »Belagerungszustand« samt Streik- und Demonstrationsverboten hatte seine Geltung verloren. Die gefürchteten Gendarmen, Schutzleute

2. Extraausgabe Sonnabend, den 9. November 1918.

Vorwärts

Berliner Volksblatt.

Zentralorgan der sozialdemokratischen Partei Deutschlands.

Der Kaiser hat abgedankt!

Der Reichskanzler hat folgenden Erlaß herausgegeben:

Seine Majestät der Kaiser und König haben sich entschlossen, dem Throne zu entsagen.

Der Reichskanzler bleibt noch so lange im Amte, bis die mit der Abdankung Seiner Majestät, dem Thronverzichte Seiner Kaiserlichen und Königlichen Hoheit des Kronprinzen des Deutschen Reichs und von Preußen und der Einsetzung der Regentschaft verbundenen Fragen geregelt sind. Er beabsichtigt, dem Regenten die Ernennung des Abgeordneten Ebert zum Reichskanzler und die Vorlage eines Gesetzentwurfs wegen der Ausschreibung allgemeiner Wahlen für eine verfassungsgebende deutsche Nationalversammlung vorzuschlagen, der es obliegen würde, die künftige Staatsform des deutschen Volk, einschließlich der Volksteile, die ihren Eintritt in die Reichsgrenzen wünschen sollten, endgültig festzustellen.

Berlin, den 9. November 1918. **Der Reichskanzler.**

Prinz Max von Baden.

Es wird nicht geschossen!

Der Reichskanzler hat angeordnet, daß seitens des Militärs von der Waffe kein Gebrauch gemacht werde.

Parteigenossen! Arbeiter! Soldaten!

Soeben sind das Alexanderregiment und die vierten Jäger geschlossen zum Volke übergegangen. Der sozialdemokratische Reichstagsabgeordnete Wels u. a. haben zu den Truppen gesprochen. Offiziere haben sich den Soldaten angeschlossen.

Der sozialdemokratische Arbeiter- und Soldatenrat.

Titelseite des sozialdemokratischen »Vorwärts« vom 9. November 1918 und Geheimpolizisten hatten widerstandslos ihre Waffen abgeliefert und waren eingeschüchtert nach Hause geschlichen. Soweit die deutsche Zunge reichte, gehörte nun alle Macht dem Volk, den revolutionären Arbeitern, Bauern und Soldaten. Damit schien sich am 9. November 1918 ein alter Traum und die Sehnsucht der großen Mehrheit aller Deutschen über Nacht und nahezu gewaltlos, ohne nennenswertes Blutvergießen, erfüllt zu haben, der ungehinderten Entwicklung eines freien, ungeteilten Volksstaats nichts mehr im Wege zu stehen. Doch in Wirklichkeit war alles, zwar nur ein wenig, aber ganz entscheidend, anders.

Um mit dem scheinbar Unwichtigsten anzufangen: Kaiser Wilhelm II. hat an jenem 9. November 1918 keineswegs abgedankt. Er ist auch nicht vom Thron gestoßen und verjagt worden, schon gar nicht von den Volksmassen. Er hat sich vielmehr, nachdem ihm von seinen Generälen und Marschällen erklärt worden war, daß der Krieg für Deutschland endgültig verloren sei, um jede Verantwortung zu drücken versucht und heimlich davongeschlichen. Erst drei Wochen später, als alles längst entschieden war, unterschrieb er an seinem neuen Wohnsitz im neutralen Holland die formelle Abdankungserklärung – er hätte sonst womöglich keine fürstliche Pension bekommen und auf die Verschiebung seines riesigen »Privat«-Vermögens ins Ausland weitgehend verzichten müssen.

Mit der Fahnenflucht des Kaisers und Obersten Kriegsherrn, mit der Desertion des Königs von Preußen, hatte sich die bis dahin auf militärischer Gewalt und soldatischen Pflicht- und Ehrbegriffen beruhende Monarchie selbst ausgelöscht. Sie war nicht mehr zu retten, und dies sehr zum Kummer des Mannes, der den Hohenzollern-Kaiser nun in der Herrschaft über das Deutsche Reich widerwillig ablöste: des neuen Staatsoberhaupts und Regierungschefs Friedrich Ebert.

Er, der Vorsitzende der Sozialdemokratischen Partei Deutschlands, ließ sich zwar am Sonntag, dem 10. November 1918, spätabends an die Spitze des neugebildeten »Rats der Volksbeauftragten« wählen, der alsdann die Befugnisse der bisherigen kaiserlichen Reichsregierung übernahm. Aber viel lieber wäre Friedrich Ebert ein Kanzler von Wilhelms (oder eines anderen Fürsten) Gnaden geworden.

Indessen hatte mit diesem revolutionären Akt, der Machtübernahme durch den Rat der Volksbeauftragten, die erste erfolgreiche deutsche Revolution, kaum daß sie in Gang gekommen war, auch schon ihr Ende gefunden. Ja, schlimmer noch: Sie hatte sich – wie tags zuvor die Monarchie – durch die Preisgabe ihrer eigenen fundamentalen Grundsätze selbst ausgelöscht, doch nicht nach langer Herrschaft, wie die Hohenzollern, sondern noch ehe sie auch nur gespürt hatte, wie die Macht schmeckt. Binnen vierundzwanzig

Stunden und ohne Zwang verwandelte diese Revolution ihren so raschen, triumphalen und von keinem Blutbad befleckten Sieg in eine katastrophale und endgültige Niederlage. Ja, sie leitete von sich aus, während ihre gerade erst entmachteten Feinde noch verzweifelt und wehrlos die Hände rangen, die – schon bald sehr blutige und grausame – Konterrevolution ein. Und gleichzeitig ließen sich die Revolutionäre dazu verleiten, artig jene schauerliche Suppe auszulöffeln, die die alten Mächte dem deutschen Volk eingebrockt hatten. Allerdings, eines läßt sich von dieser seltsamen deutschen Revolution sagen, auch wenn es wenig Trost bietet:

Sie fraß nicht etwa selbst, wie andere Revolutionen, ihre eigenen Kinder, Brüder und Schwestern; nein, sie *ließ* diese fressen und schaute dabei leicht angewidert zu. Und sich selbst gab sie dann, lustlos, aber willig, ihren eben erst davongelaufenen, von ihr leichtsinnigerweise zurückgerufenen Todfeinden preis. Mit gewohnter Disziplin spendete sie ihrer eigenen Schändung höflich den geforderten Beifall, und mit in langen Jahren des Kampfes erprobter Opferbereitschaft erduldete sie nicht nur alle Brutalitäten, nein, sie bezahlte auch noch mit ihren letzten Groschen und nur leisem Seufzen ihren rohen Notzüchtigern Kost und Logis . . .

Am Ende war diese um ihren Sieg gebrachte, verratene und vergewaltigte deutsche Revolution gar bereit, ihren sie verabscheuenden Stiefvater Friedrich Ebert, den Mann, der mit einigen Gleichgesinnten diese Entwicklung ganz bewußt, mit viel Geschick und mit der beglückenden Gewißheit rechtschaffener Pflichterfüllung herbeigeführt hatte, zum ersten Reichspräsidenten zu küren. Und schließlich nahm sie das neugewählte Reichsoberhaupt auch noch brav in Schutz gegen die bösen, giftspeienden konterrevolutionären Geister, die Ebert selbst gerufen hatte.

Und wenn man fragt, warum sich Ebert diese gefährlichen Geister herbeiholte, so lautet die Antwort: Weil sie ihm die verhaßte Revolution vom Hals und an deren Stelle jene Republik schaffen sollten, die eigentlich niemand hatte haben wollen – weder die revolutionären Massen noch die konterrevolutionären Militärs, auch nicht die im Grunde ihres Herzens kaisertreu gebliebenen Bürger, schon gar nicht die stramm monarchistisch gesinnten, die Demokratie verachtenden Beamten und Richter, Industriellen, Rittergutsbesitzer und Bankiers, ja, genaugenommen nicht einmal Friedrich Ebert selbst.

Das einzige, was dem zukünftigen Reichspräsidenten Ebert an dieser neuen, ungeliebten Republik gefiel, weil es seinen eigenen Zielvorstellungen entsprach, war die parlamentarische Demokratie, die sie dem bislang autoritär regierten Deutschen Reich bescherte. Aber zur Einführung dieser parlamentarischen Demokratie hätte es, wie Ebert wußte, keiner Revolution bedurft, erst recht keiner Ausrufung der Republik.

Tatsächlich war der Übergang von der Militärdiktatur zum Parlamentarismus westlicher Prägung, obwohl er damals den meisten Deutschen das etwas magere Ergebnis der Novemberrevolution zu sein schien, keineswegs herbeigeführt durch revolutionären Kampf oder auch nur die Folge des Sturzes der Monarchie. Was nach heftigen Geburtswehen am 11. August 1919 in Weimar von der dort seit Februar tagenden, am 19. Januar vom Volk gewählten Nationalversammlung in Form einer liberalen Verfassung das Licht der Welt erblickte und als parlamentarische Demokratie bestaunt, belächelt oder verachtet wurde, war allenfalls ein Adoptivkind der Revolution. Der leibliche Vater aber war der kaiserliche Militärdiktator General Erich Ludendorff, ein eingefleischter Hasser der Demokratie.

Ludendorff hatte schon etliche Wochen vor dem ersten Grollen der Novemberrevolution als damals noch allmächtiger De-facto-Chef der Obersten Heeresleitung den sofortigen Übergang zur parlamentarischen Demokratie angeordnet und mit gewohnter Brutalität gegen alle Widerstände durchgesetzt. Und am Morgen des 5. Oktober 1918, also mehr als vier Wochen *vor* dem Umsturz, hatte das kampfesmüde, ausgeblutete und halbverhungerte deutsche Volk aus den Zeitungen erfahren, daß das seit Anbeginn – erst von Bismarck, dann von Wilhelm II., seit dem Sommer 1916 nominell von Feldmarschall v. Hindenburg, praktisch jedoch von General Ludendorff – stramm autoritär regierte Reich über Nacht eine parlamentarische Demokratie geworden war. Dieser sensationelle Wandel fand jedoch wenig Beachtung, denn andere, gleichzeitig veröffentlichte Nachrichten berührten die Menschen in Deutschland weit mehr und stellten alles andere in den Schatten: Der Krieg, so meldeten die Zeitungen, werde in aller Kürze durch ein deutsches Ersuchen um sofortigen Waffenstillstand beendet werden!

Demgegenüber trat weit in den Hintergrund, daß die am Abend zuvor durchgeführte Regierungsumbildung erstmals die Mehrheitsverhältnisse im Reichstag berücksichtigte. Ein gemäßigt liberaler Prinz, Max von Baden, war zum Reichskanzler ernannt worden und präsentierte ein neues Kabinett, das sich zusammensetzte aus bürgerlichen Demokraten, Politikern des katholischen Zentrums und – hier stockte den konservativen Geheimräten fast der Atem! – einem maßgebenden Mann der »roten Umsturzpartei«, der SPD.

Was die Deutschen am 5. Oktober 1918 jedoch nicht erfahren hatten, war die Tatsache, daß ausgerechnet der Ultrarechte Ludendorff diesen überraschenden Linksruck gefordert und durchgesetzt hatte. Dem militärisch gescheiterten Feldherrn war diese Umgestaltung der innerpolitischen Landschaft als die beste Möglichkeit erschienen, einen kühnen Rettungsplan durchzuführen.

Indessen war dabei Ludendorffs Ziel nicht etwa die Rettung von Volk und Vaterland vor den voraussehbaren Folgen des verlorenen Krieges. Es ging ihm auch nicht um die deutschen Soldaten, die er in aussichtsloser Lage weiter kämpfen und sterben ließ. Was er allein im Sinn hatte, war das Abwälzen der Verantwortung für die katastrophale Niederlage von der Armeeführung und insbesondere von sich selbst auf andere. Die Generalität und die mit ihr eng verbundenen alten Mächte sollten so davor bewahrt werden, als Schuldige dazustehen.

Zu diesem Zweck brauchte er Sündenböcke, und dazu eigneten sich am besten die innenpolitischen Gegner des alten Regimes. Ließ man sie an die Regierung, so konnte man sie zwingen, das zu tun, was sonst die leidige Pflicht der Generalität gewesen wäre, nämlich den Feind um Waffenstillstand zu bitten. Niemand würde dann behaupten können, die kaiserliche Führung hätte versagt.

Gewiß, die Großmachtstellung des Reiches war verspielt, der Weltkrieg mit sinnlosen Opfern verlängert worden; man mußte nun, nach der endgültigen militärischen Niederlage, kapitulieren und das deutsche Volk dem Friedensdiktat der erbitterten Feindmächte hilflos ausliefern. Aber daran durften keinesfalls der Kaiser und seine Generale schuld sein; das sollten andere verantworten.

Deshalb stellte General Ludendorff, gleichzeitig mit der von ihm befohlenen Demokratisierung und »Öffnung nach links«, den neuen Regierungsmitgliedern, unter denen der stellvertretende SPD-Vorsitzende Philipp Scheidemann tonangebend und am bekanntesten war, auch schon die Suppe hin, die sie für ihn auslöffeln sollten: Er verlangte, daß sie die Feindmächte *unverzüglich* um Waffenstillstand zu bitten hätten.

Bereits eine Woche zuvor, am 29. September 1918, nachdem Hindenburg und der Kaiser von ihm in seinen Plan eingeweiht worden waren, hatte Ludendorff den greisen, seit Oktober 1917 in Berlin amtierenden, völlig einflußlosen Reichskanzler Graf Hertling aufgefordert, »sobald als irgend möglich« ein Friedensangebot an die Kriegsgegner Deutschlands herausgehen zu lassen.

Der von diesem überraschenden Verlangen – bis dahin hatte die Oberste Heeresleitung nicht die geringsten Zweifel an einem triumphalen »Endsieg« Deutschlands aufkommen lassen – gänzlich verwirrte Graf Hertling war daraufhin eilig zum Kaiser gereist. Er hatte, da er sich den Dingen nicht mehr gewachsen fühlte, seinen Abschied erbeten und sogleich erhalten. Und dann war Prinz Max von Baden mit der Bildung einer neuen Regierung beauftragt worden.

Dem neuen Kanzler hatte Ludendorff ebenfalls erklärt, erste und wichtigste Aufgabe des zu bildenden Kabinetts aus Liberalen, Zentrumspolitikern und Sozialdemokraten sei die sofortige Bitte um Waffenstillstand. Prinz Max war entsetzt gewesen, als er erfahren hatte, was der General von seiner Regierung verlangte und was nichts anderes war als eine bedingungslose Kapitulation. Erst nach langem Zögern hatte er seinen Widerstand aufgegeben und sich bereit erklärt, diese undankbare Aufgabe zu übernehmen.

Am 2. Oktober 1918 waren dann auch die Führer aller im Reichstag vertretenen Parteien davon unterrichtet worden, daß sich die Oberste Heeresleitung veranlaßt gesehen hätte, »Seiner Majestät vorzuschlagen, zu versuchen, den Kampf abzubrechen, die Fortsetzung des Krieges als aussichtslos aufzugeben. Jede vierundzwanzig Stunden könnten unsere Lage verschlechtern und den Feind unsere eigentliche Schwäche erkennen lassen.« Drei Tage später hatte es schließlich auch die deutsche Öffentlichkeit erfahren, daß Deutschland um Waffenstillstand zu bitten gezwungen wäre, und zugleich die Mitteilung erhalten, daß sich das autoritäre Regime über Nacht in eine parlamentarische Demokratie verwandelt hätte. Den Zeitungen war zu entnehmen, daß der seit mehr als vier Jahren tobende Weltkrieg, der so entsetzlich viele Opfer gefordert hatte, von der neuen Regierung als endgültig verloren angesehen werde und daß sie daher sofort ein Gesuch um Waffenstillstandsverhandlungen habe hinausgehen lassen.

Wohlgemerkt, nicht die kaiserliche Generalität bekannte sich geschlagen und kapitulationsbereit. Es war vielmehr die neue, linke Regierung des liberalen süddeutschen Prinzen und des Sozialdemokraten Scheidemann, die die weiße Fahne hissen ließ! Und diese neuen Männer waren dann auch noch so rücksichtsvoll gewesen, die deutsche Presse zu bitten, nur ja »den Eindruck zu vermeiden, als gehe unser Friedensschritt von militärischer Seite aus«. Denn daraus hätten Amerikaner, Franzosen und Briten womöglich den die Friedensbedingungen noch verschlechternden Schluß ziehen können, die Oberste Heeresleitung selbst wäre – wegen eines unmittelbar bevorstehenden Zusammenbruchs der deutschen Front – am Ende ihres Lateins und zu keinem Widerstand mehr fähig.

Mit dieser verantwortungsbewußten, patriotisch gemeinten und der bankrotten Heeresleitung gegenüber äußerst loyalen Vertuschung des wahren Sachverhalts schaufelte sich die junge, gerade erst unsicher zu laufen beginnende Demokratie ihr eigenes Grab. Da sie selbst aus freien Stücken das Odium der Kapitulation auf sich nahm, gab sie den geschlagenen kaiserlichen Heerführern und den anderen Repräsentanten des abgewirtschafteten Regimes die von Ludendorff ersehnte und zielbewußt herbeigeführte Möglichkeit, alle Verantwortung für die Niederlage und ihre Folgen auf die »schwächlichen Zivilisten« abzuwälzen. Und später konnte die deutsche Rechte dann die Dinge so darstellen, als wäre das »im Felde unbesiegte« deutsche Heer von feigen Schurken um die Früchte jahrelangen Ringens, um den »zum Greifen nahen Endsieg« gebracht und »von hinten erdolcht« worden.

Diese in den folgenden vierzehn Jahren von der gesamten deutschen Rechten als wirksames Mittel zur Zerstörung der parlamentarischen Demokratie benutzte *Dolchstoß-Legende* ist wohl von niemandem klarer und scharfsinniger widerlegt worden als von Sebastian Haffner, der die Frage nach der Verantwortung für die militärische Niederlage des Deutschen Reiches im Ersten Weltkrieg so beantwortet hat:

»Wenn die deutsche Niederlage am 29. September (1918) bereits wirklich so komplett war, wie Ludendorff behauptet hatte, dann war es *seine* Niederlage, denn *er* hatte ja bis zu diesem Tage die Kriegsführung und Kriegspolitik Deutschlands bestimmt: er und nicht seine Kritiker. Aber wenn die Niederlage noch nicht komplett und die Waffenstillstandsbitte voreilig war, dann war es erst recht *seine* Niederlage: Denn dann führte er sie mit dem Waffenstillstandsgesuch, auf dem er bestand, jetzt selbst herbei. Wenn es auf der Gegenseite noch Zweifel am Sieg, in Deutschland noch Zweifel an der Niederlage, und daher dort noch Verhandlungsbereitschaft, hier noch Widerstandsbereitschaft gab: die Bitte um sofortigen Waffenstillstand mußte sie zunichte machen. Damit wurde die weiße Fahne gehißt. Es war Ludendorff, der darauf bestand, daß dies tatsächlich geschehe. Aber nicht er wollte sich damit belasten, sondern die neue Regierung der Reichstagsmehrheit sollte ›die Suppe auslöffeln‹. Das war der Preis dafür, daß er sie an die Regierung ließ.«

Die Sozialdemokraten tappten übrigens keineswegs blind in die Falle, die ihnen der nur an sich und seine Kaste denkende General gestellt hatte. Philipp Scheidemann, der nach Ebert einflußreichste Mann der SPD-Führung, war in der entscheidenden Fraktionssitzung am 4. Oktober 1918 nachdrücklich dagegen, in ein, wie er sagte, »bankrottes Unternehmen« einzutreten und sich zum Sündenbock für die verhängnisvollen Fehler der alten Mächte machen zu lassen.

Aber der energische Friedrich Ebert brach seinen und jeden anderen Widerstand in der Fraktion. Er erklärte, es sei jetzt »die verdammte Pflicht und Schuldigkeit« der sozialdemokratischen Partei, die Verantwortung zu übernehmen, nicht nach den Folgen zu fragen und sich patriotisch für Volk und Vaterland in die Bresche zu werfen.

Am nächsten Tag geschah, was Ebert verlangt hatte: Sein Stellvertreter im Parteivorstand, Genosse Scheidemann, trat als kaiserlicher Staatssekretär mit dem Titel Exzellenz in das Kabinett des neuen Reichskanzlers Prinz Max von Baden ein. Ebert atmete erleichtert auf. Er hoffte, so erklärte er seinen engsten Mitarbeitern, aber auch dem darob hocherfreuten Prinzen Max, daß nun »die soziale Revolution vermieden«, ein rascher Waffenstillstand geschlossen und »die Monarchie gerettet« werden könnte.

Es entsprach nämlich der Zielsetzung dieses biederen, kleinbürgerlichen Führers der deutschen Arbeiterbewegung und jener mächtigen, straff organisierten und äußerst disziplinierten Sozialdemokratischen Partei Deutschlands, die seit mehr als einem halben Jahrhundert die sozialistische Revolution zu ihrem Fernziel erklärt hatte, daß der Wilhelminische Staat unter allen Umständen erhalten bliebe. In ihn geordnet und friedlich hineinzuwachsen, sich von ihm integrieren zu lassen – das war, was Friedrich Ebert für die SPD anstrebte. Aus den verfolgten und verfemten »Umstürzlern« und radikalen Außenseitern sollten von Adel und Bürgertum geachtete, vom Kaiser als tragende Säule der Monarchie geschätzte und selbst von den Militärs respektierte Reformpolitiker werden.

Einen Monat lang, bis in die zweite Novemberwoche hinein, sah es ganz so aus, als könnte es Ebert gelingen, im Verein mit Prinz Max und General Groener, dem Nachfolger des zurückgetretenen Diktators Ludendorff, einen gewaltsamen Umsturz zu verhindern und die Monarchie der Hohenzollern zu retten. Und er hätte es als großes Glück empfunden, den Deutschen das schwarzweißrote Erbkaisertum zu erhalten.

Doch die Bemühungen der Berliner Regierung um einen Waffenstillstand im Westen kamen nicht vom Fleck. Auch die Verhandlungen wegen der von den Feindmächten als Voraussetzung für die Feuereinstellung geforderten Abdankung Wilhelms II. zogen sich in die Länge, weil der Kaiser sich höchst uneinsichtig zeigte und nicht bereit war, zugunsten eines seiner weniger belasteten Söhne oder Enkel dem Thron zu entsagen.

Unterdessen wurde an der Front weiter gekämpft und gestorben, in der Heimat weiter geschuftet, gehungert und gefroren. Ja, die Militärbehörden begannen im Oktober 1918 zur Verstärkung der vom Zusammenbruch bedrohten Westfront auch noch die gerade Siebzehnjährigen zum Waffendienst einzuberufen, obwohl doch nun jeder wußte, daß der Krieg verloren und jedes weitere Opfer sinnlos geworden war. Hinzu kamen Anfang November erst eine Meuterei, dann ein bewaffneter Aufstand der Matrosen der kaiserlichen Hochseeflotte. Die Mannschaften der Kriegsmarine verhinderten auf diese Weise die Ausführung eines wahnwitzigen Befehls ihrer Admirale, die ihre bis dahin sorgsam geschonten Schiffe zu einem »letzten Gefecht« auslaufen und mit wehender Flagge untergehen lassen wollten.

Als dann am 9. November 1918 die Kieler Matrosenrevolte nach Berlin übergriff, da vermochte auch Ebert die Entwicklung nicht mehr aufzuhalten. Er konnte nur noch versuchen, das seiner Meinung nach Schlimmste zu verhüten, indem er sich selbst an die Spitze der revolutionären Bewegung stellte, sie »in geordnete Bahnen« lenkte und ihr die Stoßkraft nahm.

»Wir wollen sehen, was sich machen läßt«, erklärte er am Morgen des 9. November dem Reichskanzler Max von Baden, während sich bereits die gesamte Industriearbeiterschaft Groß-Berlins zu einem Marsch auf die Innenstadt rüstete, um ihrer Forderung nach sofortiger Beendigung des Krieges durch eine Massendemonstration Nachdruck zu verleihen.

Am Mittag, nachdem der Regierung klargeworden war, daß die Truppen der Berliner und Potsdamer Garnison den Anmarsch der Arbeitermassen und revolutionären Matrosen keineswegs verhindern, sich vielmehr mit den Demonstranten verbrüdern würden; nachdem auch die zum Schutz der Reichsregierung eilig herbeibeorderten Naumburger Jäger, die als besonders »zuverlässig« galten, ihre Sympathie für den Umsturz bekundet hatten, war Prinz Max auf den, wie er hoffte, rettenden Einfall gekommen, die – in Wahrheit noch gar nicht erreichte – Abdankung des Kaisers bekanntzugeben und in klarer Überschreitung seiner Befugnisse den SPD-Vorsitzenden Ebert zum neuen Reichskanzler zu ernennen. Und Ebert hatte sogleich eine durch Flugblätter eilig bekanntgegebene Proklamation erlassen, deren wichtigster Absatz lautete: »Mitbürger! Ich bitte euch dringend: Verlaßt die Straßen! Sorgt für Ruhe und Ordnung!«

Aber weder die – falsche – Information, daß der Kaiser endlich abgedankt habe, noch die durchaus echte, fast verzweifelte Bitte Eberts um »Ruhe und Ordnung« fanden bei den Massen Beachtung. Eine nach Hunderttausenden zählende, zum Handeln entschlossene Volksmenge überflutet unaufhaltsam die Berliner Innenstadt. Um Schloß und Reichstag stand plötzlich ein Wald von roten Fahnen. Die gesamte Arbeiterschaft Berlins, Männer und Frauen, dazu Zehntausende von bewaffneten, mit der Volksmenge solidarischen Soldaten, warteten ungeduldig darauf, daß endlich etwas Entscheidendes geschehe.

In dieser explosiven Lage hatten, beinahe gleichzeitig, zwei führende Männer der deutschen Arbeiterbewegung, die noch zwei Jahre zuvor als Abgeordnete derselben Partei im Reichstag gesessen hatten, das erlösende Wort gefunden und, jeder für sich, die Republik ausgerufen:

Philipp Scheidemann, zweiter Mann der SPD, Exzellenz und kaiserlicher Staatssekretär, war an ein Fenster des Reichstagsgebäudes getreten und hatte, dafür anschließend von dem wutschnaubenden Ebert aufs heftigste getadelt, der Menge zugerufen: »Es lebe die deutsche Republik!«

Und von einem Balkon des von den Revolutionären gerade erst besetzten kaiserlichen Schlosses aus war von Karl Liebknecht »die freie sozialistische Republik Deutschland« proklamiert worden, was Friedrich Ebert mit zusammengekniffenen Lippen, blaß vor Wut, zur Kenntnis genommen hatte.

Für die Volksmassen bestand zu dieser Zeit kein nennenswerter Unterschied zwischen der Republik Scheidemanns und der Karl Liebknechts. Für sie waren beide Männer geachtete Führer *der* deutschen Arbeiterbewegung: Scheidemann – wie auch Fritz Ebert – galt dem Volk als einer der legitimen Erben August Bebels, des 1913 verstorbenen, fast schon legendären Führers der deutschen Sozialdemokratie, der »diesem Staat keinen Mann und keinen Groschen« zu geben bereit gewesen war. Und Karl Liebknecht, der bis zum Januar 1916 der SPD-Reichstagsfraktion angehört hatte, war bei der Arbeiterschaft hoch angesehen, nicht zuletzt wegen seines außergewöhnlichen Mutes im Kampf gegen den preußischen Militarismus. Er war dann aus Protest gegen die Kriegspolitik Eberts aus der SPD-Fraktion ausgetreten und bald darauf – wegen eines öffentlichen Aufrufs, den verbrecherischen Krieg zu beenden – zu einer Zuchthausstrafe verurteilt worden. Erst am 23. Oktober hatte man ihn aus der Haft entlassen.

Gewiß, der Widerspruch zwischen internationaler Solidarität im Klassenkampf und der Forderung, das Vaterland zu verteidigen, hatte 1917 zur Spaltung der SPD in staatsloyale Mehrheitssozialisten und prinzipientreue Unabhängige geführt. Außerdem gab es am linken Rand der USPD die kleine, für die Revolution agitierende »Spartakus«-Gruppe, zu der Karl Liebknecht gestoßen war, sowie in Berlin die außerhalb der Parteiorganisation arbeitende, jedoch mit der USPD sympathisierende Gruppe der Revolutionären Obleute, hinter denen die Belegschaften der meisten Großbetriebe standen.

Aber waren sie nicht alle – Ebert wie Liebknecht, Scheidemann wie jeder der namenlosen Obleute – deutsche Sozialisten und hervorgegangen aus derselben Mutterpartei? Waren sie – so jedenfalls meinten die Massen – in dieser Stunde des endlichen Siegs über das wilhelminische Regime nicht alle einig? Wollten sie nicht samt und sonders dasselbe, nämlich den Krieg sofort beenden und Deutschland zu einem freien, gerechten und friedlichen Volksstaat machen?

Die Kopf an Kopf sich drängende Menge unter den roten Fahnen – der grauhaarige Maschinenschlosser von Borsig, der seinen einzigen Sohn vor Verdun verloren hatte; die hagere Frau aus der

Granatendreherei, Kriegerwitwe mit drei kleinen Kindern; der tuberkulöse Schneidergeselle aus der Uniformfabrik am Halleschen Tor; die beiden graugesichtigen Kupferschmiede von der AEG, die im Schlamm der Champagne erst zu halben Krüppeln geschossen werden mußten, ehe sie wieder »avh«, arbeitsverwendungsfähig in der Heimat wurden –, diese wogende Masse von kriegsmüden, hungrigen, erstmals wieder Hoffnung schöpfenden Menschen wollte nichts weniger als Bruderkampf; sie demonstrierte jedermann sichtbar die volle Einigkeit der ganzen deutschen Arbeiterbewegung.

Am Mittag des 9. November 1918 sah es in Berlin, wo die Entscheidungen fielen, ganz so aus, als ob der Wille des Volkes und das Gebot der Stunde zu einer triumphalen, mindestens aber von der Vernunft diktierten Wiedervereinigung der deutschen Sozialdemokratie führen würde. Die Menge hatte noch volles Vertrauen zu Friedrich Ebert; dieser und die anderen führenden Männer der SPD verhandelten bereits mit den Genossen von der USPD über die Bildung einer gemeinsamen sozialistischen Regierung, und als einer der Unabhängigen Ebert fragte, ob nicht auch der Genosse Liebknecht im neuen Kabinett den ihm gebührenden Platz erhalten könnte, zeigte der SPD-Vorsitzende keinen Unmut. Nach kurzem Überlegen erklärte Ebert: »Er soll uns angenehm sein.«

Was Friedrich Ebert indessen wirklich wollte, geht klar und eindeutig hervor aus allem, was er im weiteren Verlauf dieses denkwürdigen Tages sagte und tat: Es ging ihm nur darum, die Massenbewegung in den Griff zu bekommen und als bloße Demonstration ablaufen zu lassen, dabei den alten kaiserlichen Staat möglichst intakt zu erhalten und jeden Umsturz zu verhindern.

Am Nachmittag dieses 9. November 1918, während die Koalitionsgespräche mit den Unabhängigen in vollem Gange waren, fand Max von Baden, der zu einem kurzen Abschiedsbesuch gekommen war, den neuen Herrn der Reichskanzlei »immer noch bemüht, den organischen Zusammenhang mit der Vergangenheit nicht zu lösen«. Denn Ebert bat den darob sehr erstaunten Prinzen, als »Reichsverweser« die Regentschaft zu übernehmen, bis eine gewählte Nationalversammlung über die zukünftige Staatsform entschieden hätte. Nur so, erklärte Ebert, könnte »die Monarchie vielleicht noch gerettet werden«. Offenbar erschien ihm, dem Führer der nach Programm und Tradition entschieden antimonarchistischen, von Wilhelm II. als »vaterlandslose Gesellen« geschmähten Sozialdemokraten, die Rettung des Throns eine lohnende Aufgabe und des Schweißes der Edlen wert. Und womöglich sah er sich schon als legitimer, ordengeschmückter Kanzler eines künftigen Volkskaisers.

Aber Prinz Max winkte ab. Er meinte, er habe nun für das

Vaterland genug getan. Auch wollte er sich weder in offenen Widerspruch zum deutlich bekundeten Volkswillen setzen, noch einer Regierung den Anschein fürstlicher Billigung verleihen, in der auch Linkssozialisten saßen. Zudem, so erklärte er abschließend, wüßte er ja sein Programm bei Herrn Ebert in den besten Händen. Und dann sagte er Adieu und reiste zurück nach Baden.

Inzwischen aber war eine den Plänen Eberts gefährliche Entwicklung in Gang gekommen, die sich seiner und seiner Freunde Kontrolle entzog: Die Revolutionären Obleute hatten den Reichstag besetzt, dort eine Plenarsitzung abgehalten und für den nächsten Tag – Sonntag, den 10. November 1918 – in allen Berliner Großbetrieben und Kasernen Wahlen von Arbeiter- und Soldatenräten ausgeschrieben!

Und so diszipliniert und glänzend organisiert war die Berliner Arbeiterschaft, daß sie tatsächlich am Sonntagmorgen fast vollzählig in den Fabriken erschien und dort, gleichzeitig mit den Soldaten in den Truppenunterkünften, ihre Räte wählte. Ja, diese traten noch am Nachmittag desselben Tages im Riesenbau des Zirkus Busch im Osten der Stadt als Revolutionsparlament zusammen, um eine oberste vollziehende Gewalt, einen »Rat der Volksbeauftragten«, einzusetzen.

Doch Eberts eingespielter, nicht minder straff organisierter Parteiapparat funktionierte ebenfalls glänzend. Zwar konnte er die Durchführung der von den Obleuten angesetzten Räte-Wahlen nicht verhindern. Aber mit der noch in der Nacht zum Sonntag ausgegebenen, die Stimmung in der Arbeiterschaft haargenau treffenden Parole »Kein Bruderkampf!«, sorgten die SPD-Funktionäre dafür, daß nirgendwo Kampfabstimmungen zwischen Vertretern des linken und des rechten Flügels der sozialdemokratischen Arbeiterbewegung stattfanden: Überall wählten die Belegschaften, neben Revolutionären Obleuten vom linken Rand der USPD und aus der »Spartakus«-Gruppe, auch Vertreter der SPD und der mehrheitssozialistischen Gewerkschaften.

In einigen Betrieben – so berichtete später Richard Müller, einer der führenden Revolutionären Obleute – wurden sogar rechte SPD-Funktionäre zu Arbeiterräten gewählt, die von ihren Kollegen tags zuvor noch verprügelt worden waren, weil sie sich dem Marsch auf die Innenstadt nicht hatten anschließen wollen. Und in den Kasernen kamen die Revolutionären Obleute überhaupt nicht zum Zuge; dort wurden nur solche Männer zu Soldatenräten gewählt, die treu zu Ebert hielten, von ihren Offizieren als »lammfromm« bezeichnet wurden und von dem rührigen Otto Wels, dem von einer Truppenunterkunft zur anderen jagenden Beauftragten des SPD-Parteivorstands, geprüft und in Ordnung befunden worden waren.

So kam ein knapp dreitausendköpfiger Arbeiter- und Soldatenrat zustande, dem sich Friedrich Ebert am Sonntagnachmittag stellen konnte. Er sprach als erster, und er hatte die Menge im Zirkus Busch sogleich auf seiner Seite, als er die über Nacht erreichte Einigung der zerstrittenen Bruderparteien SPD und USPD bekanntgab.

Später wurden die »Volksbeauftragten« ernannt, je drei von SPD und USPD: Ebert, Scheidemann und der Rechtsanwalt Dr. Otto Landsberg als Vertreter der Mehrheitssozialisten; Hugo Haase und Wilhelm Dittmann für die Unabhängigen sowie Emil Barth, der zugleich Sprecher der Revolutionären Obleute war. Diese sechs Männer sollten gleichberechtigt sein und, zusammen mit einigen bürgerlichen Fachleuten, als »Rat der Volksbeauftragten« die Geschäfte der Reichsregierung führen, wobei als vordringlichste Aufgabe angesehen wurde, den Krieg sofort zu beenden.

Nach langem Hin und Her wurde auch noch ein »Vollzugsrat« der Arbeiter- und Soldatenräte gewählt, ein Organ, dessen Kompetenz im dunkeln blieb. Die Revolutionären Obleute hofften, damit die Regierung unter Kontrolle halten zu können. Aber ihr Plan mißlang: die von Ebert und Wels trickreich geschaffenen Mehrheitsverhältnisse im Zirkus Busch führten zu einem doppelt paritätisch besetzten »Vollzugsrat«: Bei den Vertretern der Arbeiterschaft saßen gleichviele Anhänger von SPD und USPD, und zugleich erhielten die durchweg mehrheitssozialistischen Soldatenräte ebenso viele Mandate wie die Arbeiterräte, so daß die SPD insgesamt eine Dreiviertelmehrheit hatte.

Und damit waren spätabends die Würfel gefallen: Die siegreiche Revolution war nun fest unter Eberts Kontrolle und so im Grunde auch schon beendet. Alle Zugeständnisse, die der SPD-Vorsitzende den Linken hatte machen müssen – die »Rätewirtschaft«, wie er sie abschätzig nannte; die Anerkennung des ihm überflüssig und gefährlich erscheinenden »Vollzugsrats« als Kontrollinstanz und Nebenregierung; das Versprechen, die Revolution weiterzuführen und die sozialistische Umgestaltung der Gesellschaft sofort in Angriff zu nehmen, und auch die Zusage, vorerst keine Nationalversammlung vom ganzen Volk wählen und Deutschland eine bürgerliche Verfassung geben zu lassen –, waren dagegen von zweitrangiger Bedeutung und würden sich leicht wieder rückgängig machen lassen.

Eberts einziger Kummer an diesem Sonntagabend war, daß er seine Legitimation als Regierungschef des Deutschen Reiches nicht von den alten Gewalten, also »rechtmäßig«, erhalten hatte, sie vielmehr allein der von ihm verabscheuten Revolution verdankte. Was würden die Bürger, die Beamten und Richter, was würde vor allem die Oberste Heeresleitung dazu sagen?

Was die letzte und für Ebert wichtigste Sorge betraf, so wurde sie ihm noch am selben Tag genommen: Spätabends erreichte ihn in der Reichskanzlei – über eine geheime Telefonleitung, von deren Vorhandensein der neue Regierungschef bis dahin nichts gewußt hatte – ein Anruf aus dem belgischen Badeort Spa bei Lüttich, dem Sitz der kaiserlichen Obersten Heeresleitung. Ludendorffs Nachfolger, General Wilhelm Groener, war am Apparat.

Späteren Aussagen Groeners ist zu entnehmen, wie dieses Telefongespräch, über das es sonst keinerlei Aufzeichnungen gibt, ungefähr verlaufen ist: Der General bat nicht etwa, wie man es hätte erwarten können, den Chef der neuen Reichsregierung um Instruktionen; er bot Ebert vielmehr – unter bestimmten Bedingungen – »loyale Zusammenarbeit« an. Seine Forderungen waren: energischer Kampf gegen den »Bolschewismus und das Räteunwesen«, schnellste Rückkehr zu »geordneten Zuständen«, Einberufung einer Nationalversammlung.

Eilig versicherte Ebert dem General, dies alles entspreche haargenau seinen eigenen Wünschen und Vorstellungen. Er, der von der Revolution eingesetzte Regierungschef, dankte dem General für dessen Vertrauen – nicht etwa umgekehrt der General dem neuen Staatsoberhaupt. Und dann schloß der Vorsitzende der SPD mit Ludendorffs Nachfolger ein Kampfbündnis gegen die sozialistische Revolution; gegen die Arbeiter- und Soldatenräte, die ihn gerade erst auf den Schild gehoben und mit der vollziehenden Gewalt betraut hatten; gegen seine USPD-Kollegen im »Rat der Volksbeauftragten«, die davon nichts ahnten! Und bei alledem hatte Friedrich Ebert nicht im mindesten das Gefühl, Verrat zu begehen – im Gegenteil: Jetzt erst fühlte er sich halbwegs befreit vom »Ludergeruch der Revolution«, die er nach eigenem Ausspruch haßte »wie die Sünde«. Er glaubte sich nun auch einigermaßen legitimiert, zwar nicht vom »angestammten Herrscherhaus«, aber immerhin von dessen Statthalter, dem kaiserlichen General an der Spitze der Obersten Heeresleitung.

Und auch Groener war zufrieden: »Ebert ging auf meinen Bündnisvorschlag ein«, berichtete er später. »Von da ab besprachen wir uns täglich abends auf einer geheimen Leitung zwischen der Reichskanzlei und der Heeresleitung über die notwendigen Maßnahmen. Das Bündnis hat sich bewährt.«

Tatsächlich wurden – wie wir noch sehen werden – durch dieses geheime Bündnis zwischen dem damals mächtigsten Mann des alten Regimes und dem von der Revolution zu ihrem widerwilligen Anführer gemachten SPD-Vorsitzenden die Weichen für die weitere Entwicklung gestellt. Es machte die gerade erst proklamierte Republik binnen kurzer Zeit zu einem Tummelplatz der Konterrevolution, zugleich zu einem Staat, wie ihn niemand hatte haben wollen:

Die bürgerliche, parlamentarische Demokratie, die als Folge

dieses Bündnisses in Deutschland installiert wurde, befriedigte weder die sozialistische Arbeiterschaft noch die konservative Oberschicht, die dem autoritären Regime nachtrauerte. Nicht einmal das liberale Bürgertum konnte in dieser Republik die Erfüllung seiner Wünsche finden, denn der neue Staat ließ die Deutschen Österreichs außerhalb seiner Grenzen und behielt sogar die innerdeutsche Klein- und Vielstaaterei fast unverändert bei; selbst Lippe-Detmold und Waldeck-Pyrmont durften sich weiterhin ihrer »Landeshoheit« erfreuen, und nur ein paar mitteldeutsche Zwergstaaten – Sachsen-Weimar-Eisenach, Sachsen-Meiningen, Sachsen-Gotha (ohne Coburg, das an Bayern fiel), Sachsen-Altenburg, Schwarzburg-Rudolfstadt und -Sondershausen sowie Reuß ältere und jüngere Linie – wurden 1920 zu einem neuen Freistaat Thüringen vereinigt.

Das Schlimmste aber war, daß die alten Herrschaftsstrukturen nahezu unverändert erhalten blieben: Kein einziges Fürstenvermögen wurde angetastet, obwohl doch die deutschen Potentaten ihren Reichtum fast ausschließlich durch Raub, rücksichtslose Ausbeutung ihrer Untertanen, Soldatenhandel und Ämterverkauf erworben hatten. Kein noch so übermäßig großer Grundbesitz wurde enteignet und aufgeteilt, obschon die riesigen Latifundien der Feudalherren und Rittergutsbesitzer größtenteils aus in früheren Zeiten geraubtem Bauernland bestanden.

Die Rüstungsindustriellen, Schlotbarone und Zechenbesitzer, die vor 1914 unentwegt zum Kriege gehetzt und dann immer neue Eroberungen gefordert hatten, konnten weiter den »Herrn im Hause« spielen und ihre riesigen Profite ungeschmälert behalten. Keine Bank wurde verstaatlicht, kein Kriegsgewinnler zur Kasse gebeten, kein auf Kosten des hungernden Volkes reich gewordener Schwarzmarkt-Schieber bestraft.

Vor allem aber: Die gesamte innere Verwaltung des wilhelminischen Obrigkeitsstaats blieb intakt erhalten; kein einziger Beamter, gleich ob Landrat, Polizeihauptmann, Zuchthausdirektor oder Staatsanwalt, wurde als Feind der Republik zwangspensioniert oder gar zur Rechenschaft gezogen, kein einziger Richter entlassen; und erst recht wurde keiner der kaiserlichen Generäle unter Anklage gestellt, kein Offizier brauchte sich wegen Menschenschinderei oder Kriegsverbrechen zu verantworten. Und so hatten die vorübergehend entmachteten alten Gewalten, vor allem die entschieden republikfeindlichen Militärs, im Handumdrehen das Heft wieder in der Hand.

Die vom Bürgertum als »Linksintellektuelle« verachteten und geschmähten geistigen Führer eines humanen und freiheitlichen Sozialismus verfolgten diese Entwicklung, teils mit fassungslosem Staunen, banger Sorge oder ohnmächtiger Wut, teils mit bitterem

Spott. In einem Couplet von Kurt Tucholsky mit dem Titel *Ideal und Wirklichkeit*, das damals entstand, lauten die Schlußzeilen: »*Wir dachten unter kaiserlichem Zwange / an eine Republik . . . und nun ist's die! / Man möchte immer eine große Lange, / und dann bekommt man eine kleine Dicke –/ Ssälawih* /*«

Doch schon sehr bald zeigte sich, daß die aus der – von Ebert als »Vernunftehe« angesehenen – unheiligen Allianz zwischen SPD-Führung und Oberster Heeresleitung entstehende Republik nicht nur ganz anders war, als die Massen sie sich erträumt hatten, und daß sie dem revolutionären Ideal in keiner Weise entsprach; sie bot vielmehr nicht einmal den Trost, eine – womöglich ganz gemütliche – »kleine Dicke« zu sein.

Denn noch ehe sie sich, unter weitestgehender Beibehaltung des alten, höchst unzuverlässigen Personals, mit der Hinterlassenschaft der abgewirtschafteten Monarchie einzurichten begann, ließ sie erst einmal deren Bluthunde von der Kette. Und dann sah sie interessiert zu, wie die wütende Meute über just diejenigen herfiel und sie zerfleischte, durch deren mutigen Kampf eine deutsche Republik überhaupt erst möglich geworden war.

* Phonetische Schreibung von C'est la vie: »So ist das Leben.«

2. Die Konterrevolution marschiert

»Die größte Dummheit der Revolutionäre war es, daß sie uns alle am Leben ließen. Na, komme ich mal wieder zur Macht, dann gibt's kein Pardon! Mit ruhigem Gewissen würde ich Ebert, Scheidemann und Genossen baumeln sehen!«

Diesen Ausspruch ihres – gerade mit blauer Brille und falschen Papieren ins neutrale Schweden geflüchteten – Ehemanns berichtete später Margarete Ludendorff, die treusorgende Hausfrau des Chefs der gescheiterten Militärdiktatur, und ohne Zweifel teilte sie diese Meinung ihres Gatten und billigte seine erklärten Absichten von ganzem Herzen.

Wie die Ludendorffs, so dachten die meisten Angehörigen der von der Novemberrevolution vorübergehend entmachteten, ansonsten aber völlig unversehrt gebliebenen alten Führungsschicht. Dagegen glaubten Ebert, Scheidemann und Genossen, die doch wahrlich ihr Bestes getan hatten, die Revolution zu verhindern, die Monarchie zu retten und keinem ihrer Todfeinde ein Haar zu krümmen, sie könnten nun auf die Dankbarkeit und den Anstand der kaiserlichen Offiziere, Beamten und Richter zählen und mit deren Unterstützung, zumindest aber mit freiem Rücken, für das sorgen, was ihnen am meisten am Herzen lag: für »Ruhe und Ordnung«.

Es galt ja, nun schnellstens den vom Wilhelminischen Regime verlorenen Weltkrieg zu beenden, die hungernden unf frierenden Volksmassen mit Nahrung, Medikamenten, Kleidung und Heizmaterial zu versorgen, den Millionen von heimkehrenden Soldaten Arbeit zu beschaffen, die Rüstungsproduktion auf die Friedensbedürfnisse umzustellen und gleichzeitig aus dem bankrotten Kaiserreich eine funktionierende parlamentarische Demokratie zu machen. Dies alles erforderte nach Meinung der SPD-Führung ein Höchstmaß an Energie und Disziplin sowie eine vertrauensvolle Zusammenarbeit mit den alten Gewalten zum Wohle des Vaterlands; Gefahr, so glaubten Ebert und seine Freunde, drohte nur von der Linken, von weiterer revolutionärer – Unordnung« und besonders vom »Räteunwesen«.

»Es wird immer soviel von der Gegenrevolution gesprochen . . .«, erklärte Dr. Otto Landsberg, neben Ebert und Scheidemann der dritte SPD-Vertreter im »Rat der Volksbeauftragten«, »aber diese Revolution unterscheidet sich von allen früheren ganz wesentlich dadurch, daß jede Herrschaftsorganisation der gestürzten Klasse erschüttert und beseitigt ist, so restlos, daß die Gefahr der Gegenrevolution nur akut werden kann, wenn es den Leuten von der äußersten Linken gelingt, die Massen zur Verzweiflung zu treiben.«

Das war reines Wunschdenken in totaler Verkennung der Tatsachen. In Wahrheit hatte die alte kaiserliche Herrschaftsorganisation nur an ihrer obersten Spitze Schaden genommen. In den Ministerien saßen noch dieselben Staatssekretäre, Geheimräte und Referenten wie vor dem 9. November 1918; sogar der königlich preußische Kriegsminister, Generalleutnant Heinrich von Scheüch, war noch im Amt, und das Justizressort leitete nach wie vor eine kaisertreue Exzellenz, Paul von Krause. Die gesamte innere Verwaltung lag weiterhin in den Händen meist stockkonservativer Beamter. Auch die Industrie, das Bankwesen und die ganze Bürokratie der kriegswirtschaftlichen Erzeugung und Verteilung wurden unverändert von der alten herrschenden Klasse kontrolliert. Vor allem aber: Die Millionenheere im Westen und Osten standen wie vor der Revolution unter dem Kommando der kaiserlichen Generale und Stabsoffiziere.

Gewiß, an die Stelle des geflohenen Kaisers und seines zurückgetretenen Reichskanzlers war jener sechsköpfige »Rat der Volksbeauftragten« getreten – fast könnte man sagen: getreten worden –; und parallel zu den alten Strukturen waren überall die Arbeiter- und Soldatenräte entstanden. Doch im »Rat der Volksbeauftragten« lag die Macht praktisch allein bei dem SPD-Vorsitzenden Ebert, und in der gesamten Räte-Organisation hatten eberttreue, ordnungsliebende und disziplinierte SPD-Funktionäre die Mehrheit. Sie sahen ihre vordringlichste Aufgabe darin, die Revolution zu beenden und zusammen mit dem alten Beamtenapparat das Chaos zu überwinden.

Wie glänzend ihnen dies in kürzester Zeit gelungen war, hat ihnen Eberhard Kolb bescheinigt, der Verfasser des Standardwerks »Die Arbeiterräte in der deutschen Innenpolitik 1918/19«. In dieser sehr gründlichen wissenschaftlichen Untersuchung heißt es, daß schon Anfang Dezember 1918, also knapp vier Wochen nach dem Umsturz, mit dem Apparat der Arbeiter- und Soldatenräte »der neuen Regierung und (SPD-)Parteileitung ein für sie im politischen Sinne zuverlässiges Instrument beim Neubau des Staates in die Hand gegeben war, von dem sie Gebrauch machen konnte, wenn sie dazu entschlossen war«.

Ebert war durchaus entschlossen, aber nicht zum Gebrauch, sondern zur Vernichtung dieses so zuverlässigen Instruments, das den alten Mächten – und daher auch ihm, ihrem Bündnispartner – als Produkt der Revolution suspekt und ein Dorn im Auge war. Und er bediente sich zur Verwirklichung seines Entschlusses, die »Rätewirtschaft« zu liquidieren, eines anderen Werkzeugs, das auch schon Kaiser Wilhelm II. hatte benutzen wollen, um die Revolution niederzuschlagen, nämlich der im Westen durch den Waffenstillstand freigewordenen Divisionen des Feldheeres.

Von jeher hatten die Fürsten – und insbesondere die preußischen Hohenzollern – ihr Militär nicht bloß als ein Machtmittel gegen äußere Feinde, sondern auch als ein Instrument ihrer Innenpolitik betrachtet. Alle Vorgänger Wilhelms II. auf dem Thron von Preußen hatten ihre Regimenter auch zur Disziplinierung der eigenen »Untertanen« unterhalten und sie jederzeit gegen das Volk eingesetzt, wenn Unruhen ihre Herrschaft bedrohten.

Seit dem Revolutionsjahr 1848 galt am Berliner Hof die – aus einem Gedicht des mecklenburgischen Hofpoeten Merckel stammende – Parole: »Gegen Demokraten helfen nur Soldaten!« Und Wilhelm II. hatte, beunruhigt vom Anwachsen der Sozialdemokratie, seine Gardedivisionen mit Nachdruck gegen den »Feind im Innern« drillen lassen, sie als »eisernen Ring« um seine ihm besonders gefährdet erscheinende Hauptstadt gelegt und wiederholt – wie bei der Einweihung der mit Schießscharten versehenen neuen Kaserne des Gardegrenadierregiments am 28. März 1901 – erklärt: »Wenn es der Stadt Berlin einfallen sollte, jemals wieder gegen ihren Herrscher in frecher Unbotmäßigkeit sich zu erheben, dann wird dieses Regiment mit der Spitze seiner Bajonette die Ungehörigkeit des Volks gegen seinen König zurückweisen.« Zehn Jahre zuvor hatte der Kaiser den Rekruten seiner Garde erklärt: »Es gibt für euch nur einen Feind, und der ist Mein Feind, und es kann vorkommen, daß ihr eure eigenen Verwandten und Brüder niederschießen oder -stechen müßt. Auch dann müßt ihr Meine Befehle ohne Murren befolgen!« Und er hatte dabei wiederum an die Sozialdemokraten gedacht, an »jene Rotte von Menschen, nicht wert, den Namen Deutscher zu tragen«.

Nun saß der Anführer dieser »Rotte« von »Reichs- und Vaterlandsfeinden«, Friedrich Ebert, in der Reichskanzlei, und auch er meinte, daß gegen Unbotmäßige nur Soldaten noch helfen könnten ...

Wie heute feststeht, hatte das von Ebert über den geheimen Draht nach Spa geschlossene Bündnis mit General Groener zum Nahziel, in Deutschland, besonders im »unbotmäßigen« Berlin, mit Hilfe »zuverlässiger« Truppen schleunigst »Ordnung zu machen«. Das bedeutete, daß die angeblich linksextremen, »bolschewistisch verseuchten«, in Wahrheit von biederen, staatsloyalen und eberttreuen SPD- und Gewerkschaftsfunktionären beherrschten Arbeiter- und Soldatenräte liquidiert, »Ruhe und Ordnung« gewaltsam wiederhergestellt werden sollten.

»Zunächst hat es sich darum gehandelt«, sagte dazu General

Groener später vor Gericht als Zeuge aus, »in Berlin die Gewalt den Arbeiter- und Soldatenräten zu entreißen. Zu diesem Zweck wurde eine Unternehmung geplant: der militärische Einzug von zehn Divisionen (des Feldheeres der Westfront) in Berlin.«

Das »Programm« dieses Einmarschs, dem auch, wenngleich ohne Kenntnis der im einzelnen geplanten Maßnahmen, die USPD-Mitglieder des »Rats der Volksbeauftragten« zögernd zustimmten, obwohl ihre Forderung, daß die einrückenden Truppen keine scharfe Munition erhalten dürften, von Ebert energisch zurückgewiesen worden war, ist erst Jahrzehnte später in allen Details bekanntgeworden. Es enthielt genaue Pläne für die Besetzung, »Säuberung« und Entwaffnung jedes Stadtviertels (»Wer ohne Waffenschein noch Waffen in Besitz hat, wird erschossen; wer Kriegsmaterial einschließlich Kraftwagen behält, wird standrechtlich abgeurteilt«), und der mit unverhüllter Brutalität gegen die Räte-Organisation gerichtete Kernsatz lautete: »Wer sich unberechtigt eine Beamteneigenschaft zulegt, wird erschossen.«

Da am 16. Dezember 1918 in Berlin der erste »Reichsrätekongreß« stattfinden sollte, hatten Ebert und Groener beschlossen, die Feldtruppen am 10. Dezember in die Hauptstadt einmarschieren zu lassen. Bis zum 15. Dezember, darin waren sie sich einig, mußte das generalstabsmäßig vorbereitete »Programm« erfolgreich beendet sein. Doch es kam anders; der konterrevolutionäre Plan scheiterte zunächst und auf geradezu tragikomische Weise:

Die erste Panne, die allerdings jeder Komik entbehrte, ereignete sich bereits am 6. Dezember, also noch vor dem Einmarsch der Felddivisionen, als einige Truppenteile der Berliner Garnison zu früh losschlugen. Sie besetzten das preußische Abgeordnetenhaus und nahmen den gesamten Berliner Arbeiter- und Soldatenrat gefangen. Eine andere Abteilung – es waren Gardefüsiliere – überfiel einen spartakistischen Demonstrationszug; sechzehn Tote und zahlreiche Verletzte fielen den ohne Warnung in die unbewaffnete Menge gefeuerten Maschinengewehrsalven zum Opfer. Ein dritter Trupp zog unterdessen in die Wilhelmstraße zur Reichskanzlei und rief Ebert, der bereitwillig herauskam, zum »Präsidenten Deutschlands« aus.

Aber damit war der ganze Spuk auch schon vorbei; der Miniatur-Staatsstreich, für den niemand später zur Rechenschaft gezogen wurde, verpuffte wirkungslos. Die Truppen zogen sich wieder in ihre Kasernen zurück; der Arbeiter- und Soldatenrat wurde mit der Erklärung, es hätte sich bei seiner Gefangennahme um ein Versehen gehandelt, aus der Haft entlassen – kurz, man tat, als ob nichts geschehen wäre, und nur die toten Demonstranten wurden nicht wieder lebendig.

Dann, vier Tage später, marschierten die von der Westfront

herbeibeorderten zehn Felddivisionen »programmgemäß« in Berlin ein. Der »Volksbeauftragte« Ebert begrüßte sie mit großem Pathos am Brandenburger Tor, und er schloß seine patriotische, ganz auf die Mentalität wilhelminischer Militärs zugeschnittene Rede mit den Worten: »Kein Feind hat euch überwunden! Nun liegt Deutschlands Einheit in eurer Hand!«

Doch das konterrevolutionäre »Programm«, das nun hätte anlaufen sollen, kam nicht zur Ausführung. Denn kaum hatte Ebert seine Ansprache beendet, da begannen die bis dahin so disziplinierten Divisionen sich aufzulösen. Die Soldaten hatten keinen anderen Wunsch mehr, als möglichst rasch nach Hause zu kommen, endlich die Uniform auszuziehen und das nahe Weihnachtsfest frei von jedem militärischen Zwang daheim »bei Muttern« zu feiern. Bis Heiligabend war von den zehn Divisionen, insgesamt etwa fünfundsiebzigtausend Mann, nur noch ein kläglicher Rest von rund achthundert Soldaten übrig, mit denen wahrlich »kein Staat zu machen« war.

So fand – was Ebert und Groener hatten verhindern wollen – am 16. Dezember 1918 der »Reichsrätekongreß« statt. Es war eine sehr disziplinierte, auf strikte Einhaltung der Geschäfts- und Tagesordnung bedachte Versammlung, die in ihrer großen Mehrheit treu zu Ebert und dem SPD-Parteivorstand hielt, überhaupt weit mehr an einen sozialdemokratischen Parteitag der Zeit vor 1914 erinnerte, als an ein revolutionäres Zentralkomitee.

Der Kongreß beschloß dann auch, ganz wie Ebert es wünschte, seine eigene weitgehende Entmachtung, die Vorverlegung der Wahlen zur Verfassunggebenden Nationalversammlung auf den frühestmöglichen Termin und für die Übergangszeit die Einsetzung eines sechsköpfigen Zentralrats mit bloßen Kontrollfunktionen.

Die USPD-Vertreter, ohnehin in hoffnungsloser Minderheit, verzichteten daraufhin auf jede Beteiligung an diesem – wie sie fanden – »kastrierten« Zentralrat, so daß daraus ein reines SPD-Organ wurde. Und da die – ohnehin kaum mehr als dekorative – Funktion dieses Zentralrats in spätestens sechs Wochen, nach dem Zusammentritt der gewählten Nationalversammlung, endgültig erlöschen sollte, hätten Ebert und Groener mit dieser Entwicklung eigentlich sehr zufrieden sein können. Auch ohne die – nur mangels Truppen gescheiterte – gewaltsame und blutige Durchführung ihres »Programms«, von dessen für sie lebensgefährlicher Existenz die biederen Rätekongreß-Delegierten nichts ahnten, war im großen und ganzen alles so abgelaufen, wie es sich SPD-Parteivorstand und Oberste Heeresleitung erhofft hatten.

Nur in einem – für die Generalität allerdings entscheidenden – Punkt war der Rätekongreß revolutionär, weitestgehend einig und, allen Beschwörungen des SPD-Parteivorstands zum Trotz, unerbittlich gewesen: Mit überwältigender Mehrheit hatten die Delegierten für einen Antrag der Vertreter Hamburgs gestimmt, der die endgültige Vernichtung des preußischen Militarismus zum Ziel hatte. Diese »Hamburger Punkte«, wie sie genannt wurden, sahen eine freie Offizierswahl durch die Mannschaften und die Abschaffung aller Rangabzeichen vor, außerdem die oberste Kommandogewalt der Volksbeauftragten, also die Unterstellung des Militärs unter die zivile Regierung, sowie die Übertragung der Disziplinargewalt auf die Soldatenräte, die Beschränkung des Vorgesetztenverhältnisses auf die Dienststunden und das strikte Verbot, außer Dienst Waffen zu tragen.

Diese vom Rätekongreß gegen den Willen Eberts von der SPD-Mehrheit gemeinsam mit der linken Minderheit bei insgesamt nur sechs Gegenstimmen beschlossenen »Hamburger Punkte« zeigen deutlich, wie sehr sich die Masse der organisierten Arbeiterschaft bewußt war, daß sie im Militär, besonders im monarchistisch gesinnten Offizierskorps und bei der Generalität, einen noch immer gefährlichen Gegner hatte, den es unschädlich zu machen galt. Und tatsächlich wären diese »Hamburger Punkte«, hätte man sie verwirklicht, das geeignete Mittel gewesen, die Armee fest in den Griff zu bekommen und von konterrevolutionären Abenteuern abzuhalten.

Als bloße Willensbekundung, deren Befolgung von Ebert sofort als »nicht vordringlich« auf den Sankt-Nimmerleins-Tag verschoben wurde, bewirkten die »Hamburger Punkte« genau das Gegenteil: Die Oberste Heeresleitung erklärte sie zu einer »ungeheuerlichen Zumutung«; Hindenburg telegrafierte, daß er den Beschluß des Reichsrätekongresses »nicht anerkenne«; Groener drohte mit seinem Rücktritt, und das zwischen Reichskanzlei und Heeresleitung bestehende Bündnis war ein paar Tage lang einer Zerreißrobe unterworfen.

Zugleich begannen die Generäle mit erheblich größerem Eifer als bis dahin, die Aufstellung sogenannter *Freikorps* zu betreiben. Diese neuen, irregulären Verbände setzten sich zusammen aus militärisch ausgebildeten Frontsoldaten aller Dienstgrade, die – aus unterschiedlichen Gründen und im Gegensatz zu den meisten ihrer Kameraden – das Ende des Krieges bedauerten, *nicht* nach Hause wollten und bereit waren, auch gegen das eigene Volk zu kämpfen. Zu diesen Landsknechten gesellten sich bald auch konservativ bis rechtsradikal gesinnte junge Leute ohne Kriegserfahrung, doch voll Abenteuerlust und fanatischem Haß gegen das »rote Pack«, entlassene Truppenoffiziere ohne bürgerliche Existenz sowie zahlreiche reaktionäre Studenten.

Die Aufstellung der Freikorps – dies sei hier einmal vorweggenommen – war bereits die Geburtsstunde jener nationalsozialistischen Kampfverbände, die 1933, nach der »Machtübernahme«, die ersten Konzentrationslager einrichteten und später, im Zweiten Weltkrieg, zum Schrecken Europas wurden. Damals, um die Jahreswende 1918/19, als der Gefreite Adolf Hitler noch völlig unbekannt war und im Heimatlazarett Pasewalk lag, tauchten bereits, völlig unabhängig von ihm und seinen sich gerade zu entwickeln beginnenden wirren Ideen, die ersten Hakenkreuze an den Stahlhelmen einiger Freikorps-Eliteverbände auf, die damit die Vorläufer der SS-Verfügungstruppe wurden.

Während die Aufstellung der Freikorps im Dezember 1918 noch im Gange war, vollzog sich bei den regulären Truppen der Berliner und Potsdamer Garnison ein bedeutsamer Wandel: Große Teile der mit der Revolution, zumindest aber mit dem Ebert-Kurs, sympathisierenden Mannschaften und Unteroffiziere verließen die Kasernen; sie hatten genug vom Waffendienst und wollten, wie schon die Männer der zehn in Berlin einmarschierten Felddivisionen, das bevorstehende Weihnachtsfest zu Hause feiern. So löste sich auch die Garnison weitgehend auf. Was zurückblieb, waren Berufssoldaten, Abenteurer und Heimatlose.

Eine Ausnahme bildete die Volksmarinedivision, eine revolutionäre Garde, die sich erst während des Umsturzes gebildet hatte und im Kern aus jenen Matrosen bestand, die von Kiel aus den Aufstand nach Berlin getragen hatten. Zu ihnen waren weitere zweitausend Marinesoldaten aus Kiel gestoßen, die der SPD-Parteivorstand durch den neuen Berliner Stadtkommandanten, Otto Wels, zum Schutz der Regierung Ebert angefordert hatte. Diese Volksmarinedivision hielt auftragsgemäß das ehemals kaiserliche Schloß und den Marstall besetzt, schützte diese Gebäude und das nahe Regierungsviertel vor Plünderern und Brandstiftern sowie möglichen Überraschungsangriffen konterrevolutionärer Desperados und galt zunächst bei der Arbeiterschaft wie bei Regierung und SPD-Vorstand als absolut zuverlässige Truppe.

Doch das änderte sich rasch, jedenfalls bei Ebert, Wels und anderen rechten Sozialdemokraten, die nach dem Fehlschlag des »programmmäßigen« Einmarschs der zehn Felddivisionen die »roten« Matrosen loswerden wollten. Otto Wels verfügte deshalb Mitte Dezember 1918 die Verkleinerung der Volksmarinedivision auf sechshundert Mann und ihre Verlegung aus der Innenstadt. Bis zur Ausführung dieses Befehls verweigerte er den Matrosen die Löhnung.

Eine Woche lang, bis zum 23. Dezember, verhandelten die gewählten Offiziere der inzwischen auf knapp zwölfhundert Mann geschrumpften Volksmarinedivision mit Otto Wels um den rückständigen Sold und ein neues Quartier, ohne daß es zu einer Einigung kam.

Dann riß den Matrosen die Geduld: Sie besetzten erst die Reichskanzlei, wo sie Ebert und die anderen »Volksbeauftragten« kurzerhand unter Hausarrest stellten und ihnen die Telefonleitungen abschnitten, dann auch die Kommandantur, wo sie beschossen wurden und drei Mann verloren. Voller Wut nahmen sie daraufhin Otto Wels, obwohl er ihnen nun eilig die rückständige Löhnung auszahlen ließ, als Gefangenen mit in den Marstall, aus dem er sie hatte vertreiben wollen.

Inzwischen war es Ebert gelungen, über seinen geheimen Draht die Oberste Heeresleitung von den Vorfällen zu unterrichten und Hilfe anzufordern. In aller Eile setzten die Generale die Reste ihrer zuverlässigen Truppen in Marsch: knapp tausend Mann mit einigen Feldgeschützen, die aus Babelsberg und Potsdam anrückten, am Abend im Berliner Tiergarten gefechtsbereit in Stellung gingen und dort auf Eberts Befehl zum Angriff warteten.

Doch inzwischen hatte die Volksmarinedivision das ganze Regierungsviertel besetzt. Nur mit großer Überredungskunst und dem festen Versprechen, den Konflikt am nächsten Tag durch Kabinettsbeschluß friedlich beizulegen, gelang es Ebert schließlich, die Matrosen zum Nachgeben zu bewegen. Sie rückten in feldmarschmäßiger Ordnung ab und bezogen wieder Quartier in Schloß und Marstall. Und sie ließen auch Otto Wels wieder frei, der noch in der Nacht, nervlich sehr mitgenommen, aber unverletzt, in der Reichskanzlei auftauchte.

Dort hatte inzwischen Ebert – wahrscheinlich nach einem weiteren Telefongespräch mit der Generalität, die mit der Aufkündigung des Bündnisses gedroht haben soll, falls nicht sofort und mit aller Energie gegen die rebellischen Matrosen durchgegriffen würde – dem Kommandeur der »zuverlässigen« Truppen im Tiergarten befohlen, am Morgen des 24. Dezember die Volksmarinedivision anzugreifen und »auszuheben«.

Pünktlich um acht Uhr früh eröffneten Eberts Hilfstruppen mit ihren Feldgeschützen das Feuer auf Schloß und Marstall. Die auf den Angriff vorbereitete Volksmarinedivision, die der Artillerie ihrer Gegner nur mit Maschinengewehren unzulänglich begegnen konnte, kam bald in Bedrängnis. Doch die Matrosen bekamen plötzlich unerwartete Hilfe:

Aus den Arbeitervierteln im Norden und Osten der Stadt strömten die Menschen zu Zehntausenden herbei. Männer, Frauen und auch Kinder überschwemmten den Kampfplatz, und ihre Sympathien waren offenkundig auf seiten der Volksmarinedivision.

Diese Massendemonstration machte auf beide Seiten tiefen Eindruck. Zunächst gab es eine von der Menge erzwungene Kampfpause, dann gingen die Matrosen zum Gegenangriff über, und mittags war der Kampf entschieden: Die Volksmarinedivision behielt Schloß und Marstall, gewährte den Resten der Angreifer großmütig freien Abzug aus Berlin und ließ sich von der Menge als Sieger feiern. Die ganze Innenstadt samt dem Regierungsviertel war nun fest in der Hand bewaffneter Arbeiter und Matrosen, und Ebert erwog bereits, den Amtssitz des »Rats der Volksbeauftragten« von der Hauptstadt weg in den Harz oder nach Weimar zu verlegen. Auch bei der – inzwischen nach Kassel umgezogenen – Obersten Heeresleitung herrschte tiefe Niedergeschlagenheit. Es schien, als wäre das Bündnis zwischen Generalität und SPD-Vorstand zum Zweck der Rettung des Vaterlands vor der Revolution an der Entschlossenheit der Berliner Arbeiterschaft gescheitert.

Doch dieser Schein trog. Zwar hatten die Volksmassen »ihren« Matrosen zum Sieg verholfen und, zumindest für den Augenblick, weiteren Bruderkampf verhindert. Aber nun wollten sie friedlich Weihnachten feiern, sonst nichts. Die Revolution konnte warten bis nach den Feiertagen.

Gewiß, es war ein erbärmlich mageres Fest: Es gab weder Zucker noch Mehl, noch Eier, keine Schokolade, kein Marzipan, kein Obst, erst recht keine Butter, und als Weihnachtsbraten allenfalls ein Stück Pferdefleisch. Die Lichter am Tannenbaum waren mit stinkendem Fett gefüllte Patronenhülsen; man schenkte sich zu Aschenbechern oder kleinen Bilderrahmen verarbeitete Granatsplitter, zu Blumenvasen geformte Gasmaskenbehälter, als besondere Überraschung ein erbeutetes Stück Fallschirmseide oder ein Päckchen Zigaretten der Marke »Brandenburg«, die noch »garantiert 5% Tabakbestandteile« enthalten sollten. Aber das Wichtigste war, daß man zum ersten Mal seit fünf Jahren keine Angst mehr zu haben brauchte, vielleicht schon morgen den an der Front stehenden Mann, Freund, Sohn oder Bruder zu verlieren. Endlich durfte man aufatmen!

Und während bei der Obersten Heeresleitung diesmal keine rechte Feststimmung aufkommen konnte, die Generale verlegen die Monokel putzten und immer wieder die Depesche des nach Berlin entsandten Beobachters lasen – *»Truppen nicht mehr aktiv verwendungsfähig. Einen Weg, mit bisherigen Mitteln Reichsregierung zu schützen, sehe ich nicht. Ausgang heutigen Zusammenstoßes kann politisch für Regierung katastrophal werden . . .«*; während Ebert ein Nachtquartier bei verläßlichen Freunden suchte, um noch einmal sicher und ruhig schlafen zu können, und zu Scheidemann sagte: »Soll Liebknecht doch die Reichskanzlei besetzen, wenn er will. Er wird ins leere Nest stoßen«, sangen die um Löhnung und Quartier nicht mehr bangenden Matrosen der Volksmarinedivision, genau wie die Arbeiter am Wedding, in Siemensstadt, Borsigwalde oder Neukölln, mit feuchten Augen Weihnachtslieder und ließen die Chance ungenutzt vorübergehen, der sozialistischen Revolution doch noch zum Sieg zu verhelfen.

Bis zum 5. Januar 1919 herrschte in Berlin und überall im Reich ein trügerischer Zuckerbäckerfriede. Zwar waren am 29. Dezember die drei USPD-Volksbeauftragten aus der Regierung Ebert ausgeschieden und hatten erklärt, mit Leuten, die auf Genossen von der eigenen Schutztruppe schießen ließen, wollten sie nichts mehr zu tun haben; zwar waren die bei dem Kampf um Schloß und Marstall gefallenen Matrosen am selben Sonntag, dem 29. Dezember 1918, im Friedrichshain beerdigt worden, wobei Hunderttausende die Särge begleitet oder Spalier gestanden und Ebert als »Matrosenmörder« und »Verräter« angeklagt hatten. Aber sonst war nicht viel geschehen:

Nachfolger der drei zurückgetretenen USPD-Vertreter im »Rat der Volksbeauftragten« wurden zwei eberttreue Sozialdemokraten; einer davon hieß Gustav Noske und sollte, bis dahin auch in der eigenen Partei nahezu unbekannt, schon bald zu trauriger Berühmtheit kommen. Sodann wurde die sieben Wochen zuvor von den Massen jubelnd herbeigeführte »sozialistische Einigkeit« von seiten der SPD-Führung mit offenkundiger Genugtuung für beendet erklärt. Friedrich Ebert kommentierte das Ausscheiden der Unabhängigen aus der Regierung mit den Worten: »Jetzt haben wir endlich Arbeitsfähigkeit!«, und proklamierte »Ruhe und Sicherheit« zu den wichtigsten Zielen seines umgebildeten Kabinetts. Seinen Aufruf ließ er enden mit der Unterschrift: »Die Reichsregierung«. Der »Rat der Volksbeauftragten«, eine Bezeichnung, die ihm als allzu revolutionär von Anfang an mißfallen hatte, war damit endgültig abgeschafft.

Und während so die von der Revolution eingesetzte Führung nach dem Ausscheiden der Unabhängigen noch weiter nach rechts gerückt war, hatte bei den Linken ein fruchtloser Streit begonnen, der zwar die Massen kaum berührte und nur die Führungsgremien betraf, jedoch bewirkte, daß die seit dem 24. Dezember bestehende faktische Überlegenheit des linken Flügels ungenutzt blieb. Auch daß sich die »Spartakus«-Gruppe nun von der USPD trennte und am 30. Dezember 1918 die Kommunistische Partei Deutschlands (KPD) gründete, änderte zunächst an der Taten- und Führungslosigkeit der Linken so gut wie gar nichts.

Zwar hatte die neue KPD einige hervorragende Führer: Da war zunächst Karl Liebknecht, der Sohn des neben August Bebel schon legendären, 1900 verstorbenen Führers der deutschen Arbeiterbewegung. Er war kein großer Theoretiker, aber einer der mutigsten Männer, die je gegen Despotie und Militarismus gekämpft haben; da war – neben Wilhelm Pieck und anderen angesehenen, für ihre

Verläßlichkeit bekannten Arbeiterführern – vor allem Rosa Luxemburg, eine der bedeutendsten Frauengestalten der europäischen Geschichte. Die kleine, etwas verwachsene Intellektuelle aus einer wohlhabenden ostjüdischen Familie, mit messerscharfem Verstand und sarkastischem Witz begabt, war eine mitreißende Rednerin von großer Popularität und zugleich eine warmherzige, mitfühlende Frau, die mit tiefer Leidenschaft und die Bürger erschreckender Radikalität für die Sache der Ausgebeuteten, Unterdrückten und Entrechteten stritt.

Dieser so hervorragende Führer besitzenden Kommunistischen Partei fehlte jedoch noch weitgehend die Basis; ihre Kader waren erst im Aufbau, und es mangelte vor allem an einer Betriebszellen-Organisation, die Belegschaften der großen Fabriken zu mobilisieren imstande gewesen wäre. Die Revolutionären Obleute, mit deren voller Unterstützung die KPD gerechnet hatte, waren dem Gründungskongreß der neuen Partei, die sie für überflüssig hielten, ferngeblieben.

Es ist wichtig, sich dies genau zu merken: Weder »Spartakus« noch die neugegründete KPD hatte auf die Geschehnisse in Berlin und am Reich zwischen Anfang November 1918 und Ende Januar 1919 einen bedeutenden oder gar dominierenden Einfluß. Karl Liebknecht hatte man erst Ende Oktober 1918 aus dem Zuchthaus entlassen; Rosa Luxemburg war von der Revolution am 9. November 1918 aus dem Frauengefängnis befreit worden. Beide waren bis dahin außerstande gewesen, den Ablauf der Ereignisse unmittelbar zu beeinflussen oder gar entscheidend zu lenken.

Sie hatten dann sogleich eine Kampfzeitung, »Die Rote Fahne«, gegründet und in mühevoller Kleinarbeit selbst redigiert und herausgegeben. Gewiß, sie waren mit ihrem Blatt gegen Eberts konterrevolutionären Kurs zu Felde gezogen, hatten damit auch zunehmend Gehör bei der Berliner Arbeiterschaft gefunden und die rechte SPD-Führung verunsichert.

Aber – und darauf kommt es entscheidend an, weil SPD, Generalität, Bürgertum und traditionelle Geschichtsschreibung stets *unisono* das Gegenteil behauptet haben – zu keiner Stunde bestand eine Chance oder Gefahr, daß Spartakisten, Kommunisten, Bolschewisten oder wie immer sie genannt wurden, die Herrschaft über Berlin hätten antreten können, von einer dominierenden Rolle im gesamten Deutschen Reich ganz zu schweigen. Die angeblich schon bestehende »Rätediktatur«, die als Beweis für die Echtheit der »kommunistischen Gefahr« herhalten mußte, war ein bloßes Schreckgespenst. Denn die Arbeiter- und Soldatenräte bestanden, wie schon eingehend geschildert wurde, zu mehr als zwei Dritteln aus eberttreuen Sozialdemokraten und Gewerkschaftern und waren überdies durchaus willens, auch ihre bloßen Kontrollfunktionen in Kürze an die zu wählenden Parlamente abzugeben.

Nein, das Schicksal der deutschen Revolution wurde nicht von der zahlenmäßig kleinen »Spartakus«-Gruppe oder der neuen KPD bestimmt. Es vollzog sich jedoch dann gerade an dem Häuflein Kommunisten auf sehr drastische, die weitere Entwicklung der deutschen Arbeiterbewegung entscheidend beeinflussende und noch heute nachwirkende Weise.

Während sich die linken Führer der Berliner Arbeiterschaft in den Weihnachtstagen und bis ins neue Jahr 1919 hinein selbst aus den Führungsgremien hinausmanövriert und untereinander heftig gestritten hatten, waren Ebert, dessen neuer Vertrauter Noske und die mit beiden verbündeten Militärs nicht untätig geblieben. Sie hatten mit Nachdruck die Reorganisation der geschlagenen und auseinandergelaufenen Regimenter und den Aufbau der Freikorps betrieben.

Aber die Berliner Arbeiterschaft bereitete sich ebenfalls auf einen neuen Schlag vor, und sie war, im Gegensatz zu ihren Führern, keineswegs zerstritten, gleich ob Anhänger der USPD, der Revolutionären Obleute oder der neuen KPD. Auch viele der SPD treu gebliebene Industriearbeiter verhielten sich solidarisch. Gemeinsam mit den Linken waren auch sie der Meinung, daß es jetzt vor allem darauf ankäme, die sozialistische Revolution, die ins Stocken geraten zu sein schien, weiter voranzutreiben. Es fehlte nur noch ein Anstoß, und die Arbeiter der Berliner Großbetriebe würden wieder streiken und zu einer spontanen Massendemonstration ins Stadtzentrum marschieren.

Der – recht läppische – Anlaß zu einer solchen, von der Führung gar nicht geplanten, von Rosa Luxemburg sogar als voreilig, weil völlig ungenügend organisierten und daher als schädlich bezeichneten Volkserhebung kam am 5. Januar 1919:

Der erst seit einigen Tagen amtierende Polizeipräsident von Berlin, Emil Eichhorn, Mitglied der USPD, hatte tags zuvor vom preußischen Innenminister seine Entlassung erhalten und weigerte sich, diese anzuerkennen. Er wandte sich an seine Partei, und deren Vorstand traf sich am Abend des 4. Januar mit dem Lenkungsausschuß der Revolutionären Obleute im Polizeipräsidium. Auch zwei Vertreter der neuen KPD, Liebknecht und Pieck, nahmen an dieser Sitzung teil, auf der beschlossen wurde, für den 5. Januar, einen Sonntag, zu einer nachmittäglichen Protestdemonstration aufzurufen. Keiner von denen, die die Arbeiterschaft Berlins für 14 Uhr in die Siegesallee bestellten, ahnte auch nur, was damit in Gang kommen sollte; der Weihnachtsfriede schien ihr Gespür für die Volksstimmung eingeschläfert zu haben.

Schon am frühen Sonntagmorgen strömten aus allen Vororten

der Reichshauptstadt die Arbeiter zu Zehntausenden ins Stadtzentrum. Gegen Mittag, zwei Stunden vor der anberaumten Protestdemonstration, waren es bereits nahezu dreihunderttausend Menschen, die dicht gedrängt die breiten Straßen der Innenstadt besetzt hielten. Sie füllten nicht nur die ganze Siegesallee und weite Teile des Tiergartens; sie standen auch Unter den Linden, vom Brandenburger Tor bis zum Schloßplatz und von dort, die Königsstraße entlang, bis zum Alexanderplatz. Tausende von roten Fahnen wehten über der Menge, und zahlreiche Demonstranten waren bewaffnet.

Nachdem sie sich die Reden angehört hatten, gingen die Massen keineswegs auseinander. Ohne dazu aufgefordert worden zu sein, organisierten sie sich zu einzelnen schwer bewaffneten Kampfgruppen und begannen mit der Besetzung, erst aller Verlagshäuser des Zeitungsviertels, dann auch der Reichsdruckerei, der Nachrichtenbüros und Telegrafenämter sowie aller großen Bahnhöfe.

Unterdessen tagte, in weitgehender Unkenntnis der Vorgänge draußen, ein nahezu hundertköpfiger »Revolutionsausschuß« im Polizeipräsidium. Er bestand – man beachte den geringen Anteil der »Spartakisten«! – aus zehn Vorstandsmitgliedern der USPD, siebzig Revolutionären Obleuten, den Anführern der Volksmarinedivision, einigen Soldatenräten der in Berlin stationierten Truppenteile sowie den beiden KPD-Führern Liebknecht und Pieck. Den Vorsitz führte der fast siebzigjährige Georg Ledebour, einer der Veteranen der deutschen Arbeiterbewegung und seit 1900 SPD-Reichstagsabgeordneter.

Und während in derselben Nacht die »Volksbeauftragten« Ebert und Scheidemann über Hintertreppen, Nebenausgänge, Gartenzäune und Mauern hinweg aus dem Regierungsviertel flüchteten, begnügte sich der ziemlich ratlose »Revolutionsausschuß« damit, nach langem Hin und Her die Regierung für abgesetzt zu erklären und unter der Devise »Es gilt die Revolution zu befestigen und durchzusetzen!« zu neuen Massendemonstrationen aufzurufen.

Am folgenden Montag, dem 6. Januar 1919, versammelte sich eine noch größere Menge von Arbeitern in der Berliner Innenstadt. Man hatte noch weit mehr Waffen mitgebracht als tags zuvor, aber es kam zu keinen Kämpfen. Die Truppen blieben in ihren Unterkünften. Der Sturm auf die Regierungsgebäude, vor denen einige tausend bewaffnete Ebertanhänger Wache hielten, blieb aus. Regierung und »Revolutionsausschuß« belauerten sich gegenseitig; jeder fürchtete den anderen, ohne genau zu wissen, wie begründet solche Furcht war. Und während dann einige rechte USPD-Führer, die die Ratlosigkeit in beiden Lagern bemerkt hatten, ihre Vermittlung anboten und von Ebert sofort die Zusage erhielten, daß er mit den Linken zu verhandeln bereit wäre, begannen die revolutionären

Massen auseinanderzulaufen. Hunger, Kälte und die Erkenntnis, daß ja doch nichts geschehen würde, trieben sie nach Hause, und am späten Abend war die Berliner Innenstadt wieder menschenleer. Als Ebert auf das Vermittlungsangebot eingegangen war, das ihm die ein paar Tage zuvor zurückgetretenen »Volksbeauftragten« Haase und Dittmann angetragen hatten, war es ihm nur darauf angekommen, Zeit zu gewinnen. Zwei Tage zuvor, am 4. Januar, hatte er, zusammen mit Noske, in Zossen bei Berlin das neugebildete Landesjägerkorps des Generals Maercker besichtigt, eines der in Aufstellung befindlichen Freikorps. Der Anblick stramm disziplinierter Soldaten, die jeden Befehl ihrer Offiziere ausführten und sich ohne Murren »schleifen« ließen, war ihm eine Wohltat gewesen. Und der lange, hagere Noske hatte dem viel kleineren Ebert begütigend den Arm um die Schultern gelegt und ihm versichert: »Sei nur ruhig, Fritz, es wird alles wieder gut werden!«

Aber Ebert wußte, daß die Freikorps vorerst noch nicht einsatzfähig waren. So begnügte er sich damit, den tüchtigen Genossen Noske zum Oberbefehlshaber aller konterrevolutionären Truppen zu ernennen. »Meinetwegen«, hatte Noske darauf, seinen eigenen, später veröffentlichten Erinnerungen zufolge, lässig erklärt, »einer muß der Bluthund werden!«

Vom vornehmen Westberliner Vorort Dahlem aus, wo er am 6. Januar, ungestört von den Massenaufmärschen der Arbeiter, sein Hauptquartier einrichtete, betrieb Noske nun mit größtem Nachdruck die Aufstellung der Freikorps. Ebert selbst aber übernahm das Kommando über die Reste der regulären Truppen in und bei Berlin.

Da gab es noch ein paar »Maikäfer« – so nannte man die stramm kaisertreuen Gardefüsiliere –, sodann einige Potsdamer Gardebataillone unter dem Befehl des Majors v. Stephani, die als »absolut zuverlässig« galten, sowie die »Kettenhunde«, die als Militärpolizei verwendete, allgemein gefürchtete kaiserliche Feldgendarmerie. Dazu kam das in den Weihnachtstagen aus eberttreuen sozialdemokratischen Soldaten gebildete »Regiment Reichstag« sowie eine rechtsradikale, vom Kommandeur des 4. Garderegiments zu Fuß, Oberst Reinhardt, geschaffene Bürgerkriegstruppe, das »Regiment Reinhardt«.

Mit diesen konterrevolutionären Einheiten wagte Ebert, noch bevor die Freikorps einsatzfähig waren, den Kampf gegen die Masse der Berliner Arbeiterschaft. Vom 9. Januar 1919 an ließ er die Aufständischen zusammenschießen und die von ihnen besetzt gehaltenen Gebäude, eines nach dem anderen, zurückerobern, am Sonnabend, dem 11. Januar, auch das Haus des sozialdemokratischen Zentralorgans »Vorwärts« in der Lindenstraße, wo es zu besonders schweren Kämpfen kam.

Die »Vorwärts«-Besatzung verteidigte sich tapfer gegen die mit modernsten Flachbahngeschützen angreifenden Gardebataillone des Majors v. Stephani. Erst nach einem zweiten, noch schwereren Bombardement schickten sie eine sechsköpfige Abordnung mit weißer Fahne zum Kommandeur der gegnerischen Truppen, um über einen freien Abzug zu verhandeln.

Was dann geschah, war der Beginn dessen, was die bürgerliche Geschichtsschreibung schamhaft zu verschweigen pflegt: des weißen Terrors. Die Konterrevolution zeigte ihr wahres Gesicht, und das war beileibe nicht so gutmütig, wie das der Revolutionäre, die niemandem ein Haar gekrümmt hatten:

Die sechs Parlamentäre wurden von den Gardisten mit Kolbenschlägen und Bajonetten empfangen, entsetzlich mißhandelt und, bis auf einen, den man mit der Forderung nach bedingungsloser Kapitulation ins »Vorwärts«-Gebäude zurückschickte, an die Wand gestellt und erschossen. Dann wurde das Haus gestürmt, dreihundert der Verteidiger gefangengenommen und mit Gewehrkolben niedergeschlagen, mindestens sieben davon »exekutiert«, wie fortan die beschönigende Bezeichnung für die Ermordung Wehrloser lautete.

Es war dem Major v. Stephani zu verdanken, daß nicht sämtliche Gefangenen massakriert wurden. Als er der Reichskanzlei die Einnahme des »Vorwärts«-Gebäudes gemeldet und um Instruktionen gebeten hatte, was mit den Gefangenen geschehen sollte, war ihm – so bekundete er in einem schriftlichen Bericht – befohlen worden, alle erschießen zu lassen. Doch er hatte dieses Ansinnen mit Entrüstung zurückgewiesen. Er fühlte sich noch als Gardeoffizier, nicht als Henker. Andere zeigten da weniger Skrupel.

Am selben Samstag, dem 11. Januar, zogen nachmittags die ersten Freikorps in Berlin ein. Das Landesjägerkorps des Generals Maercker marschierte demonstrativ und betont »zackig«, unter dem Beifall des bürgerlichen Publikums, durch die vornehmen Stadtviertel des Berliner Westens, an seiner Spitze ein hagerer Zivilist mit ernstem Gesicht, der »Volksbeauftragte« Gustav Noske; neben ihm, leicht geniert, ein Oberst. Aber das war nur das Vorspiel.

Am 15. Januar wurde der ganze Westen und Süden Berlins sowie die gesamte Innenstadt von den Freikorps besetzt. An die Arbeiterviertel im Norden und Osten Berlins wagte man sich vorerst noch nicht heran. Die konterrevolutionären Verbände unterstanden – unter dem Oberkommando Noskes – dem Befehl des »Generalkommandos Lüttwitz«, wobei anzumerken ist, daß der schlesische Baron Walther von Lüttwitz, nunmehriger Kommandeur eines Landsknechtshaufens, der zum Schutz einer sozialdemokratischen Regierung angeworben worden war, noch 1915 die 2. Gardedivision, Wilhelms II. Elitetruppe zur Abwehr sozialdemokratischer

»Umtriebe«, befehligt hatte; später war er Generalstabschef der Heeresgruppe Deutscher Kronprinz, dann Kommandierender General des III. Armeekorps gewesen.

Dem »Generalkommando Lüttwitz« unterstand, neben den diversen Freikorps, auch die neugebildete Gardekavallerie-Schützendivision. Sie besetzte am 15. Januar Charlottenburg, Wilmersdorf und Schöneberg, richtete dort sogleich »Bürgerwehren« ein, die Hilfspolizei- und Spitzeldienste zu leisten hatten, und schlug ihr Stabsquartier im eleganten Hotel Eden auf. Den überwiegend bürgerlichen Einwohnern der von ihr kontrollierten Stadtbezirke teilte die Division durch Plakatanschlag mit, daß sie den Auftrag habe, Berlin von »Spartakisten« zu säubern und »nicht eher die Hauptstadt zu verlassen, als bis die Ordnung endgültig wiederhergestellt ist«. Was die Offiziere der feudalen Gardekavallerie unter »Ordnung« verstanden, sollte sich noch am Tage des Einzugs der Division zeigen.

Die Bezeichnung »Spartakisten« für alle Gegner entsprach der damaligen Sprachregelung, und sie hat sich in den an den Schulen der Bundesrepublik eingeführten Geschichtsbüchern wie in den Werken der meisten bürgerlichen Historiker bis heute erhalten.

Wie wenig dieses Etikett der geschichtlichen Wahrheit entspricht, zeigte sich gerade in jenen Tagen in den Berliner Großbetrieben sowie im Parteivorstand der KPD, wo ja, hätte die Behauptung gestimmt, daß die Spartakisten die Unruhen geschürt und gelenkt haben, die Zentrale des Aufstands zu suchen gewesen wäre.

Doch die KPD hatte die Massenerhebung der Berliner Arbeiter in den Tagen seit dem 5. Januar keineswegs geplant, ja nicht einmal vorausgesehen. Ein solcher völlig unorganisierter Aufstand, noch bevor die Partei auch nur ihre erste Organisationsphase abgeschlossen hatte, stand im krassen Widerspruch zu allen Regeln ihres revolutionären Kampfes.

Deshalb wurde auch Karl Liebknecht, als er am 8. Januar dem Parteivorstand Bericht erstattete, von seinen Genossen heftig dafür getadelt, daß er »eigenmächtig« dem im Polizeipräsidium gebildeten »Revolutionsausschuß« beigetreten war und dessen wirre Beschlüsse mitzuverantworten hatte. »Karl, ist *das* unser Programm?«, soll die über das verfrühte Losschlagen der Berliner Arbeiterschaft entsetzte Rosa Luxemburg dem sehr kleinlauten Liebknecht zugerufen haben.

Was die spontane Massenbewegung selbst anging, so war sie eher traditionell sozialdemokratisch als spartakistisch zu nennen. Die Arbeiterschaft wollte deutlich wieder da anknüpfen, wo die SPD vor dem Einsetzen des Revisionismus und anderer Richtungskämpfe gestanden hatte, und an die Stelle der Theorie war der Instinkt getreten: Die Massen fühlten, daß sie einig und entschlossen sein mußten, um die Revolution zu vollenden und den Sozialismus zu verwirklichen.

In den Tagen zwischen dem 9. und dem 11. Januar hatten in allen Berliner Großbetrieben Versammlungen stattgefunden. Dort war von der Basis her zur »Einigung der Arbeiter aller Richtungen« aufgerufen worden. Man hatte paritätische Kommissionen aus Vertretern von SPD, USPD und KPD gewählt und Sofortprogramme beschlossen, für die eine von achtzigtausend Spandauer Industriearbeitern einstimmig verabschiedete Resolution als typisches Beispiel gelten kann:

»1. Rücktritt aller Volksbeauftragten; 2. Zusammentritt paritätischer Kommissionen aller drei Parteien; 3. Neuwahl der Arbeiter- und Soldatenräte, des Zentralrats, des Vollzugsrats und der Volksbeauftragten; 4. Inangriffnahme der Einigung der sozialistischen Parteien.«

Das waren nun fürwahr keine spartakistischen, erst recht keine bolschewistischen Ziele, zumal die Volksfront-Theorie erst sehr viel später entwickelt wurde. Es waren vielmehr genau dieselben Ziele, für die die Massen bereits am 9. und 10. November 1918 demonstriert hatten.

Die große Mehrheit, die dafür im Januar 1919 erneut auf die Straßen ging, fühlte sich noch immer als Sozialdemokraten, keineswegs als Spartakisten – allerdings mit einem Unterschied zur Novemberrevolution: Die Massen hatten inzwischen das Vertrauen zu Ebert und seinen Mitarbeitern verloren; diese Männer waren für sie keine Sozialdemokraten mehr, denn sie hatten die Ziele der Partei verraten.

Den Beweis dafür, daß sich die Arbeiterschaft auch noch nach den blutigen Kämpfen mit Eberts Soldaten und Noskes Freikorps als Sozialdemokraten empfand, erbrachte sie schon wenige Tage nach der blutigen Niederschlagung des angeblichen »Spartakistenaufstands«: am 19. Januar 1919. Denn bei den Wahlen zur Verfassunggebenden Nationalversammlung an diesem Tage gaben die Arbeiter ihre Stimme mit großer Mehrheit der SPD, zum kleineren Teil der USPD.

Indessen lag die Entscheidung darüber, wer und was sozialdemokratisch war, nicht bei den Demonstranten, Wählern und paritätischen Ausschüssen, sondern bei Ebert, Noske, Scheidemann, Wels und Genossen. Sie hatten die Macht und verdankten sie ihren konterrevolutionären Verbündeten, die nun für sie »Ordnung« machten, wobei sich die Gardekavallerie-Schützendivision besonders hervortat.

Bereits am Tage ihres Einmarschs in den Berliner Westen, am Mittwoch, dem 15. Januar 1919, begann diese Division mit ihrer Henkerarbeit. Ihre ersten beiden Opfer waren Karl Liebknecht und

Rosa Luxemburg.

Die Ermordung dieser beiden sozialistischen Führer wurde und wird bis heute so dargestellt, als ob sie einem von ihnen entfesselten und angeführten Aufstand zum Opfer gefallen wären; als ob man sie »rechtens« als Rädelsführer »exekutiert« hätte.

Schon das SPD-Zentralorgan »Vorwärts« schrieb am 16. Januar 1919: »Opfer des Todes sind sie geworden, den sie ... selber ins Land gerufen hatten«; das amtliche »Bulletin des Presse- und Informationsamtes der Bundesregierung« bezeichnete noch 1962 die Morde an Karl Liebknecht und Rosa Luxemburg als »standrechtliche Erschießungen«. Im »Großen Brockhaus« von 1932 hieß es, Liebknecht habe »gegen die mehrheitssozialistischen Volksbeauftragten ... den Januaraufstand in Berlin« unternommen; »infolgedessen wurde er mit Rosa Luxemburg verhaftet und bei einem vermeintlichen Fluchtversuch erschossen«. Das »dtv-Lexikon« von 1973 berichtet über Karl Liebknecht: »Bei dem mißglückten Aufstand vom Januar 1919 wurde er gefangengenommen und ohne Verfahren erschossen.« Und Golo Mann, der in seiner »Deutschen Geschichte 1919–1945« die Vorfälle gar nicht erwähnt, weiß in dem Werk »Deutsche Geschichte des 19. und 20. Jahrhunderts« immerhin zu melden, daß »die sozialdemokratischen Regenten«, also wohl Ebert, Scheidemann und Noske, »sehr zornig über die Ermordung Karl Liebknechts und Rosa Luxemburgs durch Freikorpsmänner« gewesen seien.

Alle diese Viertel- und Halbwahrheiten, die mit offenkundlichen Lügen vermischt sind, lassen die wichtigsten Tatsachen gänzlich außer acht:

Bereits lange vor dem Januaraufstand, nämlich schon Anfang Dezember 1918, noch ehe die zehn Felddivisionen in Berlin einmarschiert waren, hatten an allen Berliner Litfaßsäulen Plakate geklebt, auf denen zu lesen war: »Das Vaterland ist dem Untergang nahe. Rettet es! Es wird bedroht nicht von außen, sondern von innen: von der Spartakusgruppe. Schlagt ihre Führer tot! Tötet Liebknecht! Dann werdet ihr Frieden, Arbeit und Brot haben!«

Dieser Mordaufruf trug die Unterschrift: »Die Frontsoldaten«, aber die Truppen waren ja noch gar nicht von der Front zurückgekehrt. Dagegen steht fest, daß schon in der Nacht vom 9. zum 10. Dezember 1918 Angehörige des 2. Garderegiments den Versuch unternahmen, Liebknecht zu ermorden. Bei der gerichtlichen Untersuchung dieses Vorfalls stellte sich heraus, daß damals bereits je 50000 Mark Belohnung für die Tötung von Rosa Luxemburg und Karl Liebknecht ausgesetzt waren – von wem, das ist nicht mit Sicherheit festzustellen gewesen. Sechs Zeugen bekundeten immerhin, Scheidemann habe dieses Kopfgeld ausgelobt.

Als sicher kann angenommen werden, daß schon seit dem 10.

November 1918 beide gerade erst aus der Haft befreiten sozialistischen Führer ständig überwacht worden sind, und zwar von der Berliner Kommandantur und im Auftrag von Otto Wels. Und erwiesen ist auch – durch die protokollierte Aussage des Leutnants Friedrich Wilhelm v. Oertzen –, daß Gustav Noske Anfang Januar 1919 den Befehl gegeben hatte, Liebknecht ständig zu überwachen, jede seiner Bewegungen sofort an die Gardekavallerie-Schützendivision zu melden, und zwar an den dortigen Hauptmann Waldemar Pabst, der dann am 15. Januar das Mordkommando leitete.

Schließlich muß daran erinnert werden, daß Rosa Luxemburg an der Führung des – von ihr mißbilligten – Januaraufstands überhaupt nicht beteiligt war, Karl Liebknecht nur insoweit, als er zu den dreiundfünfzig Mitgliedern des sogenannten »Revolutionsausschusses« gehört hatte, der im Polizeipräsidium gewählt worden war, nachdem sich die geplante Protestdemonstration spontan zu einer Massenerhebung entwickelt hatte. Keiner der anderen zweiundfünfzig Ausschußmitglieder mußte dafür büßen – nur Liebknecht; selbst der alte Ledebour, der als Vorsitzender des »Revolutionsausschusses« am 10. Januar verhaftet und später vor Gericht gestellt wurde, ist freigesprochen worden.

Liebknecht und Rosa Luxemburg bekamen keinen ordentlichen Prozeß, auch kein Kriegsgerichtsverfahren. Sie wurden am Abend des 15. Januar 1919 von »Bürgerwehr«-Leuten und Soldaten aus ihrem Wilmersdorfer Unterschlupf, Mannheimer Straße 53, der von den Überwachern aufgespürt und – Noskes Befehl entsprechend – dem Hauptmann Pabst von der Gardeschützendivision ins Hotel Eden gemeldet worden war, abgeführt.

Im Eden-Hotel, wohin man sie eilig fuhr, wurden sie mit Beschimpfungen und Kolbenschlägen empfangen, dann dem Hauptmann Pabst vorgeführt. Wenig später wurde erst Liebknecht, dann Rosa Luxemburg den Mordkommandos übergeben. Pabst begann inzwischen mit der Abfassung eines Berichts für die Zeitungen: Liebknecht, so hieß es darin, habe auf dem Transport ins Moabiter Untersuchungsgefängnis einen Fluchtversuch unternommen und sei dabei erschossen worden; Rosa Luxemburg dagegen sei ihrem Begleitkommando von einer wütenden Menge entrissen und verschleppt worden.

In Wahrheit hatte man die Straße gesperrt; niemand wartete auf die beiden Gefangenen, ausgenommen der Jäger Runge, der Befehl hatte, erst Liebknecht, dann Rosa Luxemburg mit dem Gewehrkolben zu erschlagen. Runge führte diesen Auftrag auch aus, doch seine Schläge waren nicht tödlich. So fuhr denn der Kapitänleutnant v. Pflugk-Harttung als Führer des »Mordkommandos Liebknecht« seinen halbtoten Gefangenen in den Tiergarten, schoß ihn dort mit der Pistole in den Hinterkopf und ließ die »Leiche eines unbekann-

Käthe Kollwitz: Gedenkblatt für Karl Liebknecht

ten Mannes« ins Schauhaus schaffen. Rosa Luxemburg wurde gleich nach der Abfahrt vom Eden-Hotel von ihrem Kommandoführer, einem Oberleutnant Vogel, durch einen Schuß in die Schläfe getötet und an der Lichtensteinbrücke in den Landwehrkanal geworfen.

Die Morde blieben ungesühnt. Soweit die Täter – von einem Militärgericht ihrer eigenen Division – überhaupt verurteilt wurden, und zwar wegen »Wachvergehen« und ähnlicher Bagatellen, verhalf man ihnen anschließend zur Flucht.

Die Rechtspresse jubelte; die bürgerlichen und sozialdemokratischen Zeitungen wetteiferten in Rechtfertigungen des »an sich bedauerlichen« Vorfalls. Scheidemann verteidigte die Untat, Ebert schwieg dazu, und Gustav Noske ließ erkennen, daß er mit dem Ergebnis zufrieden war.

Käthe Kollwitz, die große Porträtistin des Elends ihrer Zeit, vermerkte am 25. Januar 1919 in ihrem Tagebuch: »Heute ist Karl Liebknecht begraben und mit ihm 38 andere Erschossene. Ich durfte eine Zeichnung nach ihm machen und ging früh nach dem Schauhaus. In der Leichenhalle neben den anderen Särgen stand er aufgebahrt, um die zerschossene Stirn rote Blumen gelegt, das Gesicht stolz, der Mund etwas geöffnet und schmerzhaft verzogen. Ein etwas verwunderter Ausdruck im Gesicht . . .«

Karl Liebknechts Beerdigung – die Leiche Rosa Luxemburgs wurde erst Monate später aus dem Landwehrkanal gefischt – fand unter größter Anteilnahme der Berliner Arbeiterschaft statt; Zehntausende folgten seinem Sarg.

Wie indessen das Kleinbürgertum, von der Oberschicht ganz zu schweigen, die Bluttat beurteilte, hat der ungarische Schriftsteller Andreas Latzko beschrieben*, der in der zweiten Januarhälfte von Berlin über München nach Zürich gereist war: ». . . Mich hat die Rückfahrt . . ., noch mehr die Ereignisse, die hinter meinem Rükken niedergingen, arg hergenommen. Der Jubel über den Tod L.'s begleitete meine ganze Reise, und das ›Recccht so!‹ (›Recht so‹, mit dem bekannten gutturalen ch) war nicht leichter zu schlucken, als was ich vorher gehört . . .«

Ein halbes Jahrhundert später, 1969, schloß der Rückschau haltende Publizist Sebastian Haffner seine Betrachtungen, die Verfolgung und Ermordung Karl Liebknechts und Rosa Luxemburgs betreffend, mit der bemerkenswerten Feststellung:

»Der Mord vom 15. Januar 1919 war ein Auftakt – der Auftakt zu den tausendfachen Morden in den folgenden Monaten der Noske-Zeit, zu den millionenfachen Morden in den folgenden Jahrzehnten der Hitler-Zeit. Er war das Startzeichen für alle anderen. Und gerade er ist immer noch uneingestanden, immer noch ungesühnt und immer noch unbereut. Deswegen schreit er immer noch zum deutschen Himmel. Deswegen schickt er immer noch sein sengendes Licht in die deutsche Gegenwart wie ein tödlicher Laserstrahl.«

Die Ermordung der beiden Sozialistenführer war tatsächlich, wie wir sehen werden, der Beginn einer Entwicklung, die in den Massenvernichtungslagern ihren Höhepunkt erreichte, aber noch keineswegs abgeschlossen ist, sondern in abgeschwächter Form weiterwirkt. Die Bluttat, Auftakt zu einer von der Geschichtsschreibung schamhaft verschwiegenen, weil allen Beteiligten peinlichen Konterrevolution, sollte nicht allein das noch schwache Häuflein Spartakisten treffen, vielmehr die Revolution selbst und damit die Masse der deutschen Arbeiterschaft. Der Mord an Rosa Luxemburg und Karl Liebknecht krönte, was die einen zähneknirschend Verrat, die anderen aufatmend einen endlich gelungenen Versuch nannten, zu geordneten Verhältnissen zurückzukehren. Gleich wie man es nennt, ob Verrat oder Rückkehr zu Ruhe und Ordnung, eins ist sicher: Damals, am Abend des 15. Januar 1919, zerbrach die einst stärkste und bestorganisierte sozialistische Bewegung der Welt; die Kolbenschläge und Pistolenschüsse gedungener Mörder rissen tiefe Wunden, die die Zeit bis heute noch nicht zu heilen vermocht hat.

* Brief aus Zürich vom 29. 1. 1919 an Latzkos Freund, den Schauspieler Alexander Moissi, und dessen Frau. Original in der Sammlung des Autors.

3. Versailles, Weimar und München

Am 15. Januar 1919 hatten die von Ebert und Noske eingesetzten »Ordnungskräfte« mit dem begonnen, was sie »die Säuberung Berlins« nannten. Dabei ermordeten sie zunächst Rosa Luxemburg, Karl Liebknecht und 156 weitere Revolutionäre, in den folgenden Wochen – so Gustav Noskes gewiß nicht übertriebene Schätzung – noch »rund zwölfhundert« Bewohner des Ostens und Nordens der Stadt, die sich ihnen »verdächtig« gemacht hatten, später auch noch 32 Männer der Volksmarinedivision, die unbewaffnet zur Löhnungsausgabe gekommen waren. Doch zu dieser Zeit war Berlin schon nicht mehr das Zentrum der Ereignisse. Am 19. Januar hatten die von Ebert herbeigesehnten Wahlen zur Verfassunggebenden Nationalversammlung stattgefunden. Einen Tag zuvor, am 18. Januar 1919, dem Jahrestag der Bismarckschen Reichsgründung von 1871, war – wiederum im Schloß zu Versailles bei Paris – die Friedenskonferenz eröffnet worden. Die Entscheidungen über das künftige Schicksal Deutschlands fielen nun fern von Berlin: in Versailles, wo die USA, Frankreich, das britische Weltreich, Italien und alle anderen Kriegsgegner Deutschlands, ausgenommen das zur Sowjetunion gewordene russische Zarenreich, die Bedingungen festlegten, unter denen sie mit den geschlagenen Deutschen Frieden zu schließen bereit waren. Innenpolitisch wurden in Weimar die Weichen für die weitere Entwicklung gestellt. Dorthin wurde die vom deutschen Volk – erstmals auch von den Frauen – gewählte Nationalversammlung einberufen, deren 423 Abgeordnete am 6. Februar zusammentraten, um die nach Eberts Meinung durch die Revolution verletzte Legitimität wiederherzustellen.

Die Wahlen zur Nationalversammlung, bei denen erstmals in der deutschen Geschichte auch die Frauen stimmberechtigt und wählbar waren, besiegelten – ganz wie Ebert es erhofft hatte – die Niederlage der Revolution; die beiden sozialdemokratischen Parteien, die am 9. November 1918 gesiegt und die Macht übernommen hatten, verfehlten die absolute Mehrheit: Die SPD errang 163, die USPD 22 Mandate; die KPD hatte sich – gegen den Rat Rosa Luxemburgs – nicht an den Wahlen beteiligt, doch am Ergebnis änderte sich dadurch so gut wie nichts: Mit zusammen knapp 46 Prozent der Stimmen wären die Arbeiterparteien, hätten sie gemeinsam regieren wollen, der bürgerlichen Mehrheit unterlegen gewesen. Aber weder SPD noch USPD wären zu einer solchen Koalition bereit gewesen. Die Linken wollten mit den »Totengräbern der Revolution« nicht mehr an einem Tisch sitzen; die rechte

SPD-Führung war heilfroh, der von den Massen geforderten Einigung aller Sozialisten durch das Wahlergebnis entronnen zu sein. Die SPD hatte ja schon seit 1915 ein Bündnis mit den Liberalen und mit dem katholischen Zentrum angestrebt, und im Oktober 1918 war sie damit – dank Ludendorff – bereits am Ziel gewesen. Nur die von Ebert verabscheute Revolution hatte alles über den Haufen geworfen, doch nun konnte die SPD wieder zurück zur honetten, ihrem Ehrbarkeitsstreben entsprechenden Mitte-Links-Koalition wie unter Prinz Max von Baden. Nur bekam dieses längst erprobte Regierungsbündnis jetzt einen neuen Namen: Weimarer Koalition.

In der Nationalversammlung hatte das – vorübergehend als Christliche Volkspartei auftretende – Zentrum 90 Sitze, den als Deutsche Demokratische Partei neu formierten Liberalen waren 75 Mandate zugefallen. Mit den 163 Abgeordneten der SPD verfügte also die Weimarer Koalition über insgesamt 328 Sitze, und das war mehr als eine Dreiviertelmehrheit! Die die äußerste Rechte bildenden Deutschnationalen, die 42 Mandate erhielten, und die die Tradition der Nationalliberalen fortsetzende Deutsche Volkspartei mit 22 Abgeordneten, standen mit ihrem mehr oder weniger starken Wunsch, zur Monarchie zurückzukehren, auf verlorenem Posten.

Damit hatte die Republik einen großartigen Sieg errungen, aber es war nicht die rote Republik, nicht der von den vereinten Sozialisten getragene Volksstaat, von dem die Massen geträumt hatten, sondern eine schwarz-rot-goldene parlamentarische Demokratie bürgerlicher Prägung.

Dementsprechend fiel auch die Verfassung aus, die die Nationalversammlung der jungen Republik gab: Sie bestand, soweit es die sozialen Forderungen betraf, vornehmlich aus pathetischen Deklamationen – »Eigentum verpflichtet. Sein Gebrauch soll zugleich Dienst sein für das gemeinsame Beste« –; sie verwirklichte einige der bürgerlich-liberalen Ideale, zumal im wirtschaftlichen und kulturellen Bereich sowie hinsichtlich des Wahlrechts. Aber sie behielt andererseits die Vielstaaterei ebenso bei wie viele Züge des wilhelminischen Obrigkeitsstaats, nur setzte sie an die Stelle des Erbkaisers von Gottes Gnaden ein vom Volk direkt zu wählendes Staatsoberhaupt, den Reichspräsidenten, mit notfalls diktatorischen Vollmachten.

Doch auch wenn die Verfassung der Weimarer Republik anders und um vieles besser gewesen wäre, so hätte dies wenig geändert. Denn nicht Weimar, sondern Versailles bestimmte das Schicksal Deutschlands; der Anfang Mai 1919 unterschriftsreife Friedensvertrag war das für die junge Republik entscheidende Dokument.

Der »Dämon Versailles«, wie der Historiker Michael Freund das Ergebnis der Friedenskonferenz genannt hat, ist für nahezu alles verantwortlich gemacht worden, was sich in den folgenden Jahrzehnten in Deutschland an Unheil entwickelt und dann über Europa, ja die ganze Welt ausgebreitet hat. Theodor Heuß, das erste Staatsoberhaupt der Bundesrepublik, von 1924–28 und von 1930–33 Mitglied des Reichstags, meinte: »Die Geburtsstätte der nationalsozialistischen Bewegung ist nicht München, sondern Versailles« gewesen. Und ein anderer Liberaler, Arnold Mendelson, hat über das »Diktat von Versailles« so geurteilt:

»Für mich ist es ... nichts als ein Unglück oder vielmehr ein Verbrechen, das die anderen Völker an uns begangen haben, teils aus Neid wegen unseres materiellen Erfolges, teils aus politischer Eitelkeit, teils wohl auch infolge eines sozusagen ästhetischen Widerwillens, den Tüchtigkeit macht, die in schlechter gesellschaftlicher Form auftritt ...«

Hitler sah im Vertrag von Versailles schlicht »die Versklavung des deutschen Volkes« und die Wurzel allen Unglücks. Und auch Golo Mann erklärte noch 1964, das »widerwärtige Produkt« sei, aller einzelnen Gerechtigkeit ungeachtet, »ein ungeheueres Instrument zur Unterdrückung, Ausräuberung und dauernden Beleidigung Deutschlands« gewesen.

Philipp Scheidemann, von dem durch die Nationalversammlung zum Reichspräsidenten gewählten Ebert mit der Führung der ersten republikanischen Reichsregierung betraut, weigerte sich, das Diktat der Sieger zu akzeptieren. »Welche Hand müßte nicht verdorren, die sich und uns in solche Fesseln legte?«, rief er mit großem Pathos aus und erklärte alsdann, da der Vertrag ja unterschrieben werden *mußte*, seinen Rücktritt. Aber war der Frieden von Versailles wirklich so grausam und vor allem so ungerecht, wie ihn die Menschen damals empfanden, die Historiker heute noch schildern? War das Entsetzen berechtigt, das die Deutschen plötzlich überkam, als sie mit den von den Siegern bestimmten Ergebnissen des Ersten Weltkriegs konfrontiert wurden?

Was die territorialen Veränderungen betraf, so konnten sie an Deutschlands Westgrenze eigentlich niemanden sonderlich überraschen oder gar empören: Elsaß-Lothringen, Deutschlands Beute aus dem Krieg von 1870/71, fiel – wie vorauszusehen war – wieder zurück an Frankreich; zwei dünnbesiedelte, teilweise von französisch sprechenden Wallonen bewohnte Landkreise der Westeifel, Eupen und Malmédy, mußten an Belgien abgetreten werden – gewiß kein nationales Unglück, auch keine zum Himmel schreiende Ungerechtigkeit, wenn man bedenkt, daß Belgiens vom Reich vertraglich garantierte Unverletzbarkeit und Neutralität von den deutschen Truppen viereinhalb Jahre lang brutal mißachtet worden waren. Dazu kam die Abtretung des Saargebiets an Frankreich auf die Dauer von fünfzehn Jahren, gewissermaßen als Naturalentschädigung für die jahrelange Ausbeutung der nordfranzösischen Zechen durch die deutsche Besatzung, sowie die Entmilitarisierung und vorläufige alliierte Besetzung der bei Deutschland verbleibenden linksrheinischen Gebiete nebst einigen Brückenköpfen am rechten Ufer.

Vergleicht man damit, was nicht nur die deutsche Führung, sondern auch nationalliberale Politiker wie Stresemann, Demokraten wie Walter Rathenau und führende Vertreter des linken Zentrums wie Erzberger, während des Krieges, bis ins Jahr 1918, zu »unverzichtbaren« Gebietsforderungen gegenüber Frankreich und Belgien erklärt hatten, so nahmen sich die Annexionen und sonstigen Maßnahmen der Sieger an Deutschlands Westgrenze geradezu bescheiden aus.

Zu den sogenannten »engeren« Forderungen der Gemäßigten hatten die Einverleibung Luxemburgs, der Provinz Lüttich und des französischen Erzreviers von Longwy und Briey, die Eingliederung Westbelgiens als »Vasallenstaat« in das deutsche Wirtschaftsgebiet sowie die militärische Besetzung wichtiger Stützpunkte an der belgischen und französischen Kanalküste gehört. Die Rüstungsindustrie und die von ihr finanzierten Alldeutschen waren in ihren Annexionsplänen noch weiter gegangen: Sie hatten sich ganz Belgien sowie das nördliche und östliche Frankreich, etwa bis zur Linie Belfort-Charleville-Amiens-Dieppe einverleiben und das übrige französische Gebiet »tributpflichtig« machen wollen.

Weit schlimmer als die Veränderungen im Westen, von denen im Grunde nur die vorläufige militärische Besetzung des Rheinlandes durch die Siegermächte vom deutschen Volk als bitteres Unrecht empfunden wurde, traf die Besiegten die in Versailles festgelegte Neuordnung im Osten: Die Provinz Posen und der größte Teil Westpreußens fielen an das wiedererstandene Polen, ebenso Ost-Oberschlesien, wo die Grenzziehung durch Volksabstimmungen festgelegt werden sollte; ein schmaler Landstreifen im Nordosten der Provinz Ostpreußen, das sogenannte Memelgebiet, wurde der Verwaltung der neuen Republik Litauen unterstellt; Danzig und Umgebung bildeten künftig eine vom Reich unabhängige Freie Stadt, und in den masurischen Gebieten Südostpreußens war, wie in Oberschlesien, ein Volksentscheid vorgesehen, der die Grenzziehung gegenüber Polen regeln sollte, wobei das Ergebnis dann zugunsten Deutschlands ausfiel.

Der Verlust von Posen und Westpreußen, die Abtrennung Ostpreußens vom übrigen Deutschland durch den »polnischen Korridor« und der Verzicht auf Danzig sowie auf das oberschlesische Industrierevier wurden als äußerst schmerzlich empfunden. Man hatte vergessen oder verdrängt, daß die verlorenen Gebiete dem im späten 18. Jahrhundert aufgeteilten und wiedererstandenen Polen gehört hatten; daß sich im Kaiserreich vor 1914, nach mehr als hundertjähriger Preußenherrschaft und Zwangsgermanisierung, noch immer rund vier Millionen »Untertanen« Wilhelms II. zur polnischen Nationalität, mindestens aber zu einer slawischen Muttersprache bekannt hatten. Vor allem aber wollte man sich nicht mehr daran erinnern, welche Ost-Eroberungen Deutschlands noch wenige Monate zuvor als »unverzichtbar« gegolten hatten: ganz Russisch-Polen, Litauen, Kurland, die Ukraine, die Krim, dazu als vom Reich völlig abhängige »Vasallenstaaten« Livland, Estland und Finnland, Bessarabien, das Kuban-Gebiet, Georgien, Armenien und Aserbeidschan bis zum Kaspischen Meer, ferner Weißrußland, das Donezbecken und die Gebiete östlich davon bis dicht an die Wolga.

Verglichen mit den deutschen Eroberungsplänen bis 1918, mußten die von den Siegern 1919 verfügten Abtretungen zugunsten Polens geringfügig erscheinen, erst recht die sonstigen Grenzkorrekturen: Nordschleswig fiel aufgrund eines Volksentscheids an Dänemark, das Hultschiner Ländchen wurde der neugebildeten Tschechoslowakei zugeschlagen – das war alles, was in Versailles an Veränderungen der Grenzen Deutschlands beschlossen worden war.

Dazu kam allerdings, daß das Reich auf alle seine – im Kriege ohnehin längst verlorengegangenen – überseeischen Kolonien verzichten mußte. Abgesehen davon, daß dieser frühe Verlust den Deutschen in den folgenden Jahrzehnten all das erspart hat, was die Siegermächte dann im Zuge der Unabhängigkeitskriege in der Dritten Welt selbst erlitten (und die sich befreienden Kolonialvölker erleiden ließen), war der Verzicht auf die Kolonien nur für sehr wenige Deutsche schmerzlich: Ein paar steinreiche Aristokraten, Großindustrielle, Bankiers, Reeder und Schnapsgroßhändler verloren – gegen angemessene Entschädigung aus der Reichskasse, versteht sich – ihre auf Kosten der Masse der Steuerzahler jahrzehntelang ausgebeuteten Monopole; ein paar hundert Kolonialbeamte mußten ihr afrikanisches Herrenleben mit einem erheblich bescheideneren Dasein in der Deutschen Provinz vertauschen, und einige tausend rauschebärtige Oberlehrer und Biertisch-Strategen betrauerten das Ende germanischer Weltherrschaft.

Sie alle und auch zahlreiche maßgebende Politiker hatten noch im Sommer 1918 die Erweiterung des deutschen Kolonialreichs um Senegal, Guinea, Obervolta, Dahomey, Nigeria, die Elfenbeinküste, Französich-Äquatorialafrika, Belgisch-Kongo, Uganda, Kenia, Katanga, Nordrhodesien, Angola und Nord-Mozambique gefordert, dazu die Azoren, Madeira, die Kanarischen und Kapverdischen Inseln, Sansibar, die Komoren und Madagaskar, die Kontrolle über die Häfen am Roten Meer und noch manches andere. Da konnte sie die – mangels Masse – geringere Gier der Sieger eigentlich nicht verwundern.

Weit härter als der Verlust der Kolonien traf die konservativen Deutschen die von den Siegern beschlossene drastische Beschränkung der deutschen Rüstung. Das Reich mußte sich unter Verzicht auf die allgemeine Wehrpflicht, mit einer 100000-Mann-Armee begnügen, die aus Berufssoldaten bestehen und keine schweren Waffen oder Panzer, erst recht keine Flugzeuge haben sollte. Dazu kam eine kleine, für den Küstenschutz ausreichende Kriegsmarine ohne Schlachtschiffe und Unterseeboote, also insgesamt gerade genug zur Wahrung der – auch von den Westmächten gewünschten – »Ruhe und Ordnung« im Innern sowie zur Abwehr etwaiger Übergriffe kleinerer Nachbarn, etwa Polens oder der Tschechoslowakei, hingegen entschieden zu wenig für einen Angriffskrieg.

Diese Bestimmungen des Versailler Friedensvertrags wurden vom deutschen Bürgertum, erst recht von den Militärs und von der Rüstungsindustrie, als infame Diskriminierung und »Wehrlosmachung« empfunden. Man hatte (oder wollte) vergessen, daß das Deutsche Reich gerade erst die halbe Welt vier Jahre lang in Schrecken versetzt hatte und nur mit ungeheuren Opfern an Gut und Blut schließlich niedergerungen worden war.

Noch empörter nahm man in Deutschland jene Bestimmungen des Versailler Vertrags auf, die vom besiegten Deutschen Reich eine materielle Wiedergutmachung aller durch den Krieg entstandenen Schäden forderten, teils durch Ablieferung von Wirtschaftsgütern unterschiedlichster Art, teils durch Geldzahlungen in erst später genau festzusetzender Höhe. Von den dann zunächst erhobenen Forderungen – rund 270 Milliarden Goldmark, zahlbar in jährlichen Raten bis 1963 – gingen die Siegermächte schon sehr bald ab, ermäßigten sie auf weniger als die Hälfte, ließen sich immer weiter herunterhandeln und erhielten in den Jahren 1924–31 im ganzen nicht mehr, als sie ihrerseits dem Reich borgten.

Verglichen mit dem, was Deutschland von dem am Boden liegenden Rußland Anfang März 1918 im Frieden von Brest-Litowsk gefordert und großenteils auch erhalten hatte, waren die im Versailler Vertrag vorgeschriebenen Wiedergutmachungsleistungen, insbesondere an das vom Krieg verwüstete Frankreich, gar nicht so übermäßig und hart. Und gemessen an dem, was das Reich dann tatsächlich aus eigener Kraft an Wiedergutmachung leistete, war die ungeheure Aufregung darüber wahrlich unbegründet.

Aber die wilde Empörung in Deutschland richtete sich auch erst in zweiter Linie gegen die – noch gar nicht genau bezifferte – Höhe der Reparationen. Alles Zähneknirschen und ohnmächtiges Fäusteballen betraf vielmehr in erster Linie die moralische Begründung der alliierten Wiedergutmachungsforderungen, nämlich die sogenannte *Kriegsschuldfrage.* Denn der Anspruch der Sieger auf Reparationen war verankert im Artikel 231 des Versailler Friedensvertrags, worin die Alleinschuld Deutschlands am Weltkrieg 1914–18 festgestellt wurde. Und nun sollte das geschlagene Reich durch die Unterschrift seiner Bevollmächtigten diese Schuld auch noch ausdrücklich anerkennen, sich also – wie man fand – einer Lüge unterwerfen.

Mag sein, daß damals viele Deutsche wirklich noch glaubten, man habe im August 1914 einer Welt von angriffslustigen Feinden gegenübergestanden, die über ein friedliches Deutschland unprovoziert hatten herfallen wollen und gegen die man gezwungen gewesen war, das bedrohte Vaterland zu verteidigen. Mag auch sein, daß man inzwischen zu der Auffassung gekommen war, Deutschland träfe allenfalls eine Mitschuld am Ausbruch des Krieges, in den es unvorsichtigerweise, vielleicht auch ein wenig durch die Großmannssucht seiner Herrscher dazu verleitet, »hineingeschlittert« sei. Und noch heute finden die konservativen Historiker Gründe jedweder Art – von der zwar sehr unklugen, aber doch nicht verwerflichen »Nibelungentreue« Deutschlands zu Österreich-Ungarn bis zur »tragischen Verkettung unglückseliger Umstände« –, die den Schuldanteil des kaiserlichen Deutschlands an der zielstrebigen Vorbereitung und schließlichen Auslösung des Ersten Weltkriegs auf ein bescheidenes, durchaus verzeihliches Maß verkleinern sollen.

Weil aber die Frage der deutschen Kriegsschuld – die *»Kriegsschuldlüge«*, wie man fortan in Deutschland sagte und schrieb – für den raschen Untergang der Weimarer Republik, den Aufstieg Hitlers und alles, was dessen Diktatur dann in Deutschland und der übrigen Welt angerichtet hat, in ganz erheblichem Maße mitentscheidend gewesen ist, sei hier noch einmal daran erinnert, wie es zum Ersten Weltkrieg gekommen ist und wer als die Hauptschuldigen gelten müssen:

Schon im Jahre 1912 war das prekäre europäische »Gleichgewicht der Mächte« äußerst gefährdet. Im Februar hatte die kaiserliche Reichsregierung ein von Lord Haldane überbrachtes Angebot, zu einem friedlichen, für Deutschland recht vorteilhaften Ausgleich der britischen und deutschen Hochseeflotten- und Kolonialinteressen zu kommen, brüsk abgelehnt. Im Juni desselben Jahres war das allgemeine Wettrüsten der europäischen Mächte, das das nach klarer Vorherrschaft auf dem Kontinent und zur See strebende Reich zehn Jahre zuvor begonnen hatte, von der deutschen Führung weiter verschärft worden. Im Oktober 1912 hatten die Balkanstaaten der Türkei, dem »kranken Mann am Bosporus«, auch noch jenes

Gebiet, den Sandschak Nowibasar, abgenommen, das bis dahin die letzte Landverbindung zu Österreich-Ungarn gewesen war. Die Alldeutschen, hinter denen die Rüstungsindustrie stand, aber auch die »gemäßigte« Rechte samt Kaiser und Generalstab sahen die ersehnte Militärachse Berlin–Wien–Konstantinopel–Bagdad ernstlich gefährdet.

Als dann auch die bürgerliche Presse Alarm zu schlagen begann, gab der Reichskanzler v. Bethmann Hollweg vor dem Reichstag eine Erklärung ab, worin er den Österreichern die militärische Unterstützung des Reichs zusagte, falls sie in Serbien einmarschieren und deshalb von Rußland angegriffen werden würden.

Diese Verfälschung des Verteidigungsbündnisses zwischen Berlin und Wien in einen Militärpakt, der auch Angriffshandlungen der Partner deckte, rief den Protest der mit dem zaristischen Rußland sympathisierenden ostelbischen Junker hervor. Auch ließen die Briten der Reichsregierung insgeheim eine Warnung zukommen: Bei einem unprovozierten Angriff Österreichs und Deutschlands auf Serbien und Rußland würde sich Großbritannien gezwungen sehen, auf seiten der Kriegsgegner Deutschlands einzugreifen.

Mit diesen unvorhergesehenen, durchaus unerwünschten Komplikationen der seit 1905 in allen Einzelheiten feststehenden deutschen Pläne für einen offensiv geführten Zweifrontenkrieg gegen Rußland und Frankreich befaßte sich am 8. Dezember 1912 ein von Wilhelm II. nach Potsdam einberufener geheimer Kriegsrat. Daran nahmen, außer dem Kaiser und dem Generalstabschef v. Moltke, auch Großadmiral v. Tirpitz, der Chef des Marineamts, Admiral Georg v. Müller, Marineberater Wilhelms II., sowie Generaloberst v. Heeringen, damals preußischer Kriegsminister, teil.

Die genauen Einzelheiten der Ergebnisse dieses Kriegsrats sind erst 1969 bekanntgeworden, und zwar durch die erste authentische Veröffentlichung der geheimen Tagebuchaufzeichnungen des Admirals v. Müller. Auch sind die – unabhängig voneinander – erstatteten Berichte des sächsischen und des bayerischen Militärbevollmächtigten in Berlin, Leuckhart und Wenninger, an ihre Regierungen in Dresden und München inzwischen aufgefunden worden. Diese »streng vertraulichen« Meldungen beruhten auf Informationen, die der preußische Kriegsminister v. Heeringen den beiden Herren gegeben hatte. Sie bestätigten und ergänzten die Tagebuchaufzeichnungen des Admirals v. Müller.

Diesen insgesamt drei zuverlässigen Quellen zufolge setzte sich Generalstabschef v. Moltke am 8. Dezember 1912 in Potsdam für ein sofortiges Losschlagen gegen Frankreich und Rußland ein, denn »der Moment (sei) niemals günstiger gewesen«; ein Krieg käme »jetzt Frankreich nicht gelegen, was sich aus dessen Eintreten für eine friedliche Lösung der Verhältnisse (auf dem Balkan) entnehmen lasse«. Auch wüßte man ja, daß von 1916 an – wegen der bis dahin von den Russen erreichten Beschleunigung des Aufmarschs ihrer Truppen an den Westgrenzen des Zarenreichs – an einen Zweifrontenkrieg Deutschlands nicht mehr zu denken sei.

Doch gegen das von Moltke geforderte »sofortige Losschlagen« opponierten sogleich die Admirale. Marineamtschef v. Tirpitz forderte »das Hinausschieben des großen Kampfes« um mindestens ein Jahr, besser noch anderthalb Jahre, »bis der Kanal und der U-Boot-Hafen fertig seien«. Mit dem »Kanal« war der Kaiser-Wilhelm-Kanal, die Verbindung zwischen der Ostsee bei Kiel und der Nordsee bei Brunsbüttelkoog, gemeint, dessen Vertiefung im Gange war. Die Admiralität stellte sich auf den Standpunkt, daß erst, wenn auch die großen Schlachtschiffe den Kanal passieren könnten, die Verteidigung der deutschen Nord- und Ostseeküsten hinreichend gewährleistet sei.

Das aber war, wie der Kaiser und Moltke, wenn auch »ungern«, zugeben mußten, eine wichtige Voraussetzung für ein sicheres Gelingen des geplanten Angriffskriegs. Vor allem während der ersten kritischen Kriegswochen mußten die deutschen Küsten gegen feindliche Landungsversuche geschützt sein. Denn gemäß dem Schlieffenplan stand dann fast das gesamte deutsche Feldheer weit im Westen, um »mittels Sichelschnitt durch Belgien« und Nordfrankreich die französischen Heere in einem gewaltigen Umfassungsmanöver zu vernichten. Während dieser Zeit würde Deutschland selbst von Truppen fast gänzlich entblößt sein, und auch an der russischen Grenze sollten dann nur schwache Kräfte stehen.

So kam der Kriegsrat am 8. Dezember 1912 schließlich überein, mit dem geplanten Angriff auf Rußland und Frankreich bis zur Fertigstellung des vertieften Nord-Ostsee-Kanals, also etwa bis zum Sommer 1914, zu warten. Die Zeit bis dahin, so wurde weiter beschlossen, sollte dazu benutzt werden, Stimmung gegen Rußland zu machen, besonders beim ostelbischen Adel, den Schlieffenplan und die Voraussetzungen für einen Blitzsieg im Westen noch zu verbessern und »die Dinge so zu gestalten, daß Rußland . . . oder seine Trabanten als Angreifer *erscheinen*«*.

Man war fest entschlossen, den Weltkrieg selbst auszulösen, unprovoziert und blitzartig anzugreifen und einen Vorwand dafür zu erfinden oder gar, wie Wilhelm II. es dann formulierte, »zu konstruieren«.

Und so geschah es.

Bereits am 8. Januar 1913 kündigte die deutsche Presse eine

*Aus einer handschriftlichen Randbemerkung Kaiser Wilhelms II. vom 18. Dezember 1912.

gewaltige Verstärkung des deutschen Heeres an. Gleichzeitig begann der Große Generalstab, den geplanten Angriffskrieg vorzubereiten. Am 1. April 1913 wurde der für einen echten Verteidigungsfall gedachte »Große Aufmarschplan Ost« von Moltke mit einem Federstrich außer Kraft gesetzt, zugleich in den Schlieffenplan, der bislang auch als Gegenschlag gegen einen französischen Angriff konzipiert gewesen war, eine von Ludendorff erdachte Variante eingebaut, nämlich der blitzartige Überfall auf die belgische Festung Lüttich unmittelbar nach Verkündung der Mobilmachung. Und hinter dieser »Verbesserung« des Schlieffenplans steckte nicht nur ein militärischer Gedanke, nicht nur der Wunsch, eine wichtige Festung zu nehmen, bevor sie verteidigungsbereit wäre. Vielmehr sollte der unprovozierte Angriff auf das neutrale Belgien den »schwächlichen Zivilisten«, also der Reichsregierung, jede Möglichkeit nehmen, während der acht- bis zehntägigen Phase des eigenen Truppenaufmarschs doch noch den Frieden durch diplomatische Verhandlungen zu retten.

Bis zum 12. Juni 1914 war auch die zweite Voraussetzung für ein termingerechtes Losschlagen erfüllt. Die seit achtzehn Monaten von den Deutschen auf allerlei Weise empfindlich gereizte russische Regierung setzte an diesem Tage Verordnungen in Kraft, die mit Roggenzollerhöhungen und Erntehelfersperren die ostelbischen Rittergutsbesitzer empfindlich trafen, so daß sie nunmehr keine Rücksicht auf das Zarenreich mehr verlangten.

Am 23. und 24. Juni 1914 wurden in Brunsbüttelkoog und Kiel die letzten Kanalschleusen eingeweiht; der mit Hochdruck für Schlachtschiffe der »Dreadnought«-Klasse passierbar gemachte Nord-Ostsee-Kanal war pünktlich fertig geworden und damit die dritte Voraussetzung des geplanten Angriffskriegs ebenfalls erfüllt. Nun fehlte nur noch ein Vorwand zum Losschlagen, eine – notfalls zu konstruierende – Provokation.

Sie kam genau sechs Tage später, am 30. Juni 1914, als das österreichische Thronfolgerpaar in Sarajewo von einem serbischen Nationalisten ermordet wurde – zum haargenau richtigen Zeitpunkt und so perfekt in die Pläne der deutschen Führung passend, daß man an einen Zufall nicht recht glauben mag.

Es gibt indessen allenfalls ein paar Indizien dafür, daß das Attentat, das den letzten Anstoß zum Krieg gab, von deutscher Seite bestellt worden sein könnte: So war der serbische Geheimdienstchef und örtliche Drahtzieher des Anschlags, Oberst Dimitrewitsch, genannt »Apis«, 1913 zu langen und streng geheimen Besprechungen mit deutschen Generalstäblern in Berlin, und fest steht auch, daß der ermordete Erzherzog Franz Ferdinand den Berliner Militärs als »unklare Persönlichkeit« galt, weil er jeder Provokation Rußlands abhold war. Schließlich weiß man, daß der deutsche Botschafter in Wien, v. Tschirschky, im Frühjahr 1914 sein Bedauern darüber äußerte, daß Franz Ferdinand dem geplanten Krieg »im Wege stehe«. Doch alle daraus zu folgernden Schlüsse sind reine Spekulationen; sichere Beweise fehlen.

Sie sind auch gar nicht vonnöten, was die Frage nach der Schuld am Ausbruch des Weltkriegs betrifft, die die deutsche Öffentlichkeit im Frühjahr 1919 so stark erregte. Es war und ist heute erst recht unbezweifelbar, daß die deutsche Führung einen Angriffskrieg geplant und zu dem ihr genehmen Zeitpunkt begonnen hat, allen Warnungen zum Trotz und mit dem Ziel, die Alleinherrschaft über Europa zu erringen, sich die russischen und nahöstlichen Rohstoffquellen zu erschließen und »am deutschen Wesen die Welt genesen« zu lassen.

Blinder Größenwahn und skrupellose Aggressivität hatten zu der voraussehbaren Katastrophe geführt, doch die Mehrheit der Deutschen wollte dies nicht wahrhaben. Und die »Weimarer Koalition« unter Führung der SPD, die Ludendorff und dem Kaiser schon die Verantwortung für die Kapitulation brav abgenommen hatte, sollte nun auch noch das Odium auf sich nehmen, alle Forderungen der Alliierten, einschließlich der Anerkennung der Alleinschuld Deutschlands am Kriege, zu erfüllen.

Die republikanische Regierung – Nachfolger des zurückgetretenen Ministerpräsidenten Scheidemann wurde der Sozialdemokrat Gustav Bauer – erfüllte seufzend auch diese Pflicht. Und sie verweigerte den Kriegsgegnern nur eines, nämlich die von diesen geforderte Auslieferung aller Kriegsverbrecher, darunter die alte Führungsclique und zahlreiche hohe Militärs. Statt dessen erbot sie sich, die angeblichen Kriegsverbrecher vor deutsche Gerichte zu stellen. Dies geschah dann auch in einigen Fällen; die Prozesse endeten erwartungsgemäß mit Freisprüchen.

Wie hätte es auch anders sein können? Denn die republikanische Regierung tat ihr Äußerstes, die für die alten Mächte peinliche und gefährliche Wahrheit über die Schuld Deutschlands am Krieg nicht bekanntwerden zu lassen. So erklärte sie die Ergebnisse der langjährigen Ermittlungen des eminenten Juristen Hermann Kantorowicz, der im Auftrag des Reichstags die Kriegsschuldfrage untersucht hatte, zur streng geheimen Verschlußsache, die – hier zeigt sich deutlich die Kontinuität des Einflusses der alten Mächte! – auch tatsächlich erst im Jahre 1969 (!) freigegeben wurde.

Während in Weimar die Nationalversammlung tagte und zu Versailles am 28. Juni 1919 zwei totenbleiche Minister, Hermann Müller (SPD) und Dr. Johannes Bell (Zentrum) den Friedensvertrag unterzeichneten, trat Hindenburg unter Protest vom Oberbefehl zurück (». . . ich muß als Soldat den ehrenvollen Untergang einem schmählichen Frieden vorziehen!«), wogegen Noske, der ebenfalls seinen Rücktritt eingereicht hatte, von Ebert und General Groener bewogen wurde, im Amt zu bleiben. Man brauchte ihn noch, diesen sozialdemokratischen Anführer der Konterrevolution.

Denn seit der blutigen Niederwerfung des angeblichen »Spartakisten«-Aufstands in Berlin war der Bürgerkrieg weiter in Gang geblieben: Anfang Februar an der Nordseeküste, vor allem in Bremen; dann in Thüringen und in der preußischen Provinz Sachsen, in der ersten Märzhälfte wieder in Berlin, im April in Bayern, von Mai an im ehemaligen Königreich Sachsen und so fort.

Dieser blutige, Tausende von Todesopfern fordernde deutsche Bürgerkrieg des Jahres 1919 wurde später und wird noch heute gern totgeschwiegen, stellte er doch einerseits – unter maßgeblicher Beteiligung und Verantwortung der rechten SPD-Führung – die Weichen für jene Entwicklung, die zum Untergang der Republik, zur Nazi-Diktatur und zum Zweiten Weltkrieg geführt hat, was für die beteiligten Nicht-Nazis wahrlich kein Ruhmesblatt ist. Andererseits wollten auch die Führer und Nutznießer des »Dritten Reiches« nicht wahrhaben – und ihre Epigonen leugnen es noch heute –, daß sie die Anfänge ihrer »Bewegung«, ihre Waffen, Uniformen, geheimen Zusammenschlüsse und ihr erstes Blutlekken dem von ihnen verfluchten »System« und speziell jenem als »Novemberverbrecher« und »Volksverräter« geschmähten »Bonzenpack« an der Spitze der SPD verdankten; daß sie unter dem Befehl Gustav Noskes und dem Patronat der diversen Regierungen der schwarz-rot-goldenen Weimarer Koalition angeworben und auf die deutsche Arbeiterschaft losgelassen wurden.

Die Initiative zum Bürgerkrieg, zum Loslassen der bunt zusammengewürfelten Landsknechthaufen auf die größtenteils sozialdemokratischen Arbeiter- und Soldatenräte und die hinter diesen stehenden Massen lag eindeutig bei Ebert und Noske, die den Wünschen des Militärs entgegenkamen. Und überall – mit einer Ausnahme, von der noch zu reden sein wird – gingen die Freikorps offensiv vor. Oft gab es nicht einmal einen Vorwand für ihr Eingreifen. Worum es in Wahrheit ging, hat Noskes General Maercker, der Kommandeur des Landesjägerkorps, als einziger offen ausgesprochen:

»Im Kampf der Reichsregierung gegen die Linksradikalen« – und damit meinte der stockkonservative General alle, die nicht wie Ebert und Noske dachten – »handelte es sich ausschließlich um die Erhaltung der politischen Macht. Zu diesem rein politischen Zweck wurde die Truppe eingesetzt: als Machtmittel zur Festigung der inneren Politik. Die Schwäche der Regierung gestattete es aber nicht, das offen zu sagen. Sie fürchtete sich, Farbe zu bekennen und zu erklären, daß die Freiwilligentruppe dazu diene, die Räteherrschaft zu beseitigen, wo sie noch bestand. Denn darauf kam es letzten Endes an. Sie umging es, indem sie militärische Angelegenheiten zum Anlaß des Eingreifens machte. Mir lag dies unaufrichtige Verhalten keineswegs. Ich hätte den Arbeiterführern gegenüber sicherer dagestanden, wenn ich offen hätte erklären können: ›Meine Anwesenheit bedeutet den Kampf gegen die von euch erstrebte Räteherrschaft und gegen die Gewaltherrschaft des bewaffneten Proletariats.‹«

Man muß immer wieder daran erinnern: Die Räte und das bewaffnete Proletariat waren – die Wahlen zeigten es deutlich – noch immer in überwältigender Mehrheit Sozialdemokraten. Nur hatten sie, im Gegensatz zu ihrer Führung, die die Revolution voll und ganz rückgängig machen wollte, die alten Ziele der Sozialdemokratie noch nicht aufgegeben.

Umgekehrt waren die Freikorps und ihre Führer – es gab insgesamt 68 »amtlich anerkannte« Verbände mit zusammen fast vierhunderttausend Mann! – alles andere als regierungs-, republik- oder gar SPD-freundlich. Die Anführer, die später zu einem sehr großen Teil den obersten Rängen der Nazi-Hierarchie angehörten, machten daraus keinen Hehl. So bezeichnete Oberst Reinhardt seiner Truppe gegenüber die Reichsregierung schlicht als »Lumpengesindel«; Hauptmann Hans Peter v. Heydebreck, später als hoher SA-Führer beim »Röhm-Putsch« erschossen, damals Führer des Freikorps »Werwolf«, erklärte offen: »Krieg dem Staat von Weimar und Versailles! Krieg jeden Tag und mit jedem Mittel! So wie ich Deutschland liebe, so hasse ich die Republik des 9. November!«

Aber diese Republik legte ihr Schicksal vertrauensvoll in die Hände dieser konterrevolutionären Banden; ihr gewähltes Staatsoberhaupt, Reichspräsident Friedrich Ebert, ließ sie die Revolution zusammenschießen, die ihn und seine Partei an die Macht gebracht hatte, und Reichswehrminister Gustav Noske kommandierte das Gemetzel.

Wie grausam diese Gegenrevolution war, zeigte sich besonders in Bayern, dem einzigen Land, wo 1919 die Initiative zunächst nicht auf seiten der Reichsregierung und ihrer Freikorps, sondern bei den Revolutionären lag:

In München war schon früher als in Berlin, in der Nacht vom 7. zum 8. November 1918, die Republik ausgerufen worden. Der Mann, der dort zielstrebig und umsichtig die Revolution organisierte, war Kurt Eisner, ein Berliner Intellektueller jüdisch-gutbürgerlicher Herkunft, zunächst gemäßigter Sozialdemokrat, dann entschiedener Pazifist und Mitglied der in Bayern kaum organisierten USPD. Er machte, sozusagen im Alleingang und ohne jegliches Blutvergießen, einen Strich durch alle Rechnungen der alten wie der potentiellen neuen Machthaber, überrumpelte die rechte SPD-Führung durch die Schaffung einer von der Arbeiterschaft und den Soldaten der Münchner Garnison voll unterstützten Revolutions-Regierung, dem »Rat der Arbeiter, Soldaten und Bauern«, dessen Vorsitz er übernahm und von dem er sich zum provisorischen Ministerpräsidenten wählen ließ. In sein sofort gebildetes Kabinett berief er den Führer der bayerischen SPD, Erhard Auer, der zähneknirschend einwilligte, Eisners Innenminister zu werden.

Arthur Rosenberg, der wohl bedeutendste linke Historiker, hat Eisner als »den einzigen schöpferischen Staatsmann der deutschen Revolution« bezeichnet, und tatsächlich war dieser »Kaffeehaus-Literat«, wie ihn die rechten Sozialdemokraten verächtlich nannten, der einzige Politiker in Deutschland, der einerseits die Macht zu ergreifen und mit ihr umzugehen verstand, aber anderseits keinen Augenblick lang den Kontakt zu den revolutionären Massen und ihrem Willen verlor. Er wollte, wie die von ihm geführten Arbeiter, Bauern und Soldaten, die Ablösung der alten Führungsschichten auf allen Gebieten, mit allem Nachdruck, aber ohne Blutvergießen; er erstrebte den sozialen Fortschritt für die bislang Ausgebeuteten und Entrechteten, eine – durchaus ordentliche und disziplinierte – Rätedemokratie mit einer wiedervereinigten Sozialdemokratie als staatstragender Partei und einem vom ganzen Volk gewählten Parlament als Kontrollinstanz zur Verhinderung einer Diktatur.

Bei den bayerischen Landtagswahlen im Januar 1919 erhielten die Linken nur etwa ein Drittel der Sitze, Eisners USPD gar nur drei von einhundertachtzig Mandaten, aber dieses Ergebnis hatte der Chef der Revolutionsregierung vorausgesehen. Er war auch durchaus bereit, nach dem Zusammentritt des neuen Parlaments als Ministerpräsident zurückzutreten und die Regierungsgeschäfte einer Koalition aus bürgerlichen Liberalen und rechten Sozialdemokraten zu überlassen. Aber er plante, den Vorsitz im Arbeiter-, Soldaten- und Bauernrat zu behalten und darüber zu wachen, daß die Revolution weiterging wie bisher, zielstrebig, gewaltlos und im Einklang mit den Forderungen der Arbeiterschaft.

Doch dazu kam es nicht. Auf dem Weg zum Landtag wurde Kurt Eisner das Opfer eines Attentats. Sein Mörder war ein Graf Arco-Valley, ein junger bayerischer Aristokrat, der aus der rechtsradikalen »Thule-Gesellschaft« wegen »nicht rein arischer Abstammung« – seine Mutter war eine Tochter des Kölner Bankiers Freiherr v. Oppenheim – ausgeschlossen worden war und nun hatte beweisen wollen, daß »auch ein Halbjude einer heldischen Tat fähig sei«.

Der »Held« kam, wie damals alle Mörder rechtsradikaler Gesinnung, am Ende mit einer gelinden Freiheitsstrafe davon; sein Verbrechen aber hatte sehr schwere Folgen: Zunächst stob die bayerische Regierung auseinander; die gesamte Arbeiterschaft des Landes legte mit einem Protest-Generalstreik die Wirtschaft lahm, und Eisners Begräbnis wurde zu einer Massendemonstration, wie sie München noch nicht erlebt hatte. Hunderttausende gaben dem Sarg des ermordeten Führers der bayerischen Revolution das letzte Geleit, darunter auch ganze Dorfschaften aus dem Oberland in Gebirglertracht mit geschulterten Äxten und Jagdgewehren. In den folgenden Tagen und Wochen aber zeigte sich, daß Bayern nun führungslos war; erst nach mehr als einem Monat konnte sich eine – macht- und mehrheitslose – allsozialistische Landesregierung unter dem rechten Sozialdemokraten Johannes Hoffmann bilden, während die einzige noch verbliebene Autorität, der »Rat der Arbeiter, Soldaten und Bauern«, sich selbst durch heftige innere Streitigkeiten lähmte.

Da gab es eine gemäßigte Fraktion unter Führung des jungen Volksschullehrers Ernst Niekisch; eine andere, zwar redlich bemühte, aber in der politischen Praxis gänzlich unerfahrene Gruppe von intellektuellen »Edelanarchisten«, zu der der angesehene Literaturhistoriker Gustav Landauer und die expressionistischen Dichter Ernst Toller und Erich Mühsam zählten, und *einen* Kommunisten, Eugen Leviné, den die Berliner Parteizentrale nach München entsandt hatte, damit er dort eine bayerische KPD aufbaute.

Binnen drei Wochen hatte Leviné, ein Mann von außerordentlichen Fähigkeiten, praktisch aus dem Nichts heraus eine zwar zahlenmäßig kleine, aber glänzend funktionierende Parteiorganisation geschaffen. Als dann am 7. April 1919 die Gruppe um Landauer und Toller eine bayerische Räterepublik ausrief und die nach Bamberg geflohene Regierung Hoffmann für abgesetzt erklärte, waren Levinés Kommunisten die einzigen, die dagegen stimmten und jede Mitarbeit ablehnten, weil sie – durchaus zu Recht – der Meinung waren, die Räte seien nicht regierungsfähig, verfügten über keinerlei Organisation, hätten weder Waffen noch klare Ziele und könnten nur Unheil stiften.

Erst als es eine Woche später zu einem Putschversuch der Münchener Garnison gegen die Räte kam, der von den Arbeitern der Landeshauptstadt rasch niedergeschlagen wurde; als nach einem zweiten Versuch des bayerischen Militärs, München – nun von außen her – einzunehmen, auch diesmal die Truppen der Konterrevolution von einer Räte-Streitmacht unter dem Kommando von Ernst Toller besiegt worden waren, und als daraufhin die Regierung Hoffmann Noskes Gardekavallerie-Schützendivision und starke Freikorps-Verbände zu Hilfe rief, da entschloß sich Leviné, in München die Führung zu übernehmen, obwohl (oder weil) er ahnte, was nun bevorstand.

In aller Eile organisierte er die Verteidigung der Stadt gegen die

Zur Bewaffnung

Die Bewaffnung der Arbeiter erfolgt in den Betrieben durch die Betriebsräte. In erster Linie werden die Waffenkundigen bewaffnet.

Für Waffenunkundige werden sofort Uebungen unter Leitung von Waffengeübten abgehalten. Alle Waffendienste sind nur von Waffenkundigen auszuüben.

Die Arbeiter müssen ihre Waffen auf dem Wege zu und von der Arbeitsstelle ständig bei sich tragen.

Die Betriebsräte haben an Hand von Listen, welche Namen und Waffennummern enthalten, eine strenge Waffenkontrolle auszuüben.

München, den 14. April 1919

Vollzugsrat der Betriebs- und Soldatenräte Münchens

Aufruf des Vollzugsrates der Betriebs- und Soldatenräte Münchens

anrückenden, stark überlegenen Truppen, ließ Lebensmittel und Geld requirieren und auch, während in den Arbeitervorstädten schon die Kanonen der Freikorps zu hören waren, als erster deutscher Revolutionär ein paar politische Gegner in Haft nehmen.

Unter den Gefangenen, die im Luitpold-Gymnasium eingesperrt wurden, befanden sich sechs oder sieben Mitglieder jenes rechtsradikalen Geheimbunds »Thule-Gesellschaft«, dem der Eisner-Mörder Graf Arco angehört hatte. Man hatte bei ihnen gefälschte

Stempel der Räte-Regierung gefunden, auch Anzeichen dafür, daß sie mit den anrückenden Freikorps in geheimer Kurier-Verbindung standen.

Als bei den Rotgardisten, die die Gefangenen bewachten, Nachrichten über Greueltaten der Freikorps in den Münchener Vororten eintrafen und bekannt wurde, daß die Gardekavallerie-Schützendivision Prämien für das Töten von Rotgardisten – dreißig Mark für jeden Mann, sechzig Mark für jeden Führer – ausgesetzt habe, kam es zu der *einzigen* Terrorhandlung von »roter« Seite, die der deutschen Revolution 1918/19 nachzuweisen ist: Acht »Thule«-Leute, unter ihnen ein Prinz von Thurn und Taxis, ein diesem Fürstenhaus nahestehender Baron Teuchert, Offizier im Freikorps Regensburg, und auch eine Frau, Hella Gräfin Westarp, wurden an die Wand gestellt und erschossen.

Auf wessen Befehl hin diese acht Geheimbündler sowie zuvor zwei gefangengenommene Kundschafter der Freikorps hingerichtet wurden, konnte nicht geklärt werden. Vermutlich war es ein spontaner Akt der Rache und Verzweiflung einiger Unterführer. Sie hatten sich unter mehreren Dutzend Gefangenen die ihnen als gefährlichste Gegner erscheinenden Leute ausgesucht, die anderen laufenlassen.

Mit den »Thule«-Geheimbündlern waren sie wohl nur deshalb so brutal verfahren, weil es sich um Aristokraten gehandelt hatte, die sich recht arrogant verhielten. Was sie nicht wissen konnten: Die »Thule«-Leute waren nicht bloß sektiererische, extrem antisemitische Anhänger eines germanischen Götter-Kults; sie verfügten auch über sehr viel Geld und glänzende Beziehungen, und sie benutzten beides zum Kampf gegen die ihnen verhaßte Republik, wobei sie unter allen ähnlichen Gruppen die Erfolgreichsten waren, denn die von ihnen gegründete und gesteuerte »Deutsche Arbeiterpartei« (DAP) bekam noch im Jahre 1919 einen redebegabten Propagandachef, Adolf Hitler, der dann aus der DAP die NSDAP machte.

Doch ehe es soweit war, kam es in München zu Ereignissen, die die meisten deutschen Geschichtsbücher entweder ganz verschweigen oder zu bagatellisieren versuchen:

Vom 30. April 1919 an waren die konterrevolutionären Truppen und Freikorps in die bayerische Landeshauptstadt eingedrungen; bis zum 2. Mai hatten sie die letzten Widerstandsnester der die Räterepublik verteidigenden Arbeiterschaft eingenommen, und dann brach der »weiße« Terror über München herein, für den die als »Geiselmord« in die Geschichte eingegangene einzige Bluttat der Revolution, die Erschießung der zehn Gefangenen im Luitpold-Gymnasium, als willkommenes Alibi diente.

Eine Woche lang hatten die in München vom Bürgertum als

Sieger gefeierten Freikorps-Söldner Schießfreiheit auf alles, was sie für »spartakusverdächtig« hielten. Die genaue Anzahl ihrer Opfer ist unbekannt. Man schätzt, daß etwa zwölfhundert Menschen, zumeist Arbeiter, der »Jagd auf die Roten« zum Opfer fielen.

Der geistvolle Gelehrte Gustav Landauer wurde von der Soldateska buchstäblich zertreten, seine Leiche gefleddert; ein Baron von Gagern war an dem Mord beteiligt.

Eugen Leviné, der für die Geiselerschießungen nicht verantwortlich war, wurde von einem Kriegsgericht zum Tode verurteilt und sofort hingerichtet.

Von den übrigen Mitgliedern der Räte-Regierung wurden zwei auf ähnlich brutale Weise ermordet wie Landauer; den übrigen diktierten Standgerichte insgesamt 520 Jahre Freiheitsentzug zu. Die meisten von ihnen wurden vor und nach ihrer Verurteilung viehisch mißhandelt.

Auch zahlreiche Frauen – »Spartakistenweiber« – fielen den Freikorps zum Opfer, wurden von den Landsknechten erst sadistisch gequält, dann erschossen oder erschlagen. Der damalige Freikorpsführer Manfred Freiherr v. Killinger, der später von Hitler zum sächsischen Ministerpräsidenten ernannt wurde, hat darüber in seinen Erinnerungen, »Ernstes und Heiteres aus dem Putschleben«, mit deutlichem Behagen abstoßende Einzelheiten berichtet.

Daß dem willkürlichen Morden nach einer Woche Einhalt geboten wurde, war nur dem Umstand zu verdanken, daß ein »bedauerliches Versehen« der Freikorps-Leute auch in gutbürgerlichen Kreisen Empörung auslöste: Einundzwanzig Mitglieder eines Katholischen Gesellenvereins waren von der Soldateska irrtümlich für »Spartakisten« gehalten und allen Beteuerungen des Gegenteils zum Trotz auf der Stelle, mitten in der Stadt, niedergemacht worden. Daraufhin wurden den Soldaten »eigenmächtige Exekutionen« verboten. Die Fortführung der »Säuberung« übernahmen Standgerichte, und auch sie sparten nicht mit Todesurteilen.

Mit dem Sieg der Freikorps in Bayern, kurz darauf auch in Sachsen, war nicht nur der Revolution das Genick gebrochen, sondern die Konterrevolution hatte sich nun fest etabliert. Sie war ein Machtfaktor geworden, eine latente Gefahr für die bürgerlich-parlamentarische Ordnung, zu deren Schutz die Freikorps geschaffen worden waren – keine monarchistische Gefahr übrigens, vielmehr eine, die noch keinen Namen hatte. Und das Zentrum dieser noch anonymen Macht war fortan der einst so liberale Freistaat Bayern, der von den rechten Ultras zur »Ordnungszelle« erklärt wurde, von wo aus sie zu gegebener Zeit die Macht in ganz Deutschland ergreifen und ein »Drittes Reich« errichten wollten.

Über den für den Aufbau der Freikorps und ihr Vorgehen

verantwortlichen sozialdemokratischen Reichsminister Gustav Noske schrieb der liberale Historiker Michael Freund in seinem 1973 erweiterten und aktualisierten Werk, »Deutsche Geschichte«: »Noske nahm ein großes Opfer auf sich, als er sich bereit fand, den Bluthund zu spielen. Seine Partei schämte sich zuletzt nahezu seiner; das deutsche Volk sollte es besser nicht tun. Die Bildung der Freikorps war ein Verhängnis, aber unvermeidlich . . .«

Die angebliche Unvermeidlichkeit eines Verhängnisses ist in Wahrheit die Voraussetzung dafür, daß es überhaupt eintritt. Die Freikorps hätten gar nicht geschaffen zu werden brauchen, auch und gerade nicht vom Standpunkt Eberts aus. Die Reichstagswahlen von 1912, die letzten im Kaiserreich, bei denen SPD, Liberale und Zentrum zusammen fast zwei Drittel aller Stimmen erhalten hatten, waren durch die Wahlen zur Nationalversammlung im Januar 1919 noch weit übertroffen worden: Mindestens 85 Prozent des deutschen Volkes hatten sich zur Republik bekannt, unter Einrechnung der Nationalliberalen sogar 90 Prozent, und mehr als drei Viertel zur parlamentarischen Demokratie, wie Ebert sie wünschte.

Die die äußerste Rechte bildenden Deutschnationalen waren geschlagen worden und hatten nur 10,3 Prozent der Wähler – Konservative und »völkische« Ultrarechte – für sich gewinnen können. Aber auch die »rote Gefahr«, die der Vorstand der SPD zu sehen glaubte, war Anfang 1919 überhaupt nicht vorhanden und nichts als ein Leuten vom Schlage Noskes nützliches und deshalb von ihnen erfundenes Schreckgespenst:

Das angebliche »Räteunwesen«, das Ebert und Scheidemann verabscheuten und das Noske beseitigen sollte, hatte weder Chaos noch Blutvergießen verursacht; die Räte-Organisation war – wie wir bereits wissen – ein in Wirklichkeit sehr auf Ordnung bedachtes, weitgehend von der rechten SPD beherrschtes, Ebert ganz ungefährliches Instrument; die USPD hatte keine Parteiorganisation und bestand zur Hälfte aus Leuten, die nun, da das Ende des Krieges die Grundlagen des Streits beseitigt hatte, schon dabei waren, den Rückmarsch in die SPD anzutreten. Und die aus der kleinen »Spartakus«-Gruppe entstandene KPD hatte sich gerade erst zu organisieren begonnen, war ihrer besten Köpfe beraubt und zudem weit davon entfernt, einen von vornherein zum Scheitern verurteilten Putsch zu unternehmen.

Mit ihrem Entschluß, Hunderttausende von Abenteurern, Entwurzelten und schießwütigen Fanatikern zu bewaffnen, sie von den ärgsten Feinden der Republik anführen und politisch indoktrinieren zu lassen, um sie dann gegen die eigene revolutionäre Basis zu hetzen, erfüllten sich Ebert und Scheidemann zwar ihren Wunsch, alles auszutilgen, was noch an die revolutionäre, also in ihren Augen illegitime Entstehung ihrer eigenen Macht erinnerte. Doch sie zerstörten damit nicht nur, und zwar endgültig, die Chancen für die von der großen Mehrheit der Linken, auch ihrer eigenen Anhänger, geforderten Wiederherstellung der sozialistischen Einheit; sie züchteten sich selbst, der Republik und der parlamentarischen Demokratie die Todfeinde heran, die bald keinen Unterschied mehr machten zwischen Spartakisten, sozialdemokratischen »Novemberverbrechern« und liberalen »Erfüllungspolitikern«.

Und schon im Jahr darauf, im Frühling 1920, ging die Saat auf, die Noske für Ebert gesät hatte, gab die deutsche Linke der rechten SPD-Führung die Quittung für das vergossene Blut, und zugleich verlor auch die Weimarer Koalition ihren Rückhalt im Volk und damit die Mehrheit im Reichstag. Binnen vierzehn Monaten wurde Deutschland zu einer »Republik ohne Republikaner«.

4. Die Republik rückt weiter nach rechts

Am 10. Januar 1920 trat der Vertrag von Versailles in Kraft. Er begrenzte die dem Deutschen Reich von den Siegermächten gestatteten Streitkräfte auf ein Heer von nur noch hunderttausend und eine Kriegsmarine von fünfzehntausend Mann Stärke. Das bedeutete, daß die auf 400 000 Mann angewachsene Reichswehr auf ein Viertel verringert, insbesondere ein Großteil der Freikorps aufgelöst werden mußte.

Die Freikorps hatten die ihnen zugewiesene Aufgabe ja auch erfüllt, die Revolution brutal ausgelöscht und die »Ruhe und Ordnung« überall hergestellt. Man brauchte sie nun nicht mehr. Doch diese Verbände und ihre Führer dachten darüber ganz anders. Sie wollten nicht die Uniform ausziehen und die Waffen ablegen; sie scheuten die Rückkehr in ein normales bürgerliches Leben, wo sie hätten arbeiten müssen, anstatt andere für sich arbeiten zu lassen. Und erst recht wollten die Kommandeure dieser von der Auflösung bedrohten Verbände ihre Macht nicht aus der Hand geben, ihre respektgebietenden Positionen nicht vertauschen mit einem trüben, glanzlosen Zivilisten-Dasein, bestenfalls als Wein- oder Zigarrenvertreter.

Der ganze Februar 1920 war erfüllt von Gerüchten über einen bevorstehenden Militärputsch, und als dessen Organisator und Anführer galt allgemein der von Noske eingesetzte, von Ebert mit sehr weitgehenden Vollmachten ausgestattete Befehlshaber der gesamten Truppen im Reich, General Walther Freiherr v. Lüttwitz.

Der Reichsregierung war dies alles bekannt. Sie wußte auch, welche Stimmung bei den Freikorps herrschte, besonders bei der Marinebrigade II, die als »Noskes Feuerwehr« gegen immer noch mögliche Aufstände der Berliner Arbeiterschaft auf dem nahe der Reichshauptstadt gelegenen Truppenübungsplatz Döberitz in Bereitschaft lag. Diese etwa fünftausend Mann starke, mit Feldhaubitzen und schweren Maschinengewehren ausgerüstete Elite-Einheit, nach ihrem Kommandeur, dem Korvettenkapitän Hermann Ehrhardt, meist »Brigade Ehrhardt« genannt, bestand fast nur aus Offizieren und Unteroffizieren der Marine von erprobter konterrevolutionärer Zuverlässigkeit sowie aus einigen »Baltikumern«, die bis zum Herbst 1919 in Lettland gegen die sowjetische Rote Armee gekämpft hatten. Das Stammpersonal der »Brigade Ehrhardt« war in München zur Beseitigung der Räteherrschaft eingesetzt worden. Offiziere und Mannschaften waren durchweg extrem republikfeindliche Rechtsradikale. Sie trugen als Zeichen ihrer »völkischen«

Gesinnung seit Anfang Januar 1920 ein Hakenkreuz am Stahlhelm, führten schwarz-weiß-rote Fahnen und verunglimpften mit Spott- und Schmähliedern den Staat der »Novemberverbrecher«, den sie verteidigen sollten, erst recht dessen Repräsentanten. Später bildeten sie die Kader der Kampfverbände Hitlers.

Bis Ende Februar zögerte die Reichsregierung mit dem Auflösungsbefehl für die »Brigade Ehrhardt«, und als sie ihn dann erteilte, erklärte General v. Lüttwitz: »Ich werde nicht dulden, daß mir eine solche Kerntruppe in einer so gewitterschwülen Zeit zerschlagen wird!«

Das war offene Rebellion; Ebert und sein Reichswehrminister Noske hätten den General nun sofort absetzen und verhaften lassen müssen. Statt dessen empfingen sie ihn am 10. März zu einer »Aussprache«, bei der Lüttwitz mit allerlei Forderungen kam: Auflösung des Reichstags, Neuwahlen, Besetzung der Ministerien mit bürgerlichen, nationalgesinnten Fachleuten, Übertragung des Reichswehr-Oberkommandos auf ihn, den meuternden General, und Rücknahme des Befehls zur Auflösung der »Brigade Ehrhardt«.

Ebert redete lange und »in väterlichem Ton« auf Lüttwitz ein; Noske forderte ihn schroff auf, seinen Abschied zu erbitten. Aber General v. Lüttwitz tat etwas ganz anderes: er alarmierte die »Brigade Ehrhardt« und befahl ihr, am nächsten Tag, Samstag, dem 13. März 1920, in aller Frühe in Berlin einzumarschieren, das Regierungsviertel zu besetzen und »das rote Pack« davonzujagen.

Erst nach Erteilung dieser Anordnungen verständigte der General diejenigen, die nach seinen Plänen anstelle von Ebert und dem Kabinett der Weimarer Koalition die Regierungsgeschäfte übernehmen sollten: den einstigen Militärdiktator General Ludendorff; den stramm-»völkischen« ostpreußischen Landschaftsdirektor Wolfgang Kapp, einst als »Polenfresser« berüchtigt, seit einem Jahr Anführer einer rechten Verschwörergruppe und von General v. Lüttwitz als neuer Reichskanzler vorgesehen; Oberst Bauer, Chef der Gardekavallerie-Schützendivision, und vor allem den »bewährten« Hauptmann Waldemar Pabst, den Arrangeur des Mordes an Rosa Luxemburg und Karl Liebknecht. (Pabst wurde auch sogleich von Lüttwitz zum Major befördert – was gegen alle Regeln, auch die der Meuterer, verstieß, von der Republik später jedoch anerkannt und durch entsprechende Pensionszahlungen noch belohnt wurde . . .) Auch der einstige, erzreaktionäre kaiserliche Polizeipräsident von Berlin, Traugott v. Jagow, war mit von der Partie, ferner ein paar deutschnationale Oberfinanzräte und Wirtschaftskammerpräsidenten sowie der mecklenburgische Reichswehrbefehlshaber und frühere Kolonialtruppenführer, General Paul v. Lettow-Vorbeck. Von Königsberg aus meldeten sich der Reichswehrbefehlshaber, General v. Estorff, und der Oberpräsident von Ostpreußen, Winnig, bis dahin Sozialdemokrat, und erklärten sich zum Mitputschen bereit.

Inzwischen hatte auch Noske einige Maßnahmen getroffen: Er war zwar davon überzeugt, daß die Regierung nicht ernsthaft in Gefahr sei, hatte aber vorsichtshalber zwei Regimenter Sicherheitspolizei und ein Regiment Reichswehr zur Bewachung des Regierungsviertels angefordert. Das schien ihm genug der Vorsorge zu sein, doch er irrte sich gründlich.

Sämtliche Offiziere, nicht nur die der angeforderten Sicherheitstruppen, sondern auch die aller übrigen Polizei-Einheiten und Streitkräfte in und um Berlin, verständigten sich untereinander und verabredeten, nichts zum Schutz der Regierung zu unternehmen und der anrückenden »Brigade Ehrhardt« keinen Widerstand zu leisten.

Vorsichtshalber fragten die Kommandeure bei Generaloberst Hans v. Seeckt, dem Chef der Heeresleitung, noch im Laufe der Nacht an, wie er zu ihrem Entschluß stehe, die Regierung im Stich zu lassen. Und der bei Reichswehr, Bürgertum, Beamtenschaft und Ministern höchste Autorität genießende General gab ohne Zögern grünes Licht für den geplanten Verrat. »Truppe schießt nicht auf Truppe«, soll er näselnd geäußert haben, auch daß es nicht anginge, »zwischen Berlin und Potsdam eine Felddienstübung mit scharfen Patronen abzuhalten«.

Die »Brigade Ehrhardt« hatte nicht so rücksichtsvolle Order. Ihr Befehl lautete, »kriegsmäßig nach Berlin zu marschieren und jeden Widerstand rücksichtslos zu brechen«.

Damit stand fest: Die Putschisten waren durchaus bereit, auf Reichswehr und Polizei zu schießen, wogegen die Sicherheitskräfte entschlossen waren, die bedrohte Reichsregierung *nicht* zu verteidigen. Ebert und Noske waren also von ihren gesamten Streitkräften, mit denen sie die Revolution in Deutschland blutig niedergeworfen hatten, teils nun selbst unmittelbar bedroht, teils im Stich gelassen. Und nun besannen sich die sozialdemokratischen Minister, kurz bevor sie die Flucht aus Berlin antraten und das Regierungsviertel den Putschisten überließen, plötzlich noch einmal auf ihre Herkunft, auf die verratenen Grundsätze ihrer Partei und auf deren Basis.

Draußen wurden schon die Autos beladen, mit denen sich Ebert und die SPD-Mitglieder dann nach Dresden absetzten, während die bürgerlichen Minister in der Wilhelmstraße zurückbleiben und mit den Putschisten verhandeln wollten. Da entschlossen sich die sozialdemokratischen Führer, rasch noch einen Aufruf an die Bevölkerung zu verfassen, sie zum Widerstand aufzufordern und den Generalstreik zu proklamieren!

Es war ein höchst seltsamer Text, der da in aller Eile aufgesetzt, hinaustelegrafiert und dann überall in Deutschland durch Zeitungen und Flugblätter bekanntgemacht wurde:

»Arbeiter, Genossen! Der Militärputsch ist da! . . . Wir weigern uns, uns diesem militärischen Zwang zu beugen. Wir haben die Revolution nicht gemacht, um das blutige Landsknechtregiment wieder anzuerkennen. Wir paktieren nicht mit den Baltikum-Verbrechern.

Arbeiter, Genossen! Wir müßten uns vor euch schämen, wenn wir anders handeln würden. Wir sagen: Nein und nochmals nein! Ihr müßt bestätigen, daß wir in eurem Sinne gehandelt haben. Wendet jedes Mittel an, um diese Wiederkehr der blutigen Reaktion zu verhindern!

Streikt, legt die Arbeit nieder, schneidet dieser Militärdiktatur die Luft ab, kämpft mit jedem Mittel um die Erhaltung der Republik, laßt alle Spaltung beiseite! Es gibt nur ein Mittel gegen die Rückkehr Wilhelms II.: Die Lahmlegung jedes Wirtschaftslebens! Keine Hand darf sich mehr rühren, kein Proletarier der Militärdiktatur helfen.

Generalstreik auf der ganzen Linie! Proletarier, vereinigt euch!«

Dieser Aufruf war unterschrieben: *Die sozialistischen Mitglieder der Regierung: Ebert, Bauer, Noske, Schlicke, Schmidt, David, Müller. Für den Vorstand der Sozialdemokratischen Partei Deutschlands: Otto Wels.*

Das Ganze war, wie Fritz Stampfer, von 1916 bis 1933 Chefredakteur des SPD-Zentralorgans »Vorwärts«, dazu bemerkt hat: »Grotesk! Wie oft hatten sie im letzten Jahr vor den ewigen Streiks gewarnt . . . Auch hatten sie wirklich keinen Grund, sich zu rühmen, ›die Revolution gemacht‹ zu haben . . .!«

Es wurde indessen zunächst noch um einiges grotesker: Während nämlich am Morgen des 13. März 1920 der Landschaftsdirektor Kapp – nach dem dieser Militärputsch dann zu Unrecht benannt wurde, denn Kapp spielte nur eine Nebenrolle – in die Wilhelmstraße fuhr und erklärte, er sei der neue Reichskanzler, waren Reichspräsident Ebert, Reichskanzler Bauer und alle SPD-Minister nach Dresden geflohen, wo sie bei Noskes »bewährtem« General Maercker, damals Reichswehr-Kommandeur in Sachsen, Sicherheit zu finden hofften. Doch General Maercker teilte ihnen mit, er habe Befehl von General v. Lüttwitz, sie in »Schutzhaft« zu nehmen. Nur mit Mühe gelang es Ebert und Noske, den General davon zu überzeugen, daß sie gänzlich unschuldig seien an dem »Elaborat«, wie sie ihren eigenen Aufruf zum Generalstreik nannten, und daß Maercker sie, wenigstens vorläufig, besser in Freiheit ließe, damit sie »das Schlimmste verhindern« könnten. Und dann, ehe der General sie am Ende doch noch verhaftete, flüchteten die entmach-

Arbeiter!
Parteigenossen!

Die Gegenrevolution hat zugeschlagen! In Berlin sind monarchistische Truppen eingerückt! Die alten Feinde der Arbeiterklasse haben die Macht wieder an sich gerissen!

Als Antwort auf den gegenrevolutionären Putsch proklamieren wir den

Generalstreik.

Wir fordern die Arbeiterschaft Mecklenburgs auf, den Kampf der deutschen Arbeiterklasse durch die Tat zu unterstützen.

Arbeiter, Angestellte, Parteigenossen! Die Reaktion hofft Euch in Bruderkämpfen machtlos und zersplittert anzutreffen! Sie täuscht sich!

Die Einigkeit gegen die Reaktion ist da!

Die sozialistischen Parteien fordern Euch auf, heute abend 6 Uhr die

Massenversammlung im Marstall

zu besuchen.

S. P. D. U. S. P. D. K. P. D. Gewerkschaftskartell.

Proklamierung des Generalstreiks durch Arbeiterorganisationen in Schwerin teten Sozialdemokraten weiter nach Stuttgart, wo sich das Militär abwartend verhielt und sie in Ruhe ließ. Denn inzwischen hatten die Generale gemerkt, daß v. Lüttwitz, Ludendorff und Kapp nicht imstande waren, sich durchzusetzen.

Bereits am Sonntag, dem 14. März 1920, hatte in Berlin der Generalstreik begonnen. Am Montag dehnte er sich auf ganz Deutschland aus und nahm den Putschisten jede Chance eines Erfolgs. Denn es wurde nicht nur die Arbeit in den Fabriken, Zechen und Hüttenwerken, auf den Werften und an allen Baustellen, in den Büros, Warenhäusern und Banken eingestellt; es standen buchstäblich »alle Räder still«: Der gesamte Eisenbahn- und Postverkehr im Reich ruhte; keine Zeitung erschien; Straßenbahnen und Omnibusse blieben in den Depots. Und in Groß-Berlin wurde sogar die Strom-, Gas- und Wasserversorgung unterbrochen, und alle Telefon- und Fernschreibverbindungen waren abgeschaltet.

Mit unerhörter, von niemandem erwarteter Einmütigkeit und Disziplin hatte die gesamte Arbeitnehmerschaft den Aufruf zum Generalstreik befolgt, und auch die Stunde der ersehnten Einigung aller Sozialisten schien nun geschlagen zu haben.

Die Führung der Linken hatte zunächst gezögert, der rechten Sozialdemokratie zu Hilfe zu kommen, und sie war nicht zimperlich bei der Begründung ihrer ablehnenden Haltung: »Ihr habt uns wie Hunde behandelt – das kann man doch jetzt nicht alles vergessen!«, hatte der USPD-Führer Artur Crispien noch am Sonntag den eberttreuen Gewerkschaftsfunktionären erklärt. Und der damalige Leiter der Berliner KPD-Zentrale und spätere Regierende Bürgermeister von West-Berlin, Ernst Reuter, meinte zunächst gar: »Keinen Finger rühren für die in Schmach und Schande untergegangene Regierung der Mörder Karl Liebknechts und Rosa Luxemburgs!«

Aber dann siegten bei USPD und KPD die Solidarität und die Erkenntnis, daß nur die Aktionseinheit der gesamten Linken eine Militärdiktatur und die Wiederherstellung der Hohenzollern-Monarchie würde verhindern können. Und so bildeten sich überall im Handumdrehen paritätisch besetzte Streikleitungen, Aktionsgemeinschaften von SPD, USPD, KPD und Gewerkschaften sowie von allen drei Parteien beschickte Ausschüsse zur Organisation von Massenkundgebungen gegen den reaktionären Putsch. Wovon drei Tage zuvor nur Utopisten hatten träumen können, wurde binnen weniger Stunden zur von den Massen begeistert aufgenommenen Wirklichkeit.

Wenn konservative und liberale Historiker später behauptet haben (und noch heute mitunter behaupten), der Kapp-Lüttwitz-Putsch vom März 1920 sei nicht an der spontanen Massensolidarität der deutschen Linken und schon gar nicht am Generalstreik gescheitert, vielmehr an der zögernden Haltung der Ministerialbürokratie und am »passiven Widerstand« der Reichswehr-Führung unter General Seeckt, so war und ist dies eine Zwecklüge. Sie soll das Volk vergessen lassen, wie stark es sein kann, wenn es einig ist.

Denn wäre nicht gestreikt worden und hätten die Ministerialräte und die Herren vom »Truppenamt« über Telefon, Fernschreiber, Druckereien, Presse, Eisenbahnverbindungen und was man sonst zum Regieren braucht, verfügen können, so wären diese »passiven Widerständler« binnen kurzem bereit gewesen, auch unter den neuen Herren – die ja nur der Vortrupp der alten, kaiserlichen Herren und des Generals Ludendorff waren – »getreulich ihre Pflicht zu tun«. Die im Grunde ihres Herzens reaktionären, republikfeindlichen Beamten und Offiziere warteten bloß ein paar Tage lang ab, ob die Putschisten sich würden behaupten können.

Die Herren v. Lüttwitz und Kapp scheiterten jedoch. Und ihr Versuch, eine Militärdiktatur zu errichten, mißlang nur deshalb, weil eine spontan solidarische und äußerst disziplinierte Arbeitnehmerschaft den gesamten Staats-, Wirtschafts- und Verkehrsapparat kurzerhand lahmlegte.

Wenn die Revolution dennoch nicht in diesem erneuten Anlauf siegte und das im November 1918 begonnene Werk vollenden konnte, so lag dies wiederum an einer – allein durch den Triumph des erfolgreichen Generalstreiks hervorgerufenen – tragischen Verkennung des veränderten Kräfteverhältnisses:

Zu einem machtvollen, einwöchigen Generalstreik reichte die revolutionäre Kraft der deutschen Arbeiterschaft gerade noch aus, obwohl sie selbst natürlich am meisten unter den Entbehrungen zu leiden hatte, die der Streik und der gewollte Zusammenbruch der Versorgung bewirkten. Schon das grenzte an ein Wunder, wenn man bedenkt, daß diese Kraft in den sechzehn Monaten seit dem Novemberumsturz des Jahres 1918 von der rechten SPD-Führung im Verein mit den alten Mächten mit den brutalsten Mitteln systematisch gebrochen worden war, während man den konterrevolutionären Kräften durch die Aufstellung der Freikorps gewaltig den Rücken gestärkt und freie Hand gelassen hatte.

Jetzt schien die SPD unter dem Druck der Ereignisse zur Einsicht gekommen zu sein, daß jeder Pakt mit der Konterrevolution verhängnisvoll war, auch für sie selbst. Und aus der wiederhergestellten Einigkeit der Linken erwuchs noch einmal revolutionärer Schwung. Aber als dann, erst in Sachsen und Thüringen, bald auch im rheinisch-westfälischen Industriegebiet, aus dem erfolgreichen Streik ein bewaffneter Aufstand der Arbeiterschaft zur Vollendung der abgewürgten Revolution wurde, da zeigte sich zunächst, wie schnell Putschisten, zögernde Reichswehr, abwartendes Beamten- und Bürgertum, besorgte Großindustrie und Finanzwelt, die den

Putsch bejubelnden Junker und die davor geflüchtete SPD-Führung wieder zusammenfanden.

Auch erwies sich sodann, daß die Macht der Konterrevolution zwar zum erfolgreichen Putsch gegen die SPD nicht ganz ausgereicht, aber so kräftig zugenommen hatte, daß sie nun im erneuerten Bündnis mit der rechten SPD alle Aufstände der Linken niederschlagen konnte wie in den sechzehn Monaten zuvor, doch mit einem wichtigen Unterschied: Es stellte sich nämlich rasch heraus, daß die Gewichte innerhalb der konterrevolutionären Allianz jetzt ganz anders verteilt waren. Im Winter 1918/19 hatte die rechte SPD-Führung den Ton angegeben und die Militärs toleriert, damit diese die Revolution erstickten; jetzt aber waren Reichswehr, Freikorps, bürgerliche Rechte und reaktionäre Junker diejenigen, die das Sagen hatten, und sie betrachteten nun ihrerseits die SPD als ein vorläufig noch notwendiges Übel, das es eine Zeitlang zu dulden galt, aber nicht mehr lange.

Unter dem Eindruck des Generalstreiks und des bewaffneten Aufstands der Arbeiter in Mitteldeutschland und an der Ruhr ergriffen die Führer der bürgerlichen Parteien die Initiative. Der in Berlin zurückgebliebene Vizekanzler und Reichsjustizminister Eugen Schiffer von den Demokraten fand, die Hauptgefahr sei jetzt nicht mehr der Putsch von rechts, sondern das, was er schlicht »den Bolschewismus« nannte: der Generalstreik der Arbeitnehmerschaft für die legale Regierung, der er selbst angehörte, und das bewaffnete Vorgehen der Streikenden gegen Reichswehrverbände, die sich den Putschisten unterstellt hatten. Schiffer meinte, eine Kapitulation der Militärs vor dem Generalstreik müßte unbedingt vermieden werden; das Scheitern des Putsches würde nur zur weiteren Radikalisierung der Massen führen.

Seine Kabinettskollegen vom Zentrum stimmten Schiffer zu, und auch die von ihm konsultierten Führer der bürgerlichen Rechtsopposition, Oskar Hergt von den Deutschnationalen und Gustav Stresemann von der nationalliberalen Deutschen Volkspartei, waren ganz derselben Ansicht. Gemeinsam und mit Zustimmung einiger in Berlin zurückgebliebener SPD-Vorstandsmitglieder verabredeten sie, die Herren Kapp und v. Lüttwitz zum freiwilligen Rücktritt »in allen Ehren« zu bewegen. Dafür boten sie den Rebellen volle Straffreiheit sowie die weitgehende Erfüllung dessen an, was v. Lüttwitz vor dem Putsch gefordert hatte: Reichstags-Neuwahlen, Umbildung der Regierung und allmählicher Übergang zu einer Koalition der rechten Mitte, möglichst ohne Sozialdemokraten, gestützt auf eine starke Reichswehr mit Generaloberst v. Seeckt an der Spitze, den Schiffer kurzerhand »im Namen des Reichspräsidenten« zum »Chef der Heeresleitung« ernannte.

Bei vorzüglichem Essen und erlesenem Wein verhandelte so-

Forderungen

des Allgemeinen Deutschen Gewerkschaftsbundes, der Arbeitsgemeinschaft freier Angestelltenverbände und des Deutschen Beamtenbundes.

I.

Entscheidender Einfluß der genannten Arbeitnehmerverbände auf die Umgestaltung der Regierungen im Reich und den Ländern sowie auf die Neuregelung der wirtschafts- und sozialpolitischen Gesetzgebung.

II.

Sofortige Entwaffnung und Bestrafung aller am Putsch beteiligten Truppen und Bestrafung aller Personen, die am Sturze der legalen Regierung beteiligt waren oder sich als Beamte des Reiches, der Länder oder Gemeinden ungesetzlichen Regierungen zur Verfügung gestellt haben.

III.

Sofortigen Rücktritt des Reichsministers Noske, sowie der preußischen Minister Oeser und Heine.

IV.

Gründliche Reinigung der gesamten öffentlichen Verwaltungen und Betriebsverwaltungen von allen reaktionären Persönlichkeiten, besonders solchen in leitenden Stellen, und deren Ersatz durch zuverlässige Kräfte. Wiedereinstellung aller im öffentlichen Diensten gemaßregelten Organisationsvertretern.

V.

Schnellste Durchführung der Demokratisierung der Verwaltungen unter Zuziehung der wirtschaftlichen Organisationen der Arbeiter, Angestellten und Beamten.

VI.

Sofortiger Ausbau der bestehenden und Schaffung neuer Sozialgesetze, die den Arbeitern, Angestellten und Beamten volle soziale und wirtschaftliche Gleichberechtigung gewährleisten. Schleunige Einführung eines freiheitlichen Beamtenrechts.

VII.

Sofortige Sozialisierung des Bergbaues und der Kraftgewinnung, Uebernahme des Kohlen- und Kalisyndikats durch das Reich.

VIII.

Sofortige Vorlegung eines Enteignungsgesetzes gegen Grundbesitzer, die die verfügbaren Lebensmittel nicht abführen oder ihren Betrieb nicht im Interesse des Volksganzen bewirtschaften, damit die produktiven Kräfte zur Gewinnung von Nahrungsmitteln restlos ausgenützt werden.

IX.

Auflösung aller konterrevolutionären militärischen Formationen, Uebernahme des Sicherheitsdienstes durch die organisierte Arbeitnehmerschaft.

Das Neunpunkteprogramm der freien Gewerkschaften nach dem Ende des Putsches dann der Vizekanzler der aus Berlin vertriebenen Regierung mit dem Bevollmächtigten der Hochverräter, dem »Major« Pabst, und er bot nach erfolgreichem Abschluß der »in sehr angenehmer Atmosphäre« verlaufenden Gespräche dem Mörder Liebknechts und Rosa Luxemburgs falsche Pässe für die Anführer des gescheiterten Putsches an. Wie Johannes Erger in seiner hervorragenden wissenschaftlichen Untersuchung, »Der Kapp-Lüttwitz-Putsch«, aufgrund übereinstimmender Aussagen der beiden Beteiligten berichtet hat, lehnte Pabst das hochherzige Anerbieten jedoch dankend ab, denn »mit falschen Pässen hatten sich die Putschisten bereits von ihren Freunden im Polizeipräsidium versorgen lassen«.

Noch mehr der Freundlichkeit und Ehre ließ man dem Korvettenkapitän Ehrhardt zuteilwerden. Der neue »Chef der Heeresleitung«, v. Seeckt, erließ nach einer Unterredung mit dem Meuterer am 18. März einen Tagesbefehl, worin er der »Brigade Ehrhardt« sein Lob für ihre hervorragende Disziplin aussprach und anerkannte, daß sie »vaterländischen Interessen zu dienen« geglaubt hätte, als sie zum Putsch gegen die Reichsregierung angetreten sei.

Aber das war den mit »Hakenkreuz am Stahlhelm, schwarzweiß-rotem Band« gegen die Republik zu kämpfen bereiten Putschisten noch nicht genug. Die »Brigade Ehrhardt« marschierte erst – mit Gesang und fliegenden Fahnen – aus Berlin ab, nachdem ihr v. Seeckt schriftlich zugesichert hatte, sie vor Verhaftung und Strafverfolgung zu schützen. Und alsdann schlug diese »vaterländischen Interessen dienende«, »hervorragende Disziplin« wahrende »Elite-Truppe« rasch noch einmal brutal zu: als sie am Brandenburger Tor von einer unbewaffneten Menge mit unfreundlichen Zurufen bedacht wurde, feuerten die Ehrhardt-Männer ein paar MG-Salven ins Publikum. Zwölf Tote und dreißig Schwerverwundete ließen sie auf dem Pariser Platz zurück, ehe sie mit Gesang nach Döberitz abzogen.

Nun konnten Reichspräsident Ebert, Reichskanzler Gustav Bauer, Reichswehrminister Noske und die anderen geflüchteten sozialdemokratischen Kabinettsmitglieder wieder nach Berlin zurückkehren. Ihre Hauptsorge galt zunächst der Beendigung des Generalstreiks. Sie erreichten sie dadurch, daß sie den Gewerkschaftsführern einiges versprachen, das sie weder erfüllen konnten noch erfüllen wollten, zum Beispiel die »strenge Bestrafung aller am Putsch Beteiligten«.

Sodann war ihr wichtigstes Anliegen, die »Ruhe und Ordnung« wiederherzustellen, allerdings nur dort, wo die vereinigte Linke mit Waffengewalt den Militärputsch verhindert und die Macht an sich gerissen hatte. In Sachsen und Thüringen war nach harten, wechselvollen Kämpfen die Reichswehr Sieger geblieben; dort – wie auch in Bayern, wo das Militär die SPD-Regierung Hoffmann durch ein

Kabinett des »Ordnungsblocks« mit Gustav Ritter v. Kahr an der Spitze ersetzt hatte – war nach Meinung der SPD-Führung kein Eingreifen mehr nötig. Um so dringender, fand sie, brauchte das Ruhrgebiet eine »Befriedung« durch starke Truppenverbände.

Dort hatte eine aus der Arbeiterschaft des Industriereviers rasch gebildete Rote Armee die örtlichen Reichswehr-Garnisonen in die Flucht geschlagen, am 17. März Dortmund, am 18. Bochum und Hamm, am 19. Essen erobert, woraufhin der Kommandierende General in Münster gezwungen gewesen war, auch Düsseldorf, Duisburg, Hamborn, Dinslaken und Mülheim von seinen Truppen räumen zu lassen. Am 20. März stand das ganze rheinisch-westfälische Industriegebiet unter der Herrschaft der siegreichen Arbeiter, und das beschleunigte die Wiederherstellung des Bündnisses zwischen dem Militär und der rechten SPD.

Dabei wurde zunächst, gegen Eberts erbitterten Widerstand, Gustav Noske zum Rücktritt gezwungen, weil man ihn für nicht mehr »tragbar« hielt und nicht sicher war, ob nicht auch der Reichswehrminister an den Putschvorbereitungen ein wenig teilgenommen hatte. Noske wurde (und blieb bis 1933) Oberpräsident der Provinz Hannover; sein Nachfolger im Ministeramt wurde Dr. Otto Geßler, ein bürgerlicher Liberaler.

Auch Vizekanzler Schiffer mußte aus dem Kabinett ausscheiden, und bei der Regierungsumbildung, die dazu erforderlich wurde, übernahm der Sozialdemokrat Hermann Müller das Kanzler- und Außenamt. Doch wer sich von diesem Wechsel und besonders vom Sturz Noskes eine Kursänderung versprochen hatte, irrte sich sehr: Die erste Amtshandlung der neuen Regierung war ein Ultimatum an die Arbeiter des Ruhrgebiets. Sie, die entscheidend dazu beigetragen hatten, die Republik zu retten, sollten sofort die Waffen niederlegen und sich der angeblich »auf den Boden der Verfassung zurückgekehrten« Reichswehr unterwerfen. Anderenfalls würde der Wehrkreis-Befehlshaber, General v. Watter, »Freiheit des Handelns zur Wiederherstellung gesetzmäßiger Zustände« erhalten.

Während noch zwischen Regierung und Gewerkschaften, zwischen Bevollmächtigten der Ruhrarbeiterschaft und dem Staatskommissar Carl Severing (SPD) über einigermaßen annehmbare Bedingungen verhandelt wurde, gingen v. Watters Truppen bereits mit äußerster Brutalität gegen die bewaffnete Arbeiterschaft vor. Dabei setzte die Reichswehr vor allem diejenigen Freikorps ein, die beim Kapp-Lüttwitz-Putsch gegen die Regierung Front gemacht hatten, so die Schwester-Einheit der »Brigade Ehrhardt«, die Marinebrigade I unter dem Kommando v. Löwenfeldts, das Freikorps Roßbach, die Schützenbrigade des bayerischen Obersts Franz Ritter v. Epp, der schon damals ein Förderer Hitlers war, sowie weitere berüchtigte rechtsradikale Verbände.

Wie diese Soldateska im Ruhrgebiet hauste, bezeugt ein Brief, den der Oberjäger Max Zeller am Tag des Überfalls der Schützenbrigade v. Epp auf die Arbeiterschaft von Pelkum bei Hamm, am 2. April 1920, an das Reservelazarett I, Station A, in Dresden richtete:

»Liebe Schwestern und Kranke!

Bin nun endlich bei meiner Kompanie. Gestern vormittag kam ich zu meiner Kompanie, und nachmittags um 1 Uhr machten wir den ersten Sturm. Wenn ich Euch alles schreiben würde, da würdet Ihr sagen, das sind Lügen. Pardon gibt es überhaupt nicht. Selbst die Verwundeten erschießen wir noch. Die Begeisterung ist großartig, fast unglaublich. Unser Bataillon hat zwei Tote. Die Roten 200 bis 300. Alles, was uns in die Hände kommt, wird mit dem Gewehrkolben zuerst abgefertigt und dann noch mit einer Kugel. Ich dachte während des ganzen Gefechts an Station A. Das kommt nämlich daher, daß wir auch 10 Rote-Kreuz-Schwestern sofort erschossen haben; von denen hatte jede eine Pistole bei sich. Mit Freuden schossen wir auf diese Schandbilder, und wie sie geweint und gebeten haben, wir sollten ihnen das Leben lassen. Nichts! – Wer mit der Waffe getroffen wird, der ist unser Gegner und muß daran glauben. Gegen die Franzosen waren wir im Felde viel humaner. Wie geht es sonst im Lazarett? – Die Bevölkerung gibt uns alles. In den Wirtschaften werden wir oft 20 bis 30 Mann freigehalten. Meine Adresse ist: Oberjäger Max Zeller, Student, 11. Kompanie, Brigade Epp, Post Rokow in Westfalen.«

Nicht etwa wegen der Verbrechen, deren er sich rühmte, sondern weil sein Brief einigen Zeitungen zur Kenntnis gebracht und veröffentlicht worden war, leitete das Kriegsgericht der Schützenbrigade 21 (v. Epp) gegen den Oberjäger ein Verfahren ein.

Josef Ernst, USPD-Vertreter in der Oberleitung der Arbeiterwehr von Hagen, schilderte das Vorgehen der Reichswehr in seinem Bezirk aus der Sicht derer, die für die legale Reichsregierung gestreikt und zu den Waffen gegriffen hatten:

»Am ersten Tag des Einmarsches (blieb) alles ruhig. Ja, selbst Militärkapellen ließ man auf den Marktplätzen musizieren. Am zweiten Tag begannen plötzlich die Verhaftungen und Erschießungen . . . Arbeiter wurden aus ihren Wohnungen geholt und sofort erschossen. Vernehmungen und Verhandlungen gab es nicht . . . Ein Mann namens Finke, der nie an den Kämpfen beteiligt war, wurde erschossen. Ein gewisser Fritz Oleink wurde ohne Vernehmung, ohne Urteil an die Wand gestellt . . . Ein Zentrumsanhänger namens Rose wurde irrtümlicherweise an Stelle eines Baricke ergriffen und erschossen. Nachdem man den Irrtum festgestellt, verhaftete man den richtigen Baricke, mißhan-

delte ihn schwer und erschoß ihn . . . Der Bergmann Soyka wurde in Gegenwart seiner Frau erschossen. Ein Mann, der durch die Liebrechtstraße in Matrosenkleidung ging, wurde auf Grund dieser Kleidung verhaftet und sofort erschossen. In der Aegidistraße wurde ein Denunzierter verhaftet und sofort erstochen . . . Drei Bergleute, die von der Schicht auf dem Wege nach Hause waren, wurden am Ostring ergriffen und ohne Verhör sofort erschossen. So wurde Mord auf Mord gehäuft, ohne daß je ein Staatsanwalt oder Militärgericht gegen die uniformierten Bestien vorging.«

Die Kriegsgerichte waren anderweitig beschäftigt. Allein das Außerordentliche Kriegsgericht in Wesel verhängte binnen drei Tagen gegen 822 Arbeiter Zuchthausstrafen. Die Urteile, sämtlich wegen schweren Aufruhrs, waren samt Begründung bereits vorgedruckt, so daß nur noch die Personalien der Angeklagten eingesetzt zu werden brauchten. Es handelte sich stets um sogenannte »leichte Fälle«, wobei den Beschuldigten weder Waffenbesitz noch Gewaltanwendung vorgeworfen werden konnte. So wurde beispielsweise der Bergmann Gottlieb Kruppa aus Osterfeld, weil er am 26. März 1920 vorübergehend die Leitung der Zeche übernommen hatte, zu fünf Jahren und einem Monat Zuchthaus, Verlust der bürgerlichen Ehrenrechte und Polizeiaufsicht verurteilt.

Aber das war nur die »legale« Rache des Militärs. Daneben wütete wochenlang der Terror der Freikorps. Selbst Carl Severing, damals als Reichs- und preußischer Staatskommissar zumindest formal mit dem Oberbefehl über sämtliche »Ordnungskräfte« betraut, mußte bekennen: *»Was wußten die Truppen des Herrn v. Aulock oder Roßbachs* – beides rechtsradikale Freikorpsführer – *von der gerechten Notwehr fleißiger Arbeiter gegen militärische Eidbrecher? Für sie war jeder Arbeiter, der gegen Kapp aufgestanden war, ein Bolschewist, den zu quälen und zu ›erledigen‹ so manchem als vaterländische Tat erschien.«*

Severing, Mitglied des SPD-Parteivorstands und bis 1932 preußischer Innenminister, schätzte die Anzahl der bei der »Säuberung« des Ruhrgebiets ermordeten Arbeiter auf »mindestens tausend«.

In Wahrheit wurden weit mehr Menschen Opfer dieses Terrors, und hätten nicht die Franzosen die Räumung des Ruhrgebiets von Truppen dadurch erzwungen, daß sie ihrerseits den Raum von Frankfurt am Main besetzten, wäre das Schreckensregiment zu einer Dauereinrichtung geworden.

Doch so fürchterlich das Strafgericht der Republik über ihre Retter war – mit jenen als Henker, vor denen man sie gerettet hatte –, so milde wurde mit den Anführern des Putsches verfahren: General v. Lüttwitz konnte ins Ausland reisen, kehrte aber bald wieder zurück, lebte unbehelligt in Schlesien und wurde 1925 amnestiert; »Reichskanzler« Wolfgang Kapp begab sich nach

Schweden und starb 1922 eines natürlichen Todes; Kapitän Ehrhardt tauchte in Bayern unter, half dort beim Aufbau der nationalsozialistischen Kampfverbände mit, gründete eine Geheimorganisation, die für eine Reihe von Attentaten, von denen noch die Rede sein wird, verantwortlich war, wurde 1922 verhaftet, entkam bald darauf aus dem Gefängnis und wurde 1925 ebenfalls amnestiert; dem General Ludendorff wurde von sehr höflichen Richtern gern geglaubt, daß er in Berlin beim Einmarsch der Putschisten nur ganz zufällig anwesend gewesen sei und gerade »etwas frische Luft geschnappt« habe, als ihm die »Brigade Ehrhardt« mit einem Parademarsch die Reverenz als neuem Staatsoberhaupt erwies, und »Major« Pabst gelang die Ausreise nach Österreich, wo er die faschistischen »Heimwehren« aufbauen half, bis auch ihm 1925 volle Amnestie zuteil wurde.

Kein einziger Putschist wurde ernsthaft zur Rechenschaft gezogen; kein einziges Verbrechen der Freikorpsleute fand gerechte Sühne. Aber als am 6. Juni 1920 Reichstagswahlen stattfanden, da erteilte die deutsche Linke der SPD die Quittung für den erneuten Verrat, während das auf Kosten der Arbeiterschaft vor der Revolution gerettete Bürgertum den Sozialdemokraten keinen Dank abstattete, sondern eine Entscheidung traf, die das Ende der »Weimarer Koalition« bedeutete.

Bei einer um mehr als vier Millionen Stimmen geringeren Beteiligung im Vergleich zu den Wahlen vom Januar 1919, erhielt die SPD nur noch 5,6 Millionen anstelle der 11,5 Millionen Stimmen des Vorjahres. Die USPD konnte ihren Anteil von 2,3 auf 4,9 Millionen Stimmen kräftig erhöhen; die Kommunisten, die sich 1919 nicht an der Wahl beteiligt hatten, erhielten 440000 Stimmen.

Von den bürgerlichen Parteien mußten die Demokraten einen Rückgang ihrer Wähler von 5,7 auf 2,2 Millionen hinnehmen. Das Zentrum hatte einen etwas geringeren Verlust: Von seinen fast 6 Millionen Stimmen im Januar 1919 blieben ihm zwar nur 3,5 Millionen; aber in Bayern erhielt die jetzt selbständige, zum »Ordnungsblock« gehörende Zentrums-Schwester, die Bayerische Volkspartei, weitere 1,1 Millionen Stimmen.

Die bürgerlichen Rechtsparteien hatten dagegen eine beträchtliche Zunahme zu verzeichnen: Die nationalliberale Deutsche Volkspartei konnte ihren Stimmenanteil von 1,6 auf 3,6 Millionen steigern; die Deutschnationalen nahmen ebenfalls kräftig zu, nämlich von 2,9 auf 3,7 Millionen.

Insgesamt hatte die »Weimarer Koalition« von SPD, Demokraten und Zentrum nur noch 11,4 von 26 Millionen Stimmen erhalten gegenüber 19 von 30 Millionen im Januar 1919. Von der überwältigenden Mehrheit des Vorjahres, die beinahe zwei Drittel ausgemacht hatte, war nicht einmal die knappste Majorität übriggeblieben; die drei die Weimarer Republik tragenden Parteien waren jetzt in die Minderheit geraten, wobei die SPD die schwersten Verluste erlitten hatte. Es war (und blieb bis zum Untergang der Demokratie) das Ende des schwarz-rot-goldenen Bündnisses unter sozialdemokratischer Führung, und zugleich hatte der Traum der Massen von einer sozialistischen Einheit auf unabsehbare Zeit jegliche Chance verloren, realisiert zu werden.

Auch in Bayern, wo am selben Tag Landtagswahlen stattgefunden hatten, verminderte sich die Anzahl der SPD-Mandate von 61 auf 25. Die USPD erhielt 20, die KPD 2 Sitze. Die Bayerische Volkspartei und die anderen rechten Gruppen des »Ordnungsblocks« verfügten fortan über eine sichere Mehrheit; in ihrem Schutz gediehen all jene ultrarechten Geheimbünde und Kampfgruppen, die in den folgenden Jahren die Republik terrorisierten und aus denen sich allmählich eine neue, rechtsextreme Partei, die von Hitler geführte »Nationalsozialistische Deutsche Arbeiterpartei« (NSDAP) entwickelte.

Als unmittelbares Ergebnis der Reichstagswahlen bekam Deutschland eine neue Regierung mit dem Zentrumspolitiker Konstantin Fehrenbach an der Spitze. Vizekanzler wurde der nationalliberale DVP-Vorsitzende Rudolf Heinze; Zentrum, Demokraten und Deutsche Volkspartei teilten die Ressorts unter sich auf, ohne Beteiligung der SPD, die dieses Kabinett aber tolerieren mußte, weil der Regierung sonst die Mehrheit im Reichstag gefehlt hätte. Und vervollständigt wurde dieses nur noch halbrepublikanische Bündnis durch die Aufnahme des Generals Groener ins Kabinett. Dieser letzte Chef der kaiserlichen Obersten Heeresleitung und Allianzpartner Eberts bei der Niederwerfung der Revolution wurde zwar nur Verkehrsminister; Geßler blieb als Nachfolger Noskes das für die Reichswehr zuständige Mitglied der Regierung. Aber der Einfluß des Militärs wurde durch Groener noch verstärkt, und der eigentliche Chef der Streitkräfte blieb der durch den Kapp-Lüttwitz-Putsch von Vizekanzler Schiffer an die Spitze des »Truppenamts« berufene General v. Seeckt. Er machte innerhalb kurzer Zeit aus der Reichswehr, in die ein großer Teil der Freikorps »eingegliedert« wurde, jenen – angeblich gänzlich unpolitischen, in Wahrheit eine eigene reaktionäre Politik treibenden – »Staat im Staate«, der zehn Jahre später den Übergang zur Diktatur ermöglichte. General v. Seeckt mußte 1926 seinen Abschied nehmen, weil seine Einladung eines Hohenzollern-Prinzen zu einem Reichswehr-Manöver der Regierung gerade nicht ins Konzept paßte. Es bewahrheitete sich jedoch, was v. Seeckt einmal einem Minister, der über den häufigen Wechsel in den militärischen Kommandostellen verwundert gewesen war, zur Antwort gegeben hatte: »Sie irren. Es kommt immer derselbe wieder.« Seeckts Nachfolger wurde General Groener.

5. Die »goldenen« Zwanziger

Das knappe Jahrzehnt, das der Weimarer Republik bis zum Ende der parlamentarischen Demokratie noch beschieden war, wird heutzutage, also mehr als ein halbes Jahrhundert später, seltsamerweise »eine goldene Zeit« genannt. Für die überwältigende Mehrheit der rund 63 Millionen Einwohner des Deutschen Reiches jener Epoche waren die zwanziger Jahre indessen keineswegs golden.

Gewiß, das sinnlose Massensterben der großen »Materialschlachten« war vorüber; die Überlebenden waren größtenteils heimgekehrt, davon allerdings fast sechshunderttausend als Krüppel, über vier Millionen mit mehr oder weniger schweren Verwundungen. Rund zwei Millionen Frauen mußten als Kriegerwitwen den Lebensunterhalt für sich und ihre Kinder nun größtenteils selbst verdienen, denn der Staat gewährte ihnen nur kümmerliche Renten.

Dabei war die wirtschaftliche Situation und die sich daraus ergebende Lage auf dem Arbeitsmarkt in der Zeit von 1920 bis 1930, von kurzen Perioden scheinbarer Besserung abgesehen, äußerst schlecht, am Ende des Jahrzehnts geradezu katastrophal. Kaum hatte sich Mitte 1924 die bis dahin chaotische Wirtschaftslage im Reich zu stabilisieren begonnen, kam es zur sogenannten »Reinigungskrise«, deren Hauptleidtragende die untersten sozialen Schichten waren. Bis Ende 1925 stieg die Arbeitslosigkeit auf fast 20 Prozent; weitere 20 Prozent der Erwerbstätigen mußten sich mit Kurzarbeit begnügen. Bis zum Herbst 1926 gab es zwei Millionen Vollerwerbslose; im Winter 1926/27 waren 22,5 Prozent der Gewerkschaftsmitglieder arbeitslos, was dem Zehnfachen der Zeit vor 1914 entsprach. Nach einer kurzen Zeit der wirtschaftlichen Erholung, in der die Arbeitslosigkeit erheblich zurückging, die Löhne um durchschnittlich 2,2 Pfennig je Stunde stiegen und die Kaufkraft geringfügig zunahm, folgte bei einsetzender Weltwirtschaftskrise ein Abschwung, der zur Massenverelendung führte. Im Juli 1929, dem »besten« Monat des letzten Jahres der angeblichen »goldenen Zwanziger«, gab es »nur« 1,4 Millionen Vollerwerbslose; bis zum Dezember 1929 war die Anzahl der Arbeitslosen schon mehr als doppelt so groß: 2,9 Millionen, und weitere 3 Millionen mußten kurzarbeiten.

Angesichts dieser Lage auf dem Arbeitsmarkt verloren die hart erkämpften Tariflöhne immer mehr an Bedeutung. Durch steigende Beiträge zur Sozialversicherung, die 1929, einschließlich einer Krisensteuer, schon auf 20 Prozent des Bruttolohns angewachsen waren, vor allem aber durch die zunehmende Kurzarbeit, verringerte sich das Einkommen der Arbeiterschaft ohnehin ständig. Doch zudem sanken auch die Tariflöhne, denn die Unternehmer, die am längeren Hebel saßen, nutzten die Krise drastisch aus. Bei Tarifverhandlungen und selbst bei Streiks ging es fast nur noch darum, Lohn*senkungen* zwischen 5 und 10 Prozent zu mildern oder wenigstens um ein paar Wochen zu verzögern.

Doch nicht die Arbeitnehmerschaft allein, auch der Mittelstand, vor allem das Kleinbürgertum, verarmte während dieser »goldenen« Jahre. Der soziale Abstieg ins sogenannte »Stehkragenproletariat« war im Wesentlichen die Folge einer weitgehend manipulierten Inflation, die ihren Höhepunkt im Winter 1923/24 erreichte. Ende November 1923 war die Mark im Wert so tief gesunken, daß 4 200 000 000 000 *M* – in Worten vier Billionen zweihundert Milliarden Mark – gerade einem amerikanischen Dollar entsprachen!

Im Oktober 1923 hatte man, trotz einer Getreide-Rekordernte, die Ausgabe von Brot gegen Marken wieder einführen müssen, weil sonst die Massen verhungert wären, denn für wertlose Geldscheine – und etwas anderes hatten die meisten nicht zu bieten – wollten weder die Landwirte noch die Bäcker etwas verkaufen. »Das Volk hungert bei vollen Scheunen«, bemerkte dazu der Führer der Deutschnationalen im Reichstag, Kuno v. Westarp, der als Interessenvertreter der ostelbischen Großgrundbesitzer selbst nicht zu hungern brauchte. Seine Rittergutsbesitzer-Freunde waren durch die totale Geldentwertung nicht ärmer, sondern erheblich reicher geworden, litten keine Not und benutzten ihren Überfluß zur Förderung reaktionärer Politiker und rechtsradikaler Kampfverbände.

Auch zahlreiche Industriekapitäne, Finanzmagnaten und Börsenspekulanten zogen aus der Inflation gewaltige Gewinne. Friedrich Flick raffte damals seinen ersten Konzern zusammen, der – immer wieder umgebaut, ergänzt und verschachtelt – ihm enormen Einfluß und ein Goldmark-Milliardenvermögen verschaffte, das auch den Zweiten Weltkrieg und den Währungsschnitt des Jahres 1948 überdauert hat. Noch gewaltiger als die Inflationsgewinne Flicks waren die des Industriellen Hugo Stinnes, dessen riesiges Konzernreich aber bald nach seinem Tod im Jahre 1924 wieder auseinanderbrach. Und auch die anderen Großindustriellen wie Krupp, Röchling oder Fritz Thyssen profitierten kräftig von den ihnen durch die Inflation gebotenen Vorteilen, zum Beispiel durch große Bankkredite den Ankauf von Sachwerten zu finanzieren und die eingegangenen Verbindlichkeiten später mit wertlosem Papiergeld zu tilgen. Eine andere Methode, rasch reich zu werden, während die Masse des Volkes alle Ersparnisse verlor, bestand darin, für den Staat Steuern zu kassieren, sie aber nicht ans Finanzamt abzuführen, sondern dafür wertbeständige Rohstoffe zu kaufen und die Steuerschulden erst mit großer Verspätung und wertlos gewordenen Papiermillionen abzudecken – ein Trick, der die Zigarettenfabrikanten Reemtsma damals steinreich gemacht hat, weil freundliche Beamte ihnen die Banderolen-Steuer für Tabakerzeugnisse jahrelang stundeten.

Dank ihres bewahrten und meist noch enorm vergrößerten Reichtums konnten die Großen der Industrie und der Landwirtschaft auch ihren in den Revolutionstagen vorübergehend gefährdet erschienenen politischen Einfluß rasch wieder voll zur Geltung bringen, und wie sie ihn benutzten, davon wird noch die Rede sein. Jedenfalls blieben die Vermögen und die daraus resultierende Macht der alten Elite des Kaiserreichs ungeschmälert erhalten, und sie erwiesen sich als das einzig wirklich Stabile.

Denn auch die innenpolitischen Verhältnisse in Deutschland waren nach dem Scheitern des Kapp-Lüttwitz-Putsches und der blutigen Niederwerfung der zur Rettung der Republik aufgestandenen Arbeiterschaft des Ruhrgebiets alles andere als stabil.

In den angeblich »goldenen Zwanzigern« wechselten die Kabinette oft schneller, als man sich die Namen der das Reich regierenden Politiker zu merken vermochte: Nach den sozialdemokratischen Reichskanzlern Gustav Bauer und Hermann Müller, die bis Mitte 1920 die Regierungen der »Weimarer Koalition« angeführt hatten, amtierte nach dem politischen Erdrutsch der Juni-Wahlen bis zum Mai 1921 das bürgerliche Kabinett des Zentrumspolitikers Konstantin Fehrenbach. Dann übernahm der Zentrumspolitiker Josef Wirth die Reichskanzlei, zunächst bis Ende Oktober 1921, sodann mit einem neu zusammengestellten Kabinett nochmals, diesmal bis zum Herbst 1922. Es folgte eine Regierung des parteilosen HAPAG-Generaldirektors Wilhelm Cuno, die fast neun Monate im Amt blieb. Von August bis Oktober 1923 war das erste Kabinett des Volkspartei-Führers Gustav Stresemann an der Reihe, und eine zweite Regierung Stresemann in neuer Besetzung hielt sich vom 6. Oktober bis zum 23. November 1923. Sie wurde abgelöst von einer Zentrumsregierung mit dem Kanzler Wilhelm Marx an der Spitze, nach sechs Monaten von einem zweiten Kabinett Marx, unter Beteiligung der Deutschen Volkspartei, das am 15. Dezember 1924 zurücktrat.

Fast das ganze Jahr 1925 hindurch, bis Mitte Dezember, regierte der parteilose Reichskanzler Hans Luther; ein zweites Kabinett Luther versuchte sein Glück vom 20. Januar bis zum 12. Mai 1926. Dann kam für ein knappes Jahr das dritte Kabinett des Doktor Marx, das bis zum 17. Dezember 1926 im Amt blieb.

Ein viertes Kabinett Marx mit starker deutschnationaler Beteiligung hielt sich von Ende Januar 1927 bis Anfang Juni 1928, also über sechzehn Monate lang, was damals schon einen Rekord an Dauerhaftigkeit darstellte. Und dann folgte zum Abschluß der bewegten zwanziger Jahre – als fünfzehnter Reichskanzler dieses einen Jahrzehnts! – noch einmal ein Sozialdemokrat, Hermann Müller, der schon im März 1920, nach dem Kapp-Lüttwitz-Putsch, seinen Parteifreund Gustav Bauer abgelöst hatte.

Müllers Kabinett, das letzte der »Weimarer Republik«, dem noch Sozialdemokraten angehörten, setzte sich vornehmlich zusammen aus Vertretern der schwarz-weiß-roten Deutschen Volkspartei, der weiß-blauen Bayerischen Volkspartei, des katholischen Zentrums und der Demokraten sowie einigen parteilosen Fachleuten, darunter General Groener als Nachfolger Geßlers im Reichswehrministerium.

Die Regierung des Reichskanzlers Hermann Müller, die Ende März 1930 stürzte, war die letzte mit parlamentarischer Mehrheit. Denn die zwanziger Jahre hatten nicht nur die Hoffnung auf die sozialistische Einheit und die bürgerlich-republikanische »Weimarer Koalition« vernichtet, sondern am Ende auch jene parlamentarische Demokratie, derentwegen Ebert und die von ihm geführte SPD ein Bündnis mit Bürgertum und Militär eingegangen waren und die sozialistische Revolution erstickt hatten.

Doch bis es so weit war, bis die parlamentarische Demokratie gänzlich abgewirtschaftet und die Allianz mit den Feinden von rechts sich auch für die SPD und die bürgerlichen Republikaner als ein verhängnisvoller Fehler erwiesen hatte, mußte die deutsche Linke noch viel erdulden. Es blieb ihr – aber auch denen, die den Sozialismus zugunsten einer bürgerlichen Ordnung geopfert hatten – wahrlich nichts erspart, weder an niederträchtigen Verleumdungen und übelster Hetze noch an feigen Mordanschlägen und blutigem Terror.

Die ganzen zwanziger Jahre hindurch stand Deutschland im Bann der Reparationen und Gebietsabtretungen, die die Erfüllung des Friedensvertrags von Versailles dem Reich abverlangte. Die ungeheure Entrüstung der Deutschen, vor allem der Besitzbürger, über das, wie sie fanden, schreiende Unrecht, das die Alliierten ihnen antaten, muß rückblickend um so seltsamer erscheinen, als die damals geforderte Wiedergutmachung eine bloße Bagatelle war im Vergleich zu dem, was den Deutschen nach dem Zweiten Weltkrieg an Gebietsverlusten, Demontagen und Verzichten aller Art zugemutet wurde, ohne daß sie darüber allzu sehr murrten.

Schon als am 11. November 1918 der Zentrumspolitiker Matthias Erzberger, während des Krieges ein wilder Annexionist, die Forderung der Obersten Heeresleitung erfüllt und namens des Deutschen Reichs die harten Waffenstillstandsbedingungen nach nochmaliger Rückfrage im Großen Hauptquartier unwiderruflich angenommen hatte, waren sich alle Deutschen darüber im klaren gewesen, welche Opfer es nun zu bringen galt. Aber damals hatte die Erleichterung über das Ende des schrecklichen und längst sinnlos gewordenen Massensterbens die Angst vor den Folgen der militärischen Niederlage völlig verdrängt.

Von 1920 an war es umgekehrt: Nun sahen die meisten Deutschen nur noch die ihnen schauerlich erscheinenden Konsequenzen der bedingungslosen Kapitulation; an die Ursachen wollten sie nicht mehr denken. Sie suchten nach Schuldigen für ihr Elend und für die großen Opfer, die man von ihnen forderte. Und alle diejenigen, die bis 1918 zu den privilegierten Schichten des Kaiserreichs gehört hatten – Adel, Militärs, Großbürgertum, höhere Beamte, Richter und Klerus – sowie ein Großteil des Mittelstands und die politisch nicht organisierten Teile der Unterschicht, sahen als Verantwortliche für Deutschlands »Versklavung«, für das Verschwinden aller Pracht und Herrlichkeit, nur jene, die »die Suppe ausgelöffelt« hatten: die »Novemberverbrecher«, die »roten Vaterlandsverräter« und republikanischen »Erfüllungspolitiker«.

In dieser der Wahrheit hohnsprechenden Betrachtungsweise wurden die Deutschen Tag für Tag bestärkt durch die Massenmedien, und da der Rundfunk noch in seinen Anfängen steckte, waren dies in erster Linie die Tageszeitungen und das Kino. Die überregionale Presse hatte damals eine weit geringere Bedeutung als heute; ihre Leserschaft beschränkte sich auf das gebildete Bürgertum. Die allermeisten Deutschen lasen eine örtliche Tageszeitung, meist des scheinbar parteipolitisch neutralen »Generalanzeiger«-Typs. Boulevard-Blätter gab es fast nur in Berlin, und die – damals noch überall vorhandene – Parteipresse, vor allem der SPD, erreichte nur die organisierten Anhänger.

Den weitaus größten Einfluß auf die öffentliche Meinung in Deutschland hatte während der ganzen Dauer der »Weimarer Republik« ein gewaltiger Pressekonzern, von dessen Vorhandensein, erst recht von dessen Größe, Arbeitsweise und Macht, die allermeisten Deutschen überhaupt nichts wußten.

Im Gegensatz zu den bekannten Berliner Verlagshäusern Ullstein und Mosse, deren Morgenzeitungen, Boulevardblätter und Abendausgaben fast nur in der Reichshauptstadt und ihrer näheren Umgebung verbreitet waren, hatte jener große Pressekonzern, dessen Holding den seltsamen Namen *»Opriba«* führte, seinen Einfluß vor allem außerhalb Berlins. Er beherrschte die Presse der Mittel- und Kleinstädte und des flachen Landes, besonders in Nord-, Ost- und Mitteldeutschland, in etwas geringerem Maße aber auch überall sonst, wo kleinere, bürgerliche Blätter und »neutrale« Heimatzeitungen erschienen.

Doch auch in Berlin hatte dieser Konzern einen ihm gehörenden großen Zeitungsverlag, die August Scherl GmbH. Dort erschienen – mit einer täglichen Durchschnittsauflage von zusammen mehr als fünfhunderttausend Exemplaren – der »Berliner Lokalanzeiger«, »Der Tag« und die »Berliner Nachtausgabe«, ferner Zeitschriften wie »Die Gartenlaube« und »Die Woche«, die ebenfalls eine große Verbreitung hatten.

Sodann war dem *Opriba*-Konzern die »Telegraphen-Union« (TU) angeschlossen, damals die zweitgrößte Nachrichtenagentur des Reiches, ferner die »Ala«-Anzeigen AG, die einen sehr bedeutenden Anteil am gesamten Anzeigengeschäft der werbungtreibenden Wirtschaft hatte. Dazu kam die »Vera«-Verlagsanstalt, die Beteiligung an einigen hundert Provinzzeitungen hielt und ihnen mit der täglichen Lieferung fertig gematerter Seiten die Mühe abnahm, über anderes als Lokales in der eigenen Redaktion nachzudenken und zu berichten.

Schließlich gehörten zum *Opriba*-Konzern auch noch zwei Institute, »Mutuum« und »Altertum«, die konzernfremden, noch unabhängigen Zeitungsverlegern (und gelegentlich auch Redakteuren oder wichtigen Mitarbeitern noch nicht vom Konzern kontrollierter Blätter) finanzielle Hilfe gewährten und sie so nach und nach in immer größere Abhängigkeit von der *Opriba* brachten.

Zusammen bildeten TU, »Ala«, »Vera«, »Mutuum« und »Altertum« ein Netz, in dessen aus Nachrichten, Anzeigenaufträgen, fertigen Seiten, Krediten, Darlehen und Beteiligungen gestrickten Maschen mehr als die Hälfte der deutschen Presse gefangen war und nur das berichten durfte, was der *Opriba* paßte. Und welcher Kurs den abhängigen wie den eigenen Zeitungen und Zeitschriften vorgeschrieben war, läßt sich leicht erraten, wenn man weiß, wer die *Opriba* – das Kunstwort bedeutete übrigens nur »Ostdeutsche Privatbank« – vollständig beherrschte: Es war der Geheimrat Alfred Hugenberg, der schon 1891 den Alldeutschen Verband mitbegründet hatte, von 1909 bis 1918 den Krupp-Konzern, damals Deutschlands mit Abstand größtes Rüstungsunternehmen, als Generaldirektor geleitet und sich dann ganz der Politik zugewandt hatte: als deutschnationaler Reichstagsabgeordneter und Führer des ultrarechten, »völkischen« Flügels der Opposition, als Vorstandsmitglied des Reichsverbands der Deutschen Industrie wie auch des Arbeitgeberverbands und als Chef der *Opriba* und ihres Pressekonzerns, dem er bald auch noch die »Ufa«, Deutschlands damals größte Filmherstellungs- und Vertriebsgesellschaft, angliederte.

Um die Mitte der zwanziger Jahre kontrollierte Hugenberg mindestens zwei Drittel der gesamten deutschen Presse, und wer keine Zeitung las, sondern lieber ins Kino ging, das damals, als es noch kein Fernsehen gab, eine ungleich größere Bedeutung hatte als heutzutage, der wurde zunächst mit einer »Ufa«-Wochenschau, sodann mit einem »Ufa«-Kulturfilm auf einen Hugenberg genehmen Kurs getrimmt, ehe er den abendfüllenden »Ufa«-Hauptfilm, nicht selten auch dieser mit strammdeutschnationaler Tendenz, zu sehen bekam.

Hinter Hugenberg standen übrigens einige Repräsentanten der rheinisch-westfälischen Schwerindustrie und des Ruhrkohlebergbaus, und ein paar dieser oder mit ihnen am selben Strang ziehender Konzernherren hatten auch noch eigene Presseorgane, meist bedeutende Blätter. So war, um nur einige Beispiele zu nennen, Hugo Stinnes Besitzer der »DAZ«, der »Deutschen Allgemeinen Zeitung«, der »Industrie- und Handelszeitung«, des Witzblatts »Kladderadatsch« und der »Frankfurter Nachrichten«; der IG Farben-Konzern, das größte Chemie-Unternehmen des Kontinents, hatte sich einen starken Einfluß auf die angesehene »Frankfurter Zeitung« gesichert; der Gutehoffnungshütte-Konzern war erheblich beteiligt an den »Münchner Neuesten Nachrichten«, und der Großindustrielle Otto Wolff finanzierte das führende Zentrumsblatt »Kölnische Volkszeitung« und die nationalliberale »Zeit«.

Rechnet man noch die ultrarechten bis nationalliberalen Parteiorgane sowie die ebenfalls rechtsstehende Kirchenpresse hinzu, dann waren in den Jahren der Weimarer Republik weit über drei Viertel der deutschen Zeitungen und Zeitschriften extrem antisozialistisch, auch entschieden SPD- und gewerkschaftsfeindlich sowie mehr oder minder stark in Opposition zur parlamentarischen Demokratie und zum »System« der schwarz-rot-goldenen Republik von Weimar.

Gewiß, es gab auch einige bürgerlich-liberale, republikfreundliche, für Verständigung und Entspannung eintretende Zeitungen im ansonsten ganz überwiegend schwarz-weiß-roten Blätterwald sowie eine sozialdemokratische Parteipresse und eine Anzahl KPD-Organe, ferner ein paar bedeutende linke Zeitschriften wie beispielsweise die »Weltbühne«.

Aber den Hauptanteil an der Information der Öffentlichkeit und an der Beeinflussung ihrer Meinungen hatte die Hugenberg-Presse. Und aus deren »vaterlandstreuen, heimatverbundenen«, sich bürgerlich-bieder gebenden Blättern und Blättchen erfuhren die Deutschen in den Jahren der Weimarer Republik, was dem Geheimrat Hugenberg berichtenswert erschien und wie diese Ereignisse zu beurteilen seien:

Sie lasen etwa von der »schwarzen Schmach« – das war die gängige Bezeichnung für die im besetzten Rheinland stationierten Soldaten anderer als weißer Hautfarbe –, von der »Verseuchung der deutschen Jugend« durch »artfremden Nigger-Jazz« und »Urwaldtänze«, die unweigerlich zu »Rassenschande« und damit zum Untergang führten. Sie wurden hingewiesen auf das »schreiende Unrecht« der »völkerrechtswidrigen Zerschneidung des kerndeutschen Preußens« durch den (in Wahrheit von fast drei Millionen Polen bewohnten, im Reichstag des Kaiserreichs von immerhin zwanzig polnischen Abgeordneten vertreten gewesenen) »Korridor« und auf die grauenhafte »polnische Wirtschaft« im »geraubten Ostoberschlesien« sowie vom »heldenhaften Abwehrkampf unserer Freikorps« von der »kerndeutschen Stadt Hindenburg« aus (wobei nicht erwähnt wurde, daß es sich um Zabrze handelte, eine seit ihrer Gründung um 1300 stets so heißende, erst 1915 zu Ehren des Generalfeldmarschalls umbenannte Stadt).

Sie lasen weiter von der »schmachvollen Unterwerfung« deutscher »Erfüllungspolitiker« unter das »Diktat der Feinde«, von dem »erniedrigenden Nachgeben« der »Systempolitiker« in der Reparationsfrage. Sie erfuhren, daß es sich bei dem Zentrumspolitiker Matthias Erzberger, dem Unterzeichner des (von den Generalen so dringend geforderten) Waffenstillstands vom 11. November 1918, um einen »in übelste Korruption verstrickten« Lumpen und »Vaterlandsverräter« handelte, bei Walter Rathenau, der Ende Januar 1922 Reichsaußenminister im Kabinett Wirth geworden war, um einen »artfremden« Juden und »Interessenvertreter der internationalen jüdischen Hochfinanz« und bei Friedrich Ebert um einen »vom Sattlergesellen zum Reichspräsidenten« aufgestiegenen ehemaligen »Hochverräter«, der »der Front in den Rücken gefallen« war, vornehmlich »Umgang mit Schiebern« pflege und sich von »jüdischen Geschäftemachern« mit »kostbaren Geschenken« (– es ging um einen vom Präsidialamt unberührt an den Spender zurückgeschickten Präsentkorb mit Delikatessen –) »offensichtlich« bestechen ließe.

Und da die Leser der von Hugenberg gelenkten Presse im Laufe der Jahre zu der felsenfesten Überzeugung gebracht worden waren, daß an »Deutschlands Niedergang seit 1918« allein die »Novemberverbrecher«, die »Marxisten und Bolschewisten«, vor allem aber die Juden, schuld sein mußten; daß sie allein »die Inflation gemacht«, die »Wehrlosmachung« Deutschlands bewirkt und zugleich »den Spartakisten« heimlich oder offen »Vorschub geleistet« hatten, empfanden sie es als eine gerechte Strafe des Himmels, als am 26. August 1921 Matthias Erzberger, am 24. Juni 1922 Walther Rathenau ermordet wurde.

Die Mörder waren in beiden Fällen – und in zahlreichen anderen mit weniger prominenten Opfern – rechtsradikale Offiziere; die Rathenau-Attentäter hatten ihren Mordauftrag von der aus den Kadern der »Brigade Ehrhardt« gebildeten Geheim-»Organisation Consul« (OC) erhalten, und selbstverständlich kamen sie und ihre

Hintermänner sehr glimpflich oder ganz ohne Strafe davon.

Zwar erklärte Reichskanzler Wirth nach diesen Morden: »Da steht der Feind, wo Mephisto sein Gift in die Wunde eines Volkes träufelt. Da steht der Feind, und darüber ist kein Zweifel: Dieser Feind steht rechts!«; zwar wurde nun sogleich ein »Gesetz zum Schutz der Republik« erlassen. Aber der »Erfüllungskanzler« Wirth stürzte schon ein knappes Vierteljahr später; die von Hugenberg gelenkte Rechtspresse träufelte weiter ihr Gift in die Wunden des deutschen Volkes, und die rechtsradikalen Geheimbünde und Kampforganisationen, auch sie finanziert von der Schwerindustrie, von adligen Großgrundbesitzern sowie aus Geheimfonds der Reichswehr, wurden nur noch dreister.

Die Regierung der rechten Mitte unter Führung des Reichskanzlers Cuno, die dem Kabinett Wirth im November 1922 folgte, heizte die nationalistische Stimmung im Reich nur noch weiter an. Sie erklärte den ins rheinisch-westfälische Industriegebiet einmarschierten Franzosen, die die zahlungsunwilligen Deutschen so zur Erfüllung ihrer Reparationsverpflichtungen zwingen wollten, den »Krieg mit anderen Mitteln«, nämlich mit Aufruf zum Generalstreik und passivem Widerstand, wilden Proklamationen und heimlicher Begünstigung von Sabotageakten. Sie vergaß dabei, daß sie mit alledem den Konflikt nur verschärfte, ohne imstande zu sein, die eigene Position zu verbessern; daß die Leidtragenden nicht die Franzosen, sondern die Deutschen waren. Mit der bloßen Genugtuung, das Recht auf seiner Seite zu haben, ging das deutsche Volk einem strengen Winter ohne Ruhrkohle entgegen. Außerdem mußte ein Millionenheer von befehlsgemäß streikenden Arbeitern, Angestellten und Beamten aus der leeren Reichskasse finanziell unterstützt werden. Es nützte wenig, daß die Regierung dafür nun eilig gewaltige Mengen Banknoten drucken ließ, denn damit verschlimmerte sich nur noch die rasende Geldentwertung.

Es blieb einer neuen Regierung unter Führung Stresemanns überlassen, den Ruhrkampf zu beenden, mit dem so gut wie nichts erreicht worden war, außer einer Verschlimmerung des Elends. Aber Gustav Stresemann, Vertrauensmann der Industrie und Führer der nationalliberalen, gemäßigt rechten Deutschen Volkspartei, wurde von der Hugenberg-Presse recht schonend behandelt. Man bescheinigte ihm sogar »Schneid und vaterländische Gesinnung«, als er daran ging, in Sachsen und Thüringen »Ordnung zu machen«.

Dort war eine andere innenpolitische Situation als im übrigen Reich. Schon 1919 hatte im Vogtland der Arbeiterführer Max Hölz den von Noske eingesetzten Truppen erfolgreich Widerstand geleistet. Zur Bekämpfung einer von Hölz geführten, etwa tausend Mann starken »Roten Armee« mußten bis zu 50000 Mann Reichswehr aufgeboten werden.

Im März 1921 übernahmen Max Hölz und die Reste seiner Leute, die bei der Arbeiter- und Kleinbauernbevölkerung einen schon legendären Ruf und erhebliche Unterstützung genossen, die Führung in einem von den Bergleuten des Mansfelder Reviers ausgehenden Aufstand. Der sozialdemokratische Oberpräsident der preußischen Provinz Sachsen, Otto Hörsing, erhielt von Ebert besondere Vollmachten und unternahm es, mit Hilfe starker Sicherheitspolizei-Verbände den Aufstand blutig niederzuschlagen.

Hölz wurde dabei verhaftet und – wegen Hochverrats, da man ihm keine Tötungsdelikte vorwerfen konnte – vor ein Sondergericht gestellt. »Ihr Urteil«, rief Hölz seinen Richtern zu, »wird ein Klassenurteil sein. Zehn Jahre Zuchthaus bedeuten für mich eine 4, mangelhaft; fünfzehn Jahre Zuchthaus eine gute Note, lebenslänglich die Zensur 1. Wenn Sie mich aber zum Tode verurteilen, dann erhalte ich die Zensur 1 A – das beste Zeugnis, das Sie mir ausstellen können!«

George Grosz, dessen Zeichenstift einige der Typen festgehalten hat, die über Hölz zu Gericht saßen, berichtete über den Ausgang des Verfahrens: »Er sollte zum Tode verurteilt werden, aber seine Rede . . . machte auf seine Richter einen so tiefen Eindruck, daß er mit Zuchthaus davonkam . . .«

Aber mit der rücksichtslosen Niederschlagung des mitteldeutschen Aufstands und der Verurteilung von Max Hölz zu lebenslänglichem Zuchthaus waren die »Ruhe und Ordnung«, wie sie Ebert, die rechte SPD und die bürgerliche Reichsregierung wünschten, noch längst nicht hergestellt. Im Herbst 1920 hatte sich die USPD auf ihrem Parteitag in Halle gespalten, der linke Flügel schloß sich der KPD an – der verbleibende rechte USPD-Flügel vereinigte sich 1922 mit der SPD –; und im traditionell »roten« Sachsen wie auch in Thüringen hatte es innerhalb der Sozialdemokratie einen Linksruck gegeben, was zur Folge hatte, daß im März 1923 in Dresden der linke Sozialdemokrat Zeigner mit den Stimmen der Kommunisten zum Ministerpräsidenten gewählt wurde. Auch in Thüringen kam es zu einer Koalition der linken SPD mit der KPD. Reichspräsident Ebert und die bürgerliche Regierung Stresemann sahen in dieser Entwicklung eine solche Gefahr für das Reich, daß sie im September mit Waffengewalt einschritten, die Landesregierungen kurzerhand absetzten und durch Einmarsch zahlreicher Regimenter der Reichswehr die Bildung neuer Kabinette ohne kommunistische Beteiligung sowie die Auflösung aller Kampfverbände der Arbeiterschaft erzwangen.

Im krassen Gegensatz zu diesem energischen Vorgehen gegen die verfassungsmäßigen, ganz legal gebildeten Linksregierungen der Länder Sachsen und Thüringen stand das Verhalten Eberts, des Reichskabinetts und auch der Reichswehrführung gegenüber der

Entwicklung in Bayern. Dort hatte die Landesregierung des »Ordnungsblocks« den Ausnahmezustand erklärt, den Regierungspräsidenten v. Kahr zum »Generalstaatskommissar« ernannt und, allen Protesten aus Berlin zum Trotz, die in Bayern stationierten Reichswehrverbände dem Oberbefehl eines »Landeskommandanten« unterstellt, der sich gegen alle Anordnungen der Reichsregierung taub stellte. »Was wir wollen, ist, daß der bayerischen Regierung von der unter marxistischem Einfluß stehenden Berliner Regierung nichts aufgezwungen werden soll, was Bayern, den Hort deutscher und nationaler Gesinnung, unschädlich machen soll«, hieß es in einem Funkspruch dieses »Landeskommandanten«, des Generalmajors Otto v. Lossow, der die 7. (bayerische) Reichswehrdivision befehligte.

Das war offene Meuterei, Hochverrat und Verfassungsbruch, zumal v. Kahr und General v. Lossow die in Bayern in Garnison stehenden Truppen, ungeachtet des Eides, den der Kommandeur und seine Soldaten dem Reich geleistet hatten, nun allein für Bayern und damit gegen das Reich »in Pflicht« nahmen. Und da zur selben Zeit – es war im späten Oktober 1923 – noch starke Reichswehr-Verbände, die gerade erst in Mitteldeutschland »Ruhe und Ordnung« geschaffen hatten, gefechtsbereit an der thüringisch-bayerischen Grenze standen, wäre es nun die Pflicht Eberts und Stresemanns gewesen, die Reichsexekution gegen Bayern einzuleiten.

Doch ganz anders als gegen die legalen, aber »roten« Regierungen in Sachsen und Thüringen, unternahm Berlin gegen die Bayern gar nichts. Von dort – so jedenfalls dachten Ebert wie auch die Regierung und die Generale – drohte ja zumindest keine sozialistische Revolution. Und zudem war man sich in Berlin nicht ganz sicher, ob die bislang »loyalen« Reichswehrdivisionen gegen ihre meuternden bayerischen Kameraden überhaupt vorgehen würden.

In Bayern tummelte sich seit der blutigen Niederwerfung der Räterepublik nahezu alles, was den Rechtsextremismus in Deutschland verkörperte: Reste der »Brigade Ehrhardt« und andere Teilnehmer am Kapp-Lüttwitz-Putsch, beschäftigungslose Freikorpsführer aus den »Abwehrkämpfen« im Baltikum, in Oberschlesien und an der Ruhr, polizeilich gesuchte Attentäter, Geheimbünde wie die »Organisation Consul« und die »Thule«-Gesellschaft sowie deren »Deutsche Arbeiterpartei«, die seit 1921 »Nationalsozialistische Arbeiterpartei« (NSDAP) hieß und einen neuen Vorsitzenden hatte: Adolf Hitler.

Hitler, seit 1919 in München, war während der blutigen »Säuberung« der Stadt nach dem Ende der Räterepublik als Spitzel des Militärs tätig gewesen. Er hatte sich dann als extrem antimarxistischer, republik- und vor allem judenfeindlicher Agitator die Sympathie der Herren im Münchener Kriegsministerium erworben. Dort ging der gebürtige Österreicher, der im Weltkrieg Gefreiter im bayerischen Regiment List gewesen war, bald aus und ein.

Hitlers besonderer Gönner war der als rücksichtsloser Draufgänger und guter Organisator bekannte bayerische Hauptmann Ernst Röhm. Er baute damals mit kräftiger Unterstützung der Reichswehr und Billigung der Landesregierung eine – wegen der strengen Abrüstungsbestimmungen des Versailler Vertrags vor den Siegermächten sorgfältig geheimgehaltene – Reserve-Armee auf.

In Hauptmann Röhms zahlreichen Waffenverstecken lagerten rund zwanzigtausend Gewehre und Pistolen, 760 Maschinengewehre, elf schwere und 169 leichte Geschütze, außerdem rund dreihunderttausend Handgranaten, riesige Mengen Sprengstoff und acht Millionen Schuß Munition.

Als Herr über solche geheimen Arsenale war Röhm eine Schlüsselfigur bei allen Putschplänen, die damals in München geschmiedet wurden. Doch seine Vorliebe galt Hitler, dessen demagogische Fähigkeiten und Rednertalent er bewunderte. Deshalb stellte er Hitler, mit dem er zu gegebener Zeit eine Revolution gegen die Berliner »Novemberverbrecher«-Regierung zu machen gedachte, Mannschaften einer Reichswehr-Minenwerfer-Kompanie als Leibwache sowie als Saalschutz bei Veranstaltungen zur Verfügung. Er sorgte auch für die militärische Bewaffnung und Ausbildung der Hitler-Anhänger, und die Kampfverbände der NSDAP, die »Sturmabteilungen«, abgekürzt SA, genannt wurden, bildeten 1923 bereits die geheime Reserve des bayerischen Reichswehr-Infanterieregiments 19 und des Pionierbataillons 7. Die Führung dieser SA hatte ein beschäftigungsloser Fliegeroffizier, Hauptmann Hermann Göring, übernommen; Oberleutnant Rudolf Heß, Mitglied der »Thule«-Gesellschaft, war mit »speziellen Aufträgen« betraut. Und für die richtige Stimmung bei dieser Bürgerkriegsarmee sorgte eine eigene Tageszeitung, die in München erschien und aus einer Gründung der »Thule«-Gesellschaft hervorgegangen war: das NSDAP-Zentralorgan »Völkischer Beobachter«.

Dieses Blatt war wegen ständiger Mordhetze, Verunglimpfung des Reichspräsidenten und Beleidigung des Generals v. Seeckt vom Reichswehrminister Geßler verboten worden. Aber die bayerische Regierung lehnte es ab, das Erscheinen des »Völkischen Beobachters« polizeilich zu verhindern. Daraufhin bekam General v. Lossow vom »Truppenamt« in Berlin Order, Redaktion und Druckerei der Zeitung militärisch zu besetzen, doch der General verweigerte den Gehorsam.

Diese offene Auflehnung und der anschließende Abfall der in Bayern stationierten Reichswehrregimenter vom Reich kennzeichneten die Lage in den ersten Novembertagen des Jahre 1923. Zudem hatte Hauptmann Röhm das Freikorps »Reichskriegsflagge« mobilisiert, und in Nordbayern warteten bis an die Zähne bewaffnete Kampfverbände unter Führung des einem Reichsgerichtsverfahren entflohenen Kapitäns Ehrhardt auf das Zeichen zum »Marsch auf Berlin«.

Am 6. November erklärte »Generalstaatskommissar« Ritter v. Kahr den Führern der zum Losschlagen bereiten ultra-rechten Organisationen: »Erst wenn alles dazu bereit ist, beginnt die Tat, und den Befehl dazu gebe ich!«, und Generalmajor v. Lossow versicherte den Putschisten, er werde mit seiner Reichswehr-Division gegen Berlin marschieren, »aber nur, wenn 51 Prozent Wahrscheinlichkeit für das Gelingen« spreche.

Ganz Deutschland erwartete nun den baldigen Aufstand der »Ordnungszelle Bayern« gegen das Reich; General Ludendorff war schon – wie drei Jahre zuvor beim Kapp-Lüttwitz-Putsch in Berlin – in München eingetroffen und von den Verschwörern als künftiger »Reichsdiktator« begrüßt worden. Aber v. Kahr und v. Lossow zögerten noch, ob sie es wagen sollten, den Kampf gegen die – bisher ganz friedliche – Reichsregierung aufzunehmen. Vielleicht, so meinten sie, sollten sie sich darauf beschränken, zunächst nur in Bayern unter den Fittichen einer rasch wiederherzustellenden Wittelsbacher-Monarchie eine Diktatur zu errichten und die Wirkung auf das übrige Deutschland abzuwarten.

Am Abend des 8. November 1923 versammelte v. Kahr im Bürgerbräukeller etwa dreitausend Vertreter von Wirtschafts- und Bauernverbänden, der katholischen Kirche und von gemäßigt rechten Organisationen, wohl um deren Stimmung zu testen. Nachdem er etwa dreißig Minuten zu diesem ihm sehr freundlich gesonnenen Publikum gesprochen hatte, drangen plötzlich Hitler und seine SA in den Saal. Mit einem Revolverschuß, einem rasch aufgestellten Maschinengewehr und der – erlogenen – Behauptung, Polizei und Reichswehr hätten sich schon seinem Kommando unterstellt, gelang es Hitler im Handumdrehen, die Versammlung einzuschüchtern und in einem Nebenzimmer die Herren v. Kahr, General v. Lossow und Oberst v. Seißer, den Kommandeur der bayerischen Sicherheitspolizei, dazu zu bewegen, sich mit ihm »an die Spitze der Bewegung« zu stellen. Sie taten es zögernd, mit allerlei inneren Vorbehalten, mehr genötigt als freiwillig. Erst als auch General Ludendorff erschien und sich an Hitlers Seite stellte, schwanden ihre letzten Zweifel.

Die übrigen Mitglieder der bayerischen Landesregierung wurden derweilen von einigen Bewaffneten unter dem Kommando von Oberleutnant Rudolf Heß in »Schutzhaft« genommen, in einen Wald bei München gefahren und die Nacht hindurch mit der Drohung eingeschüchtert, man werde sie, »sobald der Befehl kommt«, erschießen. Andere schwerbewaffnete SA-Kommandos verhafteten und verschleppten die führenden Sozialdemokraten Münchens. Etwa zweihundert SA-Leute verwüsteten und plünderten die Verlags- und Redaktionsräume des SPD-Organs »Münchner Post«, und »Rollkommandos« drangen in den frühen Morgenstunden des 9. November in die Wohnungen jüdischer Familien ein, hausten dort wie die Vandalen, mißhandelten die aus dem Schlaf Gerissenen und nahmen einige Männer »als Geiseln« mit.

Es war – am fünften Jahrestag des so disziplinierten und unblutigen Umsturzes vom 9. November 1918 – eine erste Kostprobe von dem, was ein Sieg der NSDAP Deutschland bringen würde, ein Vorgeschmack des »Dritten Reiches«.

Am Vormittag des 9. November besetzte Hauptmann Röhm mit seinem Freikorps »Reichskriegsflagge« das Kriegsministerium. Von der Isar her nahte ein Zug von einigen tausend NSDAP-Leuten mit Ludendorff, Hitler und Göring an der Spitze; sie wußten noch nicht, daß sich das Blatt für sie inzwischen gewendet hatte. Denn über Nacht waren v. Kahr, General v. Lossow und Oberst v. Seißer zu der Einsicht gelangt, daß der Ludendorff-Hitler-Putsch gegen die Reichsregierung keine Aussicht auf Erfolg hatte. Er war sogar, so fanden sie nun, höchst gefährlich für ihre eigenen Pläne, die eine Wiedererrichtung der bayerischen Monarchie, eine Militärdiktatur mit christlich-sozialem Mäntelchen und die allmähliche Loslösung vom Reich vorsahen.

Sie hatten deshalb die ihnen noch gehorchende Landespolizei alarmiert, die die Putschisten entwaffnen und festnehmen sollte. Die erste Polizeikette an der Isar war zwar von Görings SA überrumpelt und zusammengeschlagen worden. Doch als die Putschisten dann durch die schmale Residenzstraße zogen, um den von Polizei und Militär bedrängten Leuten Röhms im Kriegsministerium Unterstützung zu bringen, stießen sie an der Feldherrenhalle auf ein starkes Polizeiaufgebot, das, Gewehre im Anschlag, ihnen Halt gebot.

Einer der Putschisten, Hitlers Leibwächter, der Metzgergeselle Ulrich Graf, sprang vor und rief: »Nicht schießen! Exzellenz Ludendorff und Hitler kommen!« Aber da krachten schon die ersten Schüsse. Der Zug geriet in Panik; die meisten flüchteten oder suchten Deckung. Vierzehn Tote lagen auf dem Pflaster, unter ihnen Theodor v. d. Pfordten, Rat am Obersten Bayerischen Landgericht, und Max Erwin v. Scheubner-Richter, der eigentliche Organisator des Putsches. Zwei weitere Nationalsozialisten erlagen später ihren Verwundungen.

Jetzt griffen v. Kahr und General v. Lossow »energisch« durch – nicht mit standrechtlichen Erschießungen, denn die Hitler-Leute waren ja keine »Roten«, aber immerhin wurden ein paar Putschisten vor Gericht gestellt: Hauptmann Röhm; der in dem Landhaus der Frau Hofrat Hanfstaengl in Uffing aufgespürte Hitler; dessen Vertrauensmann im Münchener Polizeipräsidium, Dr. Wilhelm Frick; ein der NSDAP angehörender hoher Beamter des Innenministeriums, Dr. Ernst Pöhner; Oberstleutnant a.D. Hermann Kriebel, militärischer Führer des »Deutschen Kampfbundes«; Leutnant Robert Wagner; Oberleutnant Heinz Pernet; Oberleutnant a.D. Wilhelm Brückner, der Kommandeur des »SA-Regiments München«, ja sogar Exzellenz General Erich Ludendorff.

Der Prozeß gedieh zur reinen Farce. Der Anklagevertreter, Staatsanwalt Hans Erhard – er wurde nach dem Zweiten Weltkrieg CSU-Politiker und bayerischer Ministerpräsident –, der Vorsitzende und die Beisitzer behandelten die »Herren Angeklagten« mit erlesener Höflichkeit, insbesondere den mit einer Luxuslimousine zur Verhandlung gekommenen General Ludendorff, den sie mit »Exzellenz« anredeten und lobten, daß er sich »anerkennenswerterweise« dem Gericht »zur Verfügung gestellt« habe. Ungerügt durften die Angeklagten den Reichspräsidenten beschimpfen, über die »Novemberverbrecher«-Regierung in Berlin herziehen und lange Propagandareden halten. Am Ende des wochenlangen Prozesses, bei dem man bei Erörterungen der Beziehungen der SA zur Reichswehr und Hitlers zu v. Kahr die Öffentlichkeit stets ausschloß – die Protokolle darüber werden noch heute geheimgehalten! –, wurden am 1. April 1924 verurteilt: Adolf Hitler, Pöhner, Kriebel und Weber zu je fünf Jahren Festungshaft und 200 RM Geldstrafe; Röhm, Brückner, Pernet, Wagner und Frick zu je fünfzehn Monaten Festung. Für Ludendorff gab es – wie üblich – einen glatten Freispruch, »unter Überbürdung der Kosten auf die Staatskasse«.

Den Angeklagten Dr. Frick, Röhm, Pernet und Wagner wurden die Strafen zur Bewährung ausgesetzt; sie kamen sofort wieder auf freien Fuß. Hitler und die übrigen Verurteilten wurden ein paar Monate später, zu Weihnachten 1924, begnadigt und aus der Haft entlassen.

Der bayerische Justizminister Dr. Franz Gürtner – der später im Kabinett v. Papen und dann auch in der Regierung Hitler das Reichsjustizministerium leitete – sorgte dafür, daß der nach München zurückgekehrte Putschistenführer vierzehn Tage nach seiner Haftentlassung vom neuen bayerischen Ministerpräsidenten, dem Zentrumspolitiker Heinrich Held, zu einem Gespräch unter vier Augen empfangen wurde. Hitler versicherte bei dieser Gelegenheit seinem Gastgeber, daß er von jetzt an »nur noch mit legalen Mitteln« nach der Macht streben werde, und Held erklärte, daß er sich nur noch auf eine Zusammenarbeit mit den Wehrverbänden des alten Chefs von Röhm, Oberst Ritter v. Epp, einlassen werde; die schon von seinem Vorgänger aufgelöste SA bleibe verboten. (Die Ironie der Geschichte sorgte dafür, daß es weniger als zehn Jahre später Ritter v. Epp war, der die Regierung Held auf Befehl Hitlers absetzte und Reichsstatthalter in Bayern wurde.)

Während der »Verbüßung« seiner kurzen »Ehrenstrafe« in komfortabel eingerichteten Räumen der Haftanstalt Landsberg am Lech hatte Hitler jede erdenkliche Bequemlichkeit gehabt und die Zeit unter anderem dazu benutzt, seinem Sekretär, Rudolf Heß, das Buch »Mein Kampf« zu diktieren. Darin war bereits, jedem Leser klar erkennbar, der Weg vorgezeichnet, den Hitler, sobald er die Herrschaft über Deutschland angetreten haben würde, einzuschlagen gedachte: Beseitigung des »Systems« der parlamentarischen Demokratie, der Gewerkschaften, der Parteien und jeder Koalitionsfreiheit sowie der Rechte auf freie Information und Meinungsäußerung; Beseitigung aller Spuren der Revolution und Ausrottung aller sozialistischen Ideen; Bruch des Versailler Vertrags und aller anderen Abkommen mit den Siegern des Ersten Weltkrieges; schnellste Wiederaufrüstung der Armee über den Vorkriegsstand hinaus und Wiedereinführung der allgemeinen Wehrpflicht, beides mit dem Ziel, Angriffskriege zu führen, die Vormachtstellung des Reiches wiederzugewinnen und dem deutschen Volk mehr »Lebensraum«, vor allem auf Kosten der slawischen Nationen, zu verschaffen; Versklavung und rücksichtslose Ausbeutung aller »minderrassigen« Völker, Ausrottung der Juden, Vernichtung aller »Lebensunwerten«; Entrechtung der Arbeitnehmer, Degradierung der Frauen zu bloßen Garanten eines ausreichenden und gesunden Nachwuchses und dessen »artgemäßer« Aufzucht; Errichtung einer brutalen Diktatur mit Hilfe einer ihm, dem »Führer«, blind ergebenen »Herrenmenschen«-Elite.

Aber vorerst war Hitler von der Verwirklichung seiner wahnwitzigen Ideen noch weit entfernt. Bei den Reichstagswahlen im Mai 1924 hatten die mit der Rumpf-USPD wiedervereinigten Sozialdemokraten zwar nur noch sechs Millionen Stimmen – das entsprach einem Anteil von 20 Prozent – erhalten. Doch insgesamt war der parlamentarischen Demokratie eine ausreichende Mehrheit geblieben: Die Demokraten hatten knapp sechs Prozent der Stimmen bekommen, Zentrum und Bayerische Volkspartei zusammen fast 17 Prozent und die Deutsche Volkspartei Gustav Stresemanns etwas über 9 Prozent. Das war, zusammen mit dem Anteil der SPD, eine bescheidene Mehrheit für die staatstragenden Parteien. Die Hauptgewinner dieser Wahl, die Deutschnationalen, hatten allerdings mit fast 20 Prozent Stimmenanteil nun schon beinahe die Stärke der wiedervereinigten Sozialdemokratie erreicht. Die als »Völkisch-Nationaler Block« erstmals seit Bestehen der Republik im Reichstag selbständig vertretenen Rechtsextremisten, meist

Anhänger Hitlers und Ludendorffs, waren mit fast zwei Millionen Wählerstimmen und einem Anteil von 6,5 Prozent nur halb so stark aus dem Wahlkampf hervorgegangen wie die Kommunisten, die 13 Prozent der Stimmen für sich gewonnen hatten.

Da sich dann noch zehn Abgeordnete rechter Splitterparteien den Deutschnationalen anschlossen, wurden diese nachträglich die stärkste Fraktion im neuen Reichstag. Sie forderten daher sogleich für einen ihrer Führer, den einstigen kaiserlichen Großadmiral Alfred v. Tirpitz, das Reichskanzleramt.

Die Berufung dieses alldeutschen Militaristen, der vor 1914 wie kaum ein zweiter die Flottenaufrüstung für den Angriffskrieg vorangetrieben und später, durch seine Forderung nach uneingeschränktem U-Boot-Einsatz, auch gegen Schiffe der Neutralen, die USA an die Seite der Alliierten gebracht hatte, wäre eine Provokation gewesen, die nach außen das Ende jeder Verständigung, im Innern den Untergang der bürgerlichen Demokratie bedeutet hätte.

Doch diese Gefahr ging noch einmal vorüber. Mit viel Mühe brachte die bürgerliche Mitte ein zweites Kabinett Marx zustande, das von der SPD toleriert wurde. Diese Regierung erzielte durch ihren Außenminister Stresemann erhebliche Fortschritte in der Entspannung, erreichte die Aufnahme Deutschlands in den Völkerbund, leitete Gespräche über eine vernünftige Begrenzung der Reparationen sowie eine Räumung der besetzten Gebiete ein und sorgte im Innern für eine allmähliche Stabilisierung. Doch bereits im Oktober 1924 erlag das Kabinett Marx den Deutschnationalen, die einerseits die Verständigungs- und Konsolidierungspolitik der bürgerlichen Mitte mit übelster Demagogie abzuwerten trachteten, andererseits für ihre Anführer Ministerposten forderten.

Da die parlamentarischen Mehrheitsverhältnisse keine klaren Entscheidungen ermöglichten, entschloß man sich dazu, den erst ein halbes Jahr zuvor gewählten Reichstag aufzulösen und Neuwahlen abzuhalten. Sie fanden am 7. Dezember 1924 statt und brachten – das war die erste Überraschung – sowohl den Kommunisten wie den Rechtsextremisten schwere Einbußen: Die KPD schrumpfte von 13 auf 9 Prozent; der Stimmenanteil der durch heftige innere Machtkämpfe zwischen Hitler und mit ihm rivalisierenden Unterführern geschwächten NSDAP ging von 6,5 auf 3 Prozent zurück. Die SPD konnte – auch das war überraschend – ihren Anteil von 20 auf 26 Prozent steigern, offenbar auf Kosten der in einer Führungskrise steckenden KPD. Demokraten, Zentrum und Bayerische Volkspartei hielten ihre zusammen 23 Prozent vom Mai; die Deutsche Volkspartei nahm geringfügig zu und erreichte 10 Prozent der Stimmen. Aber auch die Deutschnationalen konnten – und das hatte niemand erwartet! – ihre starke Stellung noch ausbauen: ihr Anteil stieg auf über 20 Prozent.

So war die Lage durch die Neuwahlen nur noch komplizierter geworden, denn keine der Gruppen, die miteinander zu koalieren bereit gewesen wären, verfügte über eine ausreichende Mehrheit. Schließlich einigte man sich auf einen parteilosen Kanzler, den früheren Reichsbankpräsidenten Dr. Hans Luther, und auf eine Koalition, die auf die Stimmen der mit Abstand stärksten Partei im neuen Reichstag, der SPD, nicht angewiesen war.

Mitte Januar 1925 präsentierte Luther der Öffentlichkeit seine Regierungsmannschaft: ein stark rechtslastiges »Bürgerblock«-Kabinett, in dem neben Stresemann, dem erfolgreichen Außenminister und Vertrauensmann der Industrie, etliche Deutschnationale sowie der parteilose Rittergutsbesitzer Gerhard Graf v. Kanitz den Ton angaben. Zentrum, Bayerische Volkspartei und Demokraten hatten sich mit »Beobachterposten« begnügt.

Diese neue Regierung, der die Interessen der Unternehmer und Großagrarier besonders am Herzen lagen, gab sogleich zu erkennen, daß sie – anstelle des während der Revolution, noch vom »Rat der Volksbeauftragten«, eingeführten Achtstundentags – eine Verlängerung der gesetzlichen Arbeitszeit auf zehn Stunden täglich für »unabdinglich« hielte. Damit sollte eine der wenigen sozialen Errungenschaften des Novembers 1918 rückgängig gemacht werden, und hinter den Kulissen wurde auch schon davon gesprochen, die Arbeitslosen-Versicherung, deren Einführung seit langem geplant war, fallenzulassen und die vom Reich mitfinanzierte Unterstützung der Erwerbslosen durch die Gemeinden von der Bedürftigkeit der Antragsteller abhängig zu machen.

Diese Vorbereitungen eines Angriffs auf den schwer erkämpften sozialen Besitzstand der deutschen Arbeitnehmerschaft lösten bei den Linksparteien solche Empörung aus, daß es ein paar Tage lang fast so schien, als würde diese Herausforderung die auseinandergefallene Arbeiterbewegung zur Einigkeit bringen können. In der SPD-Fraktion regte sich erstmals seit den Tagen des Kapp-Lüttwitz-Putsches eine Klassenkampf-Stimmung. Aber dann überschattete ein Ereignis diese sofort wieder zur »Tagespolitik« degradierten Impulse: Am 28. Februar 1925 starb Friedrich Ebert, und die Frage, wer nun Reichspräsident werden sollte, ließ alles andere in den Hintergrund treten.

Eberts Tod stürzte die bürgerliche Republik und die noch ungefestigte Demokratie in eine schwere Krise. Das Amt des Reichspräsidenten war von den Vätern der Weimarer Verfassung mit beinahe diktatorischen Vollmachten ausgestattet worden. Das Staatsoberhaupt konnte die Länder mit Waffengewalt zur Einhaltung der Verfassung und zur Wiederherstellung von »Sicherheit und Ordnung« zwingen, dazu auch die wichtigsten Grundrechte außer Kraft setzen, vom Parlament verabschiedete Gesetze blockieren und einen Volksentscheid erzwingen, auch den Reichstag vorzeitig auflösen. Seine Machtfülle war also ungleich größer als die des Kanzlers.

Vom Standpunkt der rechten SPD aus, aber auch von dem des liberalen Bürgertums und selbst zahlreicher Anhänger des Zentrums und der Deutschen Volkspartei, hatte Friedrich Ebert als Reichspräsident Vorzügliches geleistet. Ihm gebührte – wie Richard Löwenthal es rückschauend formuliert hat – »das Hauptverdienst daran, daß Deutschland nach dem militärischen Zusammenbruch von 1918 nicht das Opfer staatlichen Zerfalls, lang dauernden Bürgerkrieges oder einer Diktatur wurde, sondern als parlamentarische Demokratie seine neue verfassungsmäßige Ordnung fand«.

Ebert war allerdings auch, zusammen mit den anderen Führern der Mehrheitssozialisten des Jahres 1918, verantwortlich dafür, daß die sozialistische Revolution im Keim erstickt wurde und daß die demokratische Neuordnung unvollendet, ein antirepublikanischer Staatsapparat erhalten blieb. Dies und vor allem, daß er die bewaffnete Macht im Deutschen Reich den erklärten Feinden der Republik überließ, sogar noch nach den bitteren Erfahrungen der Putschjahre 1920–23, waren die Opfer, die Ebert der von ihm geführten Sozialdemokratie abverlangt hatte, damit – das jedenfalls war sein Motiv – dem deutschen Volk ein Chaos erspart bliebe.

Die deutsche Arbeiterbewegung war an diesem Kurs zerbrochen; das Bürgertum, das Ebert vor der sozialen Revolution bewahrt hatte, dankte es ihm nicht, die alte Oberschicht noch weit weniger. Im Gegenteil: Von rechts her überschüttete man den in seiner Amtsführung auf Schlichtheit, Würde und strengste Korrektheit bedachten Reichspräsidenten mit Beschimpfungen und Verleumdungen. Am schwersten traf Ebert jedoch das Urteil eines Magdeburger Gerichts, das ihn des »Landesverrats« bezichtigte, angeblich begangen während des Krieges, im Zusammenhang mit dem Metallarbeiterstreik des Winters 1917/18.

Ebert hatte dagegen sofort Berufung eingelegt, war bald darauf erkrankt und hatte die von den Ärzten angeratene Überführung in eine Klinik entschieden abgelehnt mit der Begründung: »Erst muß dieser elende Prozeß vorüber sein . . .« Wenige Tage später starb er an einer zu spät behandelten Blinddarmentzündung.

Bei der Wahl eines Nachfolgers im Amt des Reichspräsidenten, die zum erstenmal in der deutschen Geschichte vom ganzen Volk direkt vorgenommen wurde, ergab sich im ersten Wahlgang am 29. März 1925 für keinen der vielen Kandidaten eine ausreichende Mehrheit: Ernst Thälmann von der KPD erhielt 1,8 Millionen Stimmen; der von der SPD nominierte preußische Ministerpräsident Otto Braun konnte 7,8 Millionen Stimmen erringen; der Kandidat der Demokraten, Professor Willy Hellpach, fand die Unterstützung von 1,6 Millionen Wählern. Auf Dr. Wilhelm Marx vom katholischen Zentrum entfielen knapp 4 Millionen Stimmen, auf Ministerpräsident Dr. Heinrich Held von der Bayerischen Volkspartei fast eine Million Stimmen und auf den Duisburger Oberbürgermeister Karl Jarres, den die Deutsche Volkspartei, zusammen mit den Deutschnationalen und einigen sogenannten »Vaterländischen Verbänden«, vorgeschlagen hatte, 10,8 Millionen Stimmen. General Erich Ludendorff als Kandidat der extremen Rechten mußte sich mit 211 000 Stimmen begnügen, weil die norddeutschen Gruppen der zerstrittenen »Nationalsozialistischen Freiheitsbewegung« den Deutschnationalen gefolgt waren und Karl Jarres unterstützt hatten.

Immerhin wäre, wie das Wahlergebnis deutlich zeigte, eine vereinigte Linke im Bündnis mit der demokratischen Mitte weit stärker gewesen als die Rechte, doch die Zersplitterung des gesamten republikanischen Lagers und die unüberbrückbar gewordenen Gräben zwischen Sozialdemokraten und Kommunisten ließen das linke Übergewicht nicht mehr zur Geltung kommen. Für den zweiten Wahlgang fand sich zwar noch einmal – notgedrungen – die alte »Weimarer Koalition« zusammen: SPD, Zentrum und Demokraten einigten sich auf den Zentrumsmann Dr. Marx; die Kommunisten stellten wieder Ernst Thälmann auf. Aber die vereinigte Rechte bemühte sich nun um einen Gegenkandidaten, von dem sie sich den Sieg erhoffen konnte, und ihre Wahl fiel auf den 78jährigen kaiserlichen Generalfeldmarschall Paul v. Beneckendorff und v. Hindenburg.

Diesem reaktionären Monarchisten von mäßigem Verstand haftet noch heute – gänzlich unverdienter – Feldherrenruhm an; damals genoß er beim deutschen Bürgertum, dank jahrelanger Vergötterung durch die Kriegspropaganda und die Hugenberg-Presse, ein so hohes Ansehen, wie es seit Bismarck keinem Deutschen mehr zuteil geworden war. Es nützte nichts, daß Stresemann die Hände rang und um seine Außenpolitik fürchtete, weil die Wahl eines preußischen Junkers und Militärs zum neuen Staatsoberhaupt der jungen Republik von der ganzen Welt nur als eine Provokation aufgefaßt werden konnte; es half auch nichts, daß einige Großindustrielle, die um die amerikanischen Kredite bangten, Delegationen zu Hindenburg schickten, um den greisen Marschall, der ohnehin wenig Neigung zeigte, sein geruhsames Pensionärsleben aufzugeben, von einer Kandidatur abzuhalten. Der rechte Flügel der Deutschnationalen setzte sich durch, und Großadmiral v. Tirpitz reiste zu Hindenburg und überzeugte ihn davon, daß es die »vaterländische Pflicht« eines kaiserlichen Feldmarschalls sei, keinen Republikaner an die Macht kommen zu lassen,

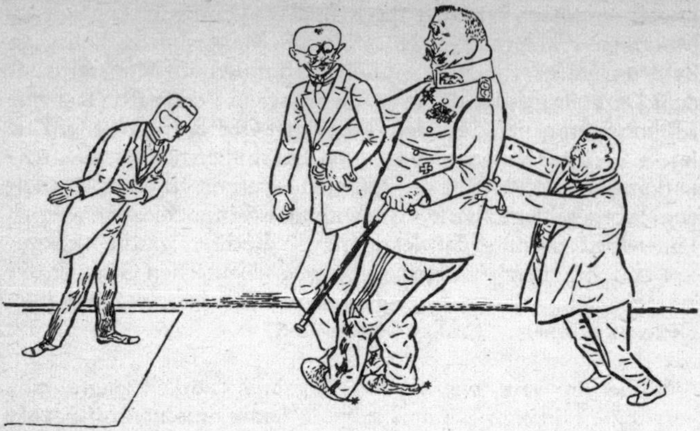

George Grosz: Vor der Audienz

vielmehr selbst als »Sachwalter des angestammten Herrscherhauses« der Hohenzollern die Reichspräsidentschaft zu übernehmen.

Die Chancen für Hindenburg standen zwar nicht übermäßig gut; große Teile des Volkes, zumal die Arbeiterschaft, war gegen einen Generalfeldmarschall als Staatsoberhaupt der Republik. Aber im zweiten Wahlgang bedurfte es keiner absoluten, sondern nur noch einer relativen Mehrheit.

Tatsächlich siegte am 26. April 1925 der von den Feinden der Republik, besonders von der Hugenberg-Presse, als »Retter des Vaterlands« und »Garant einer Bewahrung Deutschlands vor der roten Flut« angepriesene Feldmarschall v. Hindenburg mit nur knappem Vorsprung vor Dr. Marx und mit weit weniger als der Hälfte aller Stimmen: 14,65 Millionen Deutsche wählten Hindenburg; der Zentrumsmann Dr. Marx, unterstützt von SPD und Demokraten, erhielt 13,75 Millionen Stimmen, und knapp 2 Millionen Männer und Frauen entschieden sich für den kommunistischen Kandidaten Ernst Thälmann.

Der Sieg des monarchistischen Reaktionärs über den Repräsentanten der »Weimarer Koalition« war im wesentlichen darauf zurückzuführen, daß die sonst mit dem Zentrum eng verbündete, klerikal-konservative Bayerische Volkspartei diesmal ihre Anhänger aufgefordert hatte, lieber den protestantischen Preußen und Monarchisten v. Hindenburg zu wählen als den rheinischen Katholiken, Zentrumsführer und Republikaner Dr. Marx. Denn noch mehr als das Preußentum haßten die bayerischen Reaktionäre die Republik.

Den Kommunisten war es kaum zu verdenken, daß sie nicht der »Weimarer Koalition« zuliebe einen antisozialistischen Zentrumspolitiker unterstützten, sondern einen eigenen Kandidaten aufstellten und ohne Rührung der Niederlage zuschauten, die ihre gnadenlosen Verfolger jetzt erlitten. Es war ihre Rache für die vielen tausend Genossen, die im Namen der Republik von antirepublikanischen Söldnern ermordet oder ins Zuchthaus geworfen worden waren; für den Verrat an der Revolution, am Sozialismus und Anti-Militarismus. Daß allerdings nun der Ranghöchste der Militärs, ein erklärter Feind der Revolution und Interessenvertreter der Junker, an die Spitze des Staates trat, nahm dieser Rache die Süße.

6. Niedergang und Ende der parlamentarischen Demokratie

Die nachteiligen Folgen, die Stresemann von der Wahl des Generalfeldmarschalls v. Hindenburg zum Reichspräsidenten für seine Außenpolitik der Verständigung und Friedenssicherung befürchtet hatte, blieben aus. Weder die Sieger des Ersten Weltkrieges noch die Neutralen stießen sich daran, daß sich Deutschland zum neuen Staatsoberhaupt einen Mann erkoren hatte, der nicht nur alles verkörperte, was ihnen am wilhelminischen Herrschaftssystem gefährlich und hassenswert erschienen war, sondern auch zur Spitzengruppe derer gehörte, die das Reich gemäß dem Versailler Vertrag als »Kriegsverbrecher« hätte ausliefern müssen.

Aber von dieser wie von manchen anderen Bestimmungen des von der deutschen Rechten geschmähten »Schanddiktats« war schon nicht mehr die Rede; die Sieger hatten sich bereits dazu entschlossen, Großmut walten zu lassen. Und die deutschen Republikaner nahmen es hin, daß Hindenburg im Reichspräsidenten-Palais sofort den kargen Stil seines Vorgängers durch ein pompöses Hofzeremoniell ersetzte, sich mit Adjutanten, Chargen sowie Scharen von Dienern mit Escarpins und Schnallenschuhen umgab und zu Reichswehr-Paraden die große Uniform eines kaiserlichen Generalfeldmarschalls anlegte. Schließlich war ja – so fanden sie – der neue Reichspräsident schon ein sehr alter Herr, dem man einiges nachsehen mußte, und er schien im übrigen seine Sache recht gut zu machen.

Tatsächlich erntete Hindenburg nur die Früchte der Stabilisierungspolitik, die die Sozialdemokraten und ihre bürgerlichen Verbündeten sechs Jahre lang mit Fleiß und Hartnäckigkeit betrieben hatten: Die sozialistische Revolution war abgewürgt, die Währung wieder fest, die Gefahr eines Abfalls der Rheinlande oder Bayerns vorüber; die Wirtschaft entwickelte sich mit Hilfe amerikanischer Kredite zufriedenstellend; der Reichshaushalt verzeichnete zum erstenmal seit langer Zeit wieder Überschüsse; die innere Verwaltung funktionierte wie zu Kaiser Wilhelms Zeiten, und in der Außenpolitik zeichnete sich schon eine Beilegung der ärgsten Konflikte ab.

Trotzdem war die deutsche Rechte keineswegs zufrieden: Als Gustav Stresemann, nationalliberaler Außenminister einer Regierung, in der die Deutschnationalen vier wichtige Ressorts verwalteten, auf der Konferenz von Locarno im Sommer 1925 das deutsch-französische Verhältnis weitgehend normalisierte, den Verzicht des Reichs auf Elsaß-Lothringen bekräftigte und dafür eine Teilräumung des besetzten Rheinlands, die Aufnahme Deutschlands in den Völkerbund, internationale Garantien für seine äußere Sicherheit sowie ein günstigeres Klima für Verhandlungen über eine weitere Senkung der alliierten Reparationsforderungen einhandelte, da fiel die Hugenberg-Presse samt der extremen Rechten über die »Verzichtregierung« her.

Eines ihrer Argumente war seltsamerweise, daß sich Deutschland in Locarno auf einen »Kreuzzug gegen den Bolschewismus« eingelassen habe, der den Interessen des Reichs widerspreche. »Auch wir wollen dem Bolschewismus den Zutritt in unser Land wehren«, hieß es dazu in den Hugenberg-Blättern, »aber wir wissen, daß Bolschewismus und Rußland nicht auf alle Zeiten identisch sind. Nach Osten weist uns politisches Interesse und wirtschaftliches Bedürfnis!«

Aber auch nachdem Stresemann im April 1926 den Berliner Vertrag mit der Sowjetunion geschlossen hatte, worin beide Mächte die Verpflichtung eingegangen waren, sich an keinem Bündnis gegen den anderen Vertragspartner zu beteiligen, hetzte die Rechte weiter gegen ihn und seine Politik. Was er auch für Deutschland an Erleichterungen erreichte, wurde von der Hugenberg-Presse, erst recht von den Zeitungen der noch weiter rechtsstehenden Gruppen, auf das Heftigste geschmäht, weil mit jeder Verbesserung notwendigerweise die Anerkennung bestehender Zustände verbunden war. Und das bedeutete – zumindest nach Meinung der deutschen Rechten – »schändlichen Verzicht«.

Typisch für die sture, jeder Vernunft widersprechende Haltung der Deutschnationalen war eine Erklärung ihres Kampfbundes »Stahlhelm«, der sich selbst als Vereinigung der »schlachterprobten, unbesiegt heimgekehrten deutschen Frontsoldaten und der von ihnen zum Geiste der Wehrhaftigkeit erzogenen deutschen Jungmannen« bezeichnete. Die »Stahlhelm«-Führung forderte am 8. April 1927 die Nichtanerkennung der durch den »Schmachfrieden« von Versailles und dessen spätere Ergänzungen geschaffenen Zustands, die Streichung aller Reparationsverpflichtungen »auf Grund der solidarischen Haftung aller für den Krieg verantwortlichen Völker«, vor allem aber den »Widerruf des erpreßten Kriegsschuldbekenntnisses«. Sie erklärte sogar ausdrücklich, daß »diese Ziele auch nicht zur Erreichung der Rheinlandräumung« durch die Besatzungstruppen oder zu anderen guten Zwecken, etwa der Revision der »unerträglichen« Ostgrenzen, verleugnet werden dürften.

Die Phrasen der deutschnationalen Führer, die Verleumdungskampagne der Hugenberg-Presse und die hemmungslose Hetze der Rechtsextremisten gegen die Friedens- und Verständigungspolitik des nationalliberalen Außenministers Stresemann wurden in ihrer das innen- und außenpolitische Klima vergiftenden Wirkung noch verstärkt durch markige Aussprüche des Reichspräsidenten v. Hindenburg. So erklärte der alte Herr am 18. September 1927 am Tannenberg-Nationaldenkmal unter dem tosenden Beifall der aufmarschierten Kriegervereine und Wehrverbände: »Die Anklage, daß Deutschland schuld sei an diesem größten aller Kriege, weisen wir, weist das deutsche Volk in allen seinen Schichten einmütig zurück! . . . Reinen Herzens sind wir zur Verteidigung des Vaterlandes ausgezogen, und mit reinen Händen haben wir das Schwert geführt!«

Der Chef der Reichswehr, General v. Seeckt, jeder hohlen Phrase abhold, meinte hingegen nur: »Wir müssen die Macht bekommen, und sobald wir die Macht haben, holen wir uns selbstverständlich alles wieder, was wir verloren haben.«

Der General war, im Gegensatz zu den schon wieder übermütigen rechten Ultras, ein Realist. Er wußte, daß das Deutsche Reich militärisch noch viel zu schwach für einen neuen Angriffskrieg war und daß innenpolitisch ein ungefähres Gleichgewicht der Kräfte bestand; nur weil die Linke gespalten war, hatten die Rechten das Sagen. Für einen radikalen Kurswechsel, für eine rechte Diktatur und ein Zerreißen aller Verträge reichte die Stärke der Rechtsparteien noch nicht aus, zumal jede Kraftprobe bewirken konnte, daß sich die Linke zu gemeinsamer Abwehr zusammenfand.

Im Frühjahr und Sommer 1926 zeigte es sich, daß eine solche Möglichkeit noch vorhanden war, trotz aller Abneigung der SPD-Führung, sich auf eine Aktionseinheit mit den Kommunisten einzulassen. Es bedurfte dazu nur einer Herausforderung von rechts, und diese kam ausnahmsweise nicht von den völkischen und deutschnationalen Kampfverbänden oder von der Hugenberg-Presse, sondern von dem eigentlich zu strikter Neutralität verpflichteten Reichspräsidenten.

Es ging um die Vermögen der entthronten Fürsten, die von der Revolution nicht angetastet worden waren; man hatte sie damals nur »sichergestellt«, und eine Regelung der Eigentumsverhältnisse war auf ruhigere Zeiten verschoben worden. Im Prinzip war man – zumindest bei der SPD-Führung – der Meinung gewesen, daß der größere Teil des Besitzstands der ehemals regierenden Fürstenhäuser als Staatseigentum anzusehen und zugunsten der Länder einzuziehen sei; der kleinere Teil sollte als Privateigentum der einstigen Herrscher betrachtet und ihnen zurückerstattet werden.

Es kam aber ganz anders. Kaum war die Revolution abgewürgt und mit Hilfe der Freikorps »Ruhe und Ordnung« blutig wiederhergestellt, da begannen die Fürstenhäuser gegen die republikanischen Landesregierungen zu prozessieren. Bei den meist stramm monarchistisch gesinnten Richtern fanden sie viel Verständnis für ihre sehr weitgehenden Wünsche. Sie erhielten nicht nur die Mehrzahl ihrer Schlösser und Kunstschätze sowie den Großteil ihres riesigen Grundbesitzes zugesprochen, sondern häufig auch noch Goldmark-Millionenbeträge als Abfindungen für verlorengegangene Einkünfte.

Da eine reichsgesetzliche Regelung fehlte und bei den parlamentarischen Mehrheitsverhältnissen auch nicht zu erwarten war, beschlossen die Linksparteien, zunächst unabhängig voneinander, einen Volksentscheid herbeizuführen. Nach der Reichsverfassung mußten zunächst zehn Prozent der Wahlberechtigten, etwa vier Millionen, den Volksentscheid befürworten; der Volksentscheid selbst benötigte die absolute Mehrheit, rund zwanzig Millionen Wählerstimmen, damit die erhobene Forderung zum Gesetz werden konnte.

Durch Vermittlung der Gewerkschaften einigten sich Sozialdemokraten und Kommunisten auf einen gemeinsamen Text, der die entschädigungslose Enteignung der Fürstenhäuser zugunsten der Kriegs- und Inflationsopfer sowie der Arbeitslosen und Sozialrentner vorsah. Schon die Vorbereitungen dieses Volksentscheids riefen bei den Rechtsparteien flammende Empörung hervor, und diejenigen, die Hindenburg zum Reichspräsidenten-Kandidaten vorgeschlagen hatten, verlangten nun von ihm eine entschiedene Stellungnahme gegen die »unerhörten« Forderungen der Linken. Hindenburg erklärte zunächst, daß er aus staatsrechtlichen Gründen zu strikter Neutralität verpflichtet sei. Aber dann nahm er doch Stellung: Ihm, der sein Leben im Dienst des Königs von Preußen verbracht habe, so ließ er verlauten, erscheine die Forderung nach Enteignung der Fürsten als Unrecht und Undank, ja, als ein sehr bedenklicher Verstoß gegen das Gefüge des Rechtsstaats, dessen Fundament die Achtung vor dem Gesetz und dem gesetzlich anerkannten Eigentum sei.

»Es könnte aus dem jetzt vorliegenden Einzelfall die Methode entstehen«, erklärte er wörtlich, »durch Aufreizung der Instinkte der Massen und Ausnutzung der Not des Volkes mit solchen Volksabstimmungen auf dem Wege der Enteignung weiterzugehen und damit dem deutschen Volke die Grundlage seines kulturellen, wirtschaftlichen und staatlichen Lebens zu entziehen.«

Damit stellte sich Hindenburg offen auf die Seite der Antragsgegner, die hofften, daß die Autorität des Generalfeldmarschalls ausreichen würde, den Volksentscheid kläglich scheitern zu lassen. Sie hatten jedoch nicht in Rechnung gestellt, wie miserabel die Wirkung auf Arbeiter und kleine Angestellte war, wenn etwa Ex-Kaiser Wilhelm II., wie geschehen, zusätzlich zu seinen nach Holland mitgenommenen Millionen nochmals 300 000 Morgen Land, Schlösser und zahlreiche weitere Objekte im Gesamtwert von

183 Millionen Goldmark forderte. Allein seine Rente – monatlich 50000 Mark – stand in so krassem Mißverhältnis zum Durchschnittseinkommen, daß auch der Mittelstand über die Habgier des fahnenflüchtigen Ex-Monarchen in Empörung geriet.

Damals, Anfang 1926, verdiente ein Berliner Maurer 1,26 Mark je Arbeitsstunde, ein Maßschneider 96 Pfennige, ein Bäcker 1,02 Mark, ein Tapezierer 1,10 Mark, ein Schuhmacher 70 Pfennige, eine ungelernte Metallarbeiterin 44 Pfennige. Der durchschnittliche Stundenlohn im Deutschen Reich betrug 87,1 Pfennige; der Durchschnitts-Wochenverdienst der männlichen Arbeiter lag bei 41,75 Mark brutto. Die Angestelltengehälter waren zum Teil noch niedriger: eine gelernte Verkäuferin in Frankfurt an der Oder verdiente 80 Mark brutto im Monat, eine Berliner Kontoristin 128 Mark, ein Prokurist in Hamburg 240 Mark. Von insgesamt 32 Millionen Erwerbstätigen im Reich waren 14,4 Millionen Arbeiter, knapp 5,3 Millionen Angestellte und Beamte, etwas mehr als 5,3 Millionen Selbständige, rund 5,5 Millionen mithelfende Familienangehörige und 1,3 Millionen Hausangestellte.

Am 20. Juni 1926 stimmten insgesamt 14,5 Millionen Männer und Frauen für die entschädigungslose Enteignung der ehemals regierenden Fürsten. Das war einerseits ein mageres Ergebnis, denn an der erforderlichen absoluten Mehrheit fehlten 5,5 Millionen Stimmen. Anderseits stellte dieses Resultat einen eindrucksvollen Erfolg dar, denn es hatten bei diesem von SPD und KPD eingeleiteten Volksentscheid rund vier Millionen Wähler mehr mit Ja gestimmt, als beide Parteien zusammen bei den letzten Reichstagswahlen zu mobilisieren imstande gewesen waren. Dieser Zugewinn war um so erstaunlicher, als die Abstimmung durch einen einfachen Trick der Rechtsparteien nicht geheim, sondern sozusagen öffentlich stattgefunden hatte. Von den Gegnern der Fürstenenteignung war nämlich Stimmenthaltung proklamiert worden, was zur Folge gehabt hatte, daß jeder, der ins Wahllokal ging, als »Roter« zu erkennen gewesen war. Durch diese praktische Aufhebung des Wahlgeheimnisses hatten sich, zumal in ländlichen Gegenden und Kleinstädten, sehr viele Wähler von der Teilnahme am Volksentscheid abhalten lassen, vor allem dort, wo Guts- und Fabrikbesitzer gedroht hatten, jeden Befürworter von Enteignungen sofort zu entlassen.

Wie die Masse der Deutschen wirklich zu den gemeinsamen Forderungen von SPD und KPD stand, zeigten die Ergebnisse in den Großstädten, wo die Anonymität weit größer war als in der Provinz: In Berlin stimmten 63,3 Prozent der Wahlberechtigten für die Fürstenenteignung, in Hamburg 58,5 Prozent, in Leipzig knapp 52 Prozent.

Da sich auch im Reichstag nach dem gescheiterten Volksentscheid keine ausreichende Mehrheit für eine gesetzliche Regelung fand, blieb den Fürstenhäusern aller Reichtum, den sie durch Gerichtsentscheide oder außergerichtliche Vergleiche wiedererlangt hatten, und wir werden noch sehen, wie sie ihn in den folgenden Jahren politisch einsetzten. Die Hugenberg-Presse aber triumphierte: »Der Schlag der Novemberverbrecher gegen das rechtmäßige Eigentum war ein Schlag ins Wasser!«; die Nazi-Zeitungen jubelten, daß »die jüdisch-marxistische Räuberei am Rechtsbewußtsein des deutschen Volkes gescheitert« sei, und auch das stockkonservative Junkertum stellte befriedigt fest, daß nun »die Judenrepublik« zahlen müsse.

Und da es zu den – noch heute in abgewandelter Form auftauchenden – Glaubenssätzen der deutschen Rechten gehörte, die Weimarer Republik als ein »System« darzustellen, das von Juden und Marxisten beherrscht worden sei, erscheint es angebracht, die Richtigkeit dieser Behauptungen zu prüfen:

Von den insgesamt zwanzig Reichsregierungen der Weimarer Republik in der Zeit von Anfang 1919 bis 30. Januar 1933 standen nur vier unter Führung der SPD, nämlich die drei Kabinette der ersten anderthalb Jahre nach der Revolution unter der jeweiligen Kanzlerschaft von Philipp Scheidemann, Gustav Bauer und Hermann Müller sowie das zweite Kabinett Hermann Müllers, das von Mitte 1928 bis März 1930 amtierte. Lediglich drei Jahre und drei Monate der insgesamt vierzehn Jahre, die die Weimarer Republik währte, also weniger als ein Viertel der Gesamtdauer, gab es in Deutschland sozialdemokratisch geführte Reichsregierungen, und in keiner hatte die SPD allein zu bestimmen; das katholische Zentrum und die liberalen Demokraten waren mit von der Partie. Von »marxistischer« Politik konnte also wahrlich nicht die Rede sein.

Von den übrigen sechzehn Reichsregierungen bis 1933 waren zwölf ohne jede Beteiligung der SPD; nur in den insgesamt vier Kabinetten der Kanzler Marx (Zentrum) und Stresemann (Deutsche Volkspartei) saßen einige wenige Sozialdemokraten. Mindestens sechs der zusammen zwanzig Regierungen der angeblich von Marxisten beherrrschten »Systemzeit« waren sogar mehr oder weniger stark rechtslastig und wurden von den Deutschnationalen mitgetragen. Für eine sozialistische oder auch nur rechte sozialdemokratische Vorherrschaft fehlte also während der weitaus meisten Zeit der Weimarer Republik jede Voraussetzung, und selbst die schwarz-rot-goldene Weimarer Koalition war nur in den ersten anderthalb Jahren, als sie die Freikorps »Ordnung« schaffen ließ, alleinverantwortlich; am letzten Kabinett Hermann Müllers waren Deutsche Volkspartei, die Bayerische Volkspartei sowie der General Groener maßgeblich beteiligt.

Als genauso unwahr wie die rechte These von der »vierzehnjährigen Marxistenherrschaft« erweist sich bei genauer Prüfung die – vor allem von den fanatisch judenfeindlichen Nationalsozialisten aufgestellte – Behauptung, der Weimarer Staat sei eine »Judenrepublik« gewesen; dem übermäßig starken jüdischen Einfluß auf die Politik der Reichsregierungen habe Deutschland seine »Versklavung« durch die »Schmachverträge« und seine »ehrlose Erfüllungspolitik« sowie die ständige »Bedrohung durch den Bolschewismus« zu verdanken gehabt, ja, das gesamte öffentliche Leben sei »verjudet« gewesen.

Tatsächlich waren von den insgesamt rund hundert Kanzlern und Reichsministern der Zeit von Februar 1919 bis Januar 1933 genau zehn Minister jüdischer Herkunft: die rechten Sozialdemokraten Otto Landsberg und Georg Gradnauer; der von der USPD zur SPD zurückgekehrte Finanzpolitiker Rudolf Hilferding; die Demokraten Eugen Schiffer, Hugo Preuß, Walter Rathenau, Bernhard Dernburg, Georg Gothein und Erich Koch-Weser sowie der parteilose Orientalist und zeitweise Außenminister Friedrich Rosen.

Dernburg, Schiffer, Gothein und Preuß traten 1919 von ihren Ministerämtern zurück – aus Protest gegen den Versailler Vertrag, dessen Unterzeichnung sie ablehnten. Eugen Schiffer, der später wieder in die Regierung Bauer als Vizekanzler und Reichsjustizminister eintrat, war es, der – wie wir bereits wissen – während des Kapp-Lüttwitz-Putsches mit dem Liebknecht- und Luxemburg-Mörder Pabst verhandelte und den General v. Seeckt eigenmächtig zum Chef der Reichswehr ernannte. Der parteilose Wissenschaftler Rosen war nur wenige Wochen lang mit dem Außenressort im Übergangskabinett Wirth betraut und verschwand dann wieder aus der Politik. Georg Gradnauer war von Mai bis November 1921 Reichsinnenminister; zuvor hatte er als sächsischer Ministerpräsident einen eberttreuen Kurs gesteuert und mit Hilfe der Freikorps die rebellischen Linken in Schach gehalten. Rudolf Hilferding, der einzige Marxist unter den wenigen jüdischen Ministern der Weimarer Republik, ein bedeutender Theoretiker, der 1923 für einige Monate Reichsfinanzminister im ersten Kabinett Stresemann gewesen war und später nochmals, im zweiten Kabinett Hermann Müller, dasselbe Ressort übernahm, aber schon Ende 1929 unter dem Druck einer gegen ihn geführten Hetzkampagne zurücktreten mußte, hatte sich ein Jahrzehnt lang vergeblich um eine schrittweise Sozialisierung der Großindustrie bemüht; einen starken Einfluß auf die Regierungspolitik ausüben zu können, war ihm nicht vergönnt. Und Walter Rathenau, der wohl Bedeutendste der zehn jüdischen Minister, insgesamt elf Monate lang im Amt, hatte im Weltkrieg zu den Vertretern der Wirtschaft gehört, die für maßlose

Eroberungen eingetreten waren. Später hatte er sich für eine Reform des Kapitalismus eingesetzt, und bis zu seiner Ermordung im Juni 1922 war er ein unermüdlicher Verfechter deutscher Interessen und keineswegs ein »Erfüllungspolitiker« gewesen. Mit dem Vertrag von Rapallo, den er wenige Wochen vor seinem Tode, am 16. April 1922, mit der Sowjetunion abschloß, durchkreuzte er die Pläne der Engländer und Franzosen, sich auf deutsche Kosten mit Moskau zu verständigen, löste die Sowjets aus dem Kreis derer, die von Deutschland Reparationen forderten und verschaffte so dem Reich größere Handlungsfreiheit, vor allem für eine Revision seiner Ostgrenze.

Alles in allem läßt sich sagen, daß die wenigen aus dem deutschen Judentum hervorgegangenen Politiker der Weimarer Republik ihren meist nur geringen Einfluß auf ganz andere, beinahe entgegengesetzte Weise geltend zu machen versuchten, als ihnen von der antisemitischen Propaganda der Rechten unterstellt wurde; sie waren eben fast ausnahmslos keine Marxisten. Und die wenigen bedeutenden Führer der Linken, die jüdischer Herkunft waren, – Rosa Luxemburg, Kurt Eisner, Eugen Leviné –, fielen schon in den ersten acht Monaten der Revolution den Kugeln ihrer Feinde zum Opfer.

Der Haß gegen die Juden, der nach dem Ende des Ersten Weltkrieges in Deutschland aufgeflammt war und von den rechten Kampfverbänden am lautesten propagiert wurde – beispielsweise mit Marschliedern, in denen es hieß: »*Wenn Judenblut vom Messer rinnt, dann geht's nochmal so gut . . .*« oder »*Knallt ab den Walter Rathenau, die gottverdammte Judensau!*« –, hatte keine rationalen Ursachen. Die knapp 600 000 Angehörigen der jüdischen Glaubensgemeinschaft im Deutschen Reich – weniger als ein Prozent der Bevölkerung – stellten in Wahrheit alles andere als ein »volksfremdes Element« dar. In ihrer großen Mehrheit eher rechts als links und durchweg »vaterländisch« gesinnt, hatten die deutschen Juden während des Weltkriegs um keine Spur weniger Opfer gebracht als die übrigen Deutschen: knapp 100 000 waren im Felde gewesen, davon 80 000 an der Front; rund 12 000 waren gefallen. Mehr als 35 000 deutsche Juden waren mit dem Eisernen Kreuz ausgezeichnet worden – ganz zu schweigen von den außerordentlichen Leistungen jüdischer Wissenschaftler, vor allem auf den Gebieten der Chemie, Metallurgie, Rundfunktechnik und Medizin, ohne die das Deutsche Reich nicht imstande gewesen wäre, mehr als vier Jahre lang der Blockade standzuhalten*.

Doch für die antisemitische Propaganda waren Tatsachen ohne

*Vgl. hierzu Bernt Engelmann, »Deutschland ohne Juden – eine Bilanz«, München 1970 (dtv-Taschenbuch Nr. 979)

Belang. Für die militärische Katastrophe benötigte man Sündenböcke, und dazu eignete sich besonders gut die jüdische Minderheit. Denn seit altersher hatten die geistlichen und weltlichen Fürsten stets die Juden für alles Unglück verantwortlich zu machen verstanden und so stets den Volkszorn von sich selbst auf die schwächste Gruppe abgelenkt.

Indizien, die als Beweise herhalten mußten, ließen sich immer finden. Wenn im Mittelalter die Pest ausgebrochen war, dann hatte jemand am Abend zuvor einen Juden am Brunnen gesehen, der ihm dadurch verdächtig geworden war, daß er »satanisch« gelächelt hatte; damit war dann »erwiesen«, daß »die Juden« den Brunnen vergiftet und so die Pest ins Land gebracht hatten. In der Weimarer Republik gab es zwar nicht mehr die Pest, aber den Marxismus, dessen Befürworter das »unbesiegte« deutsche Heer »verraten«, »zersetzt« und »von hinten erdolcht« hatten. Karl Marx war, wie jedermann wußte, ein bärtiger Jude gewesen, und unter den für die Novemberrevolution verantwortlichen Führern hatte es ebenfalls »zahllose« Juden gegeben. Zwar waren Ebert, Scheidemann, Noske, Wels, Hermann Müller und die meisten anderen Männer an der Spitze der SPD keine Juden, so wenig wie Karl Liebknecht, Georg Ledebour, Max Hölz oder die Kieler Matrosen; aber das machte nichts: Es gab ja »die rote Rosa« Luxemburg, den melancholischen Hugo Haase von der USPD, den »jüdischen Kaffeehaus-Literaten« Kurt Eisner und ein halbes Dutzend andere Linke, auf die man verweisen konnte . . .

Sodann hatten die – nunmehr »erwiesenermaßen« jüdischen – »Novemberverbrecher« den »schändlichen« Waffenstillstand erbeten, also kapituliert, den »Schmachfrieden« von Versailles abgeschlossen und mit den diesen ergänzenden »Verzichtverträgen« Deutschland »versklavt«. Es machte nichts, daß die Kapitulation von General Ludendorff befohlen worden war; daß sich die wenigen Juden in Regierungsverantwortung strikt geweigert hatten, den Versailler Vertrag zu akzeptieren und deshalb von ihren Ministerämtern zurückgetreten waren; daß die meisten derjenigen, die angeblich »Verzichtpolitik« betrieben hatten, keine Juden waren, die wenigen Ausnahmen – wie Walter Rathenau – keine Marxisten.

Die Hugenberg-Presse, erst recht die Zeitungen der Nationalsozialisten, wiederholten die Lügen jahraus, jahrein – solange, bis große Teile des deutschen Volkes von ihrer Wahrheit überzeugt waren. Die Republikaner hatten diesen Verleumdungen wenig entgegenzusetzen; sie waren ständig in der Defensive, wehrten sich aber vor allem gegen Vorwürfe der Korruption und des angeblichen Verrats von militärischen Geheimnissen, wogegen sie die rechten Thesen von der jüdisch-marxistischen Verschwörung gegen das Vaterland für zu absurd hielten, als daß eine Aufklärungskampagne

Antisemitische Hetzpropaganda der »Völkischen«

sich lohnte. Sie hofften, die Verleumdungen würden von allein nach und nach aufhören.

Die innenpolitische Entwicklung in den Jahren 1927/28 schien solchen optimistischen Annahmen sogar recht zu geben. Der Wirtschaftsaufschwung ließ die Arbeitslosigkeit stark zurückgehen. Von Anfang Februar bis Mitte Oktober sank die Anzahl der Erwerbslosen im Reich von 2,4 Millionen auf 750000; zugleich stiegen die Löhne um durchschnittlich 2,30 Mark je Kopf und Woche, was als stolzer Erfolg gewerkschaftlichen Kampfes angesehen wurde, obgleich auch die Lebensmittelpreise, ausgenommen für Schweinefleisch, kräftig anzogen. Auch im politischen Bereich war es sehr viel ruhiger geworden, nirgendwo im Reich gab es Unruhen oder gar Aufstände.

Die Reichstagswahlen vom 20. Mai 1928 brachten ein für die (gespaltene) Linke und auch für die Parteien der (nicht mehr existenten) Weimarer Koalition erfreuliches Ergebnis: Die rechtsradikale NSDAP ging auf einen Stimmenanteil von 2,6 Prozent zurück; die Deutschnationalen verloren zwei Millionen Wähler und gerieten mit 14,2 Prozent Stimmenanteil unter ihren Stand von 1920. Die Deutsche Volkspartei als dritte und gemäßigteste rechte Gruppe hatte ebenfalls Einbußen zu verzeichnen; ihr Anteil sank von 10,7 auf 8,7 Prozent. Auch das katholische Zentrum erlitt Verluste, desgleichen die Bayerische Volkspartei; der gemeinsame Anteil beider Parteien verminderte sich von 17,4 auf 15,2 Prozent. Und auch die Demokraten, deren Stimmenanteil auf 4,9 Prozent sank, waren kaum mehr von Bedeutung. Dagegen erhielten einige Splitterparteien der rechten Mitte – Deutsches Landvolk, Volksrechtspartei, Deutsche Bauernpartei und Wirtschaftspartei sowie acht weitere Grüppchen – zusammen 13,1 Prozent der Stimmen.

Die SPD hingegen gewann 1,2 Millionen Wähler hinzu und steigerte ihren Anteil von 26 auf knapp 30 Prozent; die Kommunisten verbuchten einen Zugewinn von über 500000 Stimmen und verbesserten sich von 9 auf 10,6 Prozent. Linke Splitterparteien konnten, im Gegensatz zu denen der Rechten, keine Erfolge erzielen und blieben sämtlich unter 0,3 Prozent.

Aufgrund dieser Wahlergebnisse kam es zu einer Regierungsbildung, bei der nach langer Pause erstmals wieder ein Sozialdemokrat, Hermann Müller, das Kanzleramt übernahm. Das neue Kabinett aus Vertretern der Deutschen Volkspartei, des Zentrums, der Bayerischen Volkspartei, der Demokraten und der SPD hatte im Reichstag eine sichere Mehrheit, und sogar Hindenburg war damit zufrieden. »Müller ist der beste Kanzler, den ich bisher gehabt habe«, soll er gesagt haben, »schade nur, daß er Sozialdemokrat ist!«

Die Regierungserklärung Müllers, die in dem Satz gipfelte: »Die Fundamente der deutschen Republik stehen sicher und unerschütterlich«, fand wenig Widerspruch im Parlament. Müllers Forderungen – Räumung der noch besetzten Gebiete, allgemeine Abrüstung, eine vernünftige Lösung des Reparationsproblems, Hilfe für die Landwirtschaft, Zinssenkung, Bekämpfung der Wohnungsnot in den Städten, soziale Verbesserungen für die Arbeiterschaft und

Garantie des Achtstundentags – wurden kaum kritisiert. Sogar die Erklärung des Kanzlers, daß man darangehen werde, die Todesstrafe abzuschaffen, nahm die Rechte gelassen hin. Erst als Müllers Finanzminister das Wort ergriff und erklärte, er habe »den gefährlichen Gedanken beseitigt, die Souveränität des Reichs auf dem Gebiet des Geldwesens aufzugeben«, grölte ein Deutschnationaler dazwischen: »Gefährlich für wen? Für die Juden!«

Hermann Müllers Kanzlerschaft währte einundzwanzig Monate, bis zum 27. März 1930. Bei seinem Regierungsantritt ahnte noch niemand, daß das Ende der parlamentarischen Demokratie bevorstand; im Gegenteil: Man hielt tatsächlich die Weimarer Republik für nunmehr konsolidiert, die Hoffnungen der Rechten, eine reaktionäre Massenbewegung in Gang zu setzen, für gescheitert.

Aber das war ein Irrtum. Gerade der Mißerfolg, den Deutschnationale und Nationalsozialisten erlitten hatten, führte zu einer Radikalisierung der Rechten. Hugenberg, der bis dahin im Hintergrund geblieben war und sein Presse-Imperium ausgebaut hatte, übernahm nun die Führung der Deutschnationalen, wild entschlossen, den Sturm auf die Republik zu wagen, ehe sie noch stärker und stabiler geworden war. Dazu war seiner Ansicht nach eine rechte Sammlungsbewegung nötig, in der unter seiner energischen Führung alle Splitterparteien aufgehen mußten. »Die Splitterparteien«, so erklärte er, »sind im Grunde ein Ausdruck der Verzweiflung über den Mangel an Führern und Einheit. Die Herzen werden aus der Not heraus bald dem Gedanken des Zusammenschlusses zugänglich werden. Parteien sind nicht Selbstzweck, sondern Mittel zum Zweck . . . Bebel hat einmal von dem großen bürgerlichen Brei gesprochen, zu dem schließlich alles, was vom Bürgertum noch übrig sei, in der Angst vor der Sozialdemokratie zusammenlaufen werde. Ein solcher Brei ist weder Schutzdamm noch Wehr und Waffe. Was wir brauchen ist nicht Brei, sondern ein Block!«

Hugenberg meinte, genug Trümpfe in der Hand zu haben. Der Reichspräsident, die Generale, das Offizierskorps der Reichswehr, die meisten hohen Richter und Beamten sympathisierten mit den Deutschnationalen; die adligen Grundbesitzer und die konservativen Bauern, die Führung der evangelischen Kirche, das Reichsbankpräsidium, zahlreiche Industrielle und Bankiers sowie ein bedeutender Teil des Mittelstands war deutschnational gesinnt. Zudem hatte er seinen gewaltigen Presse- und Filmkonzern mit Geldern der Schwerindustrie weiter ausgebaut, und die deutschnationale Kampforganisation, der Frontkämpferbund »Stahlhelm«, unterstützt von mitgliederstarken Kriegerbünden und Vereinen unterschiedlichster Art, zählte bereits eine knappe halbe Million Mitglieder.

Geführt wurde der »Stahlhelm« von dem Reserve-Hauptmann Franz Seldte, einem Sprudelwasser-Fabrikanten und gemäßigten Mann der Rechten, sowie von dem radikaleren Deutschnationalen Theodor Duesterberg, Oberstleutnant a.D., wegen dessen jüdischer Herkunft – er war ein Enkel des Paderborner Gemeindevorstehers Selig Abraham Duesterberg – von der Rechten keinerlei Einwände erhoben wurden. Denn schließlich hatte Oberstleutnant Duesterberg dem Stab der Obersten Heeresleitung angehört, wo er einer der »Falken« gewesen war, die sich leidenschaftlich gegen die Aufnahme von Waffenstillstandsverhandlungen ausgesprochen hatten.

Auf Hugenbergs und Duesterbergs Drängen hin vollzog sich zunächst im »Stahlhelm« ein Rechtsruck. Noch im September 1928 erließ der Landesverband Berlin-Brandenburg, eine der stärksten Säulen der Frontkämpferorganisation, einen Aufruf, worin es hieß: »Wir hassen mit ganzer Seele den augenblicklichen Staatsaufbau, weil er uns die Aussicht versperrt, unser geknechtetes Vaterland zu befreien, das deutsche Volk von der erlogenen Kriegsschuld zu reinigen, den notwendigen Lebensraum im Osten zu gewinnen . . . Kampf dem System, das den Staat von heute regiert, Kampf denen, die dieses System durch Kompromisse stützen!«

Das war zunächst die Kriegserklärung an die Deutsche Volkspartei, die im Kabinett Hermann Müller durch ihren Parteivorsitzenden, Reichsaußenminister Gustav Stresemann, vertreten war und den außenpolitischen Kurs bestimmte, von der aber auch zahlreiche Reichstagsabgeordnete dem »Stahlhelm« angehörten. Dieser plötzliche Angriff auf die gemäßigte Rechte war zugleich ein Bündnisangebot an die Nationalsozialisten und völkischen Splittergruppen, denen der »Stahlhelm« und die Deutschnationalen bislang nicht radikal genug gewesen waren. Und nicht zuletzt war dieser Aufruf als Warnung gedacht für alle jene Monarchisten, die sich mit der Republik und dem parlamentarischen System abzufinden begannen, insbesondere für die Reichswehr-Führung unter General Groener und für den Reichspräsidenten Paul v. Hindenburg, der Ehrenmitglied des »Stahlhelms« war.

Auch auf dem Gebiet der sich stabilisierenden Beziehungen zwischen Unternehmern und Gewerkschaften sorgte Hugenberg, der in den Spitzenverbänden der Industrie einen starken Einfluß hatte, für eine von niemandem erwartete Konfrontation. Bei den Tarifverhandlungen in der Metallindustrie des Ruhrgebiets waren die Forderungen der Gewerkschaften – Erhöhung der Stundenlöhne um 15 Pfennig – vom Arbeitgeberverband abgelehnt worden. Das daraufhin beantragte Schiedsverfahren hatte ein Ergebnis gebracht, das die Arbeitnehmerseite zwar nicht voll befriedigte, nämlich nur 6 Pfennig mehr je Arbeitsstunde und entsprechende Anhebung der Akkordlöhne, aber die Gewerkschaften nahmen den

Schiedsspruch an.

Bis dahin war die Sache normal verlaufen. Doch überraschenderweise nahmen die Unternehmer den Schiedsspruch nicht an, ja, begannen am 31. Oktober 1928 mit der Aussperrung von 231 000 Metallarbeitern. Das hatte sofort zur Folge, daß auch die Zechen der Ruhr, die in der Metallindustrie ihren Hauptabnehmer hatten, Feierschichten einlegten und zahlreiche Entlassungen vornahmen.

Der eigentliche Scharfmacher in diesem harten Konflikt, bei dem die Arbeiterschaft des Ruhrgebiets in die Knie gezwungen werden sollte, war Generaldirektor Hermann Reusch, ein Freund und enger Verbündeter Hugenbergs. Und wahrscheinlich wäre, angesichts des einbrechenden Winters und des Mangels an Rücklagen, sowohl bei den einzelnen Arbeiterfamilien wie bei den Gewerkschaftsorganisationen, beider Rechnung aufgegangen, hätte sich nicht die sozialdemokratisch geführte Reichsregierung dazu entschlossen, den Ausgesperrten aus der Staatskasse Unterstützung zu gewähren: 8 bis 12 Mark wöchentlich für Unverheiratete, 16 Mark für Verheiratete und 3,50 Mark Zulage für jedes Kind. Damit konnten die Metallarbeiter des rheinisch-westfälischen Industriegebiets bis kurz vor Weihnachten durchhalten; sie nahmen dann einen neuen, noch etwas ungünstigeren Schiedsspruch an.

Wenig später begannen in Niedersachsen und vor allem in Schleswig-Holstein Bauernunruhen. Die Landvolkbewegung unter Führung des Bauern Claus Heim, die mit den Nationalsozialisten und der rechtsradikalen Geheim-»Organisation Consul« in enger Verbindung stand, machte einen Bombenanschlag nach dem anderen, was – obgleich meist nur Sachschäden an öffentlichen Gebäuden entstanden – in der Bevölkerung große Beunruhigung hervorrief.

Diese Attentatsserie und ein gleichzeitiger Betrugsskandal, in dessen Mittelpunkt drei jüdische Geschäftsleute, die Brüder Max, Leo und Willi Sklarek standen, lieferten der Hugenberg-Presse reichlich Stoff für eine Hetzkampagne sondergleichen gegen das verruchte »System«, das einerseits die Bauern zu Verzweiflungstaten trieb, anderseits die Sicherheit der Bürger nicht zu gewährleisten vermochte, vor allem aber »durch und durch korrupt« sei.

Tatsächlich war die Sklarek-Affäre – gemessen an dem, was sich Industriekapitäne wie Friedrich Flick ungestraft leisten konnten – nur eine Bagatelle. Die Sklareks, die einen Großteil der Uniformen für die Bediensteten der Stadt Berlin geliefert hatten, waren gegenüber einigen SPD-Stadträten und deren Familien allzu großzügig gewesen. Der eine hatte Freikarten fürs Pferderennen bekommen, der andere einen Maßanzug zum Selbstkostenpreis, die Frau des Oberbürgermeisters Böß sogar einen Pelzmantel. Kurz, es handelte sich um einen Fall von Korruption kleinbürgerlichen Formats, dessen Besonderheit nur darin lag, daß er sich im »roten Sündenbabel« Berlin und in – im allgemeinen nicht korruptionsanfälligen – SPD-Funktionärskreisen abgespielt hatte; daß man nach eifrigem Suchen auch noch ein paar kleine Betrügereien entdeckte, und daß die Bösewichte Juden waren.

Es waren auch Mitglieder anderer Parteien als der SPD, darunter sogar Deutschnationale, in die Sklarek-Affäre verwickelt; fast gleichzeitig hatte eine Betrügerei weit größeren Ausmaßes bei den Raiffeisenbanken zum Selbstmord eines führenden Mannes der Hugenberg-Partei geführt. Aber von alledem war kaum die Rede. Statt dessen bauschten die deutschnationalen und sonstigen rechten Blätter den Fall der Gebrüder Sklarek und ihrer Freunde unter den »roten Bonzen« in einer Weise auf, daß er monatelang alles andere in den Schatten stellte.

Im September 1929 – die Sklareks waren gerade verhaftet worden, und die Regierung hatte in Den Haag mit Deutschlands Kriegsschuldnern den sogenannten Young-Plan ausgehandelt, der eine Senkung der jährlichen Reparationszahlungen um mehrere hundert Millionen Mark sowie eine sofortige, um fünf Jahre vorgezogene Räumung des besetzten Rheinlandes vorsah – da überraschte Hugenberg die deutsche Öffentlichkeit mit einer rechtsoppositionellen Einheitsfront.

Ein »Reichsausschuß«, dem – neben Hugenberg selbst und dem »Stahlhelm«-Führer Seldte – auch Hitler und die Führer weiterer rechter Gruppen angehörten, beantragte ein Volksbegehren mit dem Ziel, den Young-Plan scheitern zu lassen. Außerdem brachte dieser »Reichsausschuß« den Entwurf eines Gesetzes »gegen die Versklavung des deutschen Volkes« ein. Dieses Dokument, eine dreiste Spekulation auf die Dummheit und die, zumal im Kleinbürgertum, schwelenden Ressentiments, verdient es, im Wortlaut zitiert zu werden:

»§ 1: Die Reichsregierung hat den auswärtigen Mächten unverzüglich in feierlicher Form Kenntnis davon zu geben, daß das erzwungene Kriegsschuldanerkenntnis des Versailler Vertrages der geschichtlichen Wahrheit widerspricht, auf falschen Voraussetzungen beruht und völkerrechtlich unverbindlich ist.

§ 2: Die Reichsregierung hat darauf hinzuwirken, daß das Kriegsschuldanerkenntnis des Artikels 231 sowie die Artikel 429 und 430 des Versailler Vertrages außer Kraft gesetzt werden. Sie hat ferner darauf hinzuwirken, daß die besetzten Gebiete nunmehr unverzüglich und bedingungslos sowie unter Ausschluß jeder Kontrolle über deutsches Gebiet geräumt werden, unabhängig von der Annahme oder Ablehnung der Beschlüsse der Haager Konferenz (Young-Plan).

§ 3: Auswärtigen Mächten gegenüber dürfen neue Lasten und

Verpflichtungen nicht übernommen werden, die auf dem Kriegsschuldanerkenntnis beruhen. Hierunter fallen auch die Lasten und Verpflichtungen, die auf Grund der Vorschläge der Pariser Sachverständigen und den daraus hervorgehenden Vereinbarungen von Deutschland übernommen werden sollen.

§ 4: Reichskanzler, Reichsminister und Bevollmächtigte des Reiches, die entgegen der Vorschrift des § 3 Verträge mit auswärtigen Mächten zeichnen, unterliegen den im § 92, Nr. 3 des Strafgesetzbuchs vorgesehenen Strafen.«

Der zitierte Paragraph des Strafgesetzbuchs betraf Landesverrat und sah dafür Zuchthausstrafe vor. Da nach dem Wortlaut des Gesetzentwurfs nicht nur der Reichskanzler Hermann Müller und der Reichsaußenminister Gustav Stresemann für den Fall der Unterzeichnung der Haager Beschlüsse mit Zuchthaus zu bestrafende Landesverräter gewesen wären, sondern auch Reichspräsident v. Hindenburg, änderten die Deutschnationalen den § 4 so ab, daß der Reichspräsident nicht davon betroffen wurde. Hiergegen protestierten die nationalsozialistischen »Reichsausschuß«-Mitglieder Dr. Josef Goebbels und Ernst Graf zu Reventlow, wenngleich vergeblich.

Praktisch hätte die Annahme dieses – auch von den Verfassern nicht ernstgemeinten, nur demagogischen Zwecken dienenden – Gesetzes bewirkt, daß Deutschlands Reparationsverpflichtungen nicht ermäßigt und die besetzten Gebiete nicht geräumt worden wären. Das wollte zwar niemand, aber eine unentwegte Pressehetze versuchte dem Volk einzureden, jeder, der gegen dieses »Freiheitsgesetz« sei, trete für Deutschlands »Versklavung« ein.

Noch war die große Mehrheit des deutschen Volks immun gegen solchen gefährlichen Unsinn; von den fast sieben Millionen Wählern, die im Mai 1928 ihre Stimme den Parteien gegeben hatten, die jetzt im »Reichsausschuß« vereinigt waren, trugen sich nur 4,13 Millionen in die Listen derer ein, die das »Volksbegehren gegen den Young-Plan« unterstützten. Das reichte gerade aus, das »Freiheitsgesetz« vor den Reichstag zu bringen, wo es nicht nur von der großen Mehrheit der Koalitionsabgeordneten abgelehnt wurde, sondern auch vom gemäßigten Flügel der Deutschnationalen. Das führte zu einer Reihe von Austritten und Ausschlußverfahren, durch die die deutschnationale Fraktion erheblich geschwächt wurde, zugleich aber auch noch weiter nach rechts rückte.

Beim Volksentscheid am 22. Dezember 1929, zu dessen Vorbereitung die Hugenberg- und Nazi-Presse ein Trommelfeuer wüstester Verleumdungen gegen die Reichsregierung eröffnete und der »Reichsausschuß« Millionenbeträge für Propagandazwecke ausgab, stimmten insgesamt 5,8 Millionen Wähler gegen den Young-Plan; 21 Millionen Stimmen wären erforderlich gewesen, den

Anträgen des »Reichsausschusses« zur Annahme zu verhelfen.

Selbst dieser bescheidene Erfolg wäre den rechten Ultras nicht beschieden gewesen, hätte nicht der Reichsbankpräsident Hjalmar Schacht zwei Wochen vor der Abstimmung einen Brief an die Reichsregierung veröffentlicht, worin er, der selbst den Young-Plan namens des Deutschen Reiches mitunterzeichnet hatte, dessen Inkrafttreten nun plötzlich mit aller Entschiedenheit ablehnte.

Es war die Zeit, in der die Opportunisten ihr Mäntelchen nach einem Wind zu hängen begannen, der noch nicht sehr kräftig blies, von dem sie aber glaubten, daß er sich bald zum Orkan entwickeln würde.

Dr. Hjalmar Schacht, während des Krieges Großbankdirektor und seit dem November 1918 Mitglied der Deutschen Demokratischen Partei, war 1923 auf dem Höhepunkt der Inflation Reichswährungskommissar geworden und seit 1924 Präsident der Reichsbank. Sein Übertritt zur rechten Opposition mußte schwerwiegende Gründe haben, und tatsächlich gab es deren im Oktober 1929 eine ganze Reihe:

Zunächst war am 3. Oktober 1929 Reichsaußenminister Dr. Gustav Stresemann im Alter von 51 Jahren gestorben. Der ursprünglich weit rechts stehende Nationalliberale, der im Weltkrieg ein Befürworter der wildesten Eroberungspläne und ein entschiedener Gegner jedes Verständigungsfriedens gewesen war, hatte seit 1923, zuerst als Reichskanzler, dann als Außenminister aller folgenden Regierungen, bis zu seinem Tode eine konsequente Politik der Aussöhnung mit Frankreich betrieben, Deutschlands Eintritt in den Völkerbund vollzogen und für die Annahme der die Reparationen begrenzenden Verträge, zuletzt des Young-Plans, gewirkt, stets gegen den heftigen Widerstand der Rechtsradikalen und seines Intimfeindes Hugenberg. 1926 hatte er – zusammen mit seinem französischen Kollegen, Verhandlungspartner und persönlichen Freund Aristide Briand – den Friedensnobelpreis erhalten. Die deutsche Rechte, der er sich als Führer der schwarz-weiß-roten Deutschen Volkspartei im Grunde zugehörig fühlte, war daraufhin ihm gegenüber nur noch mißtrauischer geworden. Und obwohl er als Vertrauensmann der mittleren Industrie gelten konnte, hatte er zu guter Letzt mehr Rückhalt bei den Sozialdemokraten gehabt als bei seiner eigenen Partei. Trotzdem war er – wie der scharfsinnige linke Historiker Arthur Rosenberg es formuliert hat – »nahezu die einzige Brücke in Deutschland zwischen dem schwarzrotgoldenen und dem schwarzweißroten Reich«. Sein Tod mußte zu einer Schwächung und über kurz oder lang zum Ende der Koalition führen, zum Bruch des lockeren Bündnisses zwischen Volkspartei, Zentrum und SPD.

Ein zweiter Grund, das Auseinanderbrechen der die Regierung des SPD-Kanzlers Hermann Müller tragenden Koalition zu erwarten, war der im Herbst 1929 innerhalb des Kabinetts ausgebrochene Streit um die Arbeitslosenversicherung. Deren Kassen waren seit dem Winter 1928/29 leer, ihre Schulden beim Reich wuchsen, und zugleich nahm die Erwerbslosigkeit rapide zu. Hugenbergs Deutschnationale empfahlen, die Sozialversicherung gänzlich abzuschaffen und durch einen gesetzlichen Sparzwang zu ersetzen, was bei den Gewerkschaften helle Empörung, bei den bürgerlichen Parteien der Mitte Gelächter hervorrief. Die Arbeitgeberverbände produzierten eine Denkschrift nach der anderen, worin sie eine Herabsetzung der Unterstützungssätze für Erwerbslose, die Wiedereinführung der Bedürftigkeitsprüfung und die Herausnahme der Heim- und Saisonarbeiter aus der Sozialversicherung forderten.

Die Sozialdemokraten wehrten sich mit aller Entschiedenheit gegen jede Verringerung der Sozialleistungen, die ohnehin nur das Existenzminimum der Empfänger gewährleisteten. Sie erklärten sich allenfalls bereit, den Beitragssatz – damals drei Prozent der Lohnsumme, je zur Hälfte vom Arbeitnehmer und Arbeitgeber zahlbar – um 0,5 Prozent zu erhöhen. Die Vertreter der bürgerlichen Parteien im Kabinett waren dagegen, die Unternehmerschaft mit auch nur der geringsten Mehrausgabe zu belasten, und darüber kam es um ein Haar zur Regierungskrise. Doch am 3. Oktober 1929, Stresemanns Todestag, konnten sich die Sozialdemokraten mit ihren Forderungen durchsetzen; der Sturz der Regierung Müller wurde so noch einmal vertagt.

Es war jedoch – zumal für Leute wie Hjalmar Schacht – bereits vorauszusehen, daß sich an der Frage der Arbeitslosenversicherung bald neuer Streit entzünden würde und daß das Kabinett Müller – und mit ihm die parlamentarische Demokratie in Deutschland – nur noch eine Gnadenfrist hatte. Denn am 25. Oktober 1929 hatte die New Yorker Börse ihren »Schwarzen Freitag«; es gab einen allgemeinen Kurssturz, wie ihn die USA noch nie zuvor erlebt hatten. Eine Wirtschaftskrise größten Ausmaßes kündigte sich an, und diese mußte sich auch und gerade auf Europa, besonders auf Deutschland, auswirken. Das Reich hatte damit zu rechnen, daß die amerikanischen Kredite in Bälde ausbleiben und die schon gewährten Anleihen gekündigt würden. Und das mußte katastrophale Folgen haben.

Tatsächlich setzte im Winter 1929/30 die Krise auch in Deutschland ein. Die Erwerbslosigkeit nahm sprunghaft zu; im Januar 1930 gab es bereits 2,2 Millionen Empfänger von Arbeitslosenunterstützung, zudem über 200 000 Hauptunterstützungsempfänger in der Krisenfürsorge und über 600 000 Wohlfahrts-Erwerbslose, also insgesamt mehr als drei Millionen Arbeitslose, die auf staatliche Hilfe angewiesen waren. Im Februar war eine weitere Zunahme der Erwerbslosigkeit zu verzeichnen, und auch im März, mit der Wiederbelebung des Baumarkts, ging die Anzahl der Arbeitslosen nur geringfügig zurück.

Schon im Februar 1930 kam es zu neuen, heftigen Auseinandersetzungen im Kabinett Müller, zunächst wegen der Ratifizierung des Young-Plans, dem das Zentrum plötzlich nicht mehr bedingungslos zuzustimmen bereit war, sodann wegen der katastrophalen Finanzlage sowohl des Reiches wie der Arbeitslosenversicherung. Die bürgerlichen Parteien verlangten eine Erhöhung der Verbrauchssteuern, insbesondere der Tabaksteuer; die SPD lehnte dies mit dem Hinweis ab, daß dadurch die wirtschaftlich schwächsten Schichten am stärksten betroffen würden. Gleichzeitig forderte die SPD eine weitere Erhöhung des Beitragssatzes zur Sozialversicherung um nochmals 0,5 Prozent, notfalls auf Kosten des Reiches, wogegen die bürgerlichen Parteien den Wünschen der Industrie nachkommen und die Unterstützungssätze senken wollten. Damit wäre auch der Weg zu allgemeinen Lohnsenkungen frei geworden, und deshalb widersprachen Gewerkschaften und SPD solchen Plänen mit aller Entschiedenheit.

Bis zum 12. März 1930 ging das Gerangel um die Annahme des Young-Planes weiter. Dann wurden die entsprechenden Gesetze vom Reichstag – nun auch mit den Stimmen des Zentrums – mit großer Mehrheit verabschiedet. Ein Intermezzo besonderer Art gab es dabei nur, als der Vertreter des Freistaats Thüringen im Reichsrat eine Propagandarede gegen den »Sklavenpakt« hielt. Thüringen, bis 1923 eng mit dem »roten« Sachsen verbunden, war seit dem brutalen Eingreifen der Reichswehr auf strammen Rechtskurs gegangen; in der Landesregierung gab es jetzt – erstmals im Deutschen Reich – einen Vertreter der NSDAP Hitlers, den zum Innen- und Kultusminister avancierten Teilnehmer am Ludendorff-Hitler-Putsch vom 9. November 1923, Dr. Wilhelm Frick. Er war es, der nun im Namen Thüringens gegen den Young-Plan wetterte, begleitet vom Gelächter der linken Mitte und den Sozialdemokraten.

Es war die letzte Gelegenheit zum Lachen für alle jene, die für die bürgerlich-parlamentarische Demokratie, das der Rechten verhaßte »System«, eintraten. Denn vierzehn Tage später war es damit zu Ende; die Koalition von SPD, Demokraten, Zentrum, Bayerischer und Deutscher Volkspartei, die seit 1928 so erfolgreich regiert hatte, brach auseinander, und das Kabinett des letzten SPD-Kanzlers Hermann Müller mußte zurücktreten.

Den Anlaß dafür lieferte, wie bei den meisten wichtigen Ereignissen, eine scheinbar läppische Streitfrage: der kabinettsinterne

Kampf um die von der SPD geforderte nochmalige Erhöhung der Beitragssätze zur Arbeitslosenversicherung um ein halbes Prozent. Darüber ist von bürgerlicher Seite – aber auch von linken Sozialdemokraten wie Rudolf Hilferding – viel gelästert und gehöhnt worden. Die »Frankfurter Zeitung« fragte damals: »Hat die Sozialdemokratie bedacht, was für unsere ganze innerpolitische Entwicklung, was für die Zukunft der Demokratie in Deutschland alles erwachsen kann?« Michael Freund schrieb vierzig Jahre später in seiner »Deutschen Geschichte«, daß an dieser jämmerlichen »0,5-%-Krise, bei der Gewerkschaftsführer und Syndizi Politik wie Hausierer machten«, die deutsche Demokratie zerbrochen sei. Und der – schon zu Weihnachten 1929 als Reichsfinanzminister unter dem Druck der Rechten zum Rücktritt gezwungen gewesene Hilferding meinte damals kopfschüttelnd: »Um dreißig Pfennig lassen sie die deutsche Republik zum Teufel gehen!«

Tatsächlich wäre die SPD-Führung aber durchaus bereit gewesen, sich mit der die Unternehmerinteressen vertretenden Deutschen Volkspartei und dem Zentrum auf einen Kompromiß zu einigen. Dieser sah vor, den Beitragssatz bei 3,5 Prozent zu belassen, das bei der Arbeitslosenversicherung fehlende Geld aus der Reichskasse vorzustrecken und die weitere Entwicklung abzuwarten. Aber die Gewerkschaften, im Kabinett vertreten durch den Arbeitsminister Rudolf Wissell, der schon Ende 1918 in den »Rat der Volksbeauftragten« eingetreten war, lehnten jeglichen Kompromiß auf dem Gebiet der Sozialversicherung ab. Und sie hatten dafür gute Gründe:

Ohne eine weitere Erhöhung der Beiträge, so sahen sie richtig voraus, mußte es über kurz oder lang zu einer Verminderung der Leistungen, also zu drastischen Kürzungen der Unterstützungsgelder kommen. Das hätte sich aber nicht nur für das wachsende Heer der Erwerbslosen katastrophal ausgewirkt; die Folge wäre auch gewesen, daß die seit Monaten umkämpften Lohntarife nicht mehr hätten gehalten werden können. Dann wären die Unternehmer imstande gewesen, unter Hinweis auf die gewaltigen Arbeitskräftereserven die Arbeitszeiten drastisch zu verlängern, die Stundenlöhne zu senken und die Akkorde zu erhöhen. Nur die Garantie einigermaßen ausreichender Arbeitslosenunterstützung schützte die Industrie- und Landarbeiterschaft davor, auf jedes Angebot der Unternehmer eingehen zu müssen, weil sonst zum Hungern verurteilte Erwerbslose bereitgestanden hätten, die schon für eine warme Suppe eingesprungen wären.

Die Unternehmer witterten bereits die große Chance, ihre Arbeiter endlich wieder fest an die Kandare nehmen zu können. Sie und mit ihnen die deutschnationalen Gutsbesitzer, Offiziere und Beamten sahen darüber hinaus in der sich verschlimmernden Krise auch die günstige Gelegenheit, wieder einen autoritären Regierungsstil durchzusetzen.

Der Widerstand der Gewerkschaften in der Frage der Arbeitslosenversicherung, der dann auch die SPD-Fraktion zu Unnachgiebigkeit zwang und den Rücktritt der bürgerlichen Minister und daraufhin den des Rest-Kabinetts bewirkte, beschleunigte zwar den Untergang der parlamentarischen Demokratie. Aber dieser lag in der Absicht der Gegenseite, und sie war bereits, wie sich rasch zeigen sollte, stärker. Dafür hatte nicht Hitler gesorgt, der mit seinen 800 000 Anhängern noch keine nennenswerte Rolle spielte, sondern Leute vom Schlage des Geheimrats Hugenberg und des Reichsbankpräsidenten Dr. Schacht sowie deren Hintermänner in den Konzernen, Großbanken und Industrieverbänden.

7. Präsidialdiktatur und Harzburger Front

Der neue Reichskanzler, der den am 27. März 1930 zurückgetretenen letzten sozialdemokratischen Regierungschef, Hermann Müller, schon drei Tage später ablöste, hieß Dr. Heinrich Brüning und war ein bis dahin der Öffentlichkeit kaum bekannter, ziemlich farbloser, im Parlament still und fleißig arbeitender christlicher Gewerkschafter und Zentrumspolitiker. Diesen Kanzler »erfunden« zu haben, rühmte sich der damalige Chef des Politischen Büros im Reichswehrministerium, Generalmajor Kurt v. Schleicher, ein Mann, der in den folgenden drei Jahren eine ebenso wichtige wie verhängnisvolle Rolle spielen sollte.

General v. Schleicher war 1913 als damals 31jähriger Berufsoffizier zum Großen Generalstab kommandiert worden, hatte während des Weltkriegs bei der Obersten Heeresleitung, gefördert von seinem Chef, General Wilhelm Groener, im Stab des Generalquartiermeisters Verwendung gefunden und war zunehmend mit politischen Aufgaben betraut worden. Im Dezember 1918, nach dem Scheitern des von Groener mit Ebert vereinbarten »programmäßigen« Einmarschs der zehn Felddivisionen in die Reichshauptstadt zwecks Zerschlagung der Arbeiter- und Soldatenräte, hatte der damalige Major v. Schleicher von allen Offizieren der nach Kassel verlegten Obersten Heeresleitung am entschiedensten gegen jede Resignation Stellung genommen und war für einen sofortigen Aufbau der Freikorps und ihren rücksichtslosen Einsatz gegen die sozialistische Arbeiterschaft eingetreten. Unter den Reichswehrministern Noske, Geßler und Groener war sein Einfluß ständig gewachsen, und nachdem Generalfeldmarschall v. Hindenburg Reichspräsident geworden war, wurde der 1926 zum Oberst und 1929 zum Generalmajor und Chef des Ministeramts avancierte Schleicher immer mehr zum Verbindungsmann zwischen der Reichswehrführung und dem Reichspräsidenten v. Hindenburg, dem einstigen Chef der Obersten Heeresleitung, daneben auch zu den Rechtsradikalen, bei denen zwar General Ludendorff kaum noch eine Rolle spielte, wo aber zahlreiche frühere Stabsoffiziere ihre politische Heimat gefunden hatten.

Auf Brüning als Nachfolger Hermann Müllers im Kanzleramt waren v. Schleicher und Groener deshalb verfallen, weil sie sich daran erinnerten, daß am 8. November 1918 vom Großen Hauptquartier in Spa aus ein junger, absolut »zuverlässiger« Hauptmann den Befehl des Kaisers, mit dem Feldheer gegen die aufständische Heimat Front zu machen, ernst genommen hatte und mit einer

Maschinengewehr-Kompanie bis in die Gegend von Köln vorgestoßen war. Dieser Hauptmann war Heinrich Brüning gewesen, ein streng katholisch erzogener Bürgersohn aus Münster in Westfalen.

Der neue Reichskanzler, der seine Stellung nicht als die eines dem gewählten Parlament gegenüber verantwortlichen Regierungschefs, sondern als die eines einfachen Hauptmanns gegenüber seinem höchsten Vorgesetzten, dem Feldmarschall-Reichspräsidenten, sah, schlug v. Hindenburg ein Kabinett vor, in dem der deutschnationale Reichslandbund-Präsident Martin Schiele und der konservative Kapitänleutnant a. D. Gottfried Reinhold Treviranus den Ton angaben. Diese Regierung, die Brüning ein »Kabinett der Frontsoldaten« nannte, erblickte ihre Aufgabe darin, die »nationale Rechte« und nach Möglichkeit auch die rechtsextremen Kampfverbände in den Staat einzubauen, ohne Rücksicht auf die SPD, die Gewerkschaften und die Reichstagsmehrheit, gestützt auf die Reichswehr und die diktatorischen Vollmachten des Reichspräsidenten.

»Das Kabinett ist gebildet mit dem Zweck, die nach allgemeiner Auffassung für das Reich notwendigen Aufgaben in kürzester Frist zu lösen. Es wird der letzte Versuch sein, die Lösung mit diesem Reichstag durchzuführen«, erklärte der neue Kanzler am 1. April 1930 in seiner Antrittsrede, und er vergaß auch nicht zu erwähnen, daß er während der Novemberrevolution 1918 als beinahe einziger Offizier der kaiserlichen Armee mit der Waffe in der Hand gegen die roten Meuterer gekämpft hatte. Diese Bemerkung war eine bewußte Provokation und gegen die linken Sozialdemokraten gerichtet, zugleich aber auch eine Offerte an die äußerste Rechte, gemeinsam gegen die SPD Front zu machen, auf deren Stimmen die Regierung Brüning allerdings noch angewiesen war, wenn sie eine Mehrheit im Reichstag haben wollte. Aber der Kanzler hatte ja dem Parlament bereits zu verstehen gegeben, daß er es nur so lange zu dulden gedachte, wie es sich gefügig zeigte.

Die erste Kraftprobe fand schon vierzehn Tage nach Brünings Regierungsantritt statt: Brüning legte dem Reichstag ein mit kräftigen Steuererhöhungen gekoppeltes Schutzzoll-Programm vor und brachte damit zunächst die Deutschnationalen in schwere Bedrängnis; sie wußten nicht, ob sie mit ihren Verbündeten im »Reichsausschuß gegen den Young-Plan«, den Nazis, die in heftiger Opposition zur neuen Regierung standen, gegen die Vorlage stimmen sollten, wie es ihnen ihr Führer Hugenberg und dessen Presse riet, oder dafür, weil schließlich einer der ihren, der deutschnationale Reichslandbund-Führer Schiele, den Schutzzoll-Teil des Regierungsprogramms zu verantworten hatte.

Auch die Zentrumsfraktion war gespalten. Brünings Parteifreund Schlack rief von der Reichstagstribüne: »Dies ist die reaktionärste Regierung seit der Revolution!« Er und einige christliche Gewerkschafter stimmten gegen die Gesetzesvorlage, wogegen die Deutschnationalen mehrheitlich dafür stimmten und dabei versicherten, sie würden es Brüning schon noch heimzahlen, aber erst später. Da sich die SPD noch abwartend verhielt, konnte Brüning schon am 15. April dem Reichspräsidenten melden, daß die erste Schlacht gewonnen sei.

Hindenburg war's zufrieden. Die Ernennung Schieles zum Reichsminister für Ernährung und Landwirtschaft und auch dessen Agrarprogramm entsprachen – ebenso wie die Berufung seines Lieblings, des Kapitänleutnants a. D. Treviranus, ins Kabinett des Hauptmanns Brüning – genau den Wünschen des alten Herrn, von dessen Charaktereigenschaften man sich damals völlig falsche Vorstellungen machte. Und noch heute – so scheint es jedenfalls, angesichts der zahlreichen öffentlichen Gebäude, Straßen und Plätze, die noch immer den Namen des Generalfeldmarschalls tragen – gilt Hindenburg als ein »preußisch korrekter«, zuverlässiger und »redlicher«, obzwar etwas beschränkter und in seinen personellen Entscheidungen nicht immer sehr glücklicher »Vater des Vaterlands«.

Paul v. Hindenburg war indessen nicht bloß ein einfallsloser Gamaschenknopf, recht bornierter Militär und, was Treuepflichten betraf, nur an denen seiner Untergebenen zu ihm, nicht umgekehrt, interessierter Vertreter des autoritären Obrigkeitsstaats-Gedankens; er hatte auch – in dieser Hinsicht ganz ähnlich wie Bismarck – die von keinen Skrupeln geplagte Vorstellung, daß er ein Junker sei und davon seinen Vorteil haben müsse. Seit seinem 80. Geburtstag im Jahre 1927 zählte er zu den ostelbischen Großgrundbesitzern. Unter Führung des erzkonservativen Multimillionärs Elard v. Oldenburg-Januschau, Mitglied der deutschnationalen Reichstagsfraktion, hatten die Großagrarier Pommerns und Ostpreußens unter sich und bei der Schwerindustrie einen Millionenbetrag gesammelt und ihrem zum Staatsoberhaupt gewählten Standesgenossen zu dessen Jubelfest das ostpreußische Schloß und Rittergut Neudeck geschenkt, das der Stammsitz derer v. Beneckendorff und v. Hindenburg war.

Schon dieses Millionengeschenk und seine Annahme durch den amtierenden Reichspräsidenten ließ die Unbekümmertheit erkennen, mit der sich Hindenburg und seine aristokratischen Freunde über gesetzliche Bestimmungen und gute Sitten hinwegsetzten; jeder Amtsvorsteher oder Lehrer, der sich von Dorfhonoratioren oder begüterten Eltern ein paar hundert Mark zum Geburtstag hätte schenken lassen, wäre dafür bestraft worden. Ebert war monatelang von der gesamten Rechtspresse mit Verleumdungen überschüttet worden, weil er einmal von Geschäftsleuten, die in keiner direkten Beziehung zu ihm standen, einen Frühstückskorb ins Haus geschickt bekommen hatte, der zudem postwendend an die Absender zurückgesandt worden war.

Eberts Nachfolger, v. Hindenburg, nahm ein ungleich wertvolleres Geschenk nicht nur bedenkenlos an, obwohl er genau wußte, daß die edlen Spender sehr konkrete Vorstellungen von den Gegenleistungen hatten, die sie dafür erwarteten; er ließ es als Reichspräsident sogar zu, daß mit dem von ihm gern angenommenen Geschenk eine Steuerhinterziehung verbunden war: »In Anbetracht des hohen Alters Eurer Exzellenz«, hatte ihm dazu Elard v. Oldenburg-Januschau, Hindenburgs neuer Gutsnachbar, augenzwinkernd erklärt, habe man Neudeck pro forma auf den Namen des Präsidentensohns Oskar ins Grundbuch eintragen lassen; so würde der Staat später keine Erbschaftssteuer kassieren können.

Als nunmehriger Rittergutsbesitzer zeigte der Reichspräsident großes Verständnis für die Sorgen der ostelbischen und insbesondere der ostpreußischen Landwirtschaft. Er diktierte seinem gehorsamen Kanzler, Hauptmann Brüning, die Aufnahme des Reichslandbund-Präsidenten Schiele ins Kabinett, hohe Schutzzölle für die Landwirtschaft und, neben anderen für die Ostelbier sehr hilfreichen, die Masse der Verbraucher hart belastenden Maßnahmen, ein erweitertes Subventionsprogramm, maßgeschneidert für die großen Rittergüter der östlichen Grenzprovinzen: die sogenannte »Osthilfe«. Davon und von den verhängnisvollen Folgen der Korruptheit Hindenburgs für die weitere innenpolitische Entwicklung wird noch an anderer Stelle die Rede sein.

Brüning führte nur aus, was Hindenburg ihm befahl; er hätte auch die Leibeigenschaft wiedereingeführt, wäre es dem Reichspräsidenten eingefallen, dies anzuordnen. Und daß dies keine ungebührliche Übertreibung ist, zeigten schon die nächsten Maßnahmen des Kabinetts Brüning, zu denen auch eine Gesetzesvorlage, die Einführung einer Kopfsteuer betreffend, gehörte. Diese als »Bürgersteuer« bezeichnete Ausgabe – 6 RM jährlich für Unverheiratete, 9 RM für jedes Ehepaar –, vom Volksmund »Negersteuer« genannt, war deshalb besonders rüde und unsozial, weil sie nur die Ärmsten hart traf, die Wohlhabenden überhaupt nicht belastete: Für Großgrundbesitzer, Unternehmer oder Bankiers hatten sechs oder neun Reichsmark damals den Wert von hundert oder hundertfünfzig der von ihnen bevorzugten, sehr exklusiven 6-Pfennig-Zigaretten: aufs Jahr gerechnet war das nicht mehr als der Bruchteil einer Zigarette pro Tag. Für eine – damals »Dienstmädchen« genannte – Hausangestellte, für ein von kärglichster Rente lebendes altes Ehepaar oder für eine Heimarbeiterfamilie bedeuteten 50 oder 75 Pfennig weniger im Monat eine spürbare Einschränkung. Denn »Dienstmädchen« erhielten im Frühjahr 1930 durchschnittlich weniger als zwanzig Mark Monatslohn; für Hunderttausende von Rentnern, Heimarbeitern und anderen sozial Schwachen waren 75 Pfennig etwa soviel, wie sie am Tag für Essen und Trinken ausgeben konnten.

Nicht zuletzt an dieser Kopfsteuer, aber auch an der Entschlossenheit der Regierung Brüning, notfalls ohne Parlament ihr Programm durchzusetzen, scheiterte ein Versuch der SPD, sich mit den neuen Herren zu arrangieren, um so »das Schlimmste zu verhüten«.

Als Brüning am 15. Juli 1930 im Reichstag erklärte, falls sein Programm nicht lückenlos angenommen werde, einschließlich der »Bürgersteuer« und der als »Reichshilfe der Personen im öffentlichen Dienst« umschriebenen drastischen Kürzung aller Beamtengehälter, werde er »im Interesse der Demokratie von allen verfassungsmäßigen Mitteln Gebrauch machen«, da antwortete die SPD: »Die Regierung hat noch nicht alle verfassungsmäßigen Mittel erschöpft, sie hat noch nicht einmal die starken Kräfte der Sozialdemokratie in Anspruch genommen. Wir haben wahrhaftig nicht nötig, uns anzubiedern, aber in dieser ernsten Stunde müssen zimperliche Erwägungen der Taktik zurücktreten.« Aber Brüning stellte sich taub.

Als der Reichstag am selben Tag mit den Stimmen der SPD die Kürzung aller Beamtengehälter ablehnte, verkündete der Kanzler, daß er »auf die Fortführung der Behandlung der Regierungsvorlage nun keinen Wert mehr« lege. Noch am Abend erließ Hindenburg, gestützt auf seine Vollmachten gemäß Artikel 48 der Weimarer Verfassung, eine Reihe von Notverordnungen, die alle vom Reichstag abgelehnten Gesetze zu geltendem Recht erklärten.

Die Öffentlichkeit war entsetzt über diesen Mißbrauch des Notverordnungsrechts, das nur in Zeiten höchster Gefahr Anwendung finden sollte, und im Reichstag fand sich rasch eine Mehrheit unter Führung der SPD zusammen, die die sofortige Wiederaufhebung der Notverordnungen forderte.

Nach der Reichsverfassung hatten Hindenburg und Brüning diesem Verlangen des Parlaments zu entsprechen, und dies taten sie auch; die Verordnungen wurden wieder außer Kraft gesetzt. Aber das Aufatmen, das nun durch die Reihen des Parlaments ging, war verfrüht. Denn schon wenige Tage später, am 26. Juli 1930, kamen neue Notverordnungen, mit denen zahlreiche Steuern, darunter die von allen Parteien abgelehnte »Negersteuer«, eingeführt wurden, außerdem die vom Reichstag verworfene allgemeine Kürzung der Beamtengehälter, eine Reduzierung der Sozialleistungen sowie weitere Schutz- und Hilfsmaßnahmen für die ostelbische Landwirtschaft. Gleichzeitig wurde der Reichstag aufgelöst.

Die auf den 14. September 1930 festgesetzten Neuwahlen, so

Käthe Kollwitz: Erwerbslos

hofften Reichspräsident und Regierung, sollten eine Stärkung des Zentrums und der gemäßigten Rechten erbringen und einen reibungslosen Übergang zur Monarchie ermöglichen. Hindenburg wie Brüning, aber auch Reichswehrführung, Kirchen und nationale Verbände, wünschten eine baldige Rückkehr der Hohenzollern, und sie fühlten sich stark genug, der Republik den Garaus zu machen.

Doch sie irrten sich. Mit über drei Millionen Erwerbslosen, bei sinkenden Löhnen und Sozialleistungen, aber durch Schutzzölle künstlich stabil gehaltenen Lebensmittelpreisen und einem Winter vor der Tür, der das Elend noch vergrößern mußte, war es ohnehin vermessen, sich von Wahlen eine konservative Mehrheit zu erhoffen. Die Reichstagsauflösung, die der Marschall und sein Hauptmann verfügt hatten, war eine höchst überflüssige, törichte und äußerst gefährliche Herausforderung aller Radikalen im Lande, auch eine Einladung an die zahlreichen Wanderprediger und Sektierer der deutschen Innenpolitik, die die katastrophale Wirtschaftslage dazu benutzten, Gefolgsleute für die seltsamsten Theorien zu werben, und von denen jeder nun eine Chance witterte, ins Parlament gewählt zu werden, denn das Wahlrecht der Weimarer Republik kannte keine Sperrklauseln.

Das Wahlergebnis vom 14. September 1930 übertraf dann auch die schlimmsten Erwartungen: Zwar blieb die Linke ziemlich stabil, wobei sich der SPD-Anteil am Gesamtergebnis von 29,8 auf 24,5 Prozent verringerte, während der der Kommunisten von 10,6 auf 13,1 Prozent anstieg. Die bürgerlichen Republikaner, die nach einem Zusammenschluß der Deutschen Demokratischen Partei mit dem halbfaschistischen Jungdeutschen Orden als Deutsche Staatspartei aufgetreten waren, hatten geringfügige Verluste; ihr Stimmenanteil sank von 4,9 auf 3,8 Prozent. Zentrum und Bayerische Volkspartei kamen sogar mit noch geringeren Einbußen davon, und ihr gemeinsamer Anteil verminderte sich nur von 15,2 auf 14,8 Prozent.

Aber auf der rechten Seite brachte ein politischer Erdrutsch eine völlig neue Konstellation: Die beiden großen bürgerlichen Rechtsparteien verloren rund die Hälfte ihrer Wähler. Der Anteil der Deutschen Volkspartei ging von 8,7 auf 4,5 Prozent zurück, der der Deutschnationalen von 14,2 auf 7 Prozent. Von mehr als einem Dutzend Splitterparteien der gemäßigten bis extremen Rechten, die bei den Reichstagswahlen von 1928 zusammen 15,7 Prozent der Stimmen für sich gewonnen hatten, waren einige auf der Strecke geblieben, fünf hatten sich zu mehr oder weniger ansehnlichen Gruppen entwickelt, davon drei, nämlich die Wirtschaftspartei, die konservative Deutsche Landvolkpartei und der Christlich-Soziale Volksdienst, zu Fraktionen mit zusammen mehr als 60 Abgeordneten, und eine bis dahin unbedeutende Partei, Hitlers NSDAP, zog nun mit 107 Abgeordneten in den neuen Reichstag ein!

Das rechtsextreme Grüppchen, das bei den Wahlen von 1928 ganze 2,6 Prozent der Stimmen erhalten hatte, war über Nacht zur zweitstärksten Partei im Reich geworden, wobei der NSDAP der ersehnte Sturm auf die roten und schwarzen Bastionen eindeutig mißlungen war. Sie hatte nicht Brüning, nicht die SPD und erst recht nicht die Kommunisten besiegt, sondern ihren Freunden und Gönnern im deutschnationalen und gemäßigt rechten Lager die Wählerstimmen entzogen.

Damit war Brünings Innenpolitik gescheitert. Das Wahlergebnis ließ keine Koalitionsmöglichkeit erkennen, wie er sie sich erträumt hatte. Nazis und Deutschnationale lehnten jede Zusammenarbeit mit dem »System« ab, und die bürgerliche Mitte war so geschwächt aus der Wahl hervorgegangen, daß sie allein keine Mehrheit im Reichstag bilden konnte. So wäre für den Zentrumspolitiker Brüning nur eine Große Koalition unter Einbeziehung der Sozialdemokraten in Frage gekommen, hätte er nach den Grundsätzen der parlamentarischen Demokratie regieren wollen. Doch daran mochte er schon gar nicht mehr denken. Er wußte ja den Reichspräsidenten hinter, richtiger: über sich, und dessen diktatorische Vollmachten sollten ihm die Mehrheit ersetzen. Auch rechnete er im stillen damit, daß die zu Opfern im höheren Staatsinteresse stets bereite Sozialdemokratie ihn zumindest tolerieren würde, und käme es wider Erwarten zu einem Bündnis zwischen SPD und KPD, zu Streiks und Arbeiteraufständen, so würde er sich auf die Reichswehr verlassen können.

An eine Gefahr von rechts dachten weder Brüning noch v. Hindenburg. Denn auf der Rechten – davon waren beide fest überzeugt – standen ja die Bewahrer von »Ruhe und Ordnung«, die sich allenfalls aus patriotischem Übereifer und begreiflicher Empörung über das dem Vaterland von den »Novemberverbrechern« zugefügte Leid hie und da ein bißchen zuviel herausnahmen, etwa am Tage der Reichstagseröffnung, dem 13. Oktober 1930.

Da lieferte die NSDAP eine kleine Kostprobe dessen, was sich Deutschland von ihrer »Machtergreifung« erwarten durfte: Mit dem Ruf »Deutschland erwache, Juda verrecke!« zogen die 107 Abgeordneten der Hitler-Partei in den Plenarsaal ein und entledigten sich ihrer Jacketts, so daß die darunter getragenen – von der preußischen Regierung verbotenen – braunen Uniformhemden, Koppel und Schulterriemen sichtbar wurden. Gleichzeitig schlugen SA-Trupps im ganzen Berliner Westen die Schaufensterscheiben derjenigen Geschäfte und Warenhäuser ein, von denen sie annahmen, daß sie in jüdischem Besitz seien. Dabei verprügelten sie Passanten und Verkäufer, die an den Zerstörungen und den sie begleitenden Plünderungen Anstoß nahmen und mißhandelten einige Leute, die sie für Juden hielten. Organisator und Leiter dieser Aktion war der ehemalige Berufsoffizier und Freikorpsführer Wolf-Heinrich Graf v. Helldorff, der schon am Kapp-Lüttwitz-Putsch teilgenommen hatte und nun oberster SA-Führer von Berlin-Brandenburg sowie NSDAP-Fraktionsvorsitzender im preußischen Landtag war. Dieser gefürchtete Rowdy und in allen einschlägigen Clubs bekannte Berufsspieler wurde zweieinhalb Jahre später Polizeipräsident, erst in Potsdam, dann von Groß-Berlin; 1944 ließ Hitler ihn – wegen des vagen Verdachts einer Beteiligung an der Offiziersrevolte vom 20. Juli – verhaften und hinrichten.

Damals, im Herbst 1930, war Hitler, der als Österreicher kein

Reichstagsmandat hatte erwerben können und in München residierte, wo er sich mit Spenden reicher Gönner ein altes Palais – nun »Braunes Haus« genannt – gekauft und seinen Bedürfnissen entsprechend umgebaut hatte, übrigens keineswegs glücklich über das provozierende Auftreten der NSDAP-Abgeordneten im Reichstag und über die Ausschreitungen seiner Berliner SA. Er wünschte den Schein der Legalität zu wahren und sich Hindenburg, der Reichswehrführung und den Herren der Wirtschaft als »salonfähig« zu erweisen. Deshalb erklärte er am Tag nach den Berliner Vorkommnissen gegenüber der Presse, es habe sich bei den »Rowdys und Ladendieben« um »kommunistische Provokateure« gehandelt, die seine disziplinierte SA hätten in Mißkredit bringen wollen.

Einige Tage zuvor hatte Hitler vor dem Reichsgericht in Leipzig, wo gegen einige jüngere Reichswehroffiziere wegen Verdachts des Hochverrats verhandelt wurde, als Zeuge aussagen müssen. Diese Gelegenheit war von ihm dazu benutzt worden, sich als einen Mann darzustellen, der rohe Gewalt, erst recht jeden gewaltsamen Umsturz, zutiefst verabscheue.

»Unsere Bewegung hält Gewalt für überflüssig; sie hat Gewalt nicht nötig. Die Zeit wird kommen, in der die deutsche Nation unsere Ideen begreifen wird, und dann werden 35 Millionen Deutsche hinter mir stehen«, hatte Hitler vor Gericht erklärt. »Wenn wir dann im Besitz der konstitutionellen Rechte sind, werden wir den Staat so formen, wie wir es für richtig halten.« Daraufhin wurde der Zeuge vom Präsidenten des Reichsgerichtssenats gefragt: »Auch das auf konstitutionellem Wege?«, worauf Hitler mit einem schlichten »Ja«, antwortete.

Daran erinnert, daß er einmal – 1923 in München – gedroht habe, nach seiner »Machtergreifung« würden »Köpfe rollen«, entgegnete Hitler: »Ich darf Ihnen versichern: Wenn die nationalsozialistische Bewegung in ihrem Kampfgeist siegt, dann wird ein nationalsozialistischer Staatsgerichtshof kommen, dann wird der November 1918 seine Sühne finden, dann werden auch Köpfe rollen!«

In seiner weiteren Aussage, deren Wahrheit er dann mit seinem Eid bekräftigte, versicherte Hitler, nur mit streng legalen, verfassungsmäßigen Mitteln an die Macht kommen zu wollen. Er beteuerte seinen Wunsch, nur *mit* der Reichswehr und niemals *gegen* sie und die Staatsautorität den Sieg zu erringen. Es gehe ihm und seiner Partei ja gerade darum, Armee und Staat zu stärken. Auch wolle er keine Revolution im herkömmlichen Sinne, keine »Rätewirtschaft« und Disziplinlosigkeit, vielmehr die Wiederherstellung von Zucht und Ordnung. Wenn er gelegentlich von einer »Nationalen Revolution« spreche, dann meine er damit nur den leidenschaftlichen Protest gegen Deutschlands Knebelung durch die schmachvollen Friedens- und Versklavungsverträge.

Mit diesen Ausführungen, die in der deutschen und ausländischen Presse Schlagzeilen machten, gelang es Hitler, nicht nur große Teile des Bürgertums, der Wirtschaft und der alten Oberschicht von seiner »Salonfähigkeit« zu überzeugen, sondern auch das Offizierskorps der Reichswehr für sich zu gewinnen. Oberst Ludwig Beck, später Chef des Generalstabs, setzte sich nun leidenschaftlich für die drei nationalsozialistischen Leutnants seines Regiments ein, die in Leipzig unter Anklage standen. Und General v. Seeckt, der ehemalige Reichswehr-Chef, der inzwischen Reichstagsabgeordneter der Deutschen Volkspartei geworden war und bei den Offizieren noch höchstes Ansehen genoß, erklärte kurz und energisch, die Verfolgung von Nationalsozialisten in der Armee verstoße gegen den Korpsgeist; die Hitleranhänger seien »gute Leute«.

Was für die Reichswehr gut war, das mußte – so fanden nun viele – auch für die Industrie gut sein. Im Winter 1930/31 gesellten sich zum Stahlvereins-Chef Fritz Thyssen, zu Hermann Reusch von der Gutehoffnungshütte, zu Emil Kirdorf, dem Hüter der politischen Fonds der rheinisch-westfälischen Schwerindustrie und einigen anderen, die schon zuvor die NSDAP gefördert hatten, nun auch diejenigen, die bislang zurückhaltend gewesen waren: Georg v. Schnitzler von den IG Farben, der Wintershall-Konzernchef August Rosterg und sein Partner Günter Quandt, Ex-Kanzler Cuno von der HAPAG, der Kölner Privatbankier Kurt Freiherr v. Schröder, Wilhelm v. Finck von der Allianz-Versicherung sowie der zurückgetretene Reichsbankpräsident Dr. Schacht.

Sie und zahlreiche weitere Herren der Wirtschaft sowie einige Reichswehr-Generale sahen jetzt in Hitler und seiner NSDAP einen Faktor, dessen man sich nur geschickt zu bedienen brauche, um endlich das zu erlangen, wonach man sich seit dem November 1918 sehnte: ein autoritäres Regime, Abschaffung der Gewerkschaften und Tarifverträge, strengste Bestrafung jeder Aufsässigkeit des »Arbeiterpacks«, Beseitigung der Sozialversicherung und vor allem der Arbeitslosenunterstützung, Sprengung aller Fesseln des Versailler Vertrags und massive Wiederaufrüstung zur Erlangung neuer »Weltgeltung« und neuen »Lebensraums«.

Die Chancen, so fanden sie, standen für eine baldige »Machtergreifung« der Rechten unter der Führung Hitlers besonders günstig. Die Weltwirtschaftskrise sorgte für Massenarbeitslosigkeit, und die Sorge um die Arbeitsplätze nahm den Belegschaften die Lust zu streiken und beraubte so die SPD und die mit ihr verbündeten Gewerkschaften ihrer stärksten Waffe.

Tatsächlich hätte von etwa 1931 an ein Aufruf zum Generalstreik zur Rettung der Republik nur noch geringen Erfolg haben können. Denn im Dezember 1930 gab es schon 4,9 Millionen Erwerbslose, von denen aber nur noch knapp die Hälfte Unterstützung aus Mitteln der Arbeitslosenversicherung bezog; der Rest war auf Krisenfürsorge und Wohlfahrt angewiesen. Bis Ende 1931 hatte sich das Heer der Arbeitslosen auf knapp sechs Millionen vermehrt; weniger als ein Drittel bezog noch die – erheblich gekürzte – Unterstützung.

Außerdem waren die Fabrikherren und Zechenbesitzer sehr darauf bedacht, in erster Linie die gewerkschaftlich organisierten Sozialdemokraten und Kommunisten zu entlassen. Ende 1931 wurden, kurz vor Einbruch des Winters und begleitet von ernsten Reden der Direktoren über bevorstehende weitere Personaleinsparungen, Werbeaktionen des »Stahlhelms« und der SA in zahlreichen Betrieben besonders im Ruhrbergbau, zu einem großen Erfolg für die mit den Firmenleitungen Hand in Hand arbeitenden Veranstalter. Und um die Jahreswende 1931/32 waren nur noch etwa 23 Prozent der marxistischen Gewerkschafter voll beschäftigt; 43 Prozent mußten »stempeln gehen«, die übrigen sich mit Kurzarbeit begnügen.

Während dieser Krisenzeit hatte sich das Kabinett Brüning mit Notverordnungen des Reichspräsidenten beholfen, den Leipziger Oberbürgermeister Carl Friedrich Goerdeler zum Preiskommissar ernannt, im Juli 1931 den Zusammenbruch der Darmstädter und Nationalbank auffangen müssen, die Reparations- und Zinszahlungen an das Ausland eingestellt und ein neues Osthilfe-Gesetz erlassen. Alle Sparmaßnahmen, die die Regierung Brüning traf, wirkten sich in erster Linie zu Lasten der Arbeitnehmerschaft aus: Die Rückerstattung zuviel gezahlter Lohnsteuer wurde eingestellt, eine Krankenschein- und Rezeptgebühr eingeführt; die Gehaltsabzüge erhöhten sich drastisch, wogegen die Leistungen der Sozialversicherung stark eingeschränkt wurden. Zugleich hielt die Regierung, bei sinkenden Einkommen, die Preise künstlich stabil und verteuerte billige Lebensmitteleinfuhren durch hohe Zölle. Bei alledem konnte die Sozialdemokratie, dafür, daß sie stillhielt, die Notverordnungen nicht vom Reichstag aufheben und alle Mißtrauensanträge gegen Brüning scheitern ließ, nur ganz geringfügige Korrekturen bei besonders unsozialen Maßnahmen durchsetzen. Sie mußte es schweigend hinnehmen, daß die parlamentarische Demokratie und alle sozialen Errungenschaften Stück für Stück demontiert wurden. Denn jeder Widerstand hätte zum Sturz des Kabinetts Brüning und seinen Ersatz durch eine rechte Militärdiktatur, womöglich durch eine Regierung Hitler geführt, und davor schreckten die Sozialdemokraten ebenso zurück wie vor der einzigen Alternative, einem Bündnis mit den Kommunisten, das – wie sie meinten – den Generalen einen höchst willkommenen Anlaß zum blutigen Einschreiten der Reichswehr geboten hätte.

Doch während die SPD in Resignation verfiel und darüber grübelte, ob es möglicherweise ein verhängnisvoller Fehler gewesen war, den Sozialismus zugunsten einer bürgerlichen Ordnung zu unterdrücken und die Feinde der Republik zu ihren Beschützern zu bestellen, war man bei den Rechten frei von allen Skrupeln, was die Wahl der Bündnispartner und der Mittel betraf, mit denen man der verhaßten Republik den Gnadenstoß zu versetzen gedachte.

Am 11. Oktober 1931, nachdem ein Versuch, die letzte schwarz-rot-goldene Bastion, die SPD-Regierung des Landes Preußen, mittels Volksentscheid zu stürzen, nur eine 37prozentige Unterstützung durch die Wähler gefunden hatte und damit gescheitert war, versammelte sich die gesamte deutsche Rechte in Bad Harzburg zur Vorbereitung des Sturms auf die Republik.

Bad Harzburg, das zum Land Braunschweig gehörte, wo seit dem September 1930 eine Koalition der Deutschnationalen und Nationalsozialisten regierte, war von Geheimrat Hugenberg als Tagungsort vorgeschlagen worden, und von ihm ergingen auch die Einladungen, denen fast ausnahmslos Folge geleistet wurde. Die ganze alte Geld- und Macht-Elite der wilhelminischen Epoche kam in Bad Harzburg zusammen, dazu ihr Nachwuchs, die Führer der Freikorps und Kampfverbände. Die Deutschnationalen hatten ihre Reichstags- und Landtagsabgeordneten vollzählig entsandt, darunter General v. Seeckt, den Vertrauensmann der Reichswehr; auch das gesamte Führerkorps des »Stahlhelm« erschien, an seiner Spitze Seldte, Duesterberg und der Schatzmeister Dr. Erich Lübbert, Chef des Dyckerhoff & Widmann-Konzerns. Dazu kamen knapp zwanzig pensionierte Generale und Admirale; das Haus Hohenzollern war durch die Prinzen Eitel Friedrich und August Wilhelm von Preußen vertreten, die anderen einstmals regierenden Häuser wurden repräsentiert von Karl Eduard Herzog von Sachsen-Coburg und Gotha, dem Erbprinzen zur Lippe und den Prinzen von Hessen. Vom Alldeutschen Verband, der während des Weltkriegs die weitestgehenden Annexionsforderungen gestellt hatte, erschienen Graf Brockdorff und Baron v. Vietinghoff-Scheel sowie der alte Heinrich Class, einer der eifrigsten Kriegshetzer der Zeit vor 1914.

Die Großindustrie hatte Fritz Thyssen und Ernst Poensgen, beide von den Vereinigten Stahlwerken, entsandt, dazu eine stattliche Reihe von Generaldirektoren und Verbandspräsidenten, an ihrer Spitze Emil Kirdorf, der Hüter des »Ruhrschatzes«. Der Großgrundbesitz wurde von den Führern des »Reichslandbundes«, Eberhard Graf v. Kalckreuth und Wilhelm Freiherrn v. Gayl, angemessen vertreten. Emil v. Stauß vom Vorstand der Deutschen Bank AG und Hjalmar Schacht, der langjährige Präsident der Reichsbank, waren als Repräsentanten der Hochfinanz und Bankwelt erschienen, Rudolf Blohm von der Hamburger Werft Blohm & Voß als

Vertreter des hanseatischen Geldadels.

Aus dem Bereich der Politik hatten sich die Führer aller kleinen Parteien rechts vom Zentrum eingefunden, auch die Reste der einst von Gustav Stresemann geführten Deutschen Volkspartei. Und zu dieser Elite der deutschen Rechten, alle im Gehrock oder in Uniformen der Kaiserzeit und im vollen Schmuck ihrer Orden, stießen an die zweihundert Männer in Braunhemden und mit Hakenkreuz-Armbinden: die gesamte 107köpfige NSDAP-Reichstagsfraktion und das Führerkorps der nationalsozialistischen Kampfverbände, an ihrer Spitze Hitler, Hermann Göring, Minister Dr. Wilhelm Frick, SA-Stabschef Ernst Röhm, der Berliner Gauleiter der NSDAP, Dr. Josef Goebbels und Gregor Strasser, ein ehemaliger Freikorpsoffizier der Schützenbrigade v. Epp und nunmehriger Reichsorganisationsleiter der Hitler-Partei.

Die Nazis, als die mit Abstand stärkste politische Kraft der Rechten seit den Septemberwahlen 1930, rissen in Bad Harzburg sofort die Führung an sich. Zwar ließen sie auch die anderen zu Wort kommen und pathetische Reden halten – Hugenberg durfte den Zusammenschluß aller vertretenen Gruppen zu einer »Nationalen Front« bekanntgeben und verkünden: »Geächtet sei jeder, der unsere Front zerreißen will!« –, aber sie ließen keinen Zweifel daran aufkommen, daß nur Hitler als Führer der Rechten in Frage kam.

Hitlers Prestige hatte einen Tag zuvor, am 10. Oktober 1931, schon kräftig zugenommen, denn da war er in Berlin erstmals von Brüning und Hindenburg empfangen worden. Diese Audienzen, beide arrangiert von General v. Schleicher, waren zwar für Hitler nicht sonderlich gut verlaufen – Brüning wie Hindenburg gewannen vom Führer der NSDAP keinen günstigen Eindruck –, doch die bloße Tatsache, daß der Feldmarschall-Reichspräsident den ehemaligen Gefreiten Hitler in sein Palais eingeladen hatte und daß auch der Reichskanzler gezwungen gewesen war, die Meinung des Naziführers zu wichtigen Fragen der Politik zu erkunden, werteten diesen in den Augen des Bürgertums mächtig auf.

Bei dem Gespräch mit Brüning war es übrigens um die Frage gegangen, ob die NSDAP bereit wäre, einer Verlängerung der Amtszeit Hindenburgs, die 1932 ablief, zuzustimmen, was Hitler entschieden verneint hatte. Auch als Brüning ihm anbot, er werde, sobald er im Verlaufe des Jahres 1932 die vollständige Streichung der Reparationen und das Einverständnis der Westmächte mit einer Wiederaufrüstung Deutschlands erreicht habe, als Kanzler zurücktreten und damit den Nationalsozialisten den Antritt der Macht erleichtern, sofern Hindenburg weiter im Amt bleiben könnte, winkte Hitler ab.

An Kompromissen mit dem »System«, denen sie auch Brüning zurechneten, waren die Nazis nicht interessiert, ausgenommen

Gregor Strasser, von dem noch die Rede sein wird. Hitler kam es nur darauf an, sich dem Bürgertum und vor allem der Reichswehr als akzeptabler Politiker und Staatsmann von Format zu empfehlen. Von Hindenburg empfangen worden zu sein, war deshalb für ihn noch wichtiger als die dominierende Rolle in der gerade gebildeten »Harzburger Front«. Denn noch immer war er für viele gemäßigt rechte Nationalliberale und Konservative ein Bürgerschreck, zumindest aber ein allzu lauter und dreister Emporkömmling.

Dazu trug vor allem das Rowdytum seiner SA bei. Erst wenige Tage vor dem Empfang Hitlers beim Reichspräsidenten hatten rund fünfzehnhundert SA-Männer sowie Angehörige des »Stahlhelms« am Berliner Kurfürstendamm ein kleines Pogrom veranstaltet. Die im noch immer sozialdemokratisch regierten Freistaat Preußen verbotene SA, verstärkt durch Mitglieder des »Stahlhelm«, dessen Verbot auf Ersuchen Hindenburgs 1930 aufgehoben worden war, weil der Reichspräsident sich sonst geweigert hätte, an den offiziellen Feiern aus Anlaß des Abzugs der letzten Besatzungstruppen aus dem Rheinland teilzunehmen, hatten einen hohen jüdischen Feiertag dazu benutzt, um »Ordnung zu machen«. Sie waren über die Besucher der nahe dem Kurfürstendamm gelegenen Synagoge in der Fasanenstraße hergefallen und hatten Dutzende von Teilnehmern des Gottesdienstes sowie zahlreiche Gäste der umliegenden Cafés und Restaurants brutal zusammengeschlagen, Protestierende mit Reitpeitschen, Stöcken und Stiefelabsätzen mißhandelt und einige Gaststätten-Einrichtungen völlig zerstört.

Auch diese Aktion war von dem Grafen Helldorff organisiert und geleitet worden. Doch er und sein Adjutant wurden später von der Anklage des Landfriedensbruchs und der Rädelsführerschaft freigesprochen. Graf Helldorffs Anwälte, Dr. Roland Freisler, bis 1920 politischer Kommissar der Bolschewiki in der Ukraine, seit 1925 Mitglied der NSDAP und preußischer Landtagsabgeordneter, und Dr. Hans Frank, ehemaliger Oberleutnant und Freikorpsoffizier in der Schützenbrigade v. Epp, seit den Septemberwahlen 1930 Mitglied des Reichstags, benutzten den Prozeß zu wüstesten Beschimpfungen der »marxistischen Justiz« und der »verfluchten Judenrepublik«.

Im »Völkischen Beobachter«, dem Zentralorgan der NSDAP, verherrlichte Dr. Frank die »Tat« seines Mandanten und bezeichnete es als »erfreulich, daß eine deutsche Jugend in gerechter Entrüstung am jüdischen Neujahrstag durch den Kurfürstendamm zog, die Fenster der Hurentempel einschlug und das jüdische und sonstige Gelichter in diesen Lasterhöhlen in wahrhaft christlichem Zorn züchtigte . . . Jede andere Nation hätte sich wohl gefreut, auch noch eine gesund empfindende Jugend, die sich gegen so viel unchristliche Last und Erbärmlichkeit zur Wehr setzt, zu besitzen.«

Wenig später wurde der deutschen Öffentlichkeit in noch stärkerem Maße deutlich, daß es sich bei den Ausschreitungen der SA in Berlin und anderswo nicht um individuelle Terrorakte einzelner Banden von Rowdys handelte, sondern um geplante Aktionen der NSDAP-Führung im Rahmen ihres geheimen Programms für die, wie sie meinte, bevorstehende »Machtübernahme«:

Im Hotel »Boxheimer Hof« in der Nähe von Worms fand die politische Polizei, die von einem abtrünnigen NSDAP-Landtagsabgeordneten einen entsprechenden Hinweis erhalten hatte, die detaillierten Pläne der Hitler-Partei für den Tag X, an dem die nationalsozialistischen Kampfverbände die Staatsgewalt übernehmen würden. Danach sollten alle politischen Gegner »vorsorglich« in sofort einzurichtende Konzentrationslager gebracht und bei etwaigem Widerstand auf der Stelle erschossen werden. Auch jeder Verstoß gegen die – schon einzeln vorbereiteten und am Tage der »Machtergreifung« in Kraft tretenden – Notverordnungen sollte mit dem Tode bestraft werden. Schußwaffen waren unverzüglich an SA und SS abzuliefern; der Geldverkehr sollte vorübergehend eingestellt, alle privaten Konten gesperrt werden. Für Juden war unter anderem vorgesehen, daß sie keine Lebensmittel mehr erwerben durften.

Verfasser dieser »Boxheimer Dokumente«, deren Veröffentlichung ungeheures Aufsehen erregte, war der im hessischen Justizdienst stehende Richter Dr. Werner Best, ein prominenter Nazi- und SS-Führer in Hessen. Das gegen Dr. Best von der Reichsanwaltschaft sofort eingeleitete Strafverfahren wegen Verdachts der Vorbereitung zum Hochverrat wurde bald wieder wegen angeblichem Mangel an Beweisen eingestellt. In der Begründung hieß es, dem Beschuldigten sei nicht nachzuweisen, daß seine Pläne nicht den behaupteten Zweck hätten, nämlich die »Abwehr eines kommunistischen Aufstands«.

(Best, dem während der reichsanwaltschaftlichen Ermittlungen ebenfalls die NSDAP-Anwälte Freisler und Frank zur Seite standen, wurde 1933 Chef der hessischen Polizei und übernahm dann eine leitende Stellung bei der Gestapo und im Sicherheitshauptamt der SS. 1939/40 war er Chef einer Einsatzgruppe in Polen, die rund elftausend Angehörige der polnischen Intelligenz ermordete. Von 1942 bis Kriegsende hatte er im besetzten Dänemark das Amt eines »Reichsbevollmächtigten«; 1951 wurde er, den die Dänen 1945 zum Tode verurteilt, dann zu einer Freiheitsstrafe begnadigt hatten, aus der Haft entlassen; 1957 übernahm er eine leitende Stellung im Stinnes-Konzern.

Rechtsanwalt Dr. Roland Freisler wurde 1933 Staatssekretär im preußischen Justizministerium, dann im Reichsjustizministerium, von 1942 an war er Präsident des berüchtigten Volksgerichtshofs;

Anfang 1945 kam er bei einem Luftangriff ums Leben. Sein Kollege Dr. Hans Frank wurde 1933 bayerischer Justizminister, 1934 Reichsminister ohne Geschäftsbereich und Präsident der Akademie für Deutsches Recht. Von 1939 bis Kriegsende war Frank Generalgouverneur von Polen und wurde 1946 als Hauptkriegsverbrecher in Nürnberg zum Tode verurteilt und hingerichtet.)

Während im Lande die Nazis immer dreister wurden, die Arbeitslosigkeit weiter anstieg und noch kein Ende der Weltwirtschaftskrise abzusehen war, während die Hugenberg-Presse Tag für Tag Schreckensnachrichten verbreitete über den angeblichen »Straßenterror der Roten« und jede Saalschlacht zwischen Linken und den ihre Versammlungen sprengenden SA-Leuten zu einem »marxistischen Aufstandsversuch« umfälschte, beschäftigte sich Reichskanzler Brüning mit der ihm vordringlich erscheinenden Frage, wie er Deutschland wieder zu einer Monarchie machen könnte. Sein Gedanke, Hindenburgs Amtszeit zu verlängern, ihn auf Lebenszeit zum Regenten der Hohenzollern zu machen und dann einen der Kronprinzensöhne zum Kaiser, fand bei Hindenburg keinen Anklang. Der Reichspräsident erklärte, der Thron gebühre dem allein »rechtmäßigen« Monarchen, Wilhelm II. und niemandem sonst. Und als daraufhin Brüning meinte, Seine Majestät habe sich durch seine Flucht nach Holland alle Sympathien des Volkes verscherzt und zudem brauche man einen »modernen« Kaiser, der sich auf Repräsentation beschränke und der parlamentarischen Demokratie das Regieren überlasse, wurde der greise Reichspräsident so wütend, daß er seinem Kanzler kurzerhand die Tür wies.

Brüning hätte für seinen Plan, Hindenburg zum Regenten auf Lebenszeit zu machen, auch eine Zweidrittelmehrheit im Reichstag und im Reichsrat der Länder benötigt. Da Hitler zu erkennen gegeben hatte, daß seine NSDAP nicht einer Verlängerung der Amtszeit des Reichspräsidenten zustimmen würde, hatte Brüning mit der SPD-Führung verhandelt, wobei er den Eindruck gewann, daß die Sozialdemokratie, um eine Hitler-Diktatur zu vermeiden, seine Pläne mit gewissen Einschränkungen zu unterstützen bereit war.

Aber während sich Brüning noch den Kopf darüber zerbrach, wie eine Restauration der Hohenzollern-Monarchie ohne die NSDAP zu bewerkstelligen sei, begannen von drei Seiten her heftige Intrigen mit dem Ziel, ihn, den Kanzler zu stürzen.

Da war zunächst Hitler, dessen gerade erst beschworenes Bündnis mit Hugenberg und der »Harzburger Front« in die Brüche zu gehen drohte, weil den Deutschnationalen klar geworden war, daß die Nazis die Macht mit niemandem teilen wollten, schon gar nicht mit abgetakelten Exzellenzen und Fürsten. Hitler tauchte jetzt immer häufiger im Berliner Regierungsviertel auf, wo er stets im Hotel Kaiserhof Quartier nahm und mit einflußreichen Leuten Gespräche unter vier Augen führte, unter anderem mit dem Staatssekretär Otto Meißner, dem Leiter des Büros des Reichspräsidenten, der schon Eberts rechte Hand gewesen war und nun überlegte, wie er sich mit dem möglichen Hindenburg-Nachfolger Hitler arrangieren könnte. Mit Interesse hörte sich Meißner Hitlers Vorschlag an, zunächst Hindenburg wiederwählen zu lassen, und zwar mit den Stimmen der NSDAP, dafür aber Brüning fallenzulassen und eine »nationale« Regierung mit Hitler als Kanzler einzusetzen.

Doch damit war, wie Meißner rasch herausfand, Hindenburg nicht einverstanden. Er wollte sich nicht von Hitler die Bedingungen diktieren lassen. Und als daraufhin deutlich wurde, daß die Nazis und selbst seine alten Freunde, die Deutschnationalen, nicht bereit waren, ihm die Strapazen einer Neuwahl zu ersparen, da wandte sich ein Teil des Grolls des alten Herrn gegen seinen, wie er fand, reichlich ungeschickten Kanzler, der ihn in einen Konflikt mit gerade jenen nationalen Kräften gebracht hatte, von denen er 1925 zum Reichspräsidenten gewählt worden war. Von Januar 1932 an behandelte Hindenburg den »Hauptmann Brüning« mit weit weniger Leutseligkeit als zuvor, mitunter sogar schon sehr kühl.

Hindenburgs eigene Meinung war allerdings zu dieser Zeit bereits weitestgehend bestimmt von den Einflüsterungen seiner näheren Umgebung, die die wenigen lichten Augenblicke des schon recht verkalkten 84jährigen dazu benutzte, Politik ohne Amt und Verantwortung zu machen, wobei der – wie man damals spottete – »in der Verfassung nicht vorgesehene« Reichspräsidenten-Sohn Oskar v. Hindenburg den stärksten Einfluß ausübte.

Im Februar 1932 entschied sich der greise Reichspräsident, noch einmal für das Amt zu kandidieren. Noch stand nicht fest, ob die Rechte einen Gegenkandidaten aufstellen würde. Hugenberg schlug seinem »Harzburger-Front«-Partner Hitler vor, entweder den Generaldirektor Albert Vögler von den Vereinigten Stahlwerken oder den Kaiser-Sohn Prinz Oskar von Preußen zu benennen, aber Hitler lehnte beide rundweg ab. Statt dessen entschloß er sich, selbst zu kandidieren, worauf die Deutschnationalen, empört über diesen Verrat am Harzburger Bündnis, den »Stahlhelm«-Führer Duesterberg aufstellten. Die SPD setzte sich diesmal über alle früheren Bedenken hinweg und rief zur Wahl Hindenburgs auf, und nur die Kommunisten stellten einen eigenen Kandidaten, Ernst Thälmann, gegen die drei zur Auswahl stehenden Reaktionäre auf.

Es war ein höchst seltsamer, ebenso erbitterter wie verworrener Wahlkampf. Alle traditionellen Partei- und Klassenbindungen

Hindenburg als Kandidat der Republikaner

gerieten durcheinander: Alte Gewerkschafter, die noch in der Zeit der Illegalität gegen den »Staat der Junker und Militärs« gekämpft hatten, warben jetzt für den kaiserlichen Generalfeldmarschall und Großgrundbesitzer v. Hindenburg; dieser wiederum mußte sich, höchst widerwillig, mit seinen Standesgenossen und alten Kameraden kritisch befassen, da sie ihn von rechts her auf das heftigste attackierten, während die ihm verhaßten Roten und Schwarzen ihm zujubelten. General Ludendorff warf Hindenburg öffentlich vor, daß er sich von den ostelbischen Junkern mit dem Millionen-Geschenk des Guts Neudeck habe »schmieren« lassen; Dr. Goebbels wagte sich im Reichstag mit der Äußerung hervor: »Sage mir, wer dich lobt, und ich sage dir, wer du bist. Hindenburg wird gelobt von der Berliner Asphaltpresse und von der Partei der Deserteure«, womit er die SPD meinte. Deren jüngster Abgeordneter, der einarmige Kriegsinvalide Dr. Kurt Schumacher, nannte Dr. Goebbels nun seinerseits einen »dummdreisten Bengel«, »der selber den Krieg nur vom Hörensagen kennt« und sprach von der »moralischen und intellektuellen Verlumpung«, der die Nazis Vorschub leisteten. Die »Deutsche Zeitung«, ein stramm konservatives Blatt, das 1925 für Hindenburg agitiert hatte, wandte sich jetzt heftig gegen ihn: »Es handelt sich darum, ob die . . . Verräter und Pazifisten mit Hindenburgs Billigung Deutschland endgültig zum Untergang führen sollen«; umgekehrt setzten sich für Hitler, den »böhmischen Gefreiten«, wie Hindenburg ihn nannte, die ostelbischen Junker, zahlreiche Ex-Generale und -Fürsten, zu guter Letzt sogar der frühere Kronprinz Wilhelm von Preußen ein, dessen Familie der kaisertreue Hindenburg die Rückkehr auf den Thron hatte sichern wollen.

Doch bei den Reichspräsidentenwahlen, die am 13. März 1932 stattfanden, erhielt Hindenburg die mit Abstand meisten Stimmen, 18,65 Millionen, und verfehlte nur ganz knapp, mit 49,6 Prozent, die erforderliche absolute Mehrheit. Hitler bekam mit 11,3 Millionen Stimmen und einem Anteil von 30,1 Prozent nicht annähernd das Resultat, das er sich erträumt hatte; Duesterberg konnte nur 2,5 Millionen Stimmen, weniger als 7 Prozent, für sich gewinnen, und Thälmann erreichte mit knapp 5 Millionen Stimmen den beachtlichen Anteil von 13,2 Prozent, woraus zu schließen war, daß zahlreiche Sozialdemokraten lieber für ihn als für Hindenburg gestimmt hatten.

Der zweite Wahlgang am 10. April 1932 erbrachte bei allgemein etwas geringerer Beteiligung einen triumphalen Sieg Hindenburgs, der 19,4 Millionen oder 53 Prozent der Stimmen und damit eine absolute Mehrheit erhielt, die gar nicht mehr erforderlich war. Hitler hatte 13,4 Millionen oder 36,8 Prozent, Thälmann 3,7 Millionen oder 10,2 Prozent der Stimmen errungen. Fast zwei Drittel aller Deutschen waren gegen Hitler, mehr als die Hälfte für die parlamentarische Demokratie!

Das war ein Sieg für die Republikaner, wie sie ihn selbst nicht mehr erwartet hatten, ein großer Erfolg für Brüning, der sich wochenlang, Tag für Tag, auf Hunderten von Veranstaltungen für seinen Präsidenten eingesetzt hatte. Nur war der Mann, der die Republik gerettet zu haben schien, selbst ein reaktionärer Monarchist, und nicht einmal für den Monarchisten Brüning empfand er das, was er für sich selbst erwartete: Loyalität und Dankbarkeit.

8. Die letzten Tage der Republik

Schon am Vorabend des ersten Wahlgangs der Reichspräsidentenwahl, am 12. März 1932, waren die Kampfverbände der NSDAP, die fast vierhunderttausend Mann starke SA und die etwa fünfzigtausend Mann zählende SS, in Alarmbereitschaft versetzt worden; mehr als dreißigtausend Mann hatten einen Ring um Berlin gebildet, auf Abruf bereit, die Reichshauptstadt zu besetzen und auf bewährte Weise »Ordnung zu machen«.

Der SA-Stabschef Ernst Röhm hatte zwar das Reichswehrministerium beruhigt und dem General v. Schleicher versichert, es handele sich nur um eine »Vorsichtsmaßnahme« wegen eines möglichen Aufstands der Berliner Arbeiterschaft. Aber die preußische Landespolizei hatte bald darauf bei einer Haussuchung im Berliner SA-Hauptquartier einige Unterlagen beschlagnahmt, aus denen – ähnlich wie bei den »Boxheimer Dokumenten« – deutlich hervorging, daß die SA einen Staatsstreich und ein anschließendes Terror-Regiment für den Fall vorbereitete, daß Hitler zum Reichspräsidenten gewählt würde.

Reichswehrminister General Groener informierte Brüning darüber, was die Nazis planten; die preußische und auch die bayerische Landesregierung wandten sich ebenfalls an den Reichskanzler und forderten Sofortmaßnahmen gegen die drohende Gefahr eines braunen Putsches. Doch Brüning fürchtete, eine Kraftprobe vor dem zweiten Wahlgang könnte sich negativ für Hindenburg und ihn selbst auswirken.

Nach dem glücklichen Ausgang der Reichspräsidentenwahl aber fühlte er sich stark genug. Noch am Wahlsonntag rief er das Kabinett zusammen, und nachdem er dessen Zustimmung erhalten hatte, legte er dem wiedergewählten Hindenburg ein Dekret zur Unterschrift vor, das die Auflösung der Privatarmee Hitlers sowie ein generelles Uniformverbot für alle politischen Organisationen vorsah. Es kostete ihn große Mühe, Hindenburg zur Unterzeichnung dieser Notverordnung zu bewegen, zumal General v. Schleicher dem Reichspräsidenten die Bedenken der Reichswehrführung gegen die Auflösung der nationalsozialistischen Bürgerkriegsarmeen vorgetragen hatte. Aber am 13. April gab Hindenburg dann doch seufzend seine Zustimmung, und schon am nächsten Tag trat das SA- und SS-Verbot im ganzen Reich in Kraft.

Es war ein für die Nazis unerwarteter und betäubender Schlag. Röhm, Helldorff und einige andere Landsknechtsnaturen wollten sich dem Verbot widersetzen und putschen. Aber Hitler gab Befehl, sich »streng legal« zu verhalten; es sei nicht der Augenblick für einen bewaffneten Aufstand. Er hatte seine guten Gründe für diese Zurückhaltung, denn über Goebbels war ihm eine Information aus dem Reichswehrministerium zugespielt worden, die besagte, er solle abwarten; die Generale würden die Angelegenheit zur beiderseitigen Zufriedenheit regeln.

Tatsächlich hatte General v. Schleicher – ohne Wissen seines Chefs und langjährigen Förderers, des Reichswehrministers General Groener, und erst recht ohne Einweihung des Kanzlers Brüning – schon zwei Tage vor dem SA- und SS-Verbot mit zwei alten Regimentskameraden gesprochen und mit deren Zustimmung allen Wehrkreiskommandeuren der Reichswehr »streng vertraulich« mitgeteilt, sein Ministerium sei gegen eine Auflösung der als Reichswehr-Reserve wichtigen Kampfverbände; man werde sich um eine Korrektur der »unglücklichen Maßnahme« bemühen.

Bei den beiden alten Kameraden, die v. Schleicher ins Vertrauen gezogen hatte, handelte es sich um Herren, mit denen er zusammen noch zu Zeiten Wilhelms II. in Generalfeldmarschall v. Hindenburgs altem Regiment, dem 3. Garderegiment zu Fuß, in Potsdam gedient hatte. Der eine dieser beiden war der jetzige Reichswehr-General und Chef der Heeresleitung, Kurt Freiherr v. Hammerstein-Equord, der andere Oskar v. Hindenburg.

Zusammen mit dem Reichspräsidenten-Sohn bewog General v. Schleicher als nächstes den über die SA-Auflösung selbst gar nicht glücklichen Hindenburg, einen ärgerlichen Brief an General Groener zu schreiben und sich darüber zu beschweren, daß nicht auch das »Reichsbanner«, die Kampforganisation der Republikaner und insbesondere der SPD, verboten worden sei, also gerade der Verband, dessen Mitglieder im eben beendeten Wahlkampf unermüdlich für eine Wiederwahl Hindenburgs geworben und die Veranstaltungen Brünings geschützt hatten . . .! Auch startete v. Schleicher nun eine bösartige Intrige gegen Groener, bei der es um dessen zweite Heirat und um ein angeblich viel zu früh geborenes Kind ging; der Reichswehrminister, so erläuterte er dem Reichspräsidenten, habe dadurch seine Autorität gegenüber den Truppenkommandeuren verloren und die Armee in Schande gebracht; außerdem scheine sich Groener unter dem Einfluß seiner jüngeren Frau immer mehr zum Pazifisten und Marxisten zu entwickeln.

In den folgenden Tagen, während Hindenburg noch grübelte, ob er Groener fallenlassen könnte, verhandelte v. Schleicher heimlich mit Goebbels, Helldorff, Röhm und Hitler, wobei mitunter auch Oskar v. Hindenburg und Staatssekretär Meißner zugezogen wurden. Man kam überein, erst Groener, dann Brüning zu stürzen, den Reichstag aufzulösen, ein – wie Dr. Goebbels sich notierte – »farbloses Übergangskabinett« einzusetzen und das SA-Verbot wieder aufheben zu lassen.

In ihren Zielen waren sich die Verschwörer übrigens keineswegs so einig, wie es schien: Während Goebbels und Hitler daran dachten, daß das »Übergangskabinett« ihnen den Weg an die Macht ebnen sollte, wollte v. Schleicher selbst, mit Hilfe des »integrationsfähigen Teils« der NSDAP, eine Militärdiktatur errichten, die SA in die Reichswehr »eingliedern« und zähmen, Hitler allmählich zur Seite schieben und, gestützt auf Hindenburgs Vertrauen und ein Stillhalte-Abkommen mit der SPD und den Gewerkschaften, entweder selbst regieren oder als Kanzler eines Hohenzollern-Kaisers.

Für seinen Plan, erst Groener, dann Brüning zu stürzen, bekam v. Schleicher Schützenhilfe von allen Seiten, unabsichtlich auch von Brüning selbst, der sich nach der Wiederwahl Hindenburgs sicherer denn je fühlte: Er glaubte, wieder das volle Vertrauen des Reichspräsidenten zu besitzen. Zudem schien sich nun auch die internationale Situation allmählich zu bessern; die Weltwirtschaftskrise begann abzuflauen, und bei den Westmächten zeigte sich eine gewisse Bereitschaft, die dem Deutschen Reich auferlegten Rüstungsbeschränkungen zu lockern. Das Ende der Diskriminierung und die Ausstattung der Reichswehr mit schweren Geschützen, Panzern und Flugzeugen würden – so jedenfalls hoffte Brüning – den Rechtsparteien viel Wind aus den Segeln nehmen. Die Aufrüstung mußte sich auch günstig auf den Arbeitsmarkt auswirken und die bereits leicht rückläufige Erwerbslosigkeit weiter vermindern. Davon und von einem neuen Sofortprogramm seines Reichskommissars für die Ostsiedlung, Hans Schlange-Schöningen, versprach sich der Kanzler eine Beruhigung der Innenpolitik und einen starken Rückgang der Radikalität im Verlaufe des Sommers.

Doch gerade das neue Ostsiedlungs-Programm, das Schlange-Schöningen in der Woche nach dem Wahlsieg Hindenburgs anlaufen ließ und das einigen hunderttausend unter Erwerbslosigkeit leidenden Familien staatlich geförderte Bauernhöfe in den Ostprovinzen verschaffen sollte, gab den letzten Anstoß zu Brünings Sturz. Denn mit Landvergabe zu Lasten der großen Güter und der geplanten Ansiedlung erwerbsloser Proletarier in bislang stockkonservativen Gebieten, machte sich Brüning just diejenigen Leute zu Todfeinden, die bislang von der Republik gemästet worden waren, ohne daß ihnen je ein Opfer abverlangt worden wäre, und die auf Hindenburg einen viel größeren Einfluß hatten als er selbst.

Überhaupt unterschätzte Brüning die Entschlossenheit der alten Geld- und Macht-Elite, jetzt der Republik den Garaus zu machen. Die Industriekapitäne, Großbankiers, Rittergutsbesitzer und Magnaten sowie die mit ihnen verbündeten Herren der Presse, des Klerus und der Generalität sahen in der Wirtschaftskrise ihre letzte Chance, die Reste der Demokratie abzuschaffen, die Gewerkschaften zu zerschlagen und – wie der sehr offenherzige Führer der ostelbischen Junker, Elard v. Oldenburg-Januschau es in diesen Tagen formulierte – »dem deutschen Volk eine Verfassung ein(zu)brennen, daß ihm Hören und Sehen vergehe!«

Das Signal zum Angriff gab Kronprinz Wilhelm v. Preußen, der einen Tag nach dem SA- und SS-Verbot, am 14. April 1932, einen Brief an den Reichswehr- und Innenminister General Groener schrieb. Darin hieß es: »Da es von jeher mein Bestreben gewesen ist, persönlich ein Vertrauensverhältnis zwischen dem Reichswehrministerium und den nationalen Verbänden – speziell auch der NSDAP – herzustellen, werden Eure Exzellenz verstehen, wie schmerzlich mich dieser Schritt« – die Auflösung der SA und SS –, »zu dem Sie Ihren Namen hergegeben haben, berühren muß . . .«

In den folgenden drei Wochen eröffnete die Hugenberg-Presse gezieltes Feuer auf General Groener; im Reichstag tobten die Nazis, angeführt von Hermann Göring, gegen den »roten« General, der »den Novemberverbrechern zuliebe der nationalen Sache in den Rücken gefallen« sei, und als dann am 13. Mai 1932 auch General v. Schleicher, den Groener fünfzehn Jahre lang gefördert hatte, seinem auch gesundheitlich schon sehr mitgenommenen Minister eiskalt erklärte, die Reichswehr-Generalität habe ihm, Groener, das Vertrauen entzogen, reichte der von allen im Stich gelassene General seinen Rücktritt ein. »Wir bekommen Nachricht von General Schleicher«, notierte dazu Dr. Goebbels in sein Tagebuch, »die Krise geht programmgemäß weiter . . .«

Groeners Sturz war ein schwerer Schlag für Brüning, um so mehr als er von den Verhandlungen um die Aufhebung der deutschen Rüstungsbeschränkungen mit leeren Händen zurückgekommen war. Zwar hatten ihm die Vertreter der USA, Großbritanniens und Italiens in Genf zugesichert, dem Reich in der Frage der Aufrüstung entgegenzukommen, aber der französische Außenminister war der Konferenz ferngeblieben, und ohne Frankreichs Zustimmung wollten die anderen Mächte nichts entscheiden. Das offizielle Paris aber hüllte sich in Schweigen, weil der französische Botschafter in Berlin, André François-Poncet, seiner Regierung dringend angeraten hatte, eine abwartende Haltung einzunehmen; Brünings Sturz sei nur noch eine Frage von Tagen, und es wäre zweifellos besser, den Nachfolger, dessen Namen er nannte, zu unterstützen, als den schon »erledigten« Brüning.

Die kurze Gnadenfrist, die Brüning, der selbst nichts davon ahnte, noch vergönnt war, benötigten seine Gegner, insbesondere der emsige General v. Schleicher, zur »Einstimmung« Hindenburgs. Der alte Herr machte Pfingsturlaub auf seinem Schloß Neudeck und erholte sich von den Strapazen der Wahlkämpfe, und das war eine überaus günstige Gelegenheit, ihm von seinen Gutsnachbarn und junkerlichen Standesgenossen klarmachen zu lassen, daß die von Brünings Kabinett vorbereitete »Enteignung des angestammten Gutsbesitzes« zugunsten arbeitsloser Proletarier nichts anderes sei als »Agrarbolschewismus«.

Zwar sollten die großen Güter keineswegs »enteignet«, sondern nur – gegen großzügige Entschädigung aus der Staatskasse und weitere »Osthilfe«-Subventionen – verkleinert und rentabel gemacht werden. Aber die Junker, gewöhnt an ein Herrenleben mit großen Jagdgesellschaften, Ausflügen zu den Spielcasinos von Zoppot, Pferderennen und geselligen Umgang mit den Reichswehroffizieren, wünschten keine Neuerungen auf dem Lande. Sie holten sich ihre Erntearbeiter aus Polen, kolonnen- und »pasch«-weise, was bedeutete: Jeder Arbeiter hatte eine – um ein Drittel billigere – weibliche Arbeitskraft, seine Frau oder irgendein kräftiges Mädchen, mitzubringen, und einige Dutzend solcher Paare bildeten eine Schnitterkolonne, mit deren Anführer ein Akkordvertrag vereinbart wurde. Neue Siedler, die ja dann auch Erntehelfer benötigt hätten, wären dabei nur störend gewesen, denn die polnischen Schnitter und Binder, Rüben- und Kartoffelhacker oder -Einsammler begnügten sich mit unglaublich niedrigen Löhnen und winzigen Deputaten an drittklassigen Lebensmitteln, arbeiteten von Sonnenaufgang bis zum Einbruch der Dunkelheit, nahmen die erbärmlichste Unterkunft und den totalen Mangel an sanitären Einrichtungen ohne Murren hin und waren so fleißig und demütig, daß sie – im Gegensatz zu den »eigenen Leuten«, dem Stammpersonal der Güter, nicht mit der Reitpeitsche »auf Trab« gebracht zu werden brauchten; sie trieben sich selber zur Erfüllung des Akkords an.

In diese vom Standpunkt der Rittergutsbesitzer aus idyllischen Zustände wollte Brünings Reichskommissar Schlange-Schöningen mit seiner, wie er sagte, »aus sozialen und politischen Gründen dringend nötigen Reform« eingreifen und einige hunderttausend Großstädter in Ost- und Westpreußen sowie in Hinterpommern ansiedeln und auch die »Osthilfe«-Subventionen künftig vorrangig den Kleinbauern zukommen lassen.

»An dieser Stelle setzte der Vorstoß der konservativen Großgrundbesitzer ein«, erinnerte sich später Hindenburgs Staatssekretär Otto Meißner. »Ostpreußische Agrarier wie v. Oldenburg-Januschau, v. Batocki u. a. trugen diese Behauptungen«, daß Brünings Reichskommissar Schlange-Schöningen »Agrarbolschewismus« betreibe, »als die allgemeine Sorge der ostelbischen Landwirtschaft und als ihre Existenzfrage an Hindenburg heran, als er im Mai 1932 . . . auf seinem . . . Gut Neudeck weilte. Dieser gut organisierte Vorstoß machte auf den Reichspräsidenten einen starken Eindruck . . .«

Und dann überbrachte Staatssekretär Meißner – der mit den Agrariern, mit v. Schleicher und mit dem Präsidentensohn Oskar ebenso in ständigem Kontakt war wie mit Goebbels und Hitler – am Morgen des 25. Mai 1932 dem schon sehr gegen Brünings Siedlungspolitik aufgebrachten Reichspräsidenten einen Brief des ostpreußischen Freiherrn Wilhelm von Gayl aus Berlin, der Hindenburgs letzte Hemmungen, seinen getreuen Kanzler fallenzulassen, endgültig beseitigte.

Brüning, dem gerade erst vom Reichstag mit beachtlicher Mehrheit das Vertrauen ausgesprochen worden war und der erklärt hatte, seine Regierung sei nur noch »hundert Meter vor dem Ziel«, der endgültigen Überwindung der Wirtschaftskrise, der Massenarbeitslosigkeit und der politischen Unruhe, ahnte noch immer nicht, daß sein Sturz bereits beschlossen, sein letzter Halt verlorengegangen war.

»Alles noch in Pfingststimmung. Nur bei Brüning scheint der Winter eingekehrt zu sein«, hatte Dr. Goebbels bereits eine Woche zuvor, am 18. Mai, seinem Tagebuch anvertraut. »Und das Komische ist dabei, daß er es selbst gar nicht merkt . . .«

Der Kanzler erfuhr erst am 30. Mai, was hinter seinem Rücken geschehen war, während er sich fast am Ziel, am Vorabend sensationeller außen- und wirtschaftspolitischer Erfolge, wähnte. Der aus Neudeck nach Berlin zurückgekehrte Reichspräsident forderte ihn am Morgen dieses vorletzten Maitages »ganz kühl und brüsk« auf, Schlange-Schöningen sofort zu entlassen und die Ostsiedlungs-Vorlage zurückzuziehen. Und als daraufhin Brüning den Rücktritt seines ganzen Kabinetts anbot, nahm Hindenburg ihn ohne Zögern an, verabschiedete Brüning frostig und ernannte noch am selben Tag einen neuen Kanzler: Franz v. Papen.

Damit vollzog sich – ohne äußeren Zwang oder gewaltsamen Umsturz, ohne Militärputsch oder Massendemonstrationen, gegen den erklärten Willen der großen Mehrheit des deutschen Volkes und seines gewählten Parlaments – das klägliche Ende der Weimarer Republik. Ein 85jähriger kaiserlicher Feldmarschall, den das liberale Bürgertum, der katholische Mittelstand und die mehrheitlich sozialdemokratische Arbeiterschaft des Reiches gerade erst wiedergewählt, für einen verfassungstreuen Republikaner und damit für ihren »guten Kameraden« im Kampf gegen die faschistische Gefahr gehalten hatten – auf den Wahlplakaten stand neben Hindenburgs Bild: »Einen bessern findst du nicht . . .!« – war plötzlich umgeschwenkt und ins Lager der Feinde übergegangen.

Was hatte ihn dazu bewogen, Brüning fallen und die Republik im Stich zu lassen? Wenn man dem Nachfolger des Gestürzten im Kanzleramt, Franz v. Papen, glauben mag: gar nichts. In dessen 1952 erschienenen Erinnerungen mit dem verheißungsvollen Titel

»Der Wahrheit eine Gasse!« wird jede Vermutung, Brüning sei einer Verschwörung der Junker, Schlotbarone und anderer reaktionärer Multimillionäre zum Opfer gefallen, energisch zurückgewiesen, allerdings ohne eine andere Erklärung als die – in einem 678 Seiten umfassenden Werk voller Nichtigkeiten eher komisch wirkende – Entschuldigung: »Der Raum verbietet es leider, das Material hier vorzulegen, das diese Verleumdungen völlig widerlegt.«

Schon 1936 hatte ein Mitglied der von Papen dann gebildeten Reichsregierung, der deutschnationale Politiker Wilhelm Freiherr v. Gayl, in einer Niederschrift versucht, die Vorgänge, die zur Entlassung Schlange-Schöningens und zum Rücktritt des Kabinetts Brüning geführt hatten, für die Nachwelt »klarzustellen«*. Er berichtete darin, daß er eine Reihe von Persönlichkeiten, die Hindenburg damals nahegestanden hatten, eingehend befragt hätte über irgendwelche Aktionen in den kritischen Tagen vor Brünings Sturz. Zunächst sei er, der Baron v. Gayl, bei Graf Brünneck gewesen, »der den Reichspräsidenten niemals mit politischen Dingen behelligt hat«, weiter bei Elard v. Oldenburg-Januschau, dem Neudeck-Spender und Gutsnachbarn Hindenburgs, und schließlich bei dem früheren ostpreußischen »Stahlhelm«-Führer und letzten Kommandeur des 1. preußischen Garderegiments zu Fuß, dem Grafen zu Eulenburg-Wicken. Diese drei Männer – man ist ein wenig verwundert, mit wem der gerade erst von SPD und Gewerkschaften mit aufs Schild gehobene Präsident der Republik Umgang pflog: Es sind lauter Anhänger der rechten Gegenkandidaten Hindenburgs! – versicherten dem Baron v. Gayl übereinstimmend, daß sie an keiner Intervention der geschilderten Art – das heißt: wegen der »drohenden« Agrarreform und Besiedlung – beteiligt gewesen wären, ja auch nichts über eine solche Intervention, etwa durch andere, wüßten oder je gehört hätten.

Baron v. Gayl fügte dem hinzu: »Daß der inzwischen verstorbene damalige Führer der ostpreußischen Landwirtschaft, Dr. Brandes-Zaupern, in jenen Tagen eine Denkschrift . . . eingereicht haben könnte, ist bei dem engen Zusammenarbeiten zwischen Brandes und mir . . . ausgeschlossen. Die unmittelbare Befragung des Grafen Eulenburg-Prassen werde ich noch nachholen. Ich glaube aber bereits jetzt sagen zu können, daß das Märchen von der angeblich versuchten Beeinflussung des Reichspräsidenten vor der Entlassung des Kabinetts Brüning aus Kreisen des ostpreußischen Grundbesitzes, insbesondere die Geltendmachung von Bedenken

* Diese Darstellung findet sich bereits in anderem Kontext in einem früher erschienenen Buch des Autors – Bernt Engelmann, »Das Reich zerfiel, die Reichen blieben«, Hamburg 1972 (dtv-Taschenbuch Nr. 1061). Da sie für das Verständnis der hier geschilderten Zusammenhänge unerläßlich ist, wird sie hier wiederholt.

gegen den im Mai 1932 dem Reichspräsidenten auf dem Dienstwege vorgelegten Entwurf einer Notverordnung« – zur Agrarreform und Besiedelung –, »keine Grundlage hat. In Ermanglung anderer Unterrichtung hat die demokratische Presse damals die Fabel von dem siegreichen Vorstoß der ostelbischen Standesgenossen des Feldmarschalls geschaffen.« Der so emsige Freiherr v. Gayl, selbst ein »ostelbischer Standesgenosse« Hindenburgs, hätte indessen mit Leichtigkeit den dokumentarischen Beweis für »die Beeinflussung des Reichspräsidenten aus Kreisen des ostpreußischen Grundbesitzes« finden können, und zwar in Form eines Briefes, der mit Datum vom 24. Mai 1932 an Hindenburg gerichtet war und folgenden Wortlaut hat:

»Hochzuverehrender, hochgebietender Herr Generalfeldmarschall! Herrn Generalfeldmarschall bitte ich gehorsamst eine schwere Sorge vortragen zu dürfen, die heute weite Kreise des deutschen Ostens und der deutschen Wirtschaft bewegt.

Das Reichskabinett berät zur Zeit den Entwurf einer Verordnung des Reichspräsidenten auf Grund des Artikels 48, Absatz 2, deren § 2 eine Bestimmung enthält, welche der Oststelle das Recht gibt, in die nicht mehr umschuldungsfähigen Grundstücke, ohne Antrag der Gläubiger, von sich aus die Zwangsversteigerung zu betreiben. Selbst wenn Gäubiger und Schuldner einig sind, kann künftig eine Behörde, ohne selbst Gläubigerin zu sein, wider Willen aller Beteiligten die Zwangsversteigerung betreiben und nicht nur den Besitzer von Haus und Hof vertreiben, sondern auch die Gläubigerforderungen unter den Tisch fallen lassen.

In weiteren Paragraphen sind gewisse Entschädigungsmöglichkeiten für die Gläubiger eingebaut. Praktisch ist der Nutzen der Neuordnung gering. Nach vielen, schweren Eingriffen der früheren Notverordnungen in das Privateigentum bedeutet das neue Zwangsversteigerungsrecht der Behörde einen weiteren Eingriff und neues Abgleiten in den Staatssozialismus.

Durch das Bekanntwerden des Entwurfs sind weite Kreise des Ostens in Landwirtschaft und städtischem Mittelstand schwer beunruhigt. Die Zermürbung der Seelen macht im Osten furchtbare Fortschritte. Sie wirkt allmählich auf die Widerstandskraft der Kreise, welche bisher Träger des nationalen Wehrwillens gegenüber Polen sind. Diese Beobachtung ist auch den militärischen Stellen nicht entgangen. In dieser kritischen Zeit müßte alles vermieden werden, was irgendwie den Widerstandswillen schwächt.

Bei dieser Sachlage wage ich, den Herrn Generalfeldmarschall gehorsamst und dringend zu bitten, die Verordnung einer besonderen Prüfung zu unterziehen, ob nicht die Zwangsversteigerungsbefugnis auszuschalten ist, um der Verordnung den Charakter einer verschleierten Enteignungsbefugnis zu nehmen. Herr Generalfeldmarschall wissen, daß ich nur selten und nur in Notfällen um Gehör gebeten habe. Ich darf daher bitten, dieses Schreiben gütigst als Ausfluß besonderer Sorge betrachten zu wollen.

In der Hoffnung, daß Herr Generalfeldmarschall auf der Heimaterde gute und nachhaltige Erholung finden, verbleibe ich in alter, aufrichtiger Verehrung des Herrn Generalfeldmarschall gehorsamster *gez. Frhr. v. Gayl.«*

Dieser Brief, von Baron Gayl, just dem Edelmann, der vergeblich nach solchem Beweis einer Beeinflussung Hindenburgs gesucht haben wollte, eigenhändig geschrieben, wirft – von seiner zeitgeschichtlichen Bedeutung einmal abgesehen – ein Schlaglicht auf die Ehr- und Anstandsbegriffe jener Kaste angeblich staats- und vaterlandstreuer Junker, die von einer »Zermürbung der Seelen« und von erlahmendem »nationalen Wehrwillen« zu sprechen wagte, wo es ihr in Wahrheit um handfeste materielle Vorteile ging. Die Rittergutsbesitzer hatten sich um die Osthilfe-Millionen geradezu gerissen und zu deren Erlangung oftmals mit Schein-Darlehen operiert, die sie sich von Verwandten und Freunden hatten geben lassen, um eine Verschuldung vorzutäuschen. Zu solchen betrügerischen Manipulationen waren sie bereit gewesen, nicht aber dazu, dem Staat auch nur eine Handbreit Boden für Siedlungszwecke zu überlassen.

Laut Baron v. Gayls handschriftlichem Vermerk auf dem in seinem Nachlaß aufgefundenen, Anfang der sechziger Jahre von Erwin Topf erstmals veröffentlichten Konzept seines Schreibens an Hindenburg, wurde der folgenschwere Brief »am späten Nachmittag des 24. Mai (1932) dem Staatssekretär Meißner übergeben und von ihm an demselben Abend nach Neudeck mitgenommen«, wo sich der Reichspräsident noch aufhielt.

Am 25. Mai hat also Baron v. Gayls Schreiben dem Empfänger vorgelegen; am 26. Mai bestätigte Meißner dies dem Baron v. Gayl mit einem kurzen Brief, und noch am selben Tage teilte Meißner dem Reichskommissar Schlange-Schöningen mit, daß Hindenburg entschlossen sei, den fraglichen Notverordnungsentwurf abzulehnen. Am 28. Mai, sofort nach seiner Rückkehr nach Berlin, forderte der Reichspräsident seinen Kanzler auf, Schlange-Schöningen unverzüglich zu entlassen, was dann zum Rücktritt des Kabinetts Brüning führte.

Und schon am Morgen des 1. Juni erfuhren die Deutschen zu ihrer Überraschung den Namen des neuen Kanzlers: Franz v. Papen, von dem bis dahin die Wenigsten je gehört hatten.

Der neue Reichskanzler, ehemaliger Berufsoffizier aus münsterländischem Uradel, Schwiegersohn des saarländischen Keramikkonzernherrn v. Boch – in Firma Villeroy & Boch – und Mitglied des ebenso feudalen wie reaktionären Berliner »Herren-Clubs«, war 1920 Mitglied der Zentrumspartei und deren Abgeordneter im preußischen Landtag geworden, wo er in der Fraktion als monarchistischer Außenseiter gegolten hatte. Zusammen mit dem Duisburger Industriellen Klöckner gehörte er zu den Hauptaktionären des Zentrumsblatts »Germania« und verfügte über beste Beziehungen zur rheinischen und saarländischen, aber auch zur französischen Industrie, zur Reichswehrführung und zum katholischen Klerus.

Dies alles und die Tatsache, daß der frühere Husarenoffizier, der sich auch als Reichskanzler am liebsten mit »Herr Major« anreden ließ, ein schneidiger Herrenreiter sei, war das einzige, was die deutsche Presse über den neuen Regierungschef zu berichten wußte. Man nahm es kopfschüttelnd zur Kenntnis, und der französische Botschafter in Berlin, den als einer der wenigen Papens Ernennung nicht überrascht hatte, notierte sich: »Der Entschluß des Präsidenten begegnet zuerst Ungläubigkeit. Man will nicht daran glauben, und als dann die Nachricht bestätigt wird, lacht oder lächelt man allgemein. Papen hat das Sonderbare an sich, daß weder seine Freunde noch seine Feinde ihn ganz ernst nehmen ... Man bezeichnet ihn als oberflächlich, händelsüchtig, eitel, falsch, ehrgeizig, verschlagen und intrigant.«

Franz v. Papens Ministerliste übertraf noch die schlimmsten Erwartungen. Das als »überparteilich« bezeichnete Kabinett – der Kanzler war von seiner Partei, dem Zentrum, sofort ausgeschlossen worden und daher nun parteilos – bestand vornehmlich aus Deutschnationalen: Wilhelm Freiherr v. Gayl, der beim Sturz Brünings so wacker mitgeholfen hatte, wurde neuer Reichsinnenminister; General Kurt v. Schleicher übernahm das seit dem Sturz Groeners verwaiste Reichswehrministerium; Magnus Freiherr v. Braun, der gleichfalls zur Hugenberg-Partei gehörte, hatte das Reichsministerium für Ernährung und Landwirtschaft übernommen und wurde zugleich Nachfolger Schlange-Schöningens als Reichskommissar für die Ostsiedlung, die damit als beendet angesehen werden konnte, und da Baron v. Braun selbst Rittergutsbesitzer auf Neucken, Rappeln und Palpasch im Kreis Preußisch-Eylau sowie auf Oberwiesenthal, Kreis Löwenberg, war, durften seine ostelbischen Standesgenossen auf neue Subventionen hoffen. (Von Baron Brauns Söhnen wurde übrigens der eine, Wernher, Raketenspezialist, erst Hitlers, dann der Amerikaner; der andere, Sigismund, bundesdeutscher Botschafter und langjähriger Bonner Protokollchef.)

Reichsjustizminister wurde ebenfalls ein Deutschnationaler, jener Dr. Franz Gürtner, der mit einigen seiner Ministerkollegen während des Hitler-Ludendorff-Putsches im Jahre 1923 von dem Oberleutnant Rudolf Heß aus München entführt und mit Erschießen bedroht worden war. Als Reichsfinanzminister nahm Herr v. Papen den Grafen Lutz v. Schwerin-Krosigk, den am weitesten rechtsstehenden Beamten dieses Ressorts; das Wirtschafts- und das Arbeitsministerium übertrug er Dr. Hermann Warmbold, Mitglied des Vorstands des größten deutschen Chemiekonzerns, IG Farben; Post- und Verkehrsminister wurde Paul Freiherr Eltz v. Rübenach; zum neuen Pressechef der Reichsregierung ernannte er Heinrich Ritter v. Kauffmann-Asser, und das wichtigste Ressort, das Auswärtige Amt, erhielt einer der reaktionärsten Berufsdiplomaten, Konstantin Freiherr v. Neurath, über den Kurt Tucholsky 1929 gespottet hatte: *»Laßt ihn ruhn. / Der tut, was sie alle tun: / Er nimmt das Geld von seinem Land / und spuckt dem Geber auf die Hand. / Gut leben. Mit Cliquen intrigieren. / Die Republikaner sabotieren. / Auf die Arbeiter pfeifen. Zum Rennen gehn. / Die Welt durch ein Monokel sehn. / Uns überall schaden, daß es so knallt: / – das tut jener für sein Gehalt. /Merke, zum Schlusse des Gedichts: / Uns kostet das viel. / Ihn kostet das nichts.«*

Dieses »Kabinett der Barone«, wie man es spöttisch nannte, hätte, so meinte ein Kommentator des liberalen »Berliner Tageblatts«, anstatt in der Wilhelmstraße ebensogut im stockkonservativen »Herren-Club« tagen können, dem außer v. Papen auch seine Minister Freiherr v. Gayl und Freiherr v. Braun angehörten, während General v. Schleicher und Graf Schwerin-Krosigk dort häufig zu Gast waren.

Doch aus dem Spott der Republikaner – »Ist dieses Schießbudenfiguren-Kabinett der Dank des Hauses Hindenburg an seine Wähler?« fragte die SPD-Presse – wurde binnen weniger Tage helle Wut und Empörung: Die neue Reichsregierung nahm als erstes eine drastische Kürzung aller Sozialleistungen vor mit der Begründung: »Der Staat darf nicht zu einer Art Wohlfahrtsanstalt werden!« Sodann hob sie das Verbot der SA und SS wieder auf, führte neue Steuern, darunter die unsoziale Salzsteuer, ein und löste eilig den Reichstag auf, in dem sie keine Mehrheit hatte. Die Neuwahlen wurden auf den 31. Juli festgesetzt, und Papen versprach sich davon eine weitere Stärkung der Rechtsparteien, die ihm ihre Unterstützung zugesagt hatten.

Die Nazis hielten sich jedoch keineswegs an ihre Zusage, das Kabinett v. Papen zu unterstützen, denn sie merkten rasch, wie unpopulär diese Regierung war; ein Zusammengehen mit dem »Kabinett der Barone« würden nicht einmal die Kleinbürger honorieren, und bei den Arbeiter-Wählern, bei denen die NSDAP ohnehin die geringsten Erfolge hatte, erntete jeder, der »die Monokel-Helden« des Papen-Kabinetts zu verteidigen versuchte, nur Hohn und Spott.

So begannen die Nazis einen Wahlkampf, bei dem sie gleichzeitig gegen »das System« der parlamentarischen Demokratie, gegen »Rotfront«, womit alle Marxisten gemeint waren, aber auch gegen »die Reaktion« – mit der sie heimlich weiter konspirierten – zu Felde zogen. Ihre Kampfverbände sangen, wenn sie zum Zweck der Einschüchterung des gebildeten und der positiven Beeindrukkung des halbgebildeten Mittelstandes durch die Straßen zogen, das »Horst-Wessel-Lied«, dessen Kehrreim lautete: *»Die Fahne hoch, die Reihen fest geschlossen, / SA marschiert mit ruhig festem Schritt. / Kam'raden, die Rotfront und Reaktion erschossen, / marschier'n im Geist in unsern Reihen mit.«* Der vom NSDAP-Propagandachef Dr. Goebbels zum legendären »Helden der Bewegung« hochstilisierte Verfasser des Textes, der Berliner Student und Führer des SA-Sturms 5, Horst Wessel, der am 14. Januar 1930 – angeblich von Kommunisten, wahrscheinlich aber bei einer Auseinandersetzung zwischen konkurrierenden Zuhälterbanden – angeschossen worden und seinen Verletzungen bald darauf erlegen war, hatte diesen Wahlkampf-Trick schon angewandt, als die von »der Reaktion« finanzierte SA gemeinsam mit dem »Stahlhelm« und dem »Kyffhäuser-Bund« aufmarschierte.

Doch solche und andere Widersprüche gingen unter im Lärm eines Wahlkampfes, der von seiten der Hitler-Partei in einem Stil geführt wurde, wie ihn Deutschland noch nicht erlebt hatte. Mit Hilfe der enormen Summen, die der NSDAP von den Industriekonzernen und Großbanken zur Verfügung gestellt worden waren, wurde das Reich überschwemmt mit nationalsozialistischen Wahlplakaten und Hakenkreuzfähnchen. Hitler reiste mit einem eigenen Flugzeug von einer Stadt zur anderen und hielt täglich bis zu drei Großveranstaltungen ab; Goebbels und die übrigen Propaganda-Redner der Partei fuhren mit eindrucksvollen Wagenkolonnen durch die Provinzen. Zum Abschluß gab es noch einen Großeinsatz in Berlin und Umgebung, wo Hitler am 27. Juli 1932 zuerst in Brandenburg vor rund sechzigtausend Menschen, dann in Potsdam vor beinahe ebenso vielen sprach, schließlich auch noch spätabends vor etwa zweihundertzwanzigtausend Zuhörern, die im Grunewald-Stadion und vor den Eingängen zusammengeströmt waren, um seiner heiseren, sich immer häufiger überschlagenden Stimme und den Versprechungen zu lauschen, die »der Führer« freigebig nach allen Seiten hin machte. Er hatte seine Taktik geändert und war davon abgegangen, alles schwarz in schwarz zu malen und die totale Unfähigkeit des »Systems« anzuprangern. Statt dessen verhieß er jetzt allen Deutschen eine glückliche, sorgenfreie Zukunft, sofern sie ihn wählten. Er versprach allen Arbeitslosen gute Arbeit, allen Beschäftigten höhere Löhne, allen Bauern weniger Steuern und steigende Preise für ihre Erzeugnisse, allen Verbrauchern billigere Lebensmittel, allen Handwerkern sozialen Aufstieg und allen kleinen Gewerbetreibenden bessere Geschäfte und wirksamen Schutz vor der Konkurrenz der Warenhäuser und Ladenketten. Den Militaristen verhieß er eine große, starke Armee, mächtiger als die von 1914, den Kriegsopfern hingegen Wahrung des Friedens und höhere Renten, und einmal, im Berliner Lustgarten, prophezeite Hitler gar: »Im Dritten Reich wird jedes deutsche Mädchen einen Mann finden!«

War dies die Zuckerbrot-Seite des nationalsozialistischen Wahlkampfes, so sorgten SA und SS dafür, daß auch die Peitsche nicht fehlte. Während »der Führer« sich für inneren Frieden, »Ruhe und Ordnung«, Verbrechensbekämpfung und »Brechung des Terrors« aussprach, überfielen seine uniformierten Trupps immer häufiger einzelne politische Gegner und schlugen sie tot oder krankenhausreif, stürmten linke Zeitungsredaktionen und Gewerkschaftshäuser, sprengten Versammlungen oder veranstalteten »Propagandamärsche« durch bürgerliche Wohnviertel, bei denen sie in Liedern und Sprechchören wilde Morddrohungen gegen Juden, Marxisten und Liberale verkündeten.

Sie traten so provozierend auf, daß es immer häufiger zu Zusammenstößen und blutigen Krawallen kam. Allein in Preußen wurden in den ersten drei Juni-Wochen bei 461 Straßenschlachten 82 Menschen getötet und etwa vierhundert gefährlich verletzt. Bis Mitte Juli gab es nochmals 76 Tote und dreihundertfünfzig Verletzte. Und als am 17. Juli 1932 die SA von Hamburg und Schleswig-Holstein die Provokation auf die Spitze trieb und – unter Polizeischutz – mit elftausend Mann in die als »rote Hochburgen« geltenden, im damals noch preußischen Altona gelegenen Arbeiterviertel einmarschierte, lieferte ihnen die herausgeforderte Linke unter Führung der Kommunisten eine – als »Altonaer Blutsonntag« noch heute erinnerte – Schlacht, bei der es 19 Tote und 285 Schwerverletzte gab. Zwar gelang es den Seite an Seite kämpfenden Sozialdemokraten und Kommunisten die SA und SS aus den Arbeitervierteln zu vertreiben, und verstärkte Polizeikräfte verhinderten weitere Zusammenstöße solchen Ausmaßes, aber die Nazis hatten ihr Ziel insofern dennoch erreicht, als die politischen Auswirkungen ihrer Partei zugute kamen. Jeder blutige Krawall, gleich wer der Angreifer war, vermehrte das Sicherheitsbedürfnis der Bürger und ließ ihre Sehnsucht nach einem »starken Mann«, der für »Ruhe und Ordnung« sorgen konnte, immer größer werden. Daher konzentrierten die Nazis ihre Anstrengungen, durch Provokationen so schwere Zusammenstöße hervorzurufen, daß die Bürger in Angst und Schrecken gerieten, vor allem auf das Land Preußen und dessen »rote Hochburgen«. Denn – neben dem Ziel, durch Terror neue, kleinbürgerliche Wählerstimmen zu gewinnen – diente diese Strategie auch dem Sturz der letzten sozialdemokratisch geführten

Landesregierung im Reich, des Kabinetts des Ministerpräsidenten Otto Braun und seines Innenministers Carl Severing.

Doch die Reichsregierung des neuen Kanzlers v. Papen kam den Nazis dabei zuvor. Am 20. Juli 1932, drei Tage nach dem »Altonaer Blutsonntag« und elf Tage vor den Reichstagswahlen, gab Papen bekannt, daß er die Tatenlosigkeit der preußischen Regierung angesichts des wachsenden Terrors auf den Straßen nicht länger dulden könne. Er habe deshalb den Reichspräsidenten ersucht, die preußische Regierung Braun-Severing abzusetzen, und zwar aufgrund einer – schon 1923 gegen die legalen Regierungen von Sachsen und Thüringen angewandten – Bestimmung der Reichsverfassung. Deren Artikel 48 gab dem Reichspräsidenten Vollmacht, im Falle einer schweren Gefährdung der öffentlichen Sicherheit und Ordnung mit einer »Notverordnung« in die Rechte der Länder einzugreifen und deren Regierungen abzusetzen.

Dies, so erklärte Herr v. Papen, sei in Preußen erforderlich gewesen, und Hindenburg habe deshalb auf seinen Antrag hin den Essener Oberbürgermeister Dr. Franz Bracht – Berater des Krupp-Konzerns und Testamentsvollstrecker des Großindustriellen Hugo Stinnes – zum Reichskommissar für das Land Preußen bestellt.

Da der preußische Innenminister Severing – Ministerpräsident Braun war erkrankt – sich zunächst geweigert habe, diesen Anordnungen Folge zu leisten, seinen Sessel zu räumen und das Kommando über die preußische Polizei an Bracht abzugeben, sei über Berlin und die Provinz Brandenburg der Belagerungszustand verhängt worden und die vollziehende Gewalt auf den zuständigen Reichswehr-Befehlshaber, General Gerd v. Rundstedt, übergegangen.

Ein Leutnant des Generals und ein paar Soldaten, die im Hof des preußischen Innenministeriums warteten, genügten völlig, um Severing, der über starke und loyale Polizeitruppen hätte verfügen können, zur Kapitulation »vor der Gewalt« zu bewegen.

Wie v. Papen weiter bekanntgab, waren auch der sozialdemokratische Polizeipräsident von Groß-Berlin, Albert Grzesinski, Vizepräsident Dr. Bernhard Weiß und der Kommandeur der Berliner Schutzpolizei, Oberst Magnus Heimannsberg, ihrer Ämter enthoben und vorläufig in Haft genommen worden, weil sie dafür verantwortlich seien, daß die Polizei in jüngster Zeit bei politischen Krawallen »deutlich Partei für die Kommunisten« ergriffen habe.

War schon die letzte Behauptung äußerst kühn, ja völlig aus der Luft gegriffen, denn die Berliner Polizei hatte sich noch niemals gegenüber den Kommunisten rücksichtsvoll benommen, so war die ganze Aktion, die v. Papen als »völlig legal« hinzustellen versuchte, im Grunde nichts als ein kalter Staatsstreich.

Hindenburg, dessen ständig im Munde geführter Wahlspruch »*Die Treue ist das Mark der Ehre*« lautete, hatte nicht nur verräterisch gehandelt, insbesondere gegenüber Otto Braun, der erst ein paar Wochen zuvor öffentlich für ihn eingetreten war und sich gegenüber der SPD und den Gewerkschaften für Hindenburgs persönliche Rechtschaffenheit und absolute Verfassungstreue verbürgt hatte; die Notverordnung des Reichspräsidenten stellte auch eine klare Überschreitung seiner Befugnisse und insofern einen Verfassungsbruch dar, der einem Hochverrat gleichkam. Denn in Preußen herrschte zwar infolge des provokatorischen Treibens der Nazis politische Unruhe, aber bei weitem kein derartiger Notstand, daß es eines so schweren Eingriffs in die Landeshoheit »zur Wiederherstellung der öffentlichen Sicherheit und Ordnung« bedurft hätte.

Auch mit dem »Altonaer Blutsonntag« konnte die Absetzung der preußischen Regierung nicht begründet werden. Denn erstens war deren Polizei auch bei dieser besonders schweren Ausschreitung schließlich wieder Herr der Lage geworden, und zweitens hatte nicht die preußische Regierung Braun–Severing die Auflösung der SA und SS wie auch das Uniformverbot rückgängig gemacht; das hatte vielmehr Reichskanzler v. Papen selbst getan, entgegen allen Warnungen und Protesten von seiten der Regierung des Freistaats Preußen.

Reichspräsident v. Hindenburg und Reichskanzler v. Papen hatten indessen mit dem Staatsstreich in Preußen nur ausgeführt, was von General v. Schleicher und der Reichswehr-Führung in Absprache mit der Industrie, dem Kronprinzen und dessen Freunden von der Hitler-Partei heimlich ausgeheckt worden war. Diese Herren wollten der Sozialdemokratie ihr letztes staatliches Machtmittel nehmen, die preußische Polizei, und zugleich die SPD zu einer Entscheidung zwingen, die – gleich wie sie ausfiel – das Ende der Partei bewirken sollte.

Zwar spekulierten die gegen die Republik konspirierenden Herren auf die seit Eberts und Noskes Tagen bewährte Treue der SPD-Führung zum bürgerlichen Staat, und sie rechneten damit, daß der sozialdemokratische Parteivorstand den Staatsstreich – bei dem übrigens von allen hohen Beamten aus den Reihen der SPD nur der hannoversche Oberpräsident Gustav Noske im Amt hatte bleiben dürfen – *nicht* mit einem Aufruf zum Generalstreik wie noch 1920 beim Kapp-Lüttwitz-Putsch, mit der Bewaffnung des »Reichsbanners« und mit der Aufstellung von »Arbeiterwehren« beantworten würde: schließlich wußte auch die SPD-Führung, daß die Reichswehr stark genug war, um jeden Widerstand zu brechen, und daß das Heer zudem in den rechten Kampfverbänden eine halbe Million Mann an ausgebildeten Reserven hatte.

Aber anderseits wäre dem General v. Schleicher und seinen Freunden auch ein Aufruf der SPD zu Generalstreik und bewaffnetem Widerstand durchaus recht gewesen. Dann wäre die SPD nämlich gezwungen gewesen, auf ein schon vorliegendes, bislang vom Parteivorstand aber kopfschüttelnd beiseite gelegtes Bündnisangebot der Kommunisten einzugehen, und somit hätte die Reichswehr von einem »bolschewistischen Aufstand« sprechen und diesen mit äußerster Brutalität, unter vollem Einsatz von bewaffneter SA und SS, niederschlagen können, ohne daß dies vom Bürgertum oder auch vom westlichen Ausland mißbilligt worden wäre.

Blieb indessen der SPD-Vorstand passiv und beschränkte sich auf einen papiernen Protest, so war anzunehmen, daß die Wähler der SPD scharenweise davonlaufen würden, sei es zu Hitler oder zu den Kommunisten. Auf jeden Fall hätte die Sozialdemokratie dann aufgehört, ein Faktor zu sein, mit dem man rechnen mußte, und es wären dann nur noch die Kommunisten übriggeblieben.

Der SPD-Parteivorstand erkannte die fatale Lage der Partei, doch er mochte sich nicht dazu aufraffen, ein Zeichen – gleich welches – zu geben. Er stand – wie Friedrich Stampfer, Chefredakteur des SPD-Zentralorgans »Vorwärts«, dessen Erscheinen die Papen-Regierung verboten hatte, dazu später schrieb – »am 20. Juli 1932 vor der Frage, ob er das Signal zum Losschlagen geben sollte. Er hätte für diesen Fall mit einem Teil der Schutzmannschaft rechnen können, der zu Severing stand, obwohl das unter dem Belagerungszustand Aufruhr und Meuterei war. Ein anderer Teil der preußischen Polizei würde sich der Reichswehr angeschlossen haben, deren militärische Überlegenheit, da sie allein über schwere Waffen verfügte, außerhalb jeder Diskussion stand. Wie große Arbeitermassen mitgemacht hätten, war nicht zu übersehen; daß keine Möglichkeit bestand, sie mit Waffen auszurüsten, stand fest. Ein Generalstreik bei sechs Millionen Arbeitslosen mußte aus dem kleinen Bürgerkrieg, den es ohnehin schon gab, sofort den großen machen. Dann aber stand man wieder vor der militärischen Frage, die schon im voraus entschieden war.«

So lehnte denn die SPD das ihr von den Kommunisten angebotene, an zahlreichen Orten im Reich schon erfolgreich praktizierte antifaschistische Kampfbündnis endgültig ab. Sie überließ die noch loyalen preußischen Polizeiverbände kampflos den mit den Nazis paktierenden Generalen der Reichswehr; die Bewaffnung des »Reichsbanners« und der Schutzformationen der Gewerkschaften, die durchaus möglich gewesen wäre, solange SPD-treue Sicherheitspolizei die Waffenbestände kontrollierte, unterblieb, ebenso der von der Arbeiterschaft erwartete Aufruf zum Generalstreik. Statt dessen forderte der SPD-Parteivorstand dazu auf, den Kampf um die Erhaltung der Republik »zunächst« mit dem Stimmzettel zu führen, strengste Disziplin zu üben und allen »wilden Parolen von unbefugter Seite« – gemeint waren damit die Kommunisten – Widerstand zu leisten.

Elf Tage später, am 31. Juli 1932, brachten die Reichstagswahlen folgendes Ergebnis (in Klammern die Resultate der schon damals als politischen Erdrutsch bezeichneten Reichstagswahlen im Herbst 1930):

SPD	7,9 (8,6) Mill. Stimmen,	133 (143) Mandate;
NSDAP	13,7 (6,4) Mill. Stimmen,	230 (107) Mandate;
KPD	5,3 (4,6) Mill. Stimmen,	89 (77) Mandate;
Zentrum	4,6 (4,1) Mill. Stimmen,	75 (68) Mandate;
BVP	1,2 (1,0) Mill. Stimmen,	22 (19) Mandate;
DNVP	2,1 (2,5) Mill. Stimmen,	37 (41) Mandate;

Alle übrigen Parteien, auch die Demokraten, die Deutsche Volkspartei, das Landvolk und die Wirtschaftspartei, die zusammen im alten Reichstag noch weit über hundert Sitze gehabt hatten, waren zu bedeutungslosen Splitterparteien mit insgesamt nur 14 Mandaten zusammengeschrumpft.

Rund siebenhundertfünfzigtausend frühere SPD-Wähler waren zu den Kommunisten übergegangen, und insgesamt hatten die beiden Linksparteien geringfügig zugenommen; die Nazis hatten ihre Mandate zwar im Vergleich zu den Wahlen von 1930 mehr als verdoppeln können, aber gegenüber den Reichspräsidentenwahlen vom Mai 1932 nur noch knapp dreihunderttausend Stimmen hinzugewonnen. Die Zentrumspartei und ihre bayerische Schwester waren gestärkt aus dem Wahlkampf hervorgegangen und hatten zusammen zehn Mandate mehr als 1930 errungen, und von den Deutschnationalen waren weitere vierhunderttausend Stammwähler, zu drei Vierteln zur Hitler-Partei, abgewandert.

Der eigentliche Verlierer dieser Wahl war die Regierung v. Papen, die im neuen Reichstag jetzt mehr als neunzig Prozent der Stimmen gegen sich hatte. Und selbst wenn v. Papen nun eine Koalition mit den Nazis eingegangen wäre, hätte eine solche Regierung keine Mehrheit im Parlament gehabt. Dabei waren seinem »Kabinett der Barone« kurz vor den Reichstagswahlen triumphale außenpolitische Erfolge beschieden gewesen, allerdings solche, die Brüning vorbereitet hatte und die Papen nun unverdient in den Schoß fielen: die endgültige Streichung aller Reparationsforderungen an Deutschland sowie die Anerkennung seiner vollen Gleichberechtigung mit den anderen Nationen.

Trotzdem hatte sich das deutsche Volk fast geschlossen gegen Papen entschieden, und wären die demokratischen Parteien der Mitte und der Linken zu einem antifaschistischen Kampfbündnis bereit gewesen, so hätten sie eine Mehrheit im Reichstag gehabt.

Doch sie waren alles andere als einig, außer im Nein-Sagen, und die wichtigste Voraussetzung für eine solche Front gegen den Faschismus, ein Zusammengehen der beiden großen linken Parteien, wurde – als der SPD-Vorstand sich noch nicht dagegen entschieden hatte – von Zentrum, Bayerischer Volkspartei und dem beide Parteien beherrschenden katholischen Klerus als ein Fall angesehen, der »das christliche Bürger- und Bauerntum zum Bündnis mit den nationalen Kräften der Rechten« zwingen würde.

Indessen begann Prälat Kaas, der Führer des Zentrums, auch ohne diesen Anlaß gleich nach den Wahlen Verhandlungen mit den Nationalsozialisten über eine eventuelle schwarz-braune Koalition, während v. Papen, gemeinsam mit der Reichswehr-Führung und den Deutschnationalen, die »Harzburger Front« unter Einbeziehung rechter Zentrumskreise zu erneuern trachtete. Doch alle diese Bemühungen, die Hitler-Partei in eine Koalition einzuspannen, scheiterten an den Forderungen der Nazis, die die Macht für sich allein verlangten, mindestens aber das Kanzleramt, die Ministerien des Innern, der Justiz und der Wirtschaft, die Herrschaft in Preußen sowie ein Reichsamt für Propaganda unter der Leitung von Goebbels, ein weiteres für Luftfahrt unter dem Kommando Görings. Das aber war sowohl dem Zentrum wie den Deutschnationalen, Hindenburg und der Reichswehr-Generalität entschieden zuviel.

Übrigens, während die Nazi-Führung mit dem Prälaten Kaas, dem General v. Schleicher, dem Kronprinzen und anderen Repräsentanten der alten Mächte sowie der Form halber auch mit v. Papen verhandelte und sogar vom Reichspräsidenten, wenn auch sehr kühl, empfangen wurde, ging eine neue Terrorwelle durch das Land. In Königsberg, in Schleswig-Holstein, in Braunschweig, in Oberschlesien und an weiteren Orten wurden von SA-Trupps Bomben geworfen und Häuser in Brand gesteckt, mißliebige Stadtverordnete und Redakteure nachts in ihren Wohnungen überfallen und schwer verletzt oder gar ermordet. Gleichzeitig wurde im oberschlesischen Beuthen unter großer Anteilnahme der Bevölkerung fünf Nazis – ausnahmsweise einmal – der Prozeß gemacht, weil sie in Potempa einen kommunistischen Arbeiter nachts aus dem Bett geholt und den Wehrlosen vor den Augen seiner Mutter auf bestialische Weise ermordet hatten; alle fünf Nazis wurden – den Richtern blieb keine andere Wahl – zum Tode verurteilt; Hitler aber, den Hindenburg, die Generalität, die Herren der Industrie und der Banken, ja selbst die Prälaten vom Zentrum und von der Bayerischen Volkspartei in die Regierungsverantwortung einzuspannen trachteten, telegrafierte den abgeurteilten Mördern: *»Meine Kameraden! Angesichts dieses ungeheuerlichsten Bluturteils fühle ich mich mit Euch in unbegrenzter Treue verbunden.*

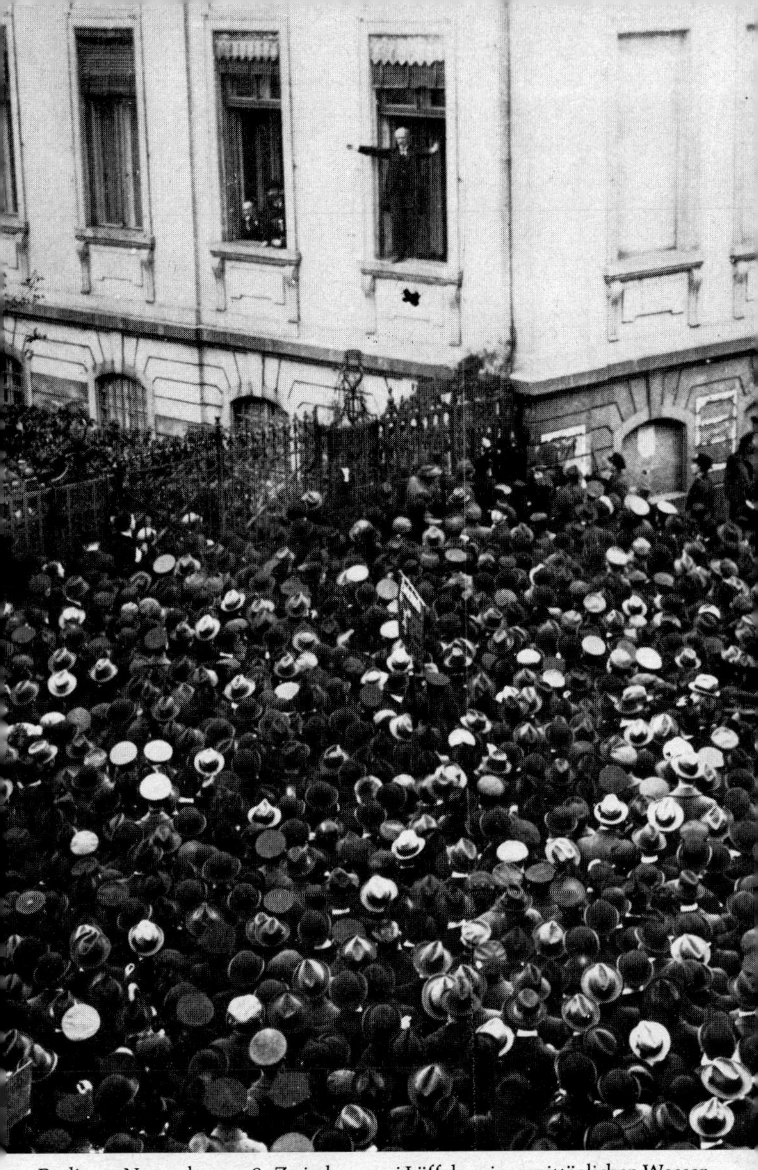

Berlin, 9. November 1918: Zwischen zwei Löffeln seiner mittäglichen Wassersuppe proklamiert Philipp Scheidemann (SPD) die deutsche Republik. Die tausendjährige Herrschaft der Fürsten über das Volk ist beendet. Für ein paar Stunden ist die deutsche Arbeiterbewegung einig und siegreich, Deutschland frei von der Unterdrückung durch Junker und Militärs.

Berlin, Sonntag, den 10. November 1918: Die Revolution ist gutmütig und noch recht vergnügt. Arbeiter und Matrosen ziehen friedlich durch die Berliner City und feiern einen Sieg, der sich noch am selben Tag in eine Niederlage verwandeln wird.

Berlin, Anfang Januar 1919: Die revolutionären Massen hoffen noch auf sozialistische Einigkeit und die Früchte ihres Sieges über die alten Mächte. Doch schon bald übernimmt die Konterrevolution wieder die Herrschaft. »Zuverlässige« Truppen besetzen die Stadt und kämpfen die angeblichen »Spartakisten« blutig nieder.

Rosa Luxemburg (1870–1919), die bewunderte und geliebte, mißverstandene und ermordete Führerin der deutschen linken Sozialdemokratie. »Der Spartakus-Bund wird nie anders die Regierungsgewalt übernehmen als durch den klaren, unzweideutigen Willen der großen Mehrheit der proletarischen Masse . . .!« schrieb sie Ende November 1918.

»Kaffeehaus-Literat« Kurt Eisner (1867–1919), Führer des revolutionären Bayern und Vorsitzender des »Arbeiter-, Bauern- und Soldatenrats« der ersten deutschen Räterepublik, die er glänzend organisierte.
Unten: Die »Rote Armee« in München, angetreten zur Verteidigung der Räte-Republik gegen die konterrevolutionären Truppen.

»Einer muß der Bluthund sein«, meinte Gustav Noske (SPD), hier beim Abschreiten der Front einer »zuverlässigen« Truppe, die dann zum Abwürgen der Revolution eingesetzt wurde.
Unten: Georg Ledebour (1850–1947), einer der großen alten Männer der deutschen Arbeiterbewegung, der sich 1917 von der SPD trennte.

Friedrich Ebert (1871–1925), seit 1913 als Nachfolger August Bebels einer der Führer der deutschen Sozialdemokratie. Sein Bündnis mit den alten Mächten gegen die revolutionäre Linke führte zum Sieg der Konterrevolution und bald auch zum Untergang der Republik, deren erster Reichspräsident er war.

Geheimrat Alfred Hugenberg (1865–1951), bis 1918 Krupp-Generaldirektor; finanziert von der Schwerindustrie, beherrschte er fast drei Viertel der deutschen Presse sowie den Ufa-Filmkonzern und hetzte ständig gegen die Republik. 1933 wurde der deutschnationale Parteiführer Hitlers erster Wirtschaftsminister.

Notjahre. Oben: Berlin, Herbst 1922. Arbeiterfamilien suchen auf Aschenhalden nach Heizmaterial. Unten: Auf dem Höhepunkt der Inflation im Herbst 1923 sind Lebensmittel knapp, und Schlangestehen ist wieder – wie 1914–18 – das Los der Hausfrauen.

Hitlers »kleiner Doktor« Josef Goebbels (1897–1945), Star-Redner der Nazis. Von SS-Leibgarde und republikanischer Polizei geschützt, begann er 1926 als »Gauleiter« von Groß-Berlin den Kampf gegen das parlamentarische »System«. 1933 wurde er »Reichsminister für Volksaufklärung und Propaganda«.

Hitlers Sternstunden. Oben: Der Reichstagsbrand vom 27. Februar 1933 lieferte Hitler den willkommenen Vorwand für rücksichtslosen Terror gegen die Linke. Unten: Am »Tag von Potsdam«, dem 21. März 1933, wurde das Bündnis zwischen den Faschisten und den konservativen Militärs noch einmal durch Handschlag besiegelt.

»... bis alles in Scherben fällt!« Eine deutsche Stadt, Februar 1945, nach zwölf Jahren faschistischer Herrschaft.

Eure Freiheit ist von diesem Augenblick an eine Frage unserer Ehre, der Kampf gegen eine Regierung, unter der dies möglich war, unsere Pflicht!«

Am 2. September 1932 wurden die fünf Mörder bereits begnadigt und wenige Monate später freigelassen. Doch zu diesem Zeitpunkt hatten die Nazis schon an Papen Rache genommen, denn als der Reichstag am 12. September zu seiner ersten Arbeitssitzung zusammentrat und ein kommunistischer Antrag die sofortige Aufhebung der Notverordnungen des Kabinetts v. Papen forderte, übersah der neue Reichstagspräsident Hermann Göring geflissentlich, daß der Reichskanzler sich zu Wort gemeldet hatte. Er tat, als hätte er nicht bemerkt, daß Papen schon jene rote Mappe schwenkte, in der sich traditionsgemäß nur ein Dekret des Reichspräsidenten zur Auflösung des Reichstags befinden konnte. Erst nachdem das Parlament der Regierung des Herrn v. Papen eine vernichtende Abstimmungsniederlage bereitet hatte – 512 gegen 42 Stimmen bei fünf Enthaltungen waren für die Annahme des kommunistischen Antrags gewesen! –, nahm Göring zur Kenntnis, daß ihm der Reichskanzler inzwischen ein Blatt Papier auf den Tisch geworfen hatte. Doch das war, so fand er, ohne Belang. Denn die Anordnung des Reichspräsidenten, *»Auf Grund des Artikels 25 der Reichsverfassung löse ich den Reichstag auf, weil die Gefahr besteht, daß der Reichstag die Aufhebung meiner Notverordnung vom 4. September 1932 verlangt«*, sei von einem bereits gestürzten Kanzler gegengezeichnet und daher ungültig.

Die folgenden Wochen lieferten dem deutschen Volk das seltsame Schauspiel eines heftigen Streits zwischen zwei erklärten Verächtern der republikanischen Reichsverfassung um deren richtige Auslegung. Schließlich mußte der Reichstag, ohne mehr geleistet zu haben als die völlige Diskreditierung v. Papens, seine Auflösung als rechtmäßig anerkennen.

Bei den Neuwahlen am 6. November 1932 wurden 35,5 Millionen Stimmen abgegeben, rund anderthalb Millionen weniger als am 31. Juli, denn bei den Deutschen begann sich Wahlmüdigkeit auszubreiten. Die SPD verlor nochmals etwa siebenhunderttausend Stimmen an die Kommunisten, die die Anzahl ihrer Mandate entsprechend erhöhen konnten; Zentrum und Bayerische Volkspartei hatten ebenfalls spürbare Verluste zu verzeichnen, desgleichen die Splitterparteien. Dagegen gewannen die Deutschnationalen fast eine Million Stimmen und 14 Mandate hinzu, die Deutsche Volkspartei 220 000 Stimmen und 4 Mandate. Die großen Verlierer aber waren die Nazis, denen fast zwei Millionen Wähler wieder davongelaufen waren und die nun 34 Abgeordnete weniger hatten als nach den Juli-Wahlen. Insgesamt verteilten sich jetzt die Sitze im Reichstag folgendermaßen:

Nationalsozialisten	196 (230)
Sozialdemokraten	121 (133)
Kommunisten	100 (89)
Zentrum	70 (75)
Deutschnationale	51 (37)
Deutsche Volkspartei	11 (7)
Staatspartei (Demokraten)	2 (4)
Christlich-Soziale	5 (3)
Bayerische Volkspartei	19 (22)
Splittergruppen insgesamt	11 (12)

Obwohl die Nationalsozialisten noch immer die mit Abstand stärkste Fraktion im Reichstag bildeten, hatten sie doch einen schweren Rückschlag erlitten; der Mythos vom unaufhaltsamen Vormarsch war erschüttert, die NSDAP noch weiter entfernt von der absoluten Mehrheit, die Hitler sich erträumt hatte, während die Linke nun, insgesamt gesehen, stärker geworden war als die Nazi-Partei. Die Verhandlungsposition Hitlers hatte sich merklich verschlechtert, zumal eine schwarz-braune Koalition zwischen Zentrum, Bayerischer Volkspartei und Nationalsozialisten keine Majorität mehr zusammenbringen konnte, erst recht nicht die »Harzburger Front«.

Aber General v. Schleicher, der unermüdliche Drahtzieher hinter den Kulissen, war inzwischen auf ein neues Konzept verfallen, und zu dessen Verwirklichung brauchte er weder eine schwarzbraune noch irgendeine andere Koalition, noch nicht einmal den weiter maßlose Forderungen stellenden Hitler und schon gar nicht seinen Freund Franz v. Papen, dem er nun – wie zuvor Groener und Brüning – kurzerhand »das Vertrauen entzog«, was in der Praxis bedeutete, daß Papen nicht mehr auf die Unterstützung durch die Reichswehr-Generalität zählen konnte und daher auch von Hindenburg fallengelassen werden mußte.

Am 17. November 1932 erbat und erhielt das Kabinett v. Papen vom Reichspräsidenten seine Entlassung, und nun begann ein wochenlanges Ringen um die Macht, aber nicht mehr zwischen großen Parteien und Blöcken, die zusammen die Mehrheit des Volkes repräsentierten, sondern nur noch zwischen einzelnen Cliquen, die die Interessen bestimmter Gruppen der Industrie und des Großgrundbesitzes, der Banken und der Generalität vertraten.

Die Herren, die in den Wochen vor Weihnachten 1932 und zu Beginn des neuen Jahres im kleinen Kreis, mal mit-, mal gegeneinander, konspirierten und intrigierten, waren samt und sonders erklärte Feinde der Republik und der parlamentarischen Demokratie, Verächter der von ihnen beschworenen Verfassung – auf die ja auch der braunschweigische Regierungsrat Hitler vereidigt worden war – und Befürworter einer strammen Diktatur. Sie waren auch sämtlich bereit, Deutschland dem Faschismus auszuliefern. Der Kampf zwischen ihnen ging nur noch darum, wer für wen und mit welchen Nazis die Regierung übernehmen und die Diktatur errichten sollte.

Daß sich das Volk, trotz enormer Propaganda, massivem Druck des Staatsapparats und wildem Terror der Nazi-Kampfverbände, trotz Massenarbeitslosigkeit, wachsendem Elend und Schikanen aller Art von seiten der Unternehmer, zu fast zwei Dritteln *gegen* die faschistische Diktatur ausgesprochen hatte, spielte keine Rolle mehr. Die Macht im Staat hatten nicht das Volk und auch nicht die Parteien, sondern die Konzerne und die mit ihnen verbündeten Militärs. Ein paar Bankiers, eine Handvoll Topmanager der Industrie, einige Vertrauensleute der Großagrarier, Zechenbesitzer und Schlotbarone, ein paar Hofschranzen des Feldmarschall-Präsidenten und ein intriganter Schreibtisch-General – sie entschieden über das Schicksal eines von ihnen unter Ausnutzung der Weltwirtschaftskrise in Abhängigkeit und Elend gehaltenen 60-Millionen-Volks.

9. Wie der Faschismus installiert wurde . . .

Im Winter 1932/33 waren rund sechs Millionen Deutsche erwerbslos, aber nur noch knapp achthunderttausend erhielten eine stark gekürzte Unterstützung aus der Arbeitslosenversicherung. Die anderen waren »ausgesteuert« worden, hatten keine Versicherungsansprüche mehr und waren auf die Wohlfahrt angewiesen oder auf Almosen.

Den Arbeitern, die noch beschäftigt waren, hatten die Unternehmer seit 1930 die Löhne um durchschnittlich dreißig Prozent gekürzt, und zugleich war die Antreiberei verschärft worden. So hatte ohne nennenswerte Investitionen die Arbeitsproduktivität während der drei Krisenjahre ständig zugenommen, während der Lebensstandard der Arbeiterschaft unter das Existenzminimum gesunken war. Auch die Lage der kleinen und mittleren Angestellten hatte sich katastrophal verschlechtert; sie waren in mancher Hinsicht noch schlimmer daran, weil sie, um ihre jämmerlich bezahlten Arbeitsplätze ja nicht zu verlieren, unbezahlte Überstunden machen und jedwede Schikane hinnehmen mußten.

Kurz vor seinem Rücktritt hatte das Kabinett v. Papen auch noch mittels Notverordnung die Unternehmer ermächtigt, bei »Gefährdung der Weiterführung des Betriebes« die tariflich abgesicherten Löhne und Gehälter bis zu zwanzig Prozent zu senken und von der 31. Wochenstunde an den vereinbarten Stundenlohn um bis zu fünfzig Prozent zu kürzen!

Damit war das Tarifrecht praktisch außer Kraft gesetzt, die Arbeitnehmerschaft der Willkür der Firmenleitungen ausgeliefert. Dies schien den Herren der großen Konzerne der geeignete Augenblick zu sein, für eine Verewigung dieses für sie so angenehmen Zustands zu sorgen und eine faschistische Diktatur zu installieren. Denn, so überlegten sie, das Ende der Krise war bereits abzusehen; im Frühjahr 1933 würde ein wirtschaftlicher Aufschwung einsetzen, und dann könnte es zu spät sein, die Gewerkschaften zu zerschlagen, das Parlament ganz abzuschaffen und »die Roten« unschädlich zu machen.

Zusammen mit den Vertretern des Großgrundbesitzes und einigen Bankiers wandten sich deshalb die führenden Industriellen des Deutschen Reiches noch im November 1932 an den Reichspräsidenten v. Hindenburg und richteten an ihn folgendes Schreiben: *»Ew. Exzellenz, hochzuverehrender Herr Reichspräsident! Gleich Euer Exzellenz durchdrungen von heißer Liebe zum deutschen Volk und Vaterland, haben die Unterzeichneten die grundsätzliche*

Wandlung, die Eure Exzellenz in der Führung der Staatsgeschäfte angebahnt haben, mit Hoffnung begrüßt. Mit Eurer Exzellenz bejahen wir die Notwendigkeit einer vom parlamentarischen Parteiwesen unabhängigen Regierung, wie sie in den von Eurer Exzellenz formulierten Gedanken eines Präsidialkabinetts zum Ausdruck kommt. Der Ausgang der Reichstagswahl vom 6. November d. J. hat gezeigt, daß das derzeitige Kabinett, dessen aufrechten Willen niemand im deutschen Volk bezweifelt, für den von ihm eingeschlagenen Weg keine ausreichende Stütze im deutschen Volk gefunden hat, daß aber das von Eurer Exzellenz gezeigte Ziel eine volle Mehrheit im deutschen Volk besitzt, wenn man – wie es geschehen muß – von der staatsverneinenden Kommunistischen Partei absieht. Gegen das bisherige parlamentarische Parteiregime sind nicht nur die Deutschnationale Volkspartei und die ihr nahestehenden kleinen Gruppen, sondern auch die Nationalsozialistische Deutsche Arbeiterpartei grundsätzlich eingestellt und haben damit das Ziel Eurer Exzellenz bejaht. Wir halten dieses Ergebnis für außerordentlich erfreulich und können uns nicht vorstellen, daß die Verwirklichung dieses Zieles nunmehr an der Beibehaltung einer unwirksamen Methode scheitern sollte.«

Deshalb – so heißt es in diesem Brief weiter – erachteten es die unterzeichneten Herren für ihre »Gewissenspflicht«, den Reichspräsidenten »ehrerbietigst zu bitten«, nunmehr Hitler, »den Führer der größten nationalen Gruppe«, mit der Leitung eines »mit den besten sachlichen und persönlichen Kräften ausgestatteten Präsidialkabinetts« zu betrauen. Die kleinen Schwächen und Fehler, »die jeder Massenbewegung notgedrungen anhaften«, würde man dann schon »auszumerzen« wissen.

Diese Aufforderung zum Verfassungsbruch und Hochverrat und zur Errichtung einer von den alten Mächten sanktionierten Diktatur Hitlers hatten »in vollem Vertrauen zu Eurer Exzellenz Weisheit« die folgenden Herren »mit größter Ehrerbietung« unterzeichnet: Dr. Hjalmar Schacht, der Kölner Bankier Kurt Freiherr v. Schröder, der Mülheimer Großindustrielle Fritz Thyssen, August Rosterg vom Kali-Syndikat, der Vorsitzer des HAPAG-Aufsichtsrats Emil Helfferich, Eberhard Graf v. Kalckreuth im Namen der »ostelbischen Standesgenossen« und fünfzehn weitere Industrielle, Bankiers und Großagrarier. Die Ruhrindustriellen Dr. Albert Vögler, Generaldirektor der Vereinigten Stahlwerke, Kommerzienrat Dr. Paul Reusch von der Gutehoffnungshütte in Oberhausen und Dr. Fritz Springorum vom Dortmunder Hoesch-Konzern ließen den Reichspräsidenten wissen, daß sie die Bitte ihrer Kollegen um baldige Errichtung einer Hitler-Diktatur voll und ganz unterstützten; sie wollten nur nicht, daß dies in der Öffentlichkeit bekannt würde.

Indessen wurde am 2. Dezember 1932 nicht Adolf Hitler, sondern der General Kurt v. Schleicher, den sogar Herr v. Papen jetzt zu seinem Nachfolger vorschlug, von Hindenburg zum neuen Kanzler ernannt. Schleicher übernahm das ganze »Kabinett der Barone« seines Vorgängers; nur Freiherr v. Gayl mußte das Innenministerium an den Preußen-Kommissar Dr. Bracht abgeben, und zum neuen Reichskommissar für die Arbeitsbeschaffung wurde der Landvolk-Führer Dr. Günter Gereke ernannt.

Die Betrauung des Generals v. Schleicher mit dem Kanzleramt war im wesentlichen auf drei Faktoren zurückzuführen, die aus sehr unterschiedlichen, teilweise sogar entgegengesetzten Richtungen und Motiven das Zustandekommen eines Experiments bewirkten, an dessen Gelingen niemand glaubte, ausgenommen v. Schleicher selbst.

Die eine Kräftegruppe, das waren die Chemie-, Elektro- und Exportindustrie sowie einige stockkonservative Industrielle mit Gustav Krupp v. Bohlen und Halbach an der Spitze, mißtraute dem demagogischen Emporkömmling Hitler. Sie befürchtete von einer Nazi-Diktatur Schwierigkeiten für den Export und die dringend benötigten Auslandskredite, wollte lieber einen General als Chef eines autoritären Regimes und befürwortete Gerekes Pläne für eine staatlich gelenkte Arbeitsbeschaffung. Eine zweite Gruppe, nämlich ein Teil der Generalität sowie die Umgebung des Reichspräsidenten, hoffte auf das Gelingen eines raffinierten Plans des ehrgeizigen Generals v. Schleicher: Dieser hatte vor, die nach dem schweren Rückschlag der NSDAP bei den November-Wahlen dort aufgetretenen Konflikte zur Spaltung der Nazi-Partei zu benutzen. Unter Führung des NSDAP-Reichsorganisationsleiters Gregor Strasser, des damals nach Hitler wichtigsten und einflußreichsten Nazi-Führers, sollten einige Dutzend NSDAP-Reichstagsabgeordnete vom sturen »Alles-oder nichts!«-Kurs ihres Chefs abgebracht werden. Strasser selbst sollte Vizekanzler, Dr. Frick Innenminister im Kabinett v. Schleicher werden, und mit hohen Posten wollte man dann immer mehr prominente Nazis ins Regierungslager locken; gegen den hitlertreuen Rest der zerfallenden Partei würde man dann mit Verbot und Auflösung, notfalls mit Belagerungszustand und Reichswehr-Einsatz, energisch vorgehen und ihm den Garaus machen. Die dritte, schwächste, aber am Ende siegreiche Kraft, die die Ernennung des Generals v. Schleicher mitbewirkte, war Franz v. Papen, der seinen »Freund und Nachfolger«, wie er ihn nannte, allerdings nur deshalb Reichskanzler werden ließ, weil er an Schleicher Rache nehmen und ihn sogleich wieder stürzen wollte. Und dazu war Herrn v. Papen jedes Mittel recht.

Die NSDAP-Führung beobachtete die Bildung der Regierung Schleicher mit sehr gemischten Gefühlen. Dr. Goebbels vermerkte zwar am 2. Dezember 1932: »General v. Schleicher ist zum Kanzler ernannt ... Sein Experiment wird nur von ganz kurzer Dauer sein.« Aber ganz so sicher, wie diese Tagebuchnotiz vermuten lassen könnte, waren sich Goebbels und die anderen Naziführer nicht. Die Parteifinanzen waren trostlos; man hatte im Vertrauen auf einen Wahlsieg im November gewaltige Kredite aufgenommen, und nun kamen von allen Seiten her, sogar von Fritz Thyssen, Ankündigungen, daß es fortan keine Zuschüsse mehr geben könnte. Die Aufrechterhaltung der SA kostete 2,5 Millionen Reichsmark wöchentlich; Tausende von Parteifunktionären und -angestellten warteten auf ihr Gehalt, und zu diesen drückenden Sorgen der Führungsclique kam am 3. Dezember ein weiterer schwerer Rückschlag: Bei den an diesem Tage abgehaltenen Kommunalwahlen in Thüringen verlor die NSDAP bis zu vierzig Prozent ihrer Wähler! Am selben Tag begann Gregor Strasser, mit Schleichers Angebot der Vizekanzlerschaft in der Tasche, die anderen Naziführer zu bedrängen, den bisherigen Kurs aufzugeben, sich durch eine Koalition mit Schleicher soviel Macht wie möglich zu sichern und alle Pläne, allein an die Regierung zu kommen, endgültig zu begraben. »Auf legalem Wege schaffen wir es nie«, sagte er, »und um gegen Reichswehr und Polizei zu putschen, sind wir zu schwach.«

Viele hohe Parteifunktionäre pflichteten Strasser bei, zumal diejenigen Abgeordneten, die um ihre Diäten bangten. Dr. Frick, Fraktionsvorsitzender der NSDAP im Reichstag, schwenkte ebenfalls auf die Strasser-Linie ein.

Am 5. Dezember kam es im Berliner Hotel Kaiserhof zur Machtprobe zwischen Hitlers Getreuen und den abtrünnigen Strasser-Leuten. Göring und Goebbels wetterten gegen die »Panikmacher« und »Pöstchenjäger«, und sie rieten Hitler, sich ja nicht auf eine Unterstützung der Regierung v. Schleicher einzulassen, erst recht nicht auf eine untergeordnete Rolle im Kabinett des sich offenbar selbst zum Diktator berufen fühlenden Generals.

Aber Hitler wollte sich noch nicht festlegen. Er erklärte, man werde nochmals mit v. Schleicher verhandeln, aber nicht Strasser, sondern Hermann Göring sollte die Gespräche führen. Drei Tage später, am 8. Dezember 1932, schrieb Dr. Goebbels in sein Tagebuch: *»Mittags platzte die Bombe ... Alle sind in sehr gedrückter Stimmung ... Wir sind alle sehr deprimiert, vor allem im Hinblick darauf, daß nun die Gefahr besteht, daß die ganze Partei auseinanderfällt und alle unsere Arbeit umsonst getan ist ... Anruf von Dr. Ley: Die Lage in der Partei spitzt sich von Stunde zu Stunde zu ...«*

Wenig später meldeten die Abendzeitungen, daß der NSDAP-Organisationsleiter Gregor Strasser alle seine Parteiämter niedergelegt und erklärt habe, so wie Adolf Hitler die Macht zu erringen hoffe, werde es der »Bewegung« nie gelingen, an die Regierung zu kommen.

»*Verrat! Verrat! Verrat!*« notierte sich Goebbels hierzu, und über Hitlers Reaktion schrieb er: »*Der Führer geht stundenlang mit langen Schritten im Hotelzimmer auf und ab . . . Er ist verbittert und durch diese Treulosigkeit aufs tiefste verwundet. Einmal bleibt er stehen und sagt: ›Wenn die Partei einmal auseinanderfällt, dann mache ich in drei Minuten mit der Pistole Schluß!‹*«

Doch dann raffte sich Hitler auf, übernahm selbst die Organisationsleitung der Partei – mit dem Kölner Gauleiter Dr. Robert Ley als Stabschef –, warf die meisten Strasser-Anhänger kurzerhand aus ihren Ämtern hinaus und verlangte von allen Unterführern schriftliche Versprechen absoluter Treue, die sie ihm dann auch gaben.

Das war für v. Schleichers Plan ein schwerer Schlag, dessen Folgen er vielleicht noch hätte abwenden können, wenn er sofort bereit gewesen wäre, Gregor Strasser und ein paar weitere führende Nazis ins Kabinett aufzunehmen. Aber das erschien ihm noch verfrüht, zumal er nicht sicher war, ob Hindenburg sich damit einverstanden erklären würde. So wartete er noch ab, verhandelte mit Göring und ließ Strasser zu einer Erholungsreise nach Italien abfahren.

Aber General v. Schleicher beging noch einen sehr viel schwereren Fehler: Er ließ es zu, daß die durch seinen Vorgänger gerade erst abgeschaffte Tarifgebundenheit der Löhne und Gehälter wiederhergestellt wurde. Sodann erklärte er in einer Rundfunkansprache, es geht nicht an, daß große Industrie-Konzerne alle Vorteile der Privatwirtschaft genössen, alle Nachteile aber, speziell jedes Risiko, auf den Staat abwälzten. Künftig müßten Betriebe, die in irgendeiner Form mit öffentlichen Mitteln arbeiteten, auch der öffentlichen Kontrolle unterworfen werden. Und schließlich bekannte der Kanzler-General gar: »Die Arbeitseinkommen sind zu tief herabgedrückt. Eine weitere Senkung ist weder sozial erträglich noch wirtschaftlich zweckmäßig.«

Diese Äußerungen klangen fast sozialistisch, aber sie waren natürlich nicht gar so ernst gemeint. Tatsächlich gehörten die arbeiterfreundlichen Maßnahmen und Ankündigungen v. Schleichers zu dem Plan des Generals, sich mit Hilfe der innerhalb der NSDAP »linken« Strasser-Leute – man bezeichnete sie später als »Nationalbolschewisten« – sowie mit einigen Gewerkschaftern und Sozialdemokraten vom rechten Rand der Arbeiterbewegung eine ausreichend breite Basis zu schaffen.

Aber damit und mit einigen anderen ihnen gefährlich klingenden Äußerungen zog sich v. Schleicher den Argwohn der Konzernherren, Großaktionäre und Bankiers zu. Und mit der Ankündigung eines anderen Vorhabens, nämlich der Parzellierung und Besiedlung von einer Million Morgen Land in Ostpreußen, der Grenzmark sowie in Pommern und Mecklenburg, machte sich General v. Schleicher natürlich die ostelbischen Großagrarier zu erbitterten Gegnern, wobei Franz v. Papen dafür sorgte, daß auch die Hindenburgs, Vater und Sohn, von dem geplanten neuerlichen Angriff auf die »zermürbten Seelen« der Rittergutsbesitzer erfuhren.

In den Weihnachtstagen wurde v. Papen davon unterrichtet, daß General v. Schleicher noch einen viel schlimmeren Fehler begangen hatte, den seine Gegner nun ausnutzen konnten: Ein höchst peinlicher Skandal, der den ganzen ostelbischen Großgrundbesitz betraf, war von der Regierung nicht rechtzeitig vertuscht worden.

Es handelte sich um »Unregelmäßigkeiten« bei der sogenannten Osthilfe, wobei einigen wenigen aristokratischen Großgrundbesitzern etwa ebensoviel an Beihilfen und zinsgünstigen Krediten zugeflossen sein sollte wie Zehntausenden von Kleinbetrieben. Steinreiche Gutsbesitzer, darunter auch Angehörige des ehemaligen Kaiserhauses, hatten sich ohne ausreichende Gründe um einen Anteil an den Osthilfe-Millionen bemüht und, wie es schien, nicht vergebens. Elard v. Oldenburg-Januschau, Hindenburgs Gutsnachbarn und einem der reichsten Großagrarier östlich der Elbe, waren 620 000 RM zuteil geworden, und er hatte sie größtenteils zum Ankauf weiterer Güter benutzt. Die Ehefrau des Ex-Kaisers war mit ähnlich hohen Summen unterstützt worden, und ein märkischer Junker, v. Quast-Radensleben, der nach Auskunft der zuständigen Behörde sein Vermögen »verjeut, verhurt und versoffen« hatte, war ebenfalls auf Kosten der Steuerzahler saniert worden. Schließlich, so jedenfalls munkelte man im Haushaltsausschuß des Reichstags, schien auch die Familie v. Hindenburg von der Osthilfe profitiert zu haben . . .!

Franz v. Papen, der als Gutsbesitzer in Westfalen und an der Saar selbst keine Osthilfe erhalten hatte, beobachtete mit stiller Genugtuung, wie sich nun auch die ostelbischen Junker wutschnaubend in die Front der Gegner des Generals v. Schleicher einreihten. Die »wirtschaftliche Dreieinigkeit des Großgrundbesitzes, der Schwerindustrie und des Bankkapitals«, die sein Minister Graf Schwerin v. Krosigk so oft gepriesen hatte, war damit wiederhergestellt und bot eine solide Grundlage für eine Anti-Schleicher-Allianz, deren Führung v. Papen übernehmen zu können hoffte. Dann, so meinte er, würde es ihm gelingen, von dieser starken Position aus den angeschlagenen und verschuldeten Hitler für ein Bündnis zu gewinnen und ein »Kabinett der nationalen Konzentration« auf die Beine zu stellen, das eine Mehrheit im Reichstag hatte und worin er – vielleicht nicht als Kanzler, aber als dessen nomineller Stellvertreter und Verbindungsmann zum Reichspräsidenten – der entscheidende Mann sein würde.

Hinter dem Rücken v. Schleichers, dessen Freund und selbstloser Berater er zu sein vorgab, begann Herr v. Papen in den letzten Tagen des Jahres 1932 seine Fühler auszustrecken und ein Gespräch mit Hitler zu suchen. Und schon am 4. Januar 1933 fand die von Papen – aber auch von Hitler – gewünschte Unterredung statt. In aller Heimlichkeit trafen sich die beiden im Hause des Kölner Privatbankiers Kurt Freiherrn v. Schröder, wobei Hitler von Rudolf Heß, Heinrich Himmler und dessen Verbindungsmann zu Industrie- und Bankkreisen, Wilhelm Keppler, begleitet wurde.

Das Gespräch zwischen v. Papen und Hitler wurde indessen unter vier Augen geführt; der Hausherr und Hitlers Mitarbeiter nahmen nicht daran teil und warteten im Nebenzimmer. Wie Baron v. Schröder später – im Nürnberger Hauptkriegsverbrecherprozeß – als Zeuge aussagte, ging es bei der geheimen Zusammenkunft zwischen v. Papen und Hitler um die Bildung einer gemeinsamen Regierung. Jeder habe dabei zunächst die Kanzlerschaft für sich verlangt, aber dann seien die beiden übereingekommen, sich in einem Kabinett der »nationalen Konzentration« die Macht insoweit zu teilen, als Hitler das Kanzleramt und die Führung übernehmen sollte, v. Papen das Vizekanzleramt und die Besetzung aller wichtigen Ressorts, ausgenommen das Innenministerium, mit Männern seines Vertrauens, die allerdings bereit sein mußten – das war nach Baron Schröders Worten Hitlers Bedingung –, »*eine Politik mitzumachen, die viele Dinge ändern würde. Unter den Änderungen, die er zu diesem Zeitpunkt andeutete, waren die Entfernung aller Sozialdemokraten, Kommunisten und Juden aus führenden Stellungen und die Wiederherstellung der Ordnung im öffentlichen Leben. Papen und Hitler einigten sich grundsätzlich . . .*«, unter anderem auch darüber, vorläufig strengstes Stillschweigen über ihre Absprachen zu bewahren.

Aber zu Hitlers Bestürzung und der noch größeren v. Papens berichteten die Berliner Morgenblätter schon am folgenden Tag in großer Aufmachung über das geheime Treffen in Köln und rügten in scharfen Worten den Verrat v. Papens an seinem Freund, dem Reichskanzler General v. Schleicher. Der hatte seinen Intimus v. Papen vorsichtshalber überwachen lassen und von der Meldung seiner Beauftragten, daß Papen mit Hitler im Hause des Bankiers v. Schröder heimlich zusammengekommen war, wütend die Presse unterrichtet.

Am Rande der Unterredung in der Kölner Villa ging es, wenn auch wohl mehr zwischen Baron v. Schröder und Hitlers Verbindungsmann zur Wirtschaft, Wilhelm Keppler, um die Sanierung der bankrotten Nazi-Partei. Vieles spricht dafür, daß von den Industriellen und Bankiers, die hinter Baron v. Schröder standen, damals ebenfalls ein Druck auf Hitler ausgeübt worden ist, sich auf einen Kompromiß einzulassen und mit nur ganz wenigen NSDAP-Ministern ein »nationales« Koalitions-Kabinett zu bilden. Andernfalls würde es kein Geld geben.

Es floß dann aber neues Geld in die leeren Kassen der NSDAP, sogar sehr viel, wenn auch nicht sofort; offenbar ließen sich die Finanziers der Hitler-Partei erst von Baron v. Schröder, vielleicht auch von Papen selbst, ausführlich über den in Köln gefundenen Kompromiß berichten. Jedenfalls vertraute Dr. Goebbels noch am 6. Januar 1933 seinem Tagebuch an: *»In Anbetracht der erfreulich fortschreitenden politischen Entwicklung findet man kaum noch die Lust, sich um die schlechte Finanzlage der Organisation zu kümmern. Kommen wir diesmal zum Streich, so spielt das alles keine Rolle mehr . . .«* Und bereits zehn Tage später, am 16. Januar, notierte er sich, die Finanzlage der Partei habe sich *»über Nacht grundlegend geändert«*. Und von da an war von Geldnot bei der NSDAP nicht mehr die Rede, wohl aber von den Vorbereitungen zum Sturz des Generals v. Schleicher.

Am 12. Januar 1933 eröffnete der »Landbund«-Führer Eberhard Graf v. Kalckreuth (aus Ober- und Niedersiegersdorf und Oberzyrus) den Angriff der Ostelbier auf das »bolschewistische Agrarprogramm« der Regierung v. Schleicher. Reichspräsident v. Hindenburg reagierte sofort auf diesen Protest seiner großzügigen Freunde, Standesgenossen und Gutsnachbarn. Er wies v. Schleicher scharf zurecht. Doch der Kanzler, in Intrigen weit erfahrener und gewandter als Brüning und Schlange-Schöningen, drohte mit der Veröffentlichung der geheimen Osthilfe-Akten des Reichstags, und sofort verstummte die Kritik aus dem Hause Hindenburg.

Gleichzeitig verhandelte der listenreiche General wieder mit Gregor Strasser, der inzwischen aus Italien zurückgekehrt war und den er schon am 4. Januar dem Reichspräsidenten zum Vizekanzler vorgeschlagen hatte. Nun, sozusagen als Trostpflaster für die Schlappe, die er dem Feldmarschall bei der Abwehr der Proteste des ostelbischen Großgrundbesitzes bereitet zu haben schien, stellte er den ehemaligen Freikorps-Leutnant Strasser dem Reichspräsidenten vor. Strasser machte auf Hindenburg einen günstigen Eindruck, und als der alte Herr im Verlauf des Gesprächs erfuhr, daß auch der von der Reichswehr hochgeschätzte Hauptmann a. D. und SA-Stabschef Ernst Röhm, der Vorsitzende des Wirtschaftsrats der NSDAP, Ingenieur Gottfried Feder sowie der Fraktionsvorsitzende der Nazi-Partei im Reichstag, Dr. Wilhelm Frick, höchstwahrscheinlich ins Kabinett mit einzutreten bereit seien, nickte er recht zufrieden.

Damit, so beeilte sich General v. Schleicher, Hindenburg zu versichern, werde man Hitler und seine Radikalen ausschalten und deren Rest-NSDAP zur Bedeutungslosigkeit herabsinken lassen. Statt dessen käme der Führer der wiedererstarkten Deutschnationalen, Geheimrat Hugenberg, als Wirtschaftsminister ins Kabinett; die Verhandlungen mit ihm und mit dem »Stahlhelm«-Führer Franz Seldte, der ebenfalls Minister werden sollte, seien schon im Gange und nähmen einen günstigen Verlauf. Außerdem – und das war v. Schleichers Motiv für die sozialistisch anmutenden Reden der letzten Tage – wollte er versuchen, ein paar weit rechtsstehende Sozialdemokraten und Gewerkschaftsfunktionäre für die Regierung zu gewinnen, vielleicht als Staatssekretäre in den Ministerien für Arbeit, Soziales, Post und Verkehr. Das würde einen guten Eindruck machen und die Basis verbreitern. Seine Verhandlungen mit dem Vorsitzenden des Allgemeinen Deutschen Gewerkschaftsbundes (ADAG), Theodor Leipart, seien im Gange, und auch mit Otto Braun, dem abgesetzten SPD-Ministerpräsidenten von Preußen, habe er deshalb ein Gespräch geführt. Zwar habe Braun abgewinkt, aber Oberpräsident Gustav Noske, der bei der rechten SPD für die Regierung Schleicher werbe, stehe bereit für einen Eintritt ins Kabinett.

Hindenburg nickte beifällig, als er von Noskes möglicher Aufnahme in die Regierungsmannschaft hörte, denn diesem bewährten Mann würde man gewiß die Wiederherstellung der »Ruhe und Ordnung« erneut anvertrauen können, und v. Schleicher resümierte: Mit der Reichswehr, der preußischen Polizei, dem »Stahlhelm« und weiteren vaterländischen Verbänden als Streitmacht, mit den »salonfähigen« Nazis, den Deutschnationalen, den Resten der Deutschen Volkspartei, Teilen des Zentrums sowie einigen rechten Sozialdemokraten und »staatsloyalen« Gewerkschaftsführern als politischer Basis, mit voller Unterstützung durch die Hugenberg-Presse sowie durch die größten Konzerne – IG Farben, Krupp, Otto Wolff, Bosch und AEG –, könnte er der Zukunft beruhigt entgegensehen.

Hindenburg nickte auch dazu, und General v. Schleicher erklärte am 15. Januar 1933 einem Besucher, dem späteren österreichischen Bundeskanzler Kurt v. Schuschnigg, wie dieser sich dann notierte: »Herr Hitler sei kein Problem mehr . . . Seine Bewegung bedeute keine Gefahr mehr, diese Sorge sei nunmehr von gestern.«

Doch just an diesem 15. Januar 1933, einem Sonntag, wandte sich das Blatt, und dafür sorgten etwa siebentausend Wähler im kleinsten Ländchen des Reiches, Lippe-Detmold, das 0,26 Prozent der Gesamtfläche Deutschlands umfaßte. In diesem Zwergstaat waren an jenem Sonntag Landtagswahlen, und alle warteten gespannt auf die Resultate, die erweisen sollten, ob die NSDAP weiter, wie schon bei den Reichstagswahlen vom November 1932, kräftig an Stimmen verlieren oder sich halten würde.

Bei den Wahlen zum Reichstag am 31. Juli 1932 hatte die Hitler-Partei 42 283 der etwas über hunderttausend Wahlberechtigten für sich gewinnen können; bei denen am 6. November 1932 war ihr Stimmenanteil auf 33 038 zurückgegangen. Allgemein erwartete man, daß die NSDAP nun nochmals zwei-, dreitausend Wähler verlieren würde.

Thomas Mann schrieb damals an den von der Regierung v. Papen abgesetzten preußischen Kultusminister Adolf Grimme (SPD): *». . . Das Rasen der nationalistischen Leidenschaften ist nichts weiter als ein spätes und letztes Aufflackern eines schon niedergebrannten Feuers, ein sterbendes Wiederaufflammen, das sich selbst als neue Lebensglut mißversteht . . .«* Und an anderer Stelle dieses bemerkenswerten Briefes meinte Thomas Mann: *»Was heute in Deutschland wieder sein Haupt erhebt, die Mächte der Vergangenheit und der Gegenrevolution, wäre längst nicht mehr vorhanden, es wäre ausgetilgt worden, wenn nicht die deutsche Revolution von einer Gutmütigkeit gewesen wäre, die echt deutsch war und die wir nicht tadeln, sondern bewundern wollen. Aber die deutsche Republik muß den Glauben an ihre Kraft und ihr Recht lernen; sie soll wissen, wie stark sie im Grunde ist und welche unerschütterten moralischen und geistigen Kräfte ihr auch heute zur Seite stehen, wo scheinbar das Feindliche triumphiert. Das ist Episode.«*

Thomas Mann irrte sich sehr. In Lippe-Detmold waren Hitler selbst, sein Propagandachef Dr. Goebbels, alle »Reichsredner« der Nazi-Partei, verstärkt durch Prinzen der ehemals regierenden Fürstenhäuser und greise Exzellenzen, ordengeschmückte Fliegerhelden und biedere Innungsmeister, zehn Tage lang von früh bis spät aktiv gewesen, hatten sich heiser geredet und jedem jedes gewünschte Wahlversprechen gegeben. Und mit diesem gewaltigen Propaganda-Einsatz war es den Nazis gelungen, knapp siebentausend Wählerstimmen zurückzugewinnen. Mit insgesamt 39 065 für die Liste der NSDAP angekreuzten Wahlzetteln hatte die Hitler-Partei zwar rund 3300 Stimmen weniger bekommen als bei den »Traumwahlen« vom Juli 1932, aber dennoch die Scharte vom 6. November wieder ausgewetzt, und zwar auf Kosten der Deutschnationalen, die 3300 Wähler an die Nazis verloren, sowie durch Mobilisierung des »letzten Mütterleins«, das bisher überhaupt nicht zur Wahlurne gegangen war. Denn die Linke, das Zentrum und die Deutsche Volkspartei hatten bei den Landtagswahlen am 15. Januar 1933 ebenfalls kräftige Gewinne zu verzeichnen, nur wurden diese überhaupt nicht beachtet.

Seltsamerweise brachte der kleine Zugewinn in Lippe-Detmold der NSDAP nicht bloß einen – für die Gesamtlage im Reich unwichtigen – Achtungserfolg; vielmehr machte der von Dr. Goebbels zum triumphalen »Sieg der NSDAP« aufgebauschte Ausgang der lippischen Landtagswahlen alle Anstrengungen des Generals v. Schleicher zunichte, eine Koalition ohne Hitler zustande zu bringen: Geheimrat Hugenberg zog seine erst einen Tag zuvor gegebene »feste Zusage«, v. Schleichers Wirtschaftsminister zu werden, eilig zurück; Gregor Strasser mochte auch nicht mehr ins Kabinett eintreten, weil er nun nicht mehr so sicher war, ob Frick, Röhm und Feder seinem Beispiel noch folgen würden; Oberst Oskar v. Hindenburg und Staatssekretär Meißner wurden sehr nachdenklich und fragten sich, ob sie mit ihrer Unterstützung des Generals v. Schleicher nicht aufs falsche Pferd gesetzt hätten, und nur Gustav Noske rührte weiter die Trommel für den Kanzler-General, wogegen der »Stahlhelm«-Führer Seldte, der noch einen Tag vor den lippischen Wahlen wegen der Ermordung zweier »Stahlhelm«-Kameraden durch »verwilderte Strolche der Hitler-Partei« öffentlich schwerste Beschuldigungen gegen die SA erhoben hatte, Hugenbergs Beispiel folgte und eilig Anschluß an die v. Papen-Hitler-Koalition gegen General v. Schleicher suchte.

Eine Woche später, am 22. Januar 1933, war die Meinungsbildung in der Umgebung des Reichspräsidenten soweit fortgeschritten, daß man dort nur noch zwei Alternativen sah: Entweder ließ man v. Schleicher weiterregieren, ohne Reichstag und nur gestützt auf die Bajonette der Reichswehr und das Vertrauen des 85jährigen Marschall-Präsidenten, wobei aus einer solchen Militärdiktatur in Bälde eine Monarchie zu machen wäre, weil Hindenburg ja nicht ewig leben würde; oder man mußte dem Drängen der Ostelbier, der Schwerindustrie, des Kronprinzen und der Herren v. Papen, Hugenberg, Seldte und Schacht nachgeben, v. Schleicher fallenlassen und Hitler zum Kanzler machen, natürlich nur unter der Bedingung, daß er sich mit lauter »salonfähigen«, nicht der NSDAP angehörenden Männern umgab und die Anweisungen Hindenburgs – sprich: Meißners, v. Papens und des Präsidentensohns Oskar – artig befolgte.

Am Abend dieses 22. Januar stahlen sich zu später Stunde Oberst Oskar v. Hindenburg und Staatssekretär Dr. Meißner aus einem Hinterausgang des Präsidenten-Palais in der Berliner Wilhelmstraße, nahmen auf Geheiß Papens, der das Ganze arrangiert hatte, ein Taxi, »weil das weniger auffällig war«, und fuhren hinaus in den vornehmen Villenvorort Dahlem zu einem bis dahin in der Öffentlichkeit unbekannten Nationalsozialisten, Joachim v. Ribbentrop.

Der ehemalige Oberleutnant v. Ribbentrop, seit 1932 Mitglied der NSDAP, war verheiratet mit einer reichen Erbin aus dem Hause Henkell, besaß – teils über die berühmte Sektkellerei seines Schwiegervaters, teils über alte Kriegskameraden wie Franz v. Papen – ausgezeichnete Verbindungen zur alten Elite und galt wegen seiner

Sprachkenntnisse und Auslandserfahrungen als diplomatischer Berater der NSDAP-Führung.

Als Meißner und Oskar v. Hindenburg in Ribbentrops Villa eintrafen, erwarteten sie dort nicht nur der Hausherr und Franz v. Papen, sondern auch Hitler, Göring, Himmler und Frick. Der Nazi-»Führer« hatte sich zu diesem heimlichen Treffen über die hintere Gartenmauer des Ribbentropschen Grundstücks ins Haus geschlichen.

Kaum waren die beiden Herren aus dem Reichspräsidentenpalais eingetroffen, da nahm Hitler den Präsidentensohn Oskar beiseite und bat ihn um ein Gespräch unter vier Augen. Und zu Meißners angeblich großem Erstaunen – wahrscheinlich wußte er ganz genau, was Hitler mit Oskar v. Hindenburg zu besprechen gedachte – nahm dieser an. Er zog sich mit Hitler für etwa eine Stunde in ein abgelegenes Zimmer zurück.

»Was Hitler dem Präsidentensohn sagte, der nicht gerade als heller Kopf oder starker Charakter galt, ist niemals herausgekommen«, bemerkt hierzu der Chronist des »Dritten Reiches«, William L. Shirer. »In NS-Kreisen nahm man allgemein an, daß Hitler sowohl mit Angeboten wie mit Drohungen arbeitete, im Falle der letzteren mit der Andeutung, Oskars Rolle im Osthilfe-Skandal sowie die Steuerhinterziehung von Gut Neudeck zu enthüllen. Über die Angebote lassen sich nur Vermutungen anstellen aufgrund der Tatsache, daß dem Hindenburgschen Besitz einige Monate später fünftausend Morgen steuerfreies Land zugeschlagen wurden und daß Oskar im August 1934 vom Oberst zum Generalmajor befördert wurde.

Jedenfalls steht außer Frage, daß Hitler auf den Präsidentensohn starken Eindruck machte. ›Während der Heimfahrt‹, so sagte Meißner später (beim Hauptkriegsverbrecherprozeß, bei dem der Gastgeber jenes denkwürdigen Abends, Joachim v. Ribbentrop, sowie zwei seiner Gäste, Frick und Göring, zum Tode durch Erhängen verurteilt wurden), ›war Oskar v. Hindenburg außergewöhnlich still. Seine einzige Bemerkung war, nun helfe alles nichts mehr – die NSDAP müßte in die Regierung aufgenommen werden. Ich hatte das Gefühl, daß es Hitler gelungen war, ihn in seinen Bann zu ziehen‹ . . .«

Am nächsten Tag, dem 23. Januar 1933, ging General v. Schleicher zum Reichspräsidenten und bat Hindenburg um die erneute Reichstagsauflösung, weil er im Parlament keine Mehrheit zusammenbringen könne; man müsse, so meinte er, mit Notverordnungen weiterregieren. Meißner behauptete später, v. Schleicher hätte dem Feldmarschall-Präsidenten die Umwandlung der Regierung in »eine Militärdiktatur« vorgeschlagen. Auf jeden Fall stand v. Schleicher genau da, wo v. Papen sieben Wochen zuvor gestanden hatte und von seinem »Freund und Nachfolger« gestürzt worden war; nur hatten die beiden Erzintriganten inzwischen die Rollen getauscht.

Hindenburg schüttelte dazu nur den Kopf und befahl dem Kanzler-General, sich gefälligst weiter um eine Reichstagsmehrheit zu bemühen. Natürlich wußten beide, daß dies ganz aussichtslos war; der Reichspräsident, der sich bereits entschlossen hatte, General v. Schleicher ebenso fallenzulassen wie zuvor General Groener, Heinrich Brüning und Franz v. Papen, war sich nur noch nicht ganz im klaren darüber, wie es dann weitergehen sollte.

Alle seine Freunde lagen ihm in den Ohren, er solle Hitler zum neuen Reichskanzler ernennen: sein Sohn Oskar, sein Staatssekretär Meißner, die ostelbischen Standesgenossen, die Industriellen des Ruhrgebiets und der Kronprinz; sogar die Kameraden vom »Stahlhelm«, der Geheimrat Hugenberg und andere Deutschnationale waren neuerdings für Hitler. Aber Hindenburg mochte diesen Schreihals nicht, der es nicht einmal zum Unteroffizier gebracht hatte und aus dem kleinbürgerlichen Milieu Österreich-Ungarns stammte. Hindenburg, der als junger Gardeoffizier 1866 den Feldzug gegen die Österreicher mitgemacht hatte, hielt nichts von deren soldatischen Fähigkeiten, und als preußischer Junker mißtraute er Leuten, die »keinen Schliff« hatten, nicht von Adel waren, nichts von Pferden verstanden, aber regieren wollten.

Auch die Reichswehr-Generäle waren, wie Hindenburg wußte, mehrheitlich gegen eine Kanzlerschaft Hitlers; wie es schien, hatten die Herren in der Bendlerstraße, dem Sitz der Reichswehr-Führung, bereits große Pläne für eine Militärdiktatur geschmiedet und alle Ministerposten unter sich verteilt. Sie waren voll Ehrgeiz und entschlossen, sich Genugtuung zu verschaffen für die Demütigungen, die sie im November und Dezember 1918 hatten hinnehmen müssen.

An das deutsche Volk, das in seiner Mehrheit entschieden gegen eine Militärdiktatur und erst recht gegen eine Diktatur Hitlers und seiner SA war, dachte keiner von denen, die da an einer neuen Regierung bastelten und dabei nur die eigenen Cliquen-Interessen im Auge hatten.

Aber das Volk brachte sich selbst in Erinnerung: Am 25. Januar 1933 zogen noch einmal, wie einst, als es um die Revolution und die sozialistische Einheit ging, lange Kolonnen mit roten Fahnen in die Berliner Innenstadt: Über 130 000 Gewerkschafter, Kommunisten, Sozialdemokraten und Parteilose, marschierten aus den Proletariervierteln des Nordens und Ostens, aus Neukölln, aus Spandau und anderen, noch weiter entfernten Vororten in die City: uniformierte Straßenbahner und Omnibusschaffner, Arbeiter von der AEG, von Borsig, Osram und Siemens, von der Knorr-Bremse AG, vom Osthafen und sogar vom Stahl- und Walzwerk Henningsdorf; die Setzer und Drucker der Reichsdruckerei und der großen Zeitungsverlage hatten ihre Betriebsfahnen mitgebracht; Arbeiter-Samariterbund und Rote Hilfe teilten am Straßenrand heiße Getränke aus, denn es war schneidend kalt; Reichsbanner, Rotfrontkämpferbund und Sozialistische Arbeiterjugend sicherten die Marschkolonnen gegen Überfälle, und sogenannte »fliegende Abteilungen« des Massenselbstschutzes standen mit ihren Fahrzeugen als Eingreif-Reserve bereit. Bei 18 Grad Kälte und eisigem Wind demonstrierte die Berliner Arbeiterschaft vier Stunden lang gegen die faschistische Herausforderung, und am selben Tag kam es auch in München, Augsburg, Dresden, Erfurt, Dortmund und in anderen Städten des Ruhrgebiets zu Protestmärschen und Massenkundgebungen gegen die Nazis und ihre reaktionären Verbündeten.

Es war ein letzter, verzweifelter Versuch, die Pläne der alten Geld- und Macht-Elite zu durchkreuzen, die entschlossen schien, die katastrophale Wirtschaftslage und die Ohnmacht der durch die jahrelange Massenerwerbslosigkeit geschwächten Arbeiterschaft zur Errichtung einer faschistischen Diktatur auszunutzen, und die lieber den Staat einem Abenteurer vom Schlage Hitlers ausliefern wollte als zu riskieren, daß sich die Republik nach der Überwindung der bald abfallenden Krise konsolidieren könnte.

Es demonstrierten indessen an diesem eiskalten Januartag des Jahres 1933 nicht mehr – wie im frühen Januar 1919 – zweihundertfünfzig- bis dreihunderttausend Arbeiter Berlins, sondern allenfalls die Hälfte, und sie waren auch nicht mehr bewaffnet. Über die Gründe dieser enormen quantitativen und qualitativen Verschlechterung der Situation des Berliner Proletariats – und erst recht der Arbeiterschaft anderer industrieller Ballungsgebiete des Reichs, wo die Lage noch ungünstiger war – lohnt es sich, einen Augenblick nachzudenken, auch darüber, daß sich die Anzahl und Bewaffnung der gegnerischen Streitkräfte gewaltig vermehrt hatten.

Vierzehn Jahre zuvor waren die Freikorps nur durch rücksichtslosen Einsatz schwerer Waffen – etwa beim Sturm auf das von angeblichen Spartakisten besetzte »Vorwärts«-Gebäude – imstande gewesen, den bewaffneten Widerstand der Berliner Arbeiterschaft zu brechen. Aber die Politik der SPD-Führung, wie sie von Ebert, Scheidemann, Noske, Wels und anderen konsequent betrieben worden war, hatte nicht nur, wie beabsichtigt, die soziale Revolution rasch abgewürgt, sondern auch die parlamentarische Demokratie und die sozialen Reformen, um derentwillen Ebert das Bündnis mit den Konterrevolutionären eingegangen war, denjenigen auf Gnade oder Ungnade überantwortet, die nicht nur die rote Revolution, sondern auch die sich ihnen ausliefernde schwarz-rot-goldene Republik haßten »wie die Sünde«. Nach den verfrühten und gescheiterten Versuchen, der Republik gewaltsam den Garaus zu machen, hatten die alten Mächte abgewartet, bis der durch den Größenwahn und die Machtgier der wilhelminischen Militärs in den Graben gefahrene Karren mühsam aus dem Dreck gezogen und wieder einigermaßen instand gesetzt worden war. Sie hatten sich damit begnügt, die gutmütige, ihre Todfeinde wacker mästende Republik zu schmähen und derweilen die Bürgerkriegsarmeen aufzubauen, mit der sie sie zu vernichten gedachten. Die Weltwirtschaftskrise, die für Deutschland besonders schwere Folgen hatte, war für diese Pläne das Startzeichen zur Mobilmachung, und der erste Silberstreifen am Horizont, der das Abklingen der Katastrophe und den baldigen Rückgang der Massenarbeitslosigkeit ankündigte, gab das Signal zum Angriff. Der Sturm auf die Republik begann; die sie schützen sollten, die aus den Freikorps gebildeten Reichswehr-Divisionen, standen Gewehr bei Fuß und betrachteten sich als Eingreif-Reserve der Angreifer. Und die Linken, die die Republik verteidigen wollten, waren durch Hunger und Elend dezimiert und ohne Waffen, zudem uneinig, was ihre Führer betraf.

Denn während sich die alten Mächte nur noch darüber stritten, wer nach der Errichtung der Diktatur dieses oder jenes Ressort übernehmen sollte, beschuldigten sich die Führer der SPD und KPD gegenseitig – und gemeinsam die Führer des Zentrums –, durch ihr jeweiliges Verhalten dem Faschismus Vorschub zu leisten. Hatte nicht die SPD jedes Bündnis mit den Kommunisten abgelehnt? Waren nicht schon Verhandlungen mit Schleicher im Gange? Konspirierte nicht bereits der »Bluthund« Noske mit den Generalen? Und weigerte sich die SPD-Führung etwa nicht, den Massenstreik vorzubereiten?

So fragten die führenden Männer der KPD, und vom SPD-Vorstand kam die Antwort: Ihr habt im November 1932, beim Streik der Berliner Verkehrsbetriebe, zusammen mit den Nazis die Beschlüsse der Gewerkschaftsführung sabotiert – mit euch setzen wir uns nicht an einen Tisch!

(Tatsächlich war der Streik bei der Berliner Verkehrsgesellschaft, der BVG, von der kommunistischen Führung beschlossen worden. Vordergründig ging es dabei um die Abwendung einer schon angekündigten Kürzung der Löhne und Krankengelder. Die strategische Absicht der KPD war jedoch, durch die Lahmlegung des Straßenbahn-, Omnibus- und U-Bahn-Verkehrs eine allgemeine Streikbewegung in Gang zu bringen, damit der Regierung v. Papen den Garaus zu machen und bei den bevorstehenden Reichstagswahlen am 6. November 1932 einen Sieg der Linken unter ihrer Führung zu erreichen. Von den rund 22000 BVG-Arbeitern, die dann fast vollzählig in den Streik traten, waren aber allenfalls zweitausend Kommunisten; im Streikausschuß saßen Vertreter aller Richtungen, auch der »Nationalsozialistischen Betriebszellen-Organisation«, deren Führung nicht gewagt hatte, gegen die spontane Arbeitsniederlegung zu stimmen oder gar als Streikbrecher aufzutreten, was für die Berliner NSDAP verheerende Folgen gehabt hätte. Unter starkem Druck der rechten SPD-Führung und der mit ihr eng verbundenen Leitung der BVG und des Allgemeinen Deutschen Gewerkschaftsbundes [ADGB] nahm die Hälfte der BVG-Arbeiter nach wenigen Tagen die Arbeit wieder auf; Nazis und Kommunisten, aber auch ein Teil der sozialdemokratischen Arbeiter, streikten noch einige Tage lang weiter, und dies wurde von SPD und ADGB zum Anlaß genommen, jedes Kampfbündnis mit der KPD grundsätzlich abzulehnen.)

Am 28. Januar 1933, einem Samstag, begann ein Wochenende, das nicht nur über die Geschicke Deutschlands in den folgenden zwölf Jahren entschied, sondern auch über den Frieden in der Welt. Hätten die Führer von SPD, ADGB und KPD, aber auch die des katholischen Zentrums, deren schon weitgediehene Koalitionsverhandlungen mit den Nazis inzwischen gescheitert waren, damals gewußt, was sie und ihre Anhänger erwartete – richtiger: Hätten sie in vollem Umfang geglaubt, was sie aus Hitlers Buch »Mein Kampf«, aus den »Boxheimer Dokumenten« und aus den vielen anderen Äußerungen und Taten der Nazis längst wissen mußten –, dann wären sie vielleicht doch noch zum Widerstand bereit gewesen, hätten es vorgezogen, auf den Barrikaden zu sterben, anstatt in Folterkellern, KZ-Bunkern und Gasöfen. Aber nur sehr wenige glaubten, daß es wirklich so schlimm werden würde, wie die Nazis es ihnen tagtäglich ankündigten. Und diese wenigen Männer und Frauen wußten, daß sie allein zu schwach waren, Widerstand zu leisten.

An diesem Sonnabend, dem 28. Januar 1933, gab Reichspräsident Paul v. Beneckendorff und v. Hindenburg seinem Reichskanzler General Kurt v. Schleicher den Laufpaß. Er verweigerte ihm die erbetene Auflösung des Reichstags und nahm die Demission des Gesamtkabinetts an. Dabei meinte er immerhin: »Ich stehe mit einem Fuß im Grabe und weiß nicht recht, ob ich nicht diese Entscheidung später im Himmel bereuen werde . . .«

Die Antwort v. Schleichers, überliefert von General Kurt v. Hammerstein-Equord, damals Chef der Heeresleitung, soll gelautet haben: »Nach diesem Vertrauensbruch, Exzellenz, bin ich nicht sicher, ob Sie in den Himmel kommen werden.« Es ist indessen wenig wahrscheinlich, daß sich der intrigante und in Untreue und Vertrauensbrüchen trainierte General zu solchen Aussprüchen wirklich hat hinreißen lassen, denn er blieb weiter mit dem Reichspräsidenten in Kontakt und bemühte sich, den Ablauf der Entscheidungen ein wenig mitzubestimmen.

Noch war nämlich der Reichspräsident nicht bereit, dem vereinten Drängen der ostelbischen Standesgenossen, Industriekapitäne und »Stahlhelm«-Kameraden nachzugeben und Hitler zum Nachfolger v. Schleichers zu ernennen. Er, der Generalfeldmarschall, Schloßherr und Großgrundbesitzer, hervorgegangen aus dem exklusiven 3. Garderegiment zu Fuß, konnte sich vorerst nicht dazu entschließen, einen gerade erst eingebürgerten ehemaligen Gefreiten der Landwehr-Reserve ohne erlernten Beruf zum Kanzler zu ernennen, einen Kerl, für dessen Beauftragung sich zwar neuerdings auch sein Sohn Oskar einsetzte, aber offenbar nur aus Angst, genau wie die wegen ihrer auf nicht ganz korrekte Weise erlangten Osthilfe-Millionen bangenden Ostelbier. Der alte Herr beschloß, noch einmal mit Oskar unter vier Augen zu sprechen, und was er dabei, zumindest andeutungsweise, erfuhr, scheint den letzten Ausschlag gegeben zu haben: Hitler hatte bei seiner Unterredung unter vier Augen dem Präsidentensohn zu verstehen gegeben, daß es außer der Verwicklung in den Osthilfe-Skandal auch noch sehr private Dinge gab, die für Oberst Oskar v. Hindenburg den Ruin bedeuten konnten, wenn Hitler, der darüber genau informiert war, sie der Öffentlichkeit bekanntgeben würde.

Noch am Sonntag, dem 29. Januar, hatte der greise Reichspräsident dem General v. Hammerstein erklärt, zwar hätte jetzt sogar v. Schleicher ihm geraten, Hitler zum Kanzler zu ernennen, und es wäre ja auch schon Herr v. Papen von ihm offiziell beauftragt worden, die Möglichkeiten zur Bildung einer neuen Reichsregierung unter Führung Hitlers, aber streng »im Rahmen der Verfassung«, gründlich zu sondieren; aber er, Hindenburg, beabsichtige dennoch nicht, diesen »österreichischen Gefreiten« mit der Kanzlerschaft zu betrauen.

(Es ist wichtig, sich zu merken, woran Hindenburg, seine Umgebung und die ganze auf Hitlers baldige Ernennung drängende alte Elite offenbar keinen oder jedenfalls nicht vorrangig Anstoß nahmen. Es störte sie anscheinend nicht oder zumindest weniger, daß Hitler nach seiner »Machtergreifung« sogleich ein Terror-Regime errichten und »Köpfe rollen« lassen wollte; daß er Konzentrationslager für seine politischen Gegner zu schaffen und sie der Brutalität seiner SA und SS auszuliefern gedachte und daß Juden-Pogrome, wie schon ein paarmal geprobt, zur ständigen Einrichtung werden sollten; das größte Hindernis, das ihrer Meinung nach der Ernennung Hitlers zum Kanzler im Wege stand, war sein Mannschaftsdienstgrad, seine kleinbürgerliche Herkunft, seine eindeutige Nichtzugehörigkeit zur alten Führungsschicht.)

Am nächsten Tag, am Morgen des 30. Januar 1933, einige Minuten nach 11 Uhr, entschloß sich der Reichspräsident, dem Rat seines Sohnes zu folgen. Seufzend gab er Staatssekretär Meißner den Auftrag, die bereits ungeduldig wartenden – und untereinander schon fast wieder uneinigen – Herren, die das künftige »Kabinett der nationalen Konzentration« bilden sollten, aus der Wohnung des Ex-Kanzlers v. Papen herüber ins Reichspräsidentenpalais zu holen. Und nachdem die neuen Minister, auch etliche schon bisherige, mit einiger Verspätung eingetroffen, Hindenburg vorgestellt, von ihm zur Einigkeit ermahnt und auf die Verfassung vereidigt worden waren, konnte Staatssekretär Meißner – wie schon so oft seit 1919, als er den Dienst in der Wilhelmstraße bei Ebert angetreten hatte – die neue Kabinettsliste bekanntgeben:

Adolf Hitler, Führer der NSDAP, wurde Reichskanzler; Franz v. Papen übernahm das Vizekanzler-Amt und zugleich das des Reichskommissars für das Land Preußen. Reichsaußenminister blieb, wie bisher, Konstantin Freiherr v. Neurath. Neuer Reichsinnenminister wurde der NSDAP-Fraktionsvorsitzende im Reichstag, Dr. Wilhelm Frick. Das Finanzministerium behielt Lutz Graf v. Schwerin-Krosigk. Zum neuen Reichswirtschaftsminister war Geheimrat Dr. Alfred Hugenberg, Führer der Deutschnationalen, ernannt worden, zum neuen Reichsarbeitsminister der »Stahlhelm«-Bundesführer Franz Seldte. Post- und Verkehrsminister blieb Paul Freiherr Eltz v. Rübenach. Der nationalsozialistische Präsident des Reichstags, Hauptmann a. D. Hermann Göring, wurde Reichsminister ohne Geschäftsbereich und Reichskommissar für die Luftfahrt, und zum neuen Reichspressechef wurde Hitlers bisheriger »Wirtschaftsbeauftragter«, Dr. Walter Funk, ernannt. Das Justizressort blieb zunächst unbesetzt; eine Woche später wurde der bisherige Justizminister, der Deutschnationale Dr. Franz Gürtner, in seinem Amt bestätigt, und das so wichtige, über die Streitkräfte gebietende Reichswehrministerium war schon am Morgen des 30. Januar 1933, einige Stunden vor der Ernennung der anderen Minister, mit General Werner v. Blomberg neu besetzt worden. Und das hatte seine besonderen Gründe gehabt:

Am Vorabend der Ernennung Hitlers zum Reichskanzler hatten die Führer der Nazipartei in Dr. Goebbels' Wohnung den »Polterabend der Machtergreifung« gefeiert, als Göring mit einer Nachricht hereingeplatzt war, die er von Werner v. Alvensleben, seinem Verbindungsmann zu v. Schleicher, erhalten hatte: Ein Reichswehr-Putsch sei im Gange; Schleicher und General v. Hammerstein hätten bereits die Potsdamer Garnison mobilisiert, wollten Hindenburg nach Neudeck abschieben und eine Militärdiktatur errichten.

Daraufhin wurden die Naziführer von Panik ergriffen. Graf Helldorff alarmierte die Berliner SA; Hitler wies den ihm ergebenen Polizeimajor Wenke an, sofort sechs Bataillone Sicherheitspo-

Hindenburg als Vaterfigur der Nazis

lizei bereitzuhalten, um notfalls die Wilhelmstraße zu besetzen. Vor allem aber wurde der für das Amt des Reichswehrministers im Kabinett Hitler vorgesehene General v. Blomberg, der das Deutsche Reich auf der Genfer Abrüstungskonferenz vertreten hatte, eilig zurückgerufen, und als Blomberg am Morgen des 30. Januar gegen 8 Uhr in Berlin eintraf, empfingen ihn auf dem Bahnsteig zwei

Offiziere mit sich widersprechenden Weisungen: der eine, Major v. Kuntzen, Adjutant des Generals v. Hammerstein, übermittelte v. Blomberg den Befehl, sich unverzüglich beim Chef der Heeresleitung zu melden, der andere, Oberst Oskar v. Hindenburg, brachte Order, der General solle sofort vom Bahnhof aus beim Reichspräsidenten erscheinen.

General v. Blomberg befolgte den Befehl Hindenburgs, traf kurz nach 8 Uhr früh beim Reichspräsidenten ein, wurde sogleich zum neuen Reichswehrminister ernannt und vereidigt, unterzeichnete einen schon vorbereiteten Tagesbefehl, der den Kommandowechsel der Truppe bekanntgab, und damit war sichergestellt, daß die Reichswehr nicht mehr für Schleicher putschen, sondern der neuen Regierung Hitler militärischen Beistand leisten würde.

Der neue Reichswehrminister, seit 1911 Generalstabsoffizier, von 1927 bis 1929 Chef des Truppenamts, dann Befehlshaber im Wehrkreis I (Ostpreußen), war unter dem Einfluß seines Stabschefs, Oberst Walter v. Reichenau, der zu den begeisterten Anhängern Hitlers zählte, für eine Unterstützung der Nazi-Bewegung gewonnen worden. Mit seiner Ernennung zum Chef jener einst von Ebert und Noske zum Schutz der parlamentarischen Demokratie vor dem Sozialismus geschaffenen Truppe waren die Würfel gefallen. Nun stand der faschistischen Diktatur die bewaffnete Macht, die die Republik von Anfang an zum antirepublikanischen »Staat im Staate« hatte werden lassen, als Herrschaftsinstrument zur Verfügung. Das gab angesichts der Verteilung der Kräfte den Ausschlag, denn den nationalsozialistischen Kampfverbänden wäre die deutsche Linke in einem blutigen Bürgerkrieg damals noch gewachsen gewesen; gegen SA, SS, »Stahlhelm« *und* Reichswehr hatte sie keine Chance mehr, zumal auch die starken Polizeikräfte ihrer Kontrolle entglitten waren.

Dies hat auch Hitler dann offen zugegeben. Im September 1933 erklärte er auf dem Nürnberger Reichsparteitag der NSDAP in Nürnberg: »Wenn das Heer nicht in den Tagen unserer Revolution auf unserer Seite gestanden hätte, dann stünden wir heute nicht hier!«

10. . . . und wie er sich etablierte

Der erste Tag des »Dritten Reiches« – Montag, der 30. Januar 1933 – verlief zunächst äußerlich ganz ruhig. Die meisten der politisch interessierten Menschen in Deutschland waren anfangs entweder vor Entsetzen wie gelähmt oder, soweit sie sich von den Verheißungen der Nazi-Propaganda hatten betören lassen, halb betäubt vor Glück. Die aktiven Mitglieder der Linksparteien, insbesondere die Kommunisten, waren überzeugt davon, daß sich SPD und KPD nun zum gemeinsamen Kampf, zum Generalstreik und zum bewaffneten Widerstand entschließen würden. Das Bürgertum und die Angehörigen der alten Geld- und Machtelite setzten ihr Vertrauen in die Reichswehr und in das starke deutschnationale Übergewicht in der neuen Regierung, die sich ihrerseits zur ersten Kabinettssitzung versammelte und darüber beriet, wie sie sich die vom Reichspräsidenten geforderte Mehrheit im Reichstag verschaffen könnte.

Drei Wege boten sich an: Neuwahlen, wie Hitler sie verlangte – doch dagegen waren die Deutschnationalen, die befürchteten, dabei weitere Stimmen an die NSDAP zu verlieren; sodann eine Koalition mit der Zentrumspartei, aber die lehnten die Nazis ab, obwohl das die einzige legale Alternative war, denn NSDAP und Deutschnationale verfügten im Reichstag nur über 247 von insgesamt 583 Sitzen, und zur Mehrheit konnten ihnen nach Lage der Dinge nur die 70 Zentrums-Abgeordneten verhelfen.

Die dritte Möglichkeit, die Hugenberg befürwortete, war ein Verbot der Kommunistischen Partei und die – verfassungswidrige – »Einziehung« der einhundert KPD-Reichstagsmandate, wodurch das Kabinett Hittler–v. Papen auch ohne die Stimmen des Zentrums eine knappe Mehrheit erlangt hätte. Doch Hitler bestand auf Neuwahlen, und er setzte sich schließlich durch: Am nächsten Tag erklärte er, seine Verhandlungen mit den Zentrumsführern seien an deren »unmöglichen« Forderungen gescheitert; er versprach hoch und heilig, auch bei einem noch so großen Wahlsieg seiner Partei an der Zusammensetzung des Kabinetts nichts zu ändern, und erlangte so die seufzende Zustimmung seiner Minister und auch Hindenburgs zur Auflösung des vor noch nicht drei Monaten gewählten Reichstags und die Ausschreibung von Neuwahlen für den 5. März 1933.

Diesen seinen ersten Triumph als Regierungschef verdankte Hitler vor allem der geschickten Regie seines Propagandaleiters Dr. Goebbels, der schon am späten Nachmittag und Abend des

30. Januar die nationalsozialistischen Kampfverbände zu gewaltigen Siegesfeiern und Fackelzügen mobilisiert hatte. In Berlin, wohin Zehntausende von SA-Männern aus den umliegenden Provinzen eilig zusammengezogen worden waren, hatte ein stundenlanger Vorbeimarsch der Braunhemden an der Reichskanzlei seinen Eindruck auf die deutschnationalen und parteilosen Mitglieder des Kabinetts nicht verfehlt, zumal dabei die Forderungen Hitlers in Sprechchören zum »Ausdruck des Volkswillens« erhoben wurden.

In der Nacht vom 30. zum 31. Januar 1933 kam es in Berlin und in den meisten großen Städten des Reiches aber auch zu eindrucksvollen Massenkundgebungen der Hitler-Gegner. An vielen Orten – so in Düsseldorf, Wuppertal, Duisburg, Chemnitz, Kaiserslautern, in Oberschlesien, aber auch in Hamburg, Köln, Leipzig, Mannheim, Karlsruhe, München und Stuttgart, demonstrierten Anhänger von KPD und SPD, wehrten gemeinsam Überfälle der SA auf Gewerkschafts- und Partei-Häuser erfolgreich ab und vertrieben die in die Arbeiterviertel eingedrungenen Schlägerkolonnen der Nazis. Noch gab es im Volk eine große Bereitschaft, dem Faschismus Widerstand zu leisten, die sozialistische Einheit wiederherzustellen und durch einen Generalstreik, zu dem von seiten der kommunistischen Führung bereits aufgerufen worden war, das Kabinett Hitler–v. Papen wieder zu stürzen. Aber die Führung des Allgemeinen Deutschen Gewerkschaftsbundes und der Parteivorstand der SPD wiesen alle Bündnisangebote der Kommunisten zurück, forderten ihre Mitglieder zu strengster Disziplin und »Besonnenheit« auf und warnten dringend davor, sich zu Gewaltakten oder Streiks provozieren zu lassen. In den ersten Februartagen veranstaltete die Sozialdemokratische Partei zahlreiche Massenkundgebungen – so im Berliner Lustgarten, wo am 7. Februar mehr als zweihunderttausend Menschen zusammenströmten –, um unter der Parole *Bereitsein ist alles!* von »ungestümen und voreiligen Aktionen« abzuraten. SPD und Gewerkschaften müßten, so hieß es, »mit beiden Füßen fest auf dem Boden der Verfassung und Gesetzlichkeit« bleiben und auf jede Provokation der neuen, mit legalen Mitteln an die Macht gekommenen Rechtsregierung, insbesondere auf jede Gewaltanwendung, verzichten.

Während so die allerletzte Chance vertan wurde, dem Faschismus den geschlossenen Widerstand einer einigen Linken entgegenzusetzen und ihn, notfalls mit Gewalt, zu beseitigen, ehe er sich fest etablieren konnte, begannen die Nazis einen Wahlkampf, bei dem sie erstmals die gesamten Propaganda- und Machtmittel des Staates für ihre Zwecke einsetzen konnten.

»Nun ist es leicht, den Kampf zu führen«, schrieb Dr. Goebbels am 3. Februar in sein Tagebuch, »denn wir können alle Mittel des Staates für uns in Anspruch nehmen. Rundfunk und Presse stehen uns zur Verfügung. Wir werden ein Meisterstück der Agitation liefern. Auch an Geld fehlt es natürlich diesmal nicht.«

Ein paar Tage später, am 20. Februar, floß noch erheblich mehr Geld in die Kassen der NSDAP. Bei einem Empfang im Reichstagspräsidenten-Palais gewannen Hitler und Göring mit Unterstützung von Hjalmar Schacht auch noch diejenigen Großindustriellen für sich, die – wie Gustav Krupp v. Bohlen und Halbach – kurz zuvor noch gezögert und lieber auf Schleicher gesetzt hatten. Hitler versprach den Wirtschaftsbossen, den Marxismus zu »erledigen« und die Gewerkschaften zu zerschlagen, zudem in raschem Tempo wiederaufzurüsten. Göring sprach anschließend von »finanziellen Opfern«, die im Hinblick auf die bevorstehenden Reichstagswahlen von der Wirtschaft noch einmal gebracht werden müßten, und er fügte hinzu: »Das Opfer wird um so leichter zu tragen sein, wenn man sich vor Augen hält, daß diese Wahlen bestimmt die letzten sein werden, mindestens in den nächsten zehn Jahren, wahrscheinlich aber in den nächsten hundert Jahren.«

Das hörten die Herren gern. Gustav Krupp v. Bohlen und Halbach sprang auf und drückte in bewegten Worten den Naziführern den »Dank« der Industrie »für diese klare Darstellung« aus. Dann ging Hjalmar Schacht, wie er im Nürnberger Kriegsverbrecherprozeß später aussagte, »mit dem Hut herum« und sammelte drei Millionen Reichsmark ein.

Zwei Tage später, am 22. Februar 1933, verstärkten die Nazis ihren Wahlkampf noch auf ganz andere Weise: Hermann Göring, der als neuer preußischer Ministerpräsident schon alle republikanisch gesinnten höheren Beamten des Landes, insbesondere die sozialdemokratischen Ober-, Regierungs- und Polizeipräsidenten – ausgenommen Gustav Noske, der erst im Oktober 1933 in Pension ging – amtsenthoben und durch SA- und SS-Führer ersetz hatte, ernannte an diesem Tag zehntausend ausgesuchte Angehörige des »Stahlhelms« sowie vierzigtausend Mitglieder der nationalsozialistischen Kampfverbände zu »Hilfspolizisten«. Zugleich befahl er der Exekutive, »unter allen Umständen« jedwede Einmischung in die Aktivitäten der »nationalen Verbände« zu unterlassen, hingegen »staatsfeindlichen Organisationen gegenüber keine Gnade walten zu lassen«. Die Polizei sollte gegen Marxisten mit der gebotenen »Härte« vorgehen und rücksichtslos von der Waffe Gebrauch machen.

Das war die Legalisierung des Terrors, der an vielen Orten bereits begonnen hatte. Aber waren bisher die Polizisten noch im Zweifel gewesen, ob sie einzuschreiten hätten, wenn sie aus den »Vernehmungskellern« der SA-Stammkneipen die Schmerzens- und Hilferufe Gefolterter vernahmen, so wußten sie nun, daß es ihre Pflicht war, einfach wegzuhören. So nahmen die willkürlichen Festnahmen und viehischen Mißhandlungen politischer Gegner durch uniformierte »Hilfspolizisten« in erschreckendem Maße zu, und mancher Nazi benutzte die Gelegenheit, auch private Streitigkeiten und selbst Familienzwist mit Totschläger und Pistole zu »regeln«.

Bei alledem war es erstaunlich, daß von seiten der durch den wachsenden Terror herausgeforderten Linken kein organisierter Widerstand sichtbar wurde. Noch am Tage nach der »Machtergreifung« – die in Wahrheit eine Machterschleichung gewesen war –, am 31. Januar 1933, hatte sich Goebbels notiert: »In einer Unterredung mit dem Führer legen wir die Richtlinien im Kampf gegen den roten Terror fest. Vorläufig wollen wir von direkten Gegenmaßnahmen absehen. Der bolschewistische Revolutionsversuch muß zuerst einmal aufflammen. Im geeigneten Moment werden wir dann zuschlagen.« Doch nun waren schon mehr als drei Wochen vergangen, ohne daß die Linke einen Revolutionsversuch unternommen hatte; bis zum Tag der Wahlentscheidung, dem 5. März, verblieb nur noch wenig mehr als eine Woche, und noch immer war nichts »aufgeflammt«. Man hatte die Gewerkschaften und die Linksparteien, vor allem die KPD, nach allen Regeln der Kunst provoziert, ihre Versammlungen entweder verboten, polizeilich aufgelöst oder von SS-Kommandos sprengen lassen; die kommunistischen Zeitungen waren auf unbestimmte Zeit verboten, die sozialdemokratischen Blätter immer wieder behindert und beschlagnahmt worden. Man hatte Tausende von linken Funktionären, Flugblattverteilern und Plakatierern verhaftet und brutal mißhandelt; mindestens 51 – wahrscheinlich weit mehr – waren dabei ums Leben gekommen. Aber der von den Führern der Nazi-Partei herbeigesehnte, weil für die entscheidende Reichstagswahl zur Mobilisierung auch der letzten bürgerlichen und bäuerlichen Wähler dringend benötigte »Aufstand der roten Horden« schien auszubleiben.

Am 23. Februar ließ Hermann Göring das Karl-Liebknecht-Haus, den offiziellen Sitz der Parteizentrale der KPD in Berlin, polizeilich besetzen. Achtundvierzig Stunden lang durchsuchten Hunderte von schwerbewaffneten Beamten, verstärkt durch SA und SS, jeden Winkel des von Panzerwagen umstellten, hermetisch abgeriegelten Gebäudes am Bülowplatz. Doch sie fanden nichts, ausgenommen einige Stapel älterer Propagandabroschüren, die im Keller liegengeblieben waren, als die kommunistische Parteileitung die Räumung der Zentrale angeordnet hatte und in den Untergrund gegangen war.

Es nützte wenig, daß Göring erklärte, diese Schriften seien »Beweise« für eine unmittelbar bevorstehende »bolschewistische Revolution«, und daß Dr. Goebbels aus dem Fundort der Broschüren, dem Papierkeller, sogleich »Katakomben« machte. Die Öffentlichkeit und selbst die bürgerlichen Minister im Kabinett zeigten sich wenig beeindruckt. Zur Aufstachelung der mittelständischen Wählerschichten und ihrer Gewinnung für die Hitler-Partei reichte das von Göring präsentierte Altpapier nicht aus.

Aber dann, drei Tage später, am 27. Februar 1933, bekamen die Nazi-Führer doch noch, was sie sich so sehr ersehnten: Ein durch Brandstiftung hervorgerufenes Großfeuer im Reichstag, das den deutschen Bürgern als »Signal zum Aufstand« der Kommunisten gedeutet werden konnte!

Am Abend dieses 27. Februar wurde Reichspräsident v. Hindenburg von seinem Freund und Berater, dem Vizekanzler v. Papen, im feudalen »Herren-Club« bewirtet, von wo aus man das Reichstagsgebäude gut im Blick hatte. Hitler war zu Gast bei Familie Goebbels in deren Wohnung am Reichskanzlerplatz; dort – so jedenfalls vermerkte Dr. Goebbels in seinem Tagebuch – »plauderte man gemütlich und ließ Schallplatten spielen«. Als telefonisch die Nachricht kam, daß im Reichstag Feuer ausgebrochen sei, weigerte sich Goebbels angeblich, diese »tolle Phantasiemeldung« zu glauben oder gar »dem Führer« damit den gemütlichen Abend zu verderben. Papen und Hindenburg hingegen, die mit eigenen Augen die Flammen aus der Reichstagskuppel schlagen sahen, fuhren eilig ins Präsidentenpalais zurück. Vizekanzler v. Papen begab sich alsdann zum Reichstag, wo er Göring traf, der ihm schon entgegenrief: »Das kann nur ein Attentat der Kommune gegen unsere neue Regierung sein!«

Wenig später trafen auch Hitler und Goebbels am Ort des Geschehens ein. Bereits auf dem Weg zum Reichstag hatte Goebbels dem »Führer« erklärt: »Es besteht kein Zweifel, daß die Kommune hier einen letzten Versuch unternimmt, durch Brand und Terror Verwirrung zu stiften!« Und Hitler, bebend vor Erregung, soll – so Rudolf Diels, damals Chef der Geheimen Staatspolizei – beim Eintreffen am brennenden Reichstag erklärt haben: »Es gibt jetzt kein Erbarmen! Wer sich in den Weg stellt, wird niedergemacht! Das deutsche Volk wird für Milde kein Verständnis haben. Jeder kommunistische Funktionär wird erschossen, wo er angetroffen wird; die kommunistischen Abgeordneten müssen noch in dieser Nacht aufgehängt werden! Alles ist festzusetzen, was mit den Kommunisten im Bunde steht – auch gegen Sozialdemokraten und Reichsbanner gibt es jetzt keine Schonung mehr!«

Noch in derselben Nacht wurden tatsächlich Massenverhaftungen vorgenommen – nach Angaben von Gestapo-Chef Diels etwa viertausend, nach den Feststellungen der Kommunistischen Partei mehr als zehntausend –, obwohl es keine Beweise für eine Beteiligung der KPD an dem Anschlag gab, schon gar nicht für eine Mitwisserschaft der verhafteten Funktionäre, von denen die meisten später in die Konzentrationslager und dort ums Leben kamen. Es gab lediglich einen dringend Tatverdächtigen: einen im Reichstagsgebäude festgenommenen jungen holländischen Anarchisten, Marinus van der Lubbe, der wegen Brandstiftung vielfach vorbestraft und auch beim Einkauf größerer Mengen des Anzündemittels *»Die fleißige Hausfrau«* beobachtet worden war. Noch heute streiten die Zeitgeschichtler darüber, ob van der Lubbe – der später aufgrund eines erst nach der Tat erlassenen Gesetzes zum Tode verurteilt und hingerichtet wurde – allein und aus eigenem Antrieb das Feuer gelegt habe oder ob der Plan von Göring oder Goebbels oder beiden ausgeheckt und von einem SA-Trupp (unter Führung des später auf Hitlers Befehl ermordeten Berliner Stabschefs Karl Ernst) von Görings Reichstagspräsidenten-Palais aus unter Benutzung des unterirdischen Verbindungsgangs zum Hauptgebäude ausgeführt worden sei. Sicher ist nur zweierlei, nämlich daß weder die KPD noch eine andere linke Gruppe mit der Brandstiftung etwas zu tun hatte und daß die Nazi-Führer den Reichstagsbrand zum willkommenen Vorwand nahmen, die Verfassung praktisch außer Kraft zu setzen, den Terror zu vervielfachen und gleichzeitig, unter ungeheurem Propagandaaufwand, den Bürgern das Schreckgespenst eines »bolschewistischen Aufstands« an die Wand zu malen, vor dem Hitler allein sie noch würde retten können.

Durch eine Notverordnung, die Hindenburg – nach v. Papens Worten »wenig bewegt« von der Aufregung über den Brand des Reichstags – am 28. Februar unterzeichnete und die sofort in Kraft trat, wurden »Beschränkungen der persönlichen Freiheit, des Rechts der freien Meinungsäußerung einschließlich der Pressefreiheit, des Vereins- und Versammlungsrechtes, Eingriffe in das Brief-, Post-, Telegraphen- und Fernsprechgeheimnis, Anordnungen von Haussuchungen und von Beschlagnahme sowie Beschränkungen des Eigentums auch außerhalb der sonst hierfür bestimmten Grenzen« für zulässig erklärt, und die Behörden, einschließlich ihrer »Hilfspolizisten«, machten von diesen die Grundrechte aufhebenden Vollmachten eifrig Gebrauch.

Der »Amtliche Preußische Pressedienst« beeilte sich, noch am selben Tage mitzuteilen, es seien »Dokumente« aufgefunden worden, die die »völlig erwiesene und akute Gefahr« eines kommunistischen Aufstands bezeugten: *»Durch ein unmenschliches . . . System maßlosen kommunistischen Terrors sollte Deutschland in das Chaos gestürzt werden. Mordanschläge gegen einzelne Führer des Volkes und Staates, Attentate gegen Eisenbahnen, lebenswichtige Betriebe und öffentliche Gebäude«*, – beispielsweise den Reichstag – *» Vergiftungen ganzer Gruppen . . . und das Abfangen von Geiseln, Frauen und Kindern hervorragender Männer, sollten Furcht und Entsetzen über das Volk bringen und jeden Wider-*

standswillen des Bürgertums lähmen.«

Es erübrigt sich fast, zu erwähnen, daß die von Göring versprochene Veröffentlichung der – angeblich kommunistischen – »Dokumente, die die Notwendigkeit aller getroffenen Maßnahmen belegen« sollten, unterblieb. Sie wurden weder vor noch nach den Reichstagswahlen jemals publiziert. Doch dafür waren die Drohungen, die der preußische Ministerpräsident ausstieß – »Ich habe keine Gerechtigkeit auszuüben, sondern nur zu vernichten und auszurotten!«, erklärte der zu »Gerechtigkeit gegen jedermann« eidlich verpflichtete Minister am 3. März in Frankfurt am Main –, durchaus real: Es hagelte »Schutzhaft«-Befehle; Tausende von Kommunisten, Sozialdemokraten und mißliebigen Liberalen, aber auch einige christliche Gewerkschafter und Zentrumspolitiker wurden eingesperrt, mißhandelt und nicht selten auf sadistische Weise zu Tode gequält. Die linke, aber auch die bürgerlich-liberale Presse, war häufiger verboten, als daß sie erscheinen konnte, und die öffentlichen Rundfunkanstalten verwandelten sich in reine Propaganda-Sender der Nazi-Partei.

Unter diesen Umständen war das Ergebnis der Reichstagswahl vom 5. März 1933 für Hitler eine Prestigefrage; die einfache Mehrheit für seine Partei sollte das mindeste sein. Ja, der »Tag der Nation«, wie Goebbels den Wahlsonntag pathetisch genannt hatte, hätte der Regierung Hitler–v. Papen–Hugenberg–Seldte, dem Kabinett der »nationalen Konzentration«, eigentlich eine Zweidrittelmehrheit bringen müssen, so groß war einerseits der Terror, anderseits der Propagandaaufwand.

Noch am Vorabend der Wahl hatte Hitler im ostpreußischen Königsberg eine von allen deutschen Rundfunksendern übertragene Abschlußrede gehalten und den deutschen Wählern versprochen, die Arbeitslosigkeit ebenso zu beseitigen wie den »roten Terror«, im deutschen Osten wieder für gerechte Grenzen zu sorgen und das Reich von den Fesseln des »Schanddiktats« von Versailles zu befreien, »Ruhe und Ordnung« mit starker Hand zu wahren, den Bolschewismus auszurotten und jedwede Not zu bannen.

»Als er am Ende davon spricht«, so vermerkte Goebbels in seinem Tagebuch, »daß der Reichspräsident und er sich die Hände gereicht hätten, der eine, der Ostpreußen als Feldmarschall vom Feinde befreite, während der andere unterdessen als einfacher Grenadier im Westen seine Pflicht tat, da liegt über der ganzen Versammlung eine feierliche Stille, Rührung und tiefste Ergriffenheit. Mächtig klingt in den Schlußakkord der Rede das Niederländische Dankgebet, in der letzten Strophe übertönt vom Glockenläuten des Königsberger Doms. Über den Rundfunk schwingt diese Hymne durch den Äther über ganz Deutschland.«

Indessen ging die Wahl am »Tag der Nation« keineswegs so aus, wie Hitler und Goebbels es sich erhofft hatten. Zwar erhielt die NSDAP rund 3,5 Millionen Stimmen mehr als bei den Reichstagswahlen vom Juli 1932, verfehlte aber mit nur 43,9 Prozent Stimmenanteil die absolute Mehrheit. Schlimmer noch war es, daß SPD und KPD nur geringe Einbußen zu verzeichnen hatten; daß Zentrum und Bayerische Volkspartei sogar etwas stärker geworden waren und daß im ganzen gesehen der Stimmenzuwachs der Nazi-Partei nicht zu Lasten der Linken, auch nicht auf Kosten der »System«-Parteien der »Weimarer Koalition« gegangen war. Vielmehr hatten vor allem die bäuerlichen und kleinbürgerlichen Splitterparteien ihre Wähler an die NSDAP verloren, und auch von den Deutschnationalen waren Teile ihrer bisherigen Wählerschaft zu den Nazis abgewandert, was aber durch Wahlbündnisse mit Gruppen wie dem »Württembergischen Bauern- und Weingärtnerbund« hatte einigermaßen ausgeglichen werden können.

Immerhin verfügte die Regierung Hitler–v. Papen–Hugenberg im neuen Reichstag über eine knappe Mehrheit, denn die NSDAP hatte nun insgesamt 288 der insgesamt 566 Mandate; die als »Kampffront Schwarz-Weiß-Rot« angetretenen Deutschnationalen waren mit 52 Abgeordneten vertreten, und zusammen ergab das ein Übergewicht von 18 Stimmen.

Das schien zwar für eine Diktatur, wie die Nazis sie anstrebten, bei weitem nicht genug, da eine die parlamentarische Demokratie beseitigende Verfassungsänderung eine Zweidrittelmehrheit im Reichstag und in der Länderkammer, dem Reichsrat, benötigte. Aber Hitler, Göring und der am 13. März 1933 zur Belohnung für seine außerordentlichen Anstrengungen und Einfälle im Wahlkampf zum »Reichsminister für Volksaufklärung und Propaganda« ernannte Goebbels fanden schnell einen – wie sie fanden: genialen – Ausweg:

Der neue Reichstag sollte sich selbst entmachten, der Regierung alle Vollmachten erteilen, künftig ohne Parlament Gesetze zu erlassen und dann in die Ferien gehen. Die für ein solches Ermächtigungsgesetz nötige Zweidrittelmehrheit war durch die »Abwesenheit« aller 81 kommunistischen und einiger der verhafteten SPD-Abgeordneten schon beinahe zu erreichen; die etwa noch fehlenden Stimmen ließen sich durch massive Einschüchterung gewinnen. Und im Reichsrat war eine ausreichende Mehrheit dadurch zu erreichen, daß man die sich noch sträubenden Länderregierungen kurzerhand absetzte, was am 6. März geschah. Von nun an regierten in den widerspenstigen Ländern »Reichsstatthalter« genannte Kommissare, und nur in Preußen, wo Hermann Göring Ministerpräsident geworden war, machte man es umgekehrt und verabschiedete den Reichskommissar v. Papen, der fortan ein macht- und daher einflußloses Schattendasein als rein dekorativer Vizekanzler führte. Seine und auch Hugenbergs Rolle, die Zustimmung Hindenburgs zu sichern, übernahmen nun Staatssekretär Meißner und Oberst Oskar v. Hindenburg, die Hitlers Wünschen so weit entgegenkamen, daß sie erklärten, eine Mitwirkung des greisen Reichspräsidenten werde nur noch bei dem Ermächtigungsgesetz selbst, danach aber nicht mehr nötig sein.

Den noch vorhandenen Widerstand bei einigen Konservativen, Zentrumsführern und Reichswehrgeneralen sowie bei Hindenburg selbst brach Hitler unter Mitwirkung von Goebbels und Göring durch ein propagandistisches Meisterstück: Die Eröffnung des neuen Reichstags, den die Nazis für alle Zeiten zu entmachten gedachten, verlegten sie – das Gebäude des Parlaments in Berlin war ja durch das Großfeuer unbenutzbar geworden – in die Potsdamer Garnisonskirche, wo die Gebeine des »Alten Fritz« ruhten, wo alle Hohenzollern nach ihm ihre Siegesfeiern abgehalten hatten und wo Hindenburg 1866 als junger Gardeleutnant bei einem Tedeum zugegen gewesen war. Auch das Datum des Spektakels, der 21. März, hatte symbolische Bedeutung, denn an diesem Tag des Jahres 1871 hatte Bismarck den ersten Reichstag des wilhelminischen Kaiserreichs eröffnet. Nun sollte das »Dritte Reich« mit einer prunkvollen Zeremonie beginnen, die deutlich anknüpfte an Preußens Gloria und die glanzvolle Epoche des Eisernen Kanzlers, und dazu wurde alles aufgeboten, was es noch an Relikten aus der Kaiserzeit gab: der frühere Kronprinz und die Marschälle, Admirale und Generäle Wilhelms II.; der Feldmarschall August v. Mackensen, Jahrgang 1849, in Husarenuniform; das diplomatische Korps in goldbetreßten Galauniformen, und natürlich als Hauptfigur der greise Reichspräsident mit Pickelhaube, Schwarzem Adlerorden und Marschallstab. Hindenburg durfte den leeren Sessel Wilhelms II. in der Kaiserloge ehrfurchtsvoll grüßen und eine kurze Ansprache verlesen, die in dem Wunsch gipfelte: »Möge der Geist dieser altehrwürdigen Stätte auf die heutige Generation übergehen, möge er uns von Selbstsucht und Parteihader befreien und uns im Nationalbewußtsein zum Segen eines stolzen, freien und geeinten Deutschland zusammenschließen!«

Der alte Herr hatte Tränen in den Augen, wie Goebbels in seinem Tagebuch triumphierend vermerkt hat, und mit Rührung hörte er sich Hitlers Rede an, die – wie William L. Shirer es treffend formuliert hat – »in raffinierter Weise darauf abgestimmt (war), Sympathie und Vertrauen unter der glanzvollen Schar von Vertretern des alten Regimes zu wecken«:

»Weder der Kaiser noch die Regierung noch das Volk haben den Krieg (1914–1918) gewollt«, verkündete der in Cut und Zylinder erschienene »Führer« mit viel Pathos. »Nur der Verfall der Nation, der allgemeine Zusammenbruch zwangen ein schwaches Geschlecht wider das eigene bessere Wissen und gegen die heiligste innere Überzeugung, die Behauptung unserer Kriegsschuld hinzunehmen!«

Dann wandte sich Hitler mit ergebenem Blick dem stocksteif in seinem Sessel sitzenden Hindenburg zu und erklärte:

»In einer einzigartigen Erhebung hat das Volk in wenigen Wochen die nationale Ehre wiederhergestellt, und dank Ihrem Verstehen, Herr Generalfeldmarschall, die Vermählung vollzogen zwischen den Symbolen der alten Größe und der jungen Kraft. Wir erheben uns vor Ihnen, Herr Generalfeldmarschall. Heute läßt Sie die Vorsehung Schirmherr sein über die neue Erhebung unseres Volkes!«

»Daraufhin schritt Hitler mit allen Zeichen der Demut auf den Präsidenten zu, den er noch vor Ablauf der Woche seiner politischen Macht zu berauben gedachte«, berichtet William L. Shirer, der als amerikanischer Zeitungskorrespondent damals Augenzeuge dieses Schauspiels war. »Er verbeugte sich tief vor ihm und ergriff seine Hand. Im Blitzlicht der Fotoapparate und unter dem Surren der Filmkameras, die Goebbels zusammen mit Mikrophonen an strategischen Stellen postiert hatte, wurde der feierliche, das neue mit dem alten Deutschland verbindende Händedruck des deutschen Generalfeldmarschalls und des österreichischen Gefreiten für das Volk und die Welt aufgenommen, damit sie es sehen und hören sollten.«

Und zu dem schnöden Verrat, den Hitler an Hindenburg, Hindenburg an der Republik und ihrer Verfassung zu begehen im Begriff standen, zu all dem anderen Treubruch, den einige der anwesenden Politiker und Generale, teils schon begangen hatten, teils bereits planten, ließ das Glockenspiel der Garnisonskirche *»Üb' immer Treu und Redlichkeit . . .«* ertönen, schossen die Kanonen den Ehrensalut und erklangen die Trommelwirbel der aufgezogenen Wache. Offiziere in Paradeuniform senkten die Fahnen der Traditionsregimenter; preußischer Stechschritt ließ das alte Gemäuer erzittern, und der französische Botschafter André François-Poncet, der dabei war, meinte zu dem, was er an diesem Tage in Potsdam gesehen und gehört hatte: *»Wie sollte Hitlers Sprache nicht an das Herz jener Männer rühren, die sich als Hüter wahrer preußischer Tradition fühlten, an das Herz Hindenburgs und seiner Freunde, der monarchistischen Junker und Barone, Hugenbergs und seiner Deutschnationalen . . .? Werden sie noch zögern können, ihm volles Vertrauen zu schenken, alle seine Forderungen zu erfüllen und ihm die Vollmachten zu geben, die er verlangt?«*

Natürlich zögerten sie nicht.

Zwei Tage später, am 23. März 1933, diesmal in der Kroll-Oper,

Reichsgesetzblatt

1933	Ausgegeben zu Berlin, den 24. März 1933	Nr. 25

Inhalt: Gesetz zur Behebung der Not von Volk und Reich. Vom 24. März 1933 .... S. 141

Gesetz zur Behebung der Not von Volk und Reich. Vom 24. März 1933.

Der Reichstag hat das folgende Gesetz beschlossen, das mit Zustimmung des Reichsrats hiermit verkündet wird, nachdem festgestellt ist, daß die Erfordernisse verfassungändernder Gesetzgebung erfüllt sind:

Artikel 1

Reichsgesetze können außer in dem in der Reichsverfassung vorgesehenen Verfahren auch durch die Reichsregierung beschlossen werden. Dies gilt auch für die in den Artikeln 85 Abs. 2 und 87 der Reichsverfassung bezeichneten Gesetze.

Artikel 2

Die von der Reichsregierung beschlossenen Reichsgesetze können von der Reichsverfassung abweichen, soweit sie nicht die Einrichtung des Reichstags und des Reichsrats als solche zum Gegenstand haben. Die Rechte des Reichspräsidenten bleiben unberührt.

Artikel 3

Die von der Reichsregierung beschlossenen Reichsgesetze werden vom Reichskanzler ausgefertigt und im Reichsgesetzblatt verkündet. Sie treten, soweit sie nichts anderes bestimmen, mit dem auf die Verkündung folgenden Tage in Kraft. Die Artikel 68 bis 77 der Reichsverfassung finden auf die von der Reichsregierung beschlossenen Gesetze keine Anwendung.

Artikel 4

Verträge des Reichs mit fremden Staaten, die sich auf Gegenstände der Reichsgesetzgebung beziehen, bedürfen nicht der Zustimmung der an der Gesetzgebung beteiligten Körperschaften. Die Reichsregierung erläßt die zur Durchführung dieser Verträge erforderlichen Vorschriften.

Artikel 5

Dieses Gesetz tritt mit dem Tage seiner Verkündung in Kraft. Es tritt mit dem 1. April 1937 außer Kraft; es tritt ferner außer Kraft, wenn die gegenwärtige Reichsregierung durch eine andere abgelöst wird.

Das Ermächtigungsgesetz vom 24. März 1933

legte Hitler dem Reichstag ein »Gesetz zur Behebung der Not von Volk und Reich« vor, dessen fünf kurze Abschnitte alle verfassungsmäßigen Rechte des Parlaments für die Dauer von vier Jahren auf die Reichsregierung übertrugen. Die vom Kabinett beschlossenen Gesetze sollten vom Reichskanzler »ausgefertigt« werden und »von der Reichsverfassung abweichen können«. Diese völlige Entmachtung der Volksvertretung schloß mit einer Feststellung, die nur als Hohn verstanden werden kann: »Im übrigen«, hieß es nämlich, werde »die Einrichtung des Reichstages nicht berührt«.

»Die Zahl der Fälle, in denen eine innere Notwendigkeit vorliegt, zu einem solchen Gesetz die Zuflucht zu nehmen, ist an sich eine begrenzte«, beruhigte Hitler das »Hohe Haus«, und er fügte hinzu, daß sich im Grunde nichts ändern werde. Der Reichspräsident, die Länder und selbstverständlich auch die Kirchen blieben in ihren Rechten unberührt.

Zum Schluß kam dann aber doch noch eine unmißverständliche Drohung: Seine Regierung, sagte der Reichskanzler, mit bedeutungsvollem Blick zu den Zentrumsführern, verlange eine klare Entscheidung. Sie erwarte die Zustimmung des Parlaments, denn »sie bietet den Parteien des Reichstages die Möglichkeit einer ruhigen Entwicklung und einer sich daraus in Zukunft anbahnenden Verständigung. Die Regierung ist aber ebenso entschlossen und bereit, die Bekundung der Ablehnung und damit die Ansage des Widerstandes entgegenzunehmen. Mögen Sie, meine Herren, nunmehr selbst entscheiden über Frieden oder Krieg!«

Die Herren entschieden sich, teils begeistert, teils zögernd, mit der erforderlichen Zweidrittelmehrheit für den Frieden mit Hitler und damit für das Ermächtigungsgesetz, das den »böhmischen Gefreiten« zum allmächtigen Diktator machte und die Demokratie beseitigte. Zentrum und Bayerische Volkspartei beugten sich, wie Prälat Kaas ausführte, dem Gebot der Stunde; der Zentrumsabgeordnete Heinrich Brüning übte Fraktionsdisziplin. Die Liberalen – man konnte sie an den Fingern einer Hand abzählen, und einer von ihnen war der Abgeordnete Theodor Heuß – gaben dem Ermächtigungsgesetz ebenfalls ihre Zustimmung, wenngleich mit vielen inneren Vorbehalten, wie sich versteht. Die 81 Kommunisten wurden nicht gefragt; sie befanden sich größtenteils in Haft, waren über die Grenze ins Ausland geflüchtet oder hielten sich im Untergrund versteckt. Und für die anwesenden 94 Abgeordneten der SPD – 26 weitere waren teils in Haft, teils schon im Exil – erklärte Otto Wels mit großer Würde, daß die Sozialdemokratie dem Gesetz die Zustimmung verweigern müsse; die SPD sei »zwar wehrlos, aber nicht ehrlos«.

Und er fügte hinzu: *»Wir deutschen Sozialdemokraten bekennen uns in dieser historischen Stunde feierlich zu den Grundsätzen der Menschlichkeit und Gerechtigkeit, der Freiheit und des Sozialismus. Kein Ermächtigungsgesetz kann Ihnen die Macht geben, Ideen zu zerstören, die ewig und unzerstörbar sind.«*

Das waren schöne Worte, und es gehörte gewiß Mut dazu, sie zu diesem Zeitpunkt auszusprechen. Aber schon durch ihre Teilnahme an der »historischen Stunde« dieser Abstimmung bekundete die SPD, daß sie das Ermächtigungsgesetz für nicht verfassungswidrig hielt; daß sie bereit war, die Rolle einer staatsloyalen Opposition auch in einer Hitler-Diktatur zu übernehmen, und daß sie keinen erkennbaren Anstoß nahm an der verfassungswidrigen Behinderung der zahlreichen Abgeordneten der Linken, auch ihrer eigenen Fraktion, die unter Verletzung ihrer Immunität in Haft gehalten wurden. Darüber wie über so vieles andere, was mit Hilfe der SPD oder mit ihrer Duldung zur Errichtung der faschistischen Diktatur geführt hatte – von der Aufstellung der konterrevolutionären Freikorps bis zu der strikten Weigerung, eine antifaschistische Aktionsgemeinschaft mit den Kommunisten einzugehen –, konnten auch die schönsten und würdigsten Worte nicht hinwegtäuschen.

Hitler antwortete Otto Wels mit einer leidenschaftlichen und, wie es schien, improvisierten Rede:

»Spät kommt ihr, doch ihr kommt!« rief er den Sozialdemokra-

ten zu. »*Die schönen Theorien, die Sie, Herr Abgeordneter, soeben hier verkündeten, sind der Weltgeschichte etwas zu spät mitgeteilt worden. Vielleicht hätten Ihre Erkenntnisse, praktisch angewandt vor Jahren, die heutigen Klagen von Ihnen erspart . . . Dem deutschen Arbeiter werden wir Nationalsozialisten von jetzt an die Bahn frei machen zu dem, was er fordern und verlangen kann. Wir Nationalsozialisten werden seine Fürsprecher sein; Sie, meine Herren, sind nicht mehr benötigt! . . . Verwechseln Sie uns nicht mit einer bürgerlichen Welt! Sie meinen, daß Ihr Stern wieder aufgehen könnte. Meine Herren, der Stern Deutschlands wird aufgehen, und Ihrer wird sinken. Sie sagen, daß Ihre Bewegung nicht gebrochen worden sei. Das war die Zeit, in der die deutsche Arbeiterschaft in Ihnen noch etwas anderes sah, als Sie heute sind . . . Was im Völkerleben morsch und alt und gebrechlich wird, das vergeht und kommt nicht wieder . . . Ich brauche Ihre Stimmen nicht. Ich kann Ihnen nur sagen: Ich will auch gar nicht, daß Sie dafür stimmen! Deutschland soll frei werden, aber nicht durch Sie!*«

Danach wurde abgestimmt. 441 Abgeordnete der NSDAP, der Deutschnationalen, der Deutschen Volkspartei und anderer rechter Splittergruppen, des Zentrums und der Bayerischen Volkspartei sowie der Staatspartei, wie sich die Demokraten jetzt nannten, stimmten für das Gesetz, das Hitler mehr Vollmachten gab, als der Kaiser oder auch Bismarck, Ebert und Hindenburg je gehabt hatten; 94 Sozialdemokraten stimmten dagegen. Kaum hatte Reichstagspräsident Hermann Göring das Ergebnis bekanntgegeben, da sprangen die 288 NSDAP-Abgeordneten von ihren Sitzen auf und sangen, zusammen mit der SA, die auf den Tribünen saß, mit erhobenem rechten Arm das »Horst-Wessel-Lied«. Die bürgerlichen Abgeordneten sahen dem Schauspiel betreten zu; sie wußten, daß sie nun nicht mehr benötigt wurden. Deutschland war keine schwarz-rot-goldene Republik mehr, sondern eine faschistische Diktatur unter dem Hakenkreuz.

Daran änderte auch die Tatsache nichts, daß sich das deutsche Volk gerade erst mehrheitlich *gegen* eine solche Entwicklung ausgesprochen und, trotz allem Terror, nur zu wenig mehr als einem Drittel *für* die Hitler-Diktatur gestimmt hatte. Man konnte fortan allenfalls noch darüber nachdenken, wie es dennoch zum Untergang der Republik gekommen war.

Ein Resumée solchen Nachdenkens findet sich in Karl Dietrich Brachers Standardwerk »Die Auflösung der Weimarer Republik«. Bracher schreibt: »*Auch heute noch geistert durch die Apologien trotziger und enttäuschter Beteiligter die Behauptung, Hitler sei am 30. Januar 1933 völlig ›legal‹ nach den Grundsätzen der parlamentarischen Republik zur Macht gekommen: der Republik also, auf die er seinen dann tausendfach gebrochenen Eid geschworen hat. Die Berufung auf den formalen Vorgang verfälscht den wahren Charakter dieses Regierungswechsels. Es waren durchaus unverantwortliche, außerverfassungsmäßige Exponenten politischer und wirtschaftspolitischer Bestrebungen und Illusionen, die Hitler die Macht in die Hände spielten. Die rechtmäßig politisch verantwortlichen Instanzen dagegen, vor allem die Parteien, der Reichstag und der Reichspräsident, ließen sich von diesen Vorgängen ausschalten oder irreführen. Der Geist dieses Regierungswechsels war dem Sinne der Verfassung gänzlich zuwider. Man war sich gerade auf nationalsozialistischer Seite jetzt und in der Folgezeit mit zynischer Offenheit klar, daß die Legalität ›nur die äußere Ordnungsmäßigkeit der Ereignisse‹ betreffen und ›ihren wahrhaft revolutionären Charakter nicht in Frage‹ stelle. Denn Hitlers ›Ernennung war selbstverständlich legal im Sinne der äußeren Buchstabentreue, aber niemand wird behaupten, daß es dem inneren Sinn der Weimarer Verfassung entsprochen hätte, daß hier ihr geschworener Feind an die Spitze des Reiches gestellt würde‹.«*

Mit der Verabschiedung des »Ermächtigungsgesetzes« durch den sich damit entmachtenden Reichstag begann die Phase der »Gleichschaltung«, und der erste Schlag traf die Länder, deren Rechte »unangetastet« zu lassen Hitler gerade erst feierlich versprochen hatte. Die Landtage wurden aufgelöst, neue »Volksvertretungen« nicht gewählt, sondern einfach ernannt, und zwar auf der Grundlage der letzten Reichstagswahlergebnisse in den einzelnen Ländern, wobei die für die Kommunisten abgegebenen Stimmen unter den Tisch fielen. Die Ein- und Absetzung von Landesregierungen wurde den Reichsstatthaltern übertragen, und einige Monate später, am 30. Januar 1934, beseitigte Hitler mit einem Federstrich die Reste der Föderalstruktur, indem er die Landesregierungen und ihre »Parlamente« ganz abschaffte, die Reichsstatthalter der Dienstaufsicht des Reichsinnenministers Dr. Frick unterstellte und die Hoheitsrechte der Länder dem Reich übertrug.

Der nächste Schlag traf die Gewerkschaften. Zum 1. Mai, den Hitler zum »Feiertag der nationalen Arbeit« erklärte, gab es zunächst gewaltige, von Dr. Goebbels geschickt inszenierte Massenkundgebungen, und die Nazi-Führer machten den Arbeitern ungeheuere Versprechungen. Am Tag darauf, am 2. Mai 1933, wurden nach einem schon am 21. April in allen Einzelheiten festgelegten Plan sämtliche Gewerkschaftshäuser im Deutschen Reich von bewaffneter SA besetzt, alle Vermögenswerte der Gewerkschaften beschlagnahmt und die meisten ADGB-, aber auch zahlreiche christliche Gewerkschaftsfunktionäre in »Schutzhaft« genommen, zum Teil schwer mißhandelt und größtenteils in die Konzentrationslager verschleppt, die in allen Teilen Deutschlands eingerichtet worden waren.

Unter den Verhafteten befanden sich auch diejenigen ADGB-Führer, die sich – wie Theodor Leipart und Peter Graßmann sowie andere rechte Sozialdemokraten – bei den Nazis angebiedert und zu den von Goebbels propagandistisch vorbereiteten nationalsozialistischen Mai-Kundgebungen mit aufgerufen hatten. Hitlers Organisationsleiter und »Stabschef« Dr. Robert Ley, der zum Führer einer neuen, die Gewerkschaften ersetzenden »Deutschen Arbeitsfront« (DAF) ausersehen war, meinte dazu: »Die Leiparts und Graßmanns mögen mit noch so viel Heuchelei dem Führer ihre Ergebenheit erklären – sie sitzen besser hinter Schloß und Riegel!« Und der deutschen Arbeiterschaft, die mangels einer entschlossenen Führung der Zerschlagung der mächtigsten Gewerkschaftsorganisation der Welt tatenlos zugesehen hatte, versicherte Dr. Ley wenige Tage später bei seiner Antrittsrede als Leiter der DAF: »Eure Einrichtungen sind uns Nationalsozialisten heilig! Ich selbst bin ein armer Bauernsohn und kenne die Not . . ., kenne die Ausbeutung durch die anonyme Macht des Kapitals. Arbeiter! Ich schwöre euch, ihr werdet nicht nur alles bereits Bestehende behalten, wir werden sogar noch den Schutz und die Rechte des Arbeiters weiter ausbauen!«

Genau fünfzehn Tage später, am 17. Mai 1933, erließ die Hitler-Regierung ein Gesetz, das mit dem im Kaiserreich schwer erkämpften Tarifvertragsrecht Schluß machte. Von Hitler eingesetzte »Treuhänder der Arbeit« konnten künftig ohne Mitsprache der Arbeiterschaft sämtliche »Bedingungen für den Abschluß von Arbeitsverträgen« in ihrem jeweiligen Wirtschaftsbereich rechtsverbindlich festlegen und alle erforderlichen Maßnahmen »zur Sicherung des Arbeitsfriedens« treffen. Für die Metallindustrie des rheinisch-westfälischen Industriegebiets wurde Fritz Thyssen, Chef des größten Stahlkonzerns und langjähriger Förderer Hitlers, zum »Treuhänder der Arbeit« bestellt; auch in allen anderen Bereichen übernahmen entweder die Konzernherren selbst oder ihre Verbandsjuristen diese Ämter. Das Streikrecht wurde beseitigt, und es gab künftig auch keine gewählten Betriebsräte mehr. Dr. Ley versprach den Industriellen, »dem naturgegebenen Führer eines Betriebs, das heißt dem Unternehmer, die absolute Führung wiederzugeben«. Jahrelang hätten sich die Fabrik- und Zechenherren an den »Herrn im Hause«, den von den Arbeitern gewählten Betriebsrat, wenden müssen. Jetzt aber seien wieder sie selbst »Herr im Hause«! Künftig werde es auch in den Betrieben nur noch das »Führerprinzip« geben, demzufolge der »Betriebsführer«, also der Eigentümer oder sein Beauftragter, allein zu befehlen und die »Gefolgschaft«, also die Arbeiter und Angestellten, zu gehorchen hätten. Ohne Betriebsrat, ohne Gewerkschaften, ohne Tarif- und Streikrecht und mit ihnen genehmen »Treuhändern der Arbeit« wären die Unternehmer nunmehr mit einer Autorität ausgestattet, wie sie sie noch niemals seit den Tagen des Frühkapitalismus gehabt hätten. Und alles dies verdankten sie dem »Führer« Adolf Hitler.

Es gab noch manches, wofür die deutschen Unternehmer dem neuen Kanzler dankbar sein konnten, denn er ließ sie, nachdem er die Gewerkschaften zerschlagen und die Betriebsräte sowie das Tarifrecht abgeschafft hatte, völlig in Ruhe. Die Programmpunkte 11 bis 21 der NSDAP, die noch aus dem Jahre 1920 stammten und viele Vertreter der alten Geld- und Machtelite verschreckt hatten – ». . . *11. Abschaffung des arbeits- und mühelosen Einkommens . . . 12. . . . restlose Einziehung aller Kriegsgewinne. 13. . . . Verstaatlichung aller (bisher) bereits vergesellschafteten (Trusts) Betriebe. 14. . . . Gewinnbeteiligung an Großbetrieben. 15. . . . großzügigen Ausbau der Altersversorgung . . . 16. . . . sofortige Kommunalisierung der Groß-Warenhäuser . . . 17. . . . eine unseren nationalen Bedürfnissen angepaßten Bodenreform, Schaffung eines Gesetzes zur unentgeltlichen Enteignung von Boden für gemeinnützige Zwecke, Abschaffung des Bodenzinses und Verhinderung jeder Bodenspekulation. 18. . . . rücksichtslosen Kampf gegen diejenigen, die durch ihre Tätigkeit das Gemeininteresse schädigen . . . 19. . . . Ersatz für das der materialistischen Weltordnung dienende römische Recht . . . 20. . . . Ausbildung besonders veranlagter Kinder armer Eltern auf Staatskosten . . . 21. . . . Verbot der Jugendarbeit . . .*« –, wurden nicht verwirklicht; sie hatten nur dem Stimmenfang gedient.

Nein, an Sozialismus, an die »soziale Revolution«, dachte die Hitler-Regierung ebensowenig wie einst Ebert. Im Gegenteil: Nachdem sie bereits die Kommunistische Partei aufgelöst und alle KPD-Funktionäre, derer sie habhaft werden konnte, in den Konzentrationslagern »unschädlich gemacht« hatte, war sie darangegangen, auch die SPD zu zerschlagen.

Den Vorwand dafür lieferten diejenigen Spitzenfunktionäre der Sozialdemokratischen Partei, die den Anbiederungskurs der rechten Vorstandsmehrheit nicht mehr mitmachen wollten und vom tschechoslowakischen Karlsbad aus zum Widerstand gegen den Nazi-Terror aufforderten. Es nützte dem rechten Rumpf-Vorstand nichts, daß er im Laufe des Monats Mai 1933 vor Hitler eine tiefe Verbeugung nach der anderen machte, im Reichstag am 17. Mai mit den Stimmen aller noch in Berlin verbliebenen 65 SPD-Abgeordneten das außenpolitische Programm der Hitler-Regierung billigte, sodann den Austritt der SPD aus der Sozialistischen Arbeiter-Internationale erklärte und schließlich den Prinzipienverrat und die Würdelosigkeit so weit trieb, alle jüdischen Genossen aus den

Vorständen auszustoßen. Es half auch nichts, daß beispielsweise der SPD-Landesvorstand in Württemberg am 10. Mai allen sozialdemokratischen Mandatsträgern empfahl, »ihre Tätigkeit in einem Sinne auszuüben, der keinen Zweifel an dem guten Willen zuläßt, die politische Neubildung Deutschlands nach den Plänen des Nationalsozialismus zu unterstützen«. Dieser opportunistische, maßgeblich von dem früheren langjährigen Reichstagspräsidenten Paul Löbe bestimmte Kurs bewirkte lediglich, daß die Nazis den letzten Respekt vor der SPD verloren und ihr nur noch ein paar Tage Gnadenfrist einräumten, wohl um zu sehen, wie tief diese unter Führung August Bebels und Wilhelm Liebknechts einst so stolze und mächtige Partei noch sinken würde. Doch als dann am 18. Juni 1933 die ersten Exemplare einer im Kleinformat und auf dünnstem Papier gedruckten Zeitung, des »Neuen Vorwärts«, von Karlsbad aus ins Reich geschmuggelt wurden und ihren Weg in die Arbeiterviertel der Großstädte und industriellen Ballungsgebiete fanden, verfügte Hitler die Auflösung der SPD und schärfstes Vorgehen gegen ihre Kader. Etwa dreitausend sozialdemokratische Funktionäre wurden verhaftet und in die Konzentrationslager eingeliefert. Gleichzeitig wurde die SA zu Einschüchterungsaktionen ermuntert, und zwischen dem 22. und 24. Juni 1933 ging eine Terrorwelle durch ganz Deutschland, der allein im Berliner Osten 91 Antifaschisten zum Opfer fielen. Tausende wurden in »Schutzhaft« genommen und auf bestialische Weise gefoltert.

Unter dem Eindruck dieser Schreckensherrschaft lösten sich alle übrigen Parteien von selbst auf. Die Deutsche Volkspartei, die Bayerische Volkspartei und das Zentrum erklärten ihre Tätigkeit für beendet; die Zentrumsführung rief gar ihre ehemalige Anhängerschaft auf, sich beim Neuaufbau von Staat und nationalsozialistischer Volksgemeinschaft »von niemandem übertreffen« zu lassen, und die Bayerische Volkspartei riet ihren Mitgliedern und Wählern, »unter der unmittelbaren Führung Adolf Hitlers« politisch mitzuarbeiten. Die Deutschnationale Volkspartei Hugenbergs löste sich am 27. Juni auf und schloß wegen der Überführung ihrer Anhänger in die NSDAP mit dieser ein »Freundschaftsabkommen«. Gleichzeitig trat Geheimrat Hugenberg aus dem Kabinett aus; sein Nachfolger im Amt des Reichswirtschaftsministers wurde Dr. Kurt Schmitt, Generaldirektor des Allianz-Versicherungskonzerns, während das von Hugenberg bis dahin mitverwaltete Reichsministerium für Ernährung und Landwirtschaft dem NSDAP-Reichsleiter Walter Darré übertragen wurde. Und damit waren im Reichskabinett die Nazis nicht mehr, wie anfangs, »eingerahmt« von Deutschnationalen und Parteilosen, sondern hatten ein Übergewicht.

Am 14. Juli 1933 konnte Hitler ein Gesetz verkünden, durch das die Neubildung und Fortführung aller politischen Parteien außer der NSDAP verboten wurde; auf Zuwiderhandlung stand fortan Zuchthausstrafe. Am 20. Juli wurde zwischen dem Deutschen Reich und dem Heiligen Stuhl ein Konkordat geschlossen, das die katholische Kirche zu strikter Loyalität gegenüber dem Nazi-Regime verpflichtete und ihr dafür alle bisherigen Privilegien garantierte. Und Herr v. Papen, der an dieser Anerkennung der Hitler-Diktatur durch den Vatikan sehr aktiven Anteil genommen hatte (und dabei, ohne es zu merken, entmachtet worden war), konnte resignierend feststellen:

»Wer von uns hätte es für möglich gehalten, daß die unwiderstehliche Angriffskraft des Nationalsozialismus in vier Monaten dieses Deutsche Reich mit Haut und Haaren für sich eroberte; daß keine der bürgerlichen Parteien mehr das Feld behauptete; daß die Institutionen des demokratischen Zeitalters wie mit einem Federstrich ausgelöscht wurden; daß der Reichskanzler eine Machtfülle in sich verkörperte, die kein deutscher Kaiser vor ihm besessen hat.«

Die Verwunderung dieses Mannes, der Hitler die Steigbügel in der irrigen Annahme gehalten hatte, man könnte den einmal installierten Faschismus zunächst die schmutzige Arbeit tun, das heißt: mit blutigem Terror die Linke vernichten und lassen, und ihn dann »ersetzen« durch eine stramm konservative Regierung irgendeines sich auf Reichswehr, Klerus und Kapital stützenden Hohenzollern, wurde damals von vielen Angehörigen der deutschen Oberschicht geteilt. Doch das Erstaunen wich in den meisten Fällen teils echter Begeisterung, teils dem opportunistischen Bestreben, sich den Siegern schnellstens anzuschließen.

Die »hundertzehnprozentigen Nazis« tauchten jetzt überall auf, und es waren zumeist Kleinbürger und Beamte, die durch Übereifer vergessen machen wollten, daß sie bislang einer anderen Partei, einer Gewerkschaft oder Freimaurerloge angehört hatten, ja, vielleicht auch nur mit Juden befreundet gewesen waren.

Übrigens, der wilde Antisemitismus der Nazis, der viele hatte befürchten lassen, gleich nach ihrer »Machtergreifung« würde es zu blutigen Pogromen kommen, machte sich zunächst (und auch noch in den folgenden Jahren) noch verhältnismäßig wenig bemerkbar, zumindest im Vergleich zu dem, was dann später geschah. Das »Gesetz zur Wiederherstellung des Berufsbeamtentums« hatte die ohnehin sehr geringe Anzahl von jüdischen Beamten, Richtern und Offizieren ebenso aus dem Staatsdienst entfernt wie die Funktionäre der linken Parteien; denjenigen jüdischen Rechtsanwälten, die 1914–18 nicht als Soldaten an der Front gestanden hatten, war die Zulassung entzogen worden, und am 1. April 1933 hatte Dr. Goebbels einen eintägigen Boykott der jüdischen Ladengeschäfte und Warenhäuser propagieren lassen. Mißhandelt und ermordet worden waren aber – von vereinzelten Fällen, meist in Kleinstädten, abgesehen – nur diejenigen Juden, die man unter den kommunistischen und sozialdemokratischen »Schutzhäftlingen« der Konzentrationslager gefunden hatte. Noch befürchteten nämlich die Nazis, daß antisemitische Ausschreitungen großen Stils das westliche Ausland zum Abbruch der wirtschaftlichen Beziehungen veranlassen und sowohl den deutschen Export wie die Einfuhr dringend benötigter Rohstoffe empfindlich treffen könnte.

So wandte sich der Terror der SA und SS zunächst weit weniger gegen die etwa 500 000 Angehörigen der jüdischen Religionsgemeinschaften im Deutschen Reich (und gegen die schätzungsweise anderthalb Millionen »Nichtarier« ganz oder teilweise jüdischer Abstammung), sondern vornehmlich gegen die noch aktiven Reste der sozialistischen Parteien sowie gegen das, was im Nazi-Jargon als »Zersetzung« bezeichnet wurde.

Darunter verstanden die Führer der NSDAP die geistigen und künstlerischen Einflüsse, die nicht im Einklang mit der Nazi-Ideologie standen, also nahezu alles auf dem Gebiet der Kunst, Wissenschaft, Literatur und Unterhaltung, was nicht der Verherrlichung des Krieges und der »Wehrhaftigkeit«, des völkischen »Blut und Boden«-Kults und des »Führerprinzips« diente.

Internationale Rücksichten, so meinte die Nazi-Führung, brauchte man bei der Verfolgung des »jüdisch-marxistisch-liberalistischen Ungeistes« nicht zu nehmen; Nachteile für die Wirtschaft, so glaubte man, waren davon auch nicht zu befürchten. Daß dies ein folgenschwerer Irrtum war, davon wird später noch die Rede sein.

Ein Höhepunkt des Kampfes gegen die »Zersetzung« war eine von Dr. Goebbels mit großem Aufwand an Propaganda in Szene gesetzte Bücherverbrennung am 10. Mai 1933. Nach einem genauen Regieplan loderten am Abend dieses Tages auf dem Opernplatz in Berlin, auf dem Römerberg in Frankfurt am Main, am Kaiser-Friedrich-Ufer in Hamburg, auf dem Königsplatz in München sowie in allen anderen deutschen Universitätsstädten – in Würzburg auf dem Residenzplatz sogar unter den Klängen einer Reichswehrkapelle – riesige Scheiterhaufen auf, angeblich von Studenten »spontan« entzündet. In den Flammen verbrannten junge Akademiker in SS-Uniform die Werke von einigen hundert Autoren – von Karl Marx und Friedrich Engels, von Heinrich Mann, von Erich Maria Remarque, Ludwig Renn, Lion Feuchtwanger, Erich Kästner, Bertolt Brecht, Kurt Tucholsky, Carl v. Ossietzky, Stefan Zweig, Franz Kafka, Max Brod, Hermann Kesten, Egon Erwin Kisch, Alfred Döblin, Robert Neumann und vielen, vielen anderen bedeutenden zeitgenössischen Schriftstellern, aber auch die Bücher so mancher Klassiker, vor allem natürlich die Werke Heinrich

Heines, der einst geschrieben hatte: »Dort, wo man Bücher verbrennt, verbrennt man am Ende auch Menschen.«

Indessen hatte die Intellektuellen-Verfolgung schon einige Monate früher begonnen. Als Käthe Kollwitz und Heinrich Mann Anfang Februar 1933 die deutsche Arbeiterschaft zu gemeinsamem Widerstand gegen den Faschismus aufgerufen hatten, waren sie aus der Preußischen Akademie der Künste ausgeschlossen worden. Bei den Massenverhaftungen nach dem Reichstagsbrand waren auch Schriftsteller wie Ludwig Renn, Erich Mühsam, Egon Erwin Kisch und Carl v. Ossietzky unter denen, die man ins Konzentrationslager verschleppt hatte: Mühsam wurde im KZ ermordet, und Ossietzky, der als Redakteur der »Weltbühne«, einer entschieden pazifistischen und antifaschistischen Zeitschrift, den Nazis besonders verhaßt war, starb – nachdem ihm als »Schutzhäftling« 1936 der Friedensnobelpreis verliehen worden war, dessen Annahme ihm Hitler jedoch verboten hatte – an den Folgen der während seiner langen Haft erlittenen Mißhandlungen.

Im Laufe des Monats März 1933 waren Thomas Mann und Alfred Döblin aus der Akademie ausgeschlossen worden, wenig später auch Franz Werfel, Leonhard Frank und Bernhard Kellermann. Die meisten der Geächteten flohen ins Exil; viele starben in den Gefängnissen und Lagern oder begingen aus Verzweiflung Selbstmord – wie Kurt Tucholsky, Stefan Zweig, Ernst Toller und Walter Hasenclever.

Zur Flucht ins Ausland getrieben wurden auch viele der berühmtesten Schauspieler und Regisseure wie Elisabeth Bergner, Max Reinhardt, Ernst Deutsch, Fritz Kortner, Alexander Moissi und Fritz Lang, um nur einige der bekanntesten Namen zu nennen, sowie zahlreiche Komponisten und Dirigenten von internationalem Rang wie Arnold Schönberg, Hanns Eisler, Bruno Walter, Oscar Fried, Otto Klemperer oder Leo Blech. Es flüchteten aber auch Maler und Bildhauer, Architekten und Designer, Filmschauspieler und Kameraleute, Sänger und Musiker, Operetten-Stars und Kabarettisten, Kunstkritiker und Feuilletonisten.

An den Universitäten und Instituten war es nicht anders. Mehr als ein Dutzend Nobelpreisträger, unter ihnen Albert Einstein, James Franck, Richard Willstätter und Fritz Haber, und mehrere tausend Professoren, Institutsleiter und Chefärzte wurden in die Emigration gezwungen. Niemals zuvor hat die deutsche Nation einen auch nur ähnlich großen kulturellen Verlust erlitten wie in den ersten Monaten des »Dritten Reiches«, und er setzte sich fort bis hin zur Ermordung derer, die im Vertrauen auf ein rasches Ende des Faschismus nicht ins Exil gingen, sondern in Deutschland ausharrten.

An die Stelle der Vertriebenen, Eingekerkerten und Ermordeten traten in den folgenden Jahren zweit- und drittklassige Künstler und Wissenschaftler, Opportunisten, Kriecher und Postenjäger, Scharlatane und skrupellose Streber, die sich als in der Wolle braungefärbte »Alte Kämpfer« ausgaben, ihre noch mit Anpassungsschwierigkeiten kämpfenden Kollegen bespitzelten und die Verherrlichung der Nazi-Tyrannei bis zum Byzantinismus steigerten.

Das war das Ergebnis der »Gleichschaltung« auf kulturellem Gebiet. Auf anderen Gebieten des öffentlichen Lebens änderte sich nur die äußere Fassade, und Michael Freund hat es richtig beobachtet: »Der Verwaltungsapparat . . ., blieb wie er war. Das Dritte Reich machte hier keine Revolution, und es wuchs kein neuer Herrschaftsapparat heran. Die Führerbilder in den Amtsstuben und die Parteiabzeichen auf den Rockaufschlägen veränderten das Gefüge, den Mechanismus und den Aufbau der deutschen Verwaltung nicht. Die ›nationalsozialistische‹ Beamtenschaft . . . war dieselbe, die das Dritte Reich aus der Weimarer Republik mit leichten Retuschen übernommen hatte . . . Wenn jemand sich durch die Parteiabzeichen, wogenden Fahnen und das viele ›Sieg Heil‹-Geschrei nicht blenden ließ, hatte sich in Deutschland wenig verändert. Die Länder waren im Grunde geblieben, die Kirchen, das Heer . . . Die Banken hatten einige Juden ausgebootet. Da aber die ›Verjudung‹ des deutschen Großkapitals ohnehin eine Legende war, war auch in den deutschen Banken alles beim alten geblieben. Das Geld war noch da, mächtig und frech; die alten Kämpfer waren in der Masse eigentlich mit den Brosamen abgespeist worden, die vom Tische des reichen Mannes fallen . . .«

Hitler und die anderen Nazi-Führer, vor allem Goebbels, wurden nicht müde, den Volksmassen immer und immer wieder einzureden, daß sie durch ihre »Machtergreifung« und die Zerschlagung der marxistischen Parteien sowie durch die Entmachtung des Judentums und die Beseitigung aller »zersetzenden« Einflüsse Wunder vollbracht hätten: Arbeitslosigkeit und Elend seien beendet worden, ebenso Straßen-Terror, Parteihader und Kriminalität. Und noch heute wirkt dieses propagandistische Gift nach, wird Hitler, wie einst von Goebbels, nachgerühmt, er habe die Massenarbeitslosigkeit mit einem Schlage beseitigt, »Ruhe und Ordnung« wiederhergestellt und mit hartem »Durchgreifen« die Kapitalverbrecher eingeschüchtert.

Tatsächlich ging die Erwerbslosigkeit im Laufe des Jahres 1933 zwar etwas zurück; Ende Dezember gab es »nur« noch rund 4,2 Millionen Voll-Erwerbslose, von denen aber lediglich noch etwa dreihunderttausend Arbeitslosen-Unterstützung bezogen. Aber dieser Rückgang, der sich in den folgenden Jahren fortsetzte, war auch in den anderen von der Weltwirtschaftskrise heimgesuchten

Ländern zu verzeichnen und im wesentlichen eine Folge der sich wieder belebenden Konjunktur, im übrigen hauptsächlich darauf zurückzuführen, daß die Herren der Industrie ihr Ziel, die Vernichtung der Republik, ja erreicht hatten und keine weiteren Entlassungen mehr vornahmen, sondern wieder Leute einstellten.

Die vielgepriesene »Ruhe und Ordnung« auf den Straßen bedeutete keineswegs, daß es nun weder blutigen Terror noch Kapitalverbrechen mehr gab – im Gegenteil! Der Terror wütete um ein Vielfaches ärger hinter den elektrisch geladenen Stacheldrahtzäunen und Mauern der Konzentrationslager und »Privatgefängnisse« sowie in den Kellern der neu geschaffenen Geheimen Staatspolizei, die man Gestapo nannte. Und auch die Kriminalität war durchaus nicht verschwunden, nahm vielmehr erheblich zu, nur durfte die Presse nichts darüber berichten, und soweit die Verbrechen von SA und SS verübt worden waren, wurden sie auch nicht verfolgt.

Der heimliche Terror und die verschwiegenen Verbrechen gehörten zum Herrschaftssystem des »gleichgeschalteten«, autoritären Obrigkeitsstaats, in dem die Masse des Volkes seiner Grundrechte beraubt war, wogegen die herrschenden Nazis sich so vieler Vorrechte erfreuten, wie sie nicht einmal die Fürsten im Zeitalter des Absolutismus hatten.

Das aber wirft die Frage auf, wer diese herrschenden Nazis denn nun eigentlich waren, welche Machtpositionen sie sich erobert hatten und mit wem sie zusammenarbeiteten. Denn Hitler, Göring, Goebbels, Frick, Röhm und Heß – die beiden letztgenannten wurden am 1. Dezember 1933 als Reichsminister ohne Geschäftsbereich ins Kabinett berufen – waren ja nicht allein. Sie und ein paar Dutzend Reichs- und Gauleiter, Obergruppen- und Gruppenführer der SA und SS, Reichskommissare und -statthalter nebst Stabschefs, Adjutanten und Gefolge konnten ja nicht allein eine ganze Nation ihrem Willen unterwerfen. Um fünfundsechzig Millionen Männer und Frauen autoritär zu beherrschen und einige der mächtigsten Institutionen binnen weniger Wochen zu zerschlagen, bedurfte es der vollen Unterstützung des Regimes durch die Reichswehr, die Beamtenschaft, die großen Industrie-, Bank- und Versicherungskonzerne, den Großgrundbesitz und den mit den Agrariern wie mit dem Heer eng verbundenen Reichspräsidenten.

Dennoch ist es von Interesse, einmal herauszufinden, wer denn, neben den wenigen uns bereits bekannten Spitzenfunktionären, nun eigentlich jene Männer waren, die als »die braunen Bonzen« die Macht in Deutschland ausübten, zwar im Bunde mit den alten Mächten, aber – so wurde und wird es jedenfalls dargestellt – diesen nach Herkunft, Bildung, gesellschaftlicher Stellung und eigener Einschätzung wie Neigung nicht zugehörig.

Waren es Emporkömmlinge aus der Hefe des Volkes, Abenteurer, Landsknechte und andere in bürgerlichen Berufen gescheiterte Existenzen, wie uns manche Historiker weismachen wollen? Entstammten sie der soliden Arbeiterschaft, dem einst so klassenbewußten Proletariat? Oder handelte es sich um »wildgewordene Kleinbürger«, wie man es häufig hört?

Die oberste Nazi-Führung selbst hat uns eine Antwort auf diese Fragen gegeben, die zumindest in Umrissen erkennen läßt, inwieweit alle diese Vermutungen zutreffen oder nicht. Im November 1933, nachdem Deutschland den Völkerbund und die Genfer Abrüstungskonferenz verlassen hatte, um für die eigene Aufrüstung freie Hand zu gewinnen, legte die Regierung den deutschen Wählern in einem Volksentscheid die Frage vor: »Billigst du, deutscher Mann, und du, deutsche Frau, diese Politik deiner Reichsregierung, und bist du bereit, sie als den Ausdruck deiner eigenen Auffassung und deines eigenen Willens zu erklären und dich feierlich zu ihr zu bekennen?« Zugleich hatte der Wähler seine Zustimmung zu einem Reichswahlvorschlag der NSDAP zu geben und so einen neuen Reichstag zu »wählen«, denn Hitler hatte das erst im März gewählte Parlament aufgelöst, um die Reste der alten Parteien zu beseitigen.

Bei dem massiven Druck, der ausgeübt wurde, um eine hohe Wahlbeteiligung zu erreichen, und bei dem Trommelfeuer Goebbelsscher Propaganda, das auf das Wahlvolk niederging, stand das Ergebnis schon im voraus fest. Immerhin stimmten rund vier Millionen Deutsche bei dem Volksentscheid mit Nein. Der NSDAP-Reichswahlvorschlag, der keinerlei Alternative bot, erhielt rund 90 Prozent der Stimmen, und die 661 als Abgeordnete vorgeschlagenen Männer – Frauen waren nicht dabei, denn die hatten nach Auffassung der Nazis in der Volksvertretung keinen Platz – bildeten den neuen Reichstag.

Zwar war dieses Schein-Parlament selbst völlig machtlos; es stellte nur gelegentlich das erlesene Publikum für eine wichtige Rede des »Führers« und gab durch Erheben von den Sitzen seine Zustimmung zu allem, was Hitler sagte. Aber gerade weil dieser Reichstag nicht demokratisch gewählt, sondern im voraus ernannt worden war, und weil die Benennung den Ausweis der Zugehörigkeit zur braunen Macht-Elite darstellte, können wir aus der Liste der am 12. November 1933 »gewählten« NSDAP-Abgeordneten ersehen, wer die herrschenden Nazis denn nun eigentlich waren und welchen gesellschaftlichen Schichten sie entstammten.

11. Wer waren denn nun eigentlich »die Nazis«?

Schon ein flüchtiger Blick auf die Liste der Mitglieder des durch die Schein-Wahlen vom 12. November 1933 neugebildeten Reichstags – einzige Fraktion: NSDAP und deren Gäste – läßt erkennen, daß die darin versammelte Macht-Elite des »Dritten Reiches« *nicht* vorwiegend aus »wildgewordenen Kleinbürgern« und Emporkömmlingen aus den untersten Schichten bestanden hat; zu häufig tauchen Adelsprädikate, Offiziersränge der alten kaiserlichen Armee, Professorentitel und Berufsbezeichnungen wie »Fabrikant«, »Bankier« oder »Generaldirektor« vor und hinter den Namen auf.

Daß ein Hohenzollern-Prinz, der Kaiser-Sohn August Wilhelm v. Preußen, der Fraktion einer angeblichen »Arbeiterpartei« angehörte – mit der Berufsangabe: Oberst à la suite a. D. –, mag man gerade noch hinnehmen. Vielleicht, so könnte man vermuten, war der Prinz nur ein Aushängeschild, das die NSDAP auch für eingefleischte, stockkonservative Monarchisten akzeptabel machen sollte.

Aber der Aushängeschilder waren gar zu viele, denn zu den Abgeordneten der Nationalsozialistischen Deutschen Arbeiterpartei zählten auch Karl Eduard Herzog von Sachsen-Coburg und Gotha, neuer Reichskommissar für das Kraftfahrwesen im Reichswehrministerium; Erbprinz Josias zu Waldeck-Pyrmont, SS-Führer und von 1936 an ehrenamtlicher Richter am »Volksgerichtshof«; der Reichskanzler-Enkel Gottfried Graf v. Bismarck-Schönhausen sowie ein weiteres Dutzend Grafen, sonstige Hocharistokraten und kaiserliche Generale, unter ihnen Eugen Graf v. Quadt zu Wykradt und Isny, Rittmeister a. D.; Ernst Graf zu Reventlow, Kapitänleutnant a. D.; Friedrich Graf v. d. Schulenburg, General a. D.; Dr. Rüdiger Graf v. d. Goltz und General a. D. Karl Litzmann (dem zu Ehren später das polnische Lodz in Litzmannstadt umbenannt wurde).

Überhaupt war der Anteil, den der Adel an der Gesamtzahl der NSDAP-Reichstagsabgeordneten hatte, für eine Volks- oder gar Arbeiterpartei erstaunlich hoch, denn zu den Prinzen und Grafen kamen noch drei Dutzend weitere Träger von klangvollen Adelsnamen. Es waren zumeist Rittergutsbesitzer, die sich schlicht »Landwirte« nannten, sowie ehemalige Berufsoffiziere, und nicht wenige davon hatten – wie hätte es anders sein können? – zu den Führern jener Freikorps gehört, die vom Januar 1919 an, erst die sozialistische Arbeiterschaft, dann die bürgerliche Republik bekämpft hatten: der – wegen seiner Bigotterie von den Offizieren seiner

Division so genannte – »Muttergottesgeneral« Franz Ritter v. Epp; Oberstleutnant a. D. Curt v. Ulrich; Major a. D. Franz v. Stephani; Kapitänleutnant a. D. Manfred Freiherr v. Killinger; der inzwischen zum Polizeipräsidenten von Groß-Berlin avancierte Pogrom-Veranstalter Wolf Graf v. Helldorff; die Rittmeister a. D. Georg v. Detten und Ferdinand v. Hiddessen; die Hauptleute a. D. Franz Pfeffer v. Salomon und Hans v. Tschammer und Osten; die Oberleutnants a. D. Erich v. d. Bach-Zelewski, Dietrich v. Jagow und Udo v. Woyrsch sowie der Adjutant des Grafen Helldorff in dessen Freikorpsführer-Zeit, Leutnant a. D. Friedrich Karl Freiherr v. Eberstein, um nur einige zu nennen.

Zu den Adligen kamen noch zahlreiche bürgerliche Ex-Offiziere der kaiserlichen Armee, von denen viele ebenfalls zu den Freikorpsführern gehört hatten oder am Aufbau der »Schwarzen Reichswehr« sowie der SA und SS beteiligt gewesen waren, beispielsweise die nunmehrigen Reichsminister Hauptmann a. D. Ernst Röhm, Stabschef der SA; Oberleutnant a. D. Rudolf Heß, nun Stellvertreter des »Führers«, und Hauptmann a. D. Hermann Göring (den Hindenburg dann, obwohl Göring doch ehemaliger Fliegeroffizier und jetzt für den Aufbau der Luftwaffe zuständig war, zum General der Infanterie beförderte).

Weitere Ex-Offiziere in der NSDAP-Reichstagsfraktion vom November 1933 waren: Generaloberarzt a. D. Paul Hocheisen; Oberst a. D. Konstantin Hierl; Oberstleutnant a. D. Hermann Kriebel, ehedem militärischer Führer der ultrarechten »Arbeitsgemeinschaft vaterländischer Kampfverbände«; die ehemaligen Majore Walter Buch, Adolf Hühnlein, Paul Rahl, August Schneidhuber und Siegfried Seidel; die Hauptleute a. D. Paul Körner, Wilhelm Friedrich Loeper, Max Otto Luyken, Dr. Alfred Meyer, Franz Seldte – der zur NSDAP übergetretene »Stahlhelm«-Bundesführer und Reichsarbeitsminister –, Josef Seydel, Robert Wagner, Wilhelm Weiß und Curt Wittje sowie der Polizei-Hauptmann i. R. Hans Ramshorn; die Oberleutnants a. D. Friedrich Wilhelm Krüger, Hans Ludin, Viktor Lutze, Konrad Schragmüller, Friedrich Uebelhoer und Kurt Richard Wege; der Leutnant a. D. Edmund Heines, der sich selbst gern als »Fememörder« bezeichnete, jetzt SA-Obergruppenführer von Schlesien und Polizeipräsident von Breslau, sowie – als »Gäste« der NSDAP-Fraktion – der entmachtete Vizekanzler, Oberstleutnant a. D. Franz v. Papen, und der württembergische Großgrundbesitzer Hauptmann a. D. Oskar Farny.

Zu diesen insgesamt 83 größtenteils namentlich genannten Aristokraten und Ex-Offizieren in der NSDAP-Reichstagsfraktion des Spätherbstes 1933 kamen aber noch zahlreiche weitere mehr oder weniger prominente Angehörige der alten Oberschicht, zum Beispiel: Dr. h. c. Emil v. Strauß, Generaldirektor der Deutschen Bank; Dr. jur. h. c. Fritz Thyssen, Großindustrieller und preußischer Staatsrat; Dr. Ing. Albert Vögler, Generaldirektor des Konzerns der Vereinigten Stahlwerke; als »Gast« Geheimrat Dr. Alfred Hugenberg; Geheimrat Dr. Heinrich Schnee, ehedem kaiserlicher Gouverneur der Kolonie Deutsch-Ostafrika; die Fabrikanten Fritz Kiehn, Martin Mutschmann, Josef Odendall und – der vom Zentrum zur NSDAP übergetretene – Fabrikbesitzer Dr. Dr. Albert Hackelsberger.

Sehr zahlreich in der NSDAP-Reichstagsfraktion waren, neben den adligen, auch die nicht-adligen Rittergutsbesitzer, sodann die Gutspächter, Weingutsbesitzer und Großbauern. Eine noch stärkere Gruppe bildeten die Studienräte, sonstigen Lehrer und Hochschulprofessoren sowie die höheren Verwaltungsbeamten. Ein Dutzend Ärzte und Zahnärzte, etwa ebenso viele Rechtsanwälte und weitere vierzig Akademiker anderer Fakultäten rundeten das Bild ab.

Hinzu kamen noch ein paar Handwerksmeister, mittlere Beamte und Angehörige freier Berufe ohne akademische Ausbildung sowie – schließlich war die NSDAP ja eine Volkspartei – einige wenige Arbeiter, im ganzen nicht mehr, als sich an den Fingern abzählen ließ.

Alles in allem ließ die 661 Mitglieder starke NSDAP-Reichstagsfraktion vom November 1933 ein deutliches Übergewicht der schon im Kaiserreich herrschenden Klassen erkennen; auch der gehobene Mittelstand war zahlreich vertreten, und Akademiker gab es in Fülle. Nur an Angehörigen der breiten Unterschicht gebrach es dieser »Arbeiterpartei« deutlich.

Daß die Zusammensetzung der NSDAP-Reichstagsfraktion kein Zufall war, auch keine besondere, nicht den sonstigen Gegebenheiten entsprechende Auswahl darstellte, läßt sich leicht erkennen, wenn man stichprobenartig andere Führungsgremien untersucht.

So gab es beispielsweise zwei relativ kleine Gruppen, die im »Dritten Reich« eine besondere Rolle spielten und deren Zusammensetzung – von den personellen Überschneidungen einmal abgesehen – ganz ähnlich war wie die der NSDAP-Reichstagsfraktion, nur daß hier die alte Geld- und Macht-Elite ein noch deutlicheres Übergewicht hatte. Es sind dies einmal die ehrenamtlichen Mitglieder des sogenannten Volksgerichtshofs, der durch ein Gesetz vom 24. April 1934 geschaffen wurde, um schwere Fälle von Hoch- und Landesverrat, insbesondere »marxistischen Hochverrat«, mit besonderer Strenge und unter Berücksichtigung des »gesunden Volksempfindens« abzuurteilen, nachdem das Leipziger Reichsgericht im Reichstagsbrand-Prozeß die Erwartungen der Nazi-Führung nicht erfüllt, nur den Holländer Marinus van der Lubbe zum Tode verurteilt, die mitangeklagten kommunistischen Funktionäre Ernst Torgler und Georgi Dimitroff jedoch freigesprochen hatte.

(Dimitroff, der der Star des Prozesses gewesen war, hatte sich mit bewunderungswürdigem Mut und Geschick verteidigt und den Zeugen Hermann Göring in der durch den Rundfunk übertragenen Hauptverhandlung zu solchen Wutausbrüchen provoziert, daß der feiste Nazi-Führer zum allgemeinen Gespött geworden war.) Der neue Volksgerichtshof sollte eine Wiederholung solcher Pannen verhindern, und die Senate wurden deshalb mit ausgesuchten Berufsrichtern besetzt, denen bewährte Nationalsozialisten, »Männer aus dem Volke«, als gleichberechtigte Laienrichter das Rückgrat zu stärken und auf die Finger zu sehen hatten, so daß es selten zu Freisprüchen kam und Todesurteile hagelte. (In einem einzigen Jahr – 1943 – führte der Volksgerichtshof 1312 Hauptverhandlungen gegen insgesamt 3519 Angeklagte durch, von denen 1662 zum Tode verurteilt wurden.)

Und wer waren nun die im April 1934 auf die Dauer von fünf Jahren zu ehrenamtlichen Mitgliedern des Volksgerichtshofs berufenen »Männer aus dem Volke«? Es waren fast ausnahmslos aktive Offiziere der Wehrmacht, hohe SA- und SS-Führer, die meisten davon ehemalige Offiziere und zu etwa einem Drittel von Adel, sowie einige höhere Beamte vom Regierungsrat aufwärts und eine Handvoll hoher Parteifunktionäre der NSDAP. Ein verhältnismäßig großer Teil dieser ehrenamtlichen Richter am Volksgerichtshof gehörte gleichzeitig der NSDAP-Reichstagsfraktion an.

So waren beispielsweise – Stand vom 20. Dezember 1937 – die folgenden dreiundzwanzig »Männer aus dem Volke« dem 1. Senat des Volksgerichtshofs zugeteilt (Reihenfolge nach dem Lebensalter; MdR = Mitglied des Reichstags):

1. SS-Standartenführer Oberstleutnant a. D. Friedrich Tscharmann; 2. Generalleutnant Friedrich Christiansen; 3. SS-Oberführer Major a. D. Franz Breithaupt; 4. SA-Brigadeführer Major a. D. Ludwig Liebel, MdR; 5. Generalleutnant Ernst Busch; 6. SA-Obergruppenführer Major a. D. Kühme; 7. Oberregierungsrat Klitzing; 8. SA-Gruppenführer Major a. D. Kurt Lasch, MdR; 9. Oberst Stutzer; 10. SA-Obergruppenführer Hauptmann a. D. Franz Pfeffer v. Salomon, MdR; 11. SA-Gruppenführer Heß; 12. SA-Obergruppenführer Oberleutnant zur See Dietrich v. Jagow, MdR; 13. SS-Obergruppenführer Staatsrat Oberleutnant a. D. Friedrich-Wilhelm Krüger; 14. Fregattenkapitän Ernst Fischer; 15. Staatsrat Oberleutnant a. D. Dr. Rüdiger Graf v. d. Goltz, MdR; 16. NSDAP-Kreisleiter Worch; 17. SS-Standartenführer Oberleutnant a. D. Ernst Hartmann; 18. Stadtrat Kaiser; 19. SA-Gruppenführer Arthur Böckenhauer, MdR; 20. SA-Oberführer Haupt-

mann a. D. Curt Kaul, MdR; 21. Reichsamtsleiter Berkenkamp; 22. SA-Brigadeführer Oberleutnant a. D. Walch; 23. Regierungsrat im Reichsministerium für Volksaufklärung und Propaganda SA-Sturmführer Dr. Eberhard Taubert.

Die andere relativ kleine Gruppe, die zu untersuchen sich lohnt, wenn man erfahren will, wer »die Nazis« waren, ist die Akademie für Deutsches Recht, die durch Gesetz vom 11. Juli 1934 errichtet wurde und die Aufgabe erhielt, »die Neugestaltung des deutschen Rechtslebens auf dem Fundament des national-sozialistischen Gedankenguts zu fördern und zu sichern«. Unter der Präsidentschaft des – inzwischen zum Reichsminister ohne Geschäftsbereich avancierten – Rechtsanwalts Dr. Hans Frank und mit Geheimrat Professor Dr. Wilhelm Kisch, dem Berater des Allianz- und Münchner Rück-Versicherungskonzerns, gehörten dem geschäftsführenden Präsidium der Akademie die folgenden Förderer und Sicherer nationalsozialistischen Gedankenguts an: Dr. Josef Goebbels, Reichsminister für Volksaufklärung und Propaganda; Dr. Wilhelm Frick, Reichsminister des Innern; Hanns Kerrl, Reichsminister ohne Geschäftsbereich (seit dem 16. Juni 1934); Staatssekretär im Reichsfinanzministerium Fritz Reinhardt; SS-Brigadeführer Leutnant d. R. a. D. Wilhelm Keppler, Beauftragter des »Führers« (für das Einsammeln von Spenden der Wirtschaft); Generaldirektor Wilhelm Arendts, München, Generaldirektor Geheimrat Dr. Wilhelm Kißkalt, Vorsitzender des Vorstands der Münchner Rückversicherungs AG; Bankier August v. Finck, Inhaber des Bankhauses Merck, Finck & Co, München, Aufsichtsratsvorsitzender des Allianz- und Münchner Rück-Versicherungskonzerns; Dr. Wilhelm Heuber, MdR, Reichsgeschäftsführer des Bundes Nationalsozialistischer Deutscher Juristen; Dr. Walter Raeke, MdR, Reichsinspekteur des NS-Juristenbundes; Staatsrat Professor Dr. Carl Schmitt; Regierungsrat Dr. Ludwig Fischer, stellvertretender Leiter des Reichsrechtsamts; Direktor Dr. Lasch, Berlin.

Im Lenkungsgremium dieser Akademie, deren Aufgabe es sein sollte, das deutsche Rechtsleben im Sinne der Nazis umzugestalten, saßen also ebenfalls keine »Männer des Volkes«, sondern – neben hohen und höchsten Parteifunktionären, die sämtlich Akademiker waren – vor allem die Vertreter des größten Konzerns der Versicherungsbranche, darunter dessen Großaktionär, der Bankier August v. Finck, der noch heute zu den Reichsten unter den Superreichen der Bundesrepublik Deutschland zählt.

Im späten Frühjahr 1934, als der Volksgerichtshof sich gerade konstituierte und die »Akademie für Deutsches Recht« kurz vor ihrer Errichtung stand, schien das »Dritte Reich«, obwohl es noch keine anderthalb Jahre alt war, bereits völlig konsolidiert zu sein. Die »Gleichschaltung« war beendet; alles und jedes hatte sich

— 12 —

Lfde. Nr.	Name, Vorname	Degen/Ring	Dienststellung	Partei-Nr.	SS-Nr.	Geburtsdatum	Führer-bzw. Offz.-Dienstgrad bei der Waffen-SS, Wehrmacht, Polizei	Gruppenführer
126	Fritsch Lothar, I		b. Stab Oa. Süd	*4 060 819*	279 973	19. 6. 71	Gen. d. Inf. a. D.	9. 11. 42
127	Fett Albert, I I		b. Stab Oa. Rhein-Westmark	*4 707 139*	279 977	1. 11. 72	Gen. Lt. a. D.	9. 11. 42
128	Thomas Max Dr., I I		SS-Pers. Hauptamt	*1 848 453*	141 341	4. 8. 91	Gen. Lt. d. P.	9. 11. 42
129	Ritter von Beckh Albert, I II		b. Stab Oa. Süd	*5 354 436*	279 975	15. 2. 70	Gen. Maj. a. D.	1. 12. 42
130	Schultze Walter Prof. Dr., I I M. d. R.		b. Stab Oa. Süd	99 822	276 831	1. 1. 94	O. Stabsarzt d. R.	30. 1. 43
131	Haltermann Hans, II I I		b. Höh. SS-Pol. F. Ost	44 393	276 294	20. 4. 98	Gen. Lt. d. P.	30. 1. 42
132	Katzmann Fritz, I		F. Oa. Weichsel u. Höh. SS-Pol. F.	98 528	3 065	6. 5. 06	Gen. Lt. W. SS u. d. P.	30. 1. 43
133	Genzken Karl Dr., I I		SS-Führg. H. A., Chef Amtsgr. D	39 913	207 954	8. 6. 85	Gen. Lt. W. SS	30. 1. 43
134	Gebhardt Karl Prof. Dr., I I		D. St. Reichsarzt-SS u. Pol., Oberster Kliniker	1 723 317	265 894	23. 11. 97	Gen. Lt. W. SS	30. 1. 43
135	Koch Fritz, I		b. Stab Oa. West	*4 616 213*	279 971	15. 1. 79	Gen. d. Inf. a. D.	30. 1. 43
136	Hinkel Hans, St. Rat, M. d. R.		Stab RF SS	4 686	9 148	22. 6. 01	—	20. 4. 43
137	Lankenau Heinrich Dr., I I L. Rat		b. Stab Oa. West	*2 856 288*	310 496	11. 10. 91	Gen. Lt. d. P. a. D.	20. 4. 43
138	•Schneller Max, II I		stellv. F. Oa. Spree	341 750	6 659	15. 1. 86	Lt. z. See a. D.	[illegible] 4. 43
139	Graf Bassewitz-Behr Georg-Henning, I I		F. Oa. Nordsee u. Höh. SS-Pol. F.	458 315	35 466	21. 3. 00	Gen. Lt. W. SS u. d. P.	20. 4. 43
140	Jürs Heinrich, I I St. Rat		SS-Hauptamt, Chef Amtsgr. B	575 102	11 362	17. 1. 97	Gen. Lt. d. P.	21. 6. 43
141	Wendler Richard Dr., I Gouv.		RSi-Hauptamt	93 116	36 050	22. 1. 98	m. d. U. d. Gen. Lt. d. P.	21. 6. 43
142	Kammerhofer Konstantin, I I M. d. R.		Höh. SS-Pol. F. Kroatien	*6 165 228*	262 960	23. 1. 99	Gen. Lt. d. P.	1. 7. 43
143	Klinger Otto, I I		b. Stab Oa. Spree	*5 550 129*	337 820	25. 4. 86	Gen. Lt. d. P. a. D.	10. 8. 43
144	Schumann Otto, I I		b. Stab Oa. West	1 753 690	327 367	11. 9. 86	Gen. Lt. d. P. a. D.	27. 8. 43
145	Höring Emil, I I		BdO. Krakau	*4 402 533*	337 746	1. 12. 90	Gen. Lt. d. P.	27. 8. 43
146	Frhr. von der Goltz Friedrich, I		b. Stab Oa. Böhmen-Mähren	472 541	293 076	25. 10. 73	Obst. a. D.	25. 10. 43
147	von Alvensleben Ludolf, I M. d. R.		F. Oa. Elbe u. Höh. SS-Pol. F.	149 345	177 002	17. 3. 01	Gen. Lt. W. SS u. d. P.	9. 11. 43
148	Reeder Eggert, I I Reg. Pr.		RSi-Hauptamt	*1 998 009*	340 776	22. 7. 94	Lt. d. R. a. D.	9. 11. 43
149	Lörner Georg, II I		SS-W.-V. Hauptamt, Chef Amtsgr. B	676 772	37 719	17. 2. 99	Gen. Lt. W. SS	9. 11. 43
150	Glücks Richard, I I		SS-W.-V. Hauptamt, Chef Amtsgr. D	214 805	58 706	22. 4. 89	Gen. Lt. W. SS	9. 11. 43
151	Wappenhans Waldemar, I I		SS-Pers. Hauptamt	456 090	22 924	21. 10. 93	Gen. Lt. d. P.	9. 11. 43
152	Müller Heinrich Dr. Dr., II I St. Mi. a. D.		RSi-Hauptamt	343 344	290 936	7. 6. 96	Lt. d. R. a. D.	9. 11. 43
153	Jungclaus Richard, II I		b. Höh. SS-Pol. F. Ostland	305 661	7 368	17. 3. 05	Gen. Lt. d. P.	9. 11. 43

Eine Seite aus der Dienstaltersliste der SS (Stand 9. 11. 1944)

»nationalsozialistisch ausgerichtet«. Behörden, aber auch alle privaten Firmen, ausgenommen solche mit jüdischen Inhabern, zeichneten ihre Korrespondenz nicht mehr »hochachtungsvoll«, sondern »mit deutschem Gruß« oder gar mit »Heil Hitler!«

Die Konzentrationslager waren zur ständigen Einrichtung geworden und dienten nun nicht allein der »Unschädlichmachung« aller Nazigegner, insbesondere der Marxisten, sondern auch schon der »Sicherheitsverwahrung« von Arbeitsscheuen, Asozialen und Berufsverbrechern, wodurch die politischen Gefangenen den Kriminellen gleichgestellt werden sollten.

Weil jeder in Deutschland wußte, zumindest aber davon munkeln gehört hatte, mit welcher Grausamkeit die Häftlinge in den KZ-Lagern mißhandelt wurden, erstarb bei den allermeisten jeder Gedanke an offene Kritik oder gar aktiven Widerstand. Auch hatte das Spitzel- und Denunziantenwesen, von der Geheimen Staatspolizei und den Parteifunktionären kräftig gefördert, ein kaum noch erträgliches Ausmaß erreicht.

Doch die Ruhe und Normalität im öffentlichen Leben, die durch diesen Terror hergestellt worden war, täuschte. Es gab – neben dem individuellen und dem organisierten antifaschistischen Widerstand, von dem noch die Rede sein wird – eine breite, nicht zu unterschätzende Opposition, und zwar da, wo man sie am wenigsten vermutet hätte: in der SA.

Unter dem Kommando des Stabschefs Ernst Röhm standen im Frühjahr 1934 bereits insgesamt 4,5 Millionen Mann der SA und SS. Seit der »Machtergreifung« Hitlers waren – vor allem nach den Reichstagswahlen vom März 1933, weshalb man diese starken Zugänge spöttisch »die Märzgefallenen« nannte – Hunderttausende in die Nazi-Kampfverbände eingetreten, teils aus schierem Opportunismus, teils aus echter Begeisterung, nicht zuletzt auch – es gab ja immer noch Millionen Erwerbslose –, aus Langeweile und Hunger, denn bei der SA gab es Unterhaltung, kostenloses Essen aus der Feldküche, häufig Freibier und andere Spenden von ängstlichen Geschäftsleuten.

Sodann war der auf eine Million Mann angewachsene »Stahlhelm« in die SA »eingegliedert« worden, vor allem auf Betreiben der Reichswehr-Führung, die so die in der SA vorhandenen sozialrevolutionären Elemente durch starke konservative Kräfte neutralisieren wollte.

Aber Hauptmann a. D. Ernst Röhm durchschaute diese Absicht und vereitelte die Pläne der Generale: Er teilte seine SA in drei Kategorien ein, und in die wichtigste, die sogenannte »aktive SA«, die ständig »Dienst machte«, nahm er fünfhunderttausend seiner besten und kämpferischsten Leute, aber nur etwa dreihunderttausend junge »Stahlhelmer« auf. Diese schlagkräftige, militärisch gedrillte und großenteils bewaffnete Truppe, an Mannschaften achtmal so stark wie die Reichswehr, betrachtete Röhm als seine Hausmacht. Sie gab ihm im Kabinett soviel Gewicht, daß er an Hitler die Forderung stellte, seiner SA den Charakter einer Miliz zu geben und ihr »Aufgaben der Landesverteidigung« und sogar die geheimen Waffenlager der Reichswehr anzuvertrauen.

Hitler schrie zwar: »Nein, nein, das kann ich nicht! Du verlangst zuviel von mir!« Aber, sosehr er die ehrgeizigen Pläne seines einzigen Duzfreundes auch gefühlsmäßig billigte, er brauchte die

Reichswehr. Und deren Führung, insbesondere der Chef des Ministeramts im Reichswehrministerium, Generalmajor Walter v. Reichenau, lehnte Röhms Miliz-Gedanken, der darauf hinauslief, die Reichswehr zu einem bloßen Ausbildungsinstrument der SA zu machen, strikt ab. Die Generalität hielt eisern an dem Grundsatz fest, daß ihr Militär der einzige Waffenträger im Staat zu sein habe. Sie befürchtete – durchaus zu Recht –, daß Röhm selbst Kriegsminister und Oberbefehlshaber werden wollte, und sie betrachtete die der Reichswehr zahlenmäßig so stark überlegene SA, deren Führer ständig von der »Notwendigkeit einer zweiten Revolution« faselten, als eine ernste Gefahr für die innere (und ihre eigene) Sicherheit.

Die konservativen Reichswehr-Generäle, mit dem Großgrundbesitz, der Schwerindustrie und dem Finanzkapital weltanschaulich, verwandtschaftlich und erst recht in bezug auf ihre gesellschaftlichen Interessen eng verbunden, sahen mit Sorge die wachsende Unzufriedenheit in Röhms millionenstarker Bürgerkriegsarmee. In den SA-Verkehrslokalen wurde offen Kritik an der »lauen Führung« geübt; die Parole »Adolf verrät uns!« ging um. Und die alten Rabauken grollten, daß nun, da man »Rotfront« für sie »erledigt« habe, »die Reaktion« mächtiger und dreister sei als zuvor.

Die Gründe für die zunehmende Unzufriedenheit der SA-Führer und ihrer Leute waren indessen vielfältig und nicht bloß politischer Art. Gewiß, die Erwartungen zahlreicher »Alter Kämpfer«, daß ihnen der »Sieg der Bewegung« die sofortige Verwirklichung der gesellschaftspolitischen, sozialrevolutionären NSDAP-Programmpunkte bescheren würde, waren tief enttäuscht worden; Hitler hatte sie ohnehin nie ernst gemeint und der Reichswehr und Industrie zuliebe gern geopfert. Aber unzufrieden waren nicht nur diejenigen kleinen SA-Führer, die gehofft hatten, am Tage nach der »Machtergreifung« in die Villen der Reichen einziehen und dort alles übernehmen zu können: Bankkonten, Schmuck, die feinen Damen, den Luxus, dazu Direktorenposten und Aufsichtsratsmandate. Auch die meisten höheren SA-Führer fühlten sich im Vergleich zu Männern wie Göring zurückgesetzt, der schon so viele höchste Ämter hatte – er war Reichstagspräsident, Reichsluftfahrtminister, preußischer Ministerpräsident, Chef der preußischen Landespolizei und Gestapo, General der Infanterie, Reichsforst- und Reichsjägermeister –, während sich SA-Gruppenführer, die sich wie Kommandierende Generale fühlten, mit Polizeipräsidentenposten begnügen mußten. Und nicht allein die Reichswehr-Offiziere sahen auf die SA-Führer herab; auch die Kameraden von der SS, obwohl sie doch gleichfalls dem Stabschef Röhm unterstanden, bildeten sich ein, etwas Feineres zu sein als die SA.

Es bestand sogar der – wie sich zeigen sollte: sehr berechtigte – Verdacht, daß der vom Reichsführer SS, Fähnrich a. D. Heinrich Himmler, einem alten Freund und Günstling von Röhm, zur Abschirmung der Parteiorganisationen geschaffene Sicherheitsdienst (SD) nun vorzugsweise die hohen SA-Führer bespitzelte, über ihre Zechgelage, Korruptionsanfälligkeit, privaten »Abrechnungen« mit Rivalen und Männerfreundschaften – viele der höchsten SA-Führer waren, wie Röhm, Homosexuelle – dem »Führer« Bericht erstattete und ihm auch hinterbrachte, was in SA-Kreisen über ihn geschimpft wurde.

Tatsächlich hatte sich der SD, den seit 1931 der wegen »unehrenhaften Verhaltens« aus der Kriegsmarine entlassene Oberleutnant zur See Reinhard Heydrich leitete, bereits im Laufe des Frühjahrs 1934 mit der Reichswehrgeneralität verbündet, ebenso mit Hermann Göring. Dem hofften Himmler und Heydrich, sozusagen als Gegenleistung für ihren Verrat an Röhm, die der SS bisher verschlossene preußische Gestapo abzunehmen.

Röhm ahnte noch nichts von dem Abfall der SS. Erst ein paar Wochen zuvor hatte ihm Himmler »als Soldat und Freund« Treue gelobt und »alles, was man in treuer Gefolgschaft versprechen kann. Es war und ist unser größter Stolz, immer zu Deinen Treuesten zu gehören!«

Röhm wußte auch nicht, daß es sogar innerhalb der obersten SA-Führung Männer gab, die ihn und seine engsten Freunde bei Hitler anzuschwärzen versuchten. Einer von diesen Denunzianten war der Oberleutnant a. D. Viktor Lutze, Führer der SA-Obergruppe Hannover. Nachdem Hitler am 28. Februar 1934 zwischen Reichswehr und SA zu vermitteln versucht und den herbeizitierten Generälen und hohen SA-Führern eine Standpauke gehalten hatte, war zunächst ein von beiden Seiten angenommener Kompromiß zustande gekommen: Die Reichswehr sollte einziger »Waffenträger der Nation« bleiben, die SA die vor- und nachmilitärische Ausbildung übernehmen. Aber kaum war Röhm mit seinen SA-Führern wieder allein, da hatte er wütend erklärt: »Ich denke nicht daran, dieses Abkommen einzuhalten! Wenn nicht mit, so werden wir die Sache ohne Hitler machen!« Daraufhin war Obergruppenführer Lutze zum »Führer« geeilt und hatte ihm gemeldet, welche ungeheuerlichen Äußerungen des SA-Stabschefs gefallen seien. Und Hitler hatte ihm finster zugehört und abschließend gemeint, man müsse »die Sache ausreifen lassen«.

Daraufhin war Lutze auch noch zu Generalmajor v. Reichenau gegangen und hatte ihm von den Absichten Röhms erzählt, die Reichswehr zugunsten der SA auszuschalten und selbst Oberbefehlshaber zu werden. Der General jedoch war längst im Bilde, denn er konspirierte schon seit geraumer Zeit mit dem SS-Brigadeführer

Heydrich, der treibenden Kraft in dem Spiel, das mit der Zerschlagung der SA und der Liquidierung ihres Führerkorps enden sollte.

Dabei dachte weder die SA noch ihr polternder Stabschef ernsthaft daran, gegen den »Führer« zu putschen. Niemand hat dies besser erkannt und dargestellt als Heinz Höhne, in dessen Geschichte der SS, »Der Orden unter dem Totenkopf«, es dazu heißt:

»Nein, die SA dachte nicht an Hochverrat, die SA spekulierte nicht auf Putsch und Ungehorsam. Sie wollte Hitler nur unter Druck setzen, ihr endlich den ihr so lange verweigerten Platz in Staat und Militär einzuräumen –, und um dieses Ziel zu erreichen, hatte sich Röhm in der Tat eine gefährliche Taktik ausgedacht: Da er nicht glauben mochte, Hitler bliebe noch eine andere Wahl als ein allmähliches Eingehen auf die SA-Wünsche, entfesselte Röhm einen – allerdings dosierten – Nervenkrieg gegen Hitler. Er reiste von SA-Gruppe zu SA-Gruppe. Er inszenierte weiträumige Kriegsspiele seiner Truppe. Er hielt Polterreden, in denen er die ›Zweite Revolution‹ des Nationalsozialismus ankündigte. Und er hoffte, die Massenaufmärsche der Braunhemden würden Hitler schließlich erweichen. Röhm sah nicht, daß er damit auch bei den arglosesten Deutschen die Furcht wachrief, das Heer der SA schicke sich an, die Macht in Deutschland zu erobern. Auch die Militärs mußten in Röhm einen Todfeind sehen – sie hatten nicht übel Lust, das Spiel Heydrichs mitzuspielen . . .«

Tatsächlich spielte die Reichswehr-Führung sehr eifrig mit. General v. Reichenau traf sich immer häufiger mit Heydrich, und er sicherte dem SD-Chef die volle Unterstützung der Generalität zu: Die Reichswehr werde der SS für den geplanten Schlag gegen die SA-Führung alle nötigen Waffen und Transportmittel zur Verfügung stellen, im übrigen »Gewehr bei Fuß« in Bereitschaft stehen. Reichenau hatte auch keine Einwände, als Heydrich ihm erklärte, daß es keine andere Lösung des SA-Problems gebe als Massen-Erschießungen.

Der SD-Chef hatte sich indessen bereits dazu entschlossen, nicht nur die SA-Führer zu beseitigen, sondern »in einem Aufwasch« auch gleich alle anderen Personen aus dem Lager der Regierungskoalition, die er und seine Mitarbeiter für gefährlich oder auch nur lästig hielten. Lange Listen von Todeskandidaten wurden aufgesetzt – von Göring, von den Gestapo-Leitstellen, von den Spitzen des SD, von einzelnen SS-Führern. Jeder hatte seine besonderen Mordwünsche, und der Abschußkatalog wurde immer umfangreicher.

Aber dann trat am 4. Juni 1934 eine die Verschwörer überraschende Wende ein: Hitler und Röhm trafen sich an diesem Tage zu einer langen und, wie es hieß, »sehr herzlichen« Aussprache. Sie einigten sich, die Lösung der Probleme, die sich aus der Rivalität zwischen SA und Reichswehr ergaben, auf den Herbst zu vertagen, die »aktive SA« vom 1. Juli an für einen Monat in Urlaub zu schicken und auch sonst alles zu tun, was geeignet wäre, die Gemüter, insbesondere der Generäle, wieder zu beruhigen. Röhm selbst sollte einen längeren Genesungsurlaub – eine Jodkur in Bad Wiessee – antreten.

Die Generalität atmete erleichtert auf, als sie von dieser Einigung erfuhr. Heydrich hingegen paßte diese Entwicklung ganz und gar nicht ins Konzept. Einer SA, die in einen langen Sommerurlaub gegangen war, ließen sich schwerlich Putschabsichten andichten. Es bestand auch die Gefahr, daß sich der unberechenbare »Führer« mit seinem Freund Röhm auf Pläne geeinigt hatte, denen selbst Göring zuzustimmen bereit war – dieser eitle Koloß konnte mit klangvollen Titeln und goldstrotzenden Uniformen leicht geködert werden.

Es war also, so befand Heydrich, höchste Eile geboten, denn noch war die SA nicht in die Ferien geschickt worden, noch standen Himmler und Göring voll hinter den Mordplänen des SD. Die Schwierigkeit lag in der Unentschlossenheit Hitlers, der zwar bereit war, seinen alten Freund und Mitstreiter Röhm bedenkenlos zu opfern, obwohl er ihm erst wenige Monate zuvor in einem – im »Völkischen Beobachter« veröffentlichten Brief – geschrieben hatte: *»Am Abschluß des Jahres der nationalsozialistischen Revolution drängt es mich . . ., Dir, mein lieber Ernst Röhm, für die unvergänglichen Dienste zu danken, die Du der nationalsozialistischen Bewegung und dem deutschen Volke geleistet hast, und Dir zu versichern, wie sehr ich dem Schicksal dankbar bin, solche Männer wie Du als meine Freunde und Kampfgenossen bezeichnen zu dürfen. In herzlicher Freundschaft . . .«*, der aber nicht wußte, ob er die Schlägerkolonnen des alten Haudegens nicht in Kürze dringend brauchen würde.

Mit dem Ableben des 86jährigen Reichspräsidenten v. Hindenburg war, wie Hitler wußte, in Bälde zu rechnen. Es gab Pläne, dann die Monarchie der Hohenzollern wiederherzustellen und mit Hilfe der Reichswehr eine Regierungsumbildung vorzunehmen, bei der Hitler weitgehend entmachtet werden sollte. Es wurden schon viele Namen geflüstert: General v. Schleicher, Gregor Strasser selbst Brüning sollte ins Kabinett aufgenommen, die Regentschaft dem Nazi-Prinzen August Wilhelm von Preußen übertragen werden.

Hitler hatte daraufhin mit den Spitzen der Reichswehr – den Generälen v. Blomberg, v. Fritsch, v. Reichenau und dem Admiral Raeder – lange konferiert, ihnen erklärt, daß er selbst die Nachfolge Hindenburgs zu übernehmen gedenke. Als Gegenleistung für den Beistand der Militärs, ohne den diese Absicht nicht zu verwirklichen war, hatte er ihnen eine gewaltige Vergrößerung von Heer und Marine in Aussicht gestellt, dazu die Garantie, daß die Reichswehr

»alleiniger Waffenträger der Nation« bleiben werde. Es war jedoch klargeworden, daß die Generäle noch etwas mehr verlangten, nämlich eine drastische Verminderung und völlige Entmachtung der SA. Auch hierzu hatte sich Hitler sofort bereit erklärt – aber sollte er sich des Machtinstruments, das die SA darstellte, wirklich berauben, bevor die Reichswehr fest in seiner Hand war, bevor er sich zum Nachfolger Hindenburgs und alleinigen Staatschef aufgeschwungen hatte?

In diese Unentschlossenheit hinein platzte am 17. Juni 1934 Hitlers Vizekanzler v. Papen mit einer Rede, die er an der Marburger Universität hielt. Er wetterte gegen alles und jedes: gegen die Knebelung der Presse und die Unterdrückung jeder freien Meinungsäußerung – »Nur Schwächlinge dulden keine Kritik!« – gegen die »Verwechslung von Vitalität mit Brutalität«, gegen die »Terrormethoden in der Domäne des Rechts«, gegen »all das, was sich an Eigennutz, Charakterlosigkeit, Unwahrhaftigkeit, Unritterlichkeit, Anmaßung und Denunziantentum« unter dem Deckmantel der nationalen Revolution ausgebreitet habe, und er schloß mit der Forderung: »Es ist an der Zeit, in Bruderliebe und Achtung vor den Volksgenossen zusammenzurücken und das Werk ernster Männer nicht zu stören und Fanatiker zum Schweigen zu bringen!«

Diese Rede, die von den Studenten mit donnerndem Applaus aufgenommen wurde, stammte aus der Feder des protestantischen Münchner Rechtsanwalts und Schriftstellers Edgar Jung, der sie in Absprache mit dem Führer der Katholischen Aktion, Erich Klausener, und mit Papens Pressereferenten Herbert v. Bose zu dem Zweck verfaßt hatte, die konservativen und christlichen Kräfte im Lande zu mobilisieren und die Reichswehr-Generäle dazu anzuspornen, sich Hitler und dem Terror seiner Prügelgarden zu widersetzen.

Die von dem zwar intriganten, aber wenig intelligenten und zu schneidigen Bravour-Stücken stets bereiten Papen den Marburgern vorgelesene Rede erregte ungeheueres Aufsehen. Obwohl Goebbels die vorgesehene Rundfunkübertragung der Ansprache gerade noch verhindern konnte und auch dafür sorgte, daß die Presse kein Wort darüber berichtete – die »Frankfurter Zeitung«, die den Text der Rede im voraus erhalten und schon abgedruckt hatte, ließ er polizeilich beschlagnahmen –, verbreitete sich der Inhalt mit Windeseile im ganzen Reich; kirchliche Organisationen verteilten Zehntausende von Kurzfassungen, und viele der Empfänger fertigten ihrerseits Kopien davon an, die sie unter ihren Freunden zirkulieren ließen. Die Gestapo- und SD-Stellen meldeten aus ganz Deutschland »brausende Zustimmung« des Bürgertums.

Hitler tobte, als er – auf einer Reichsleitertagung in Gera – von der Papen-Rede erfuhr, aber noch wütender wurde er, als ihm

v. Papen, seinerseits empört darüber, daß Goebbels es gewagt hatte, seine, des Vizekanzlers, gewichtige Ausführungen in Presse und Rundfunk zu unterdrücken, am 20. Juni seinen Rücktritt erklärte und hinzufügte, er habe in Marburg »als Treuhänder des Präsidenten« gesprochen, und er werde Hindenburg veranlassen, jetzt einzuschreiten.

Der höchst beunruhigte »Führer« – Heydrich hatte ihm auch noch gemeldet, daß Röhm neuerdings mit den Monarchisten konspiriere und daß sich die konservative Opposition mit SA-Führern zu verbünden beginne – begab sich daraufhin eilig zu Hindenburg, um herauszufinden, wieviel Zeit ihm noch zur Verfügung stand. Was er am 21. Juni 1934 in Neudeck erlebte, machte ihn noch unsicherer: General v. Blomberg empfing ihn und teilte ihm ernst und kühl mit, der Reichspräsident wünsche eine rasche Entspannung der Lage; anderenfalls werde er den Ausnahmezustand verhängen und der Reichswehr Vollmachten erteilen, die Ordnung wiederherzustellen. Dann wurde Hitler für einige Minuten an Hindenburgs Krankenlager gelassen, und der Uralte bestätigte ihm barsch, was v. Blomberg ihm schon mitgeteilt hatte.

Auf dem Rückflug nach Berlin wurde sich Hitler vollends darüber klar, wie gefährlich sich seine Lage verändert hatte: Es gab keine »rote Gefahr« mehr, mit der er das Bürgertum und die alte Geld- und Macht-Elite schrecken konnte; die potentiellen Führer eines »bolschewistischen Aufstands« saßen im KZ oder im Ausland. Die Konservativen, der Papen-Klüngel und der ehrgeizige General v. Schleicher witterten bereits Morgenluft und wurden dreist. Die Reichswehr-Führung, die er schon in der Tasche gehabt zu haben glaubte, drohte mit Hindenburgs Hilfe selbst die Macht zu übernehmen, und das würde sein und das Ende der Nazi-Herrschaft bedeuten. Er konnte die Generäle nur noch dadurch für sich gewinnen, daß er unverzüglich sein Versprechen einlöste und den Schlag gegen die SA führte, zu dem auch Göring, Himmler und die SS sowie die Reichs- und Gauleiter der Partei ihn drängten . . . Was aber, wenn er sich der SA entledigte? Dann war er noch mehr auf die Reichswehr einerseits, die SS andererseits angewiesen!

Doch wie er sich's auch überlegte: Es blieb ihm gar keine andere Wahl, als sich dem Willen der Reichswehr-Generäle zu beugen und die SA zu opfern. Erst wenn er als Staatsoberhaupt, Oberbefehlshaber, Regierungs- und Parteichef zum unumschränkten Diktator aufgestiegen war, konnte er darangehen, ein neues Gegengewicht zu schaffen, das die Macht der Generalität auszubalancieren imstande wäre: eine mindestens ebenso mächtige SS.

Am 21. Juli entschloß sich Hitler, wenngleich immer noch etwas zögernd, seine Zustimmung zu dem zu geben, was man seltsamerweise noch immer »die Niederschlagung des Röhm-Putsches«

nennt und was in Wahrheit nichts anderes war als die blutige Opferung des noch immer nichtsahnenden Freundes und seiner Kumpane, entsprechend den Wünschen der Reichswehr-Generäle, Görings und der SS.

Am nächsten Tag, dem 22. Juni, rief Hitler den Röhm-Denunzianten und SA-Obergruppenführer der Provinz Hannover, Viktor Lutze, an und befahl ihm, »von jetzt ab keine Befehle aus München mehr (zu) befolgen, nur noch seine eigenen«. Fast gleichzeitig eröffnete Himmler dem Führer des SS-Oberabschnitts Mitte, Karl Freiherrn v. Eberstein, daß Röhm mit der SA putschen wolle; Eberstein sollte seine SS-Verbände »in stille Alarmbereitschaft« versetzen, mit der Reichswehr Kontakt aufnehmen und weitere Befehle abwarten.

Am 23. Juni informierte der Chef des Allgemeinen Waffenamts der Reichswehr, Oberst Fritz Fromm, seine Offiziere über Putschabsichten der SA; die SS sei auf seiten der Reichswehr; ihr könnten Waffen ausgehändigt werden.

In den folgenden achtundvierzig Stunden teilte Hitler seinem Reichswehrminister v. Blomberg mit, am 30. Juni werde er, der »Führer«, persönlich eingreifen und bei der an diesem Tage in Röhms Kurort Bad Wiessee stattfindenden Zusammenkunft aller hohen SA-Führer alle diese »Putschisten« festnehmen lassen und mit ihnen »abrechnen«.

Daraufhin setzte der Chef der Heeresleitung, General v. Fritsch, die gesamte Reichswehr in Alarmbereitschaft und verfügte Urlaubs- und Ausgangssperre.

Am 27. Juni – inzwischen war es, laut Aussage Fricks im Nürnberger Kriegsverbrecher-Prozeß, Himmler und Heydrich gelungen, Hitler davon zu überzeugen, daß es keine Versöhnung mit Röhm mehr geben dürfte – erschien im Reichswehrministerium der Kommandeur der SS-Leibstandarte, Sepp Dietrich, und erbat sich von dem zuständigen Stabsoffizier zusätzliche Waffen und Transportmittel für »einen geheimen und sehr wichtigen Auftrag des Führers«, woraufhin ihm alles Gewünschte zur Verfügung gestellt wurde.

Am selben Tag rief Himmler seine SD-Oberabschnittsführer zusammen; sie erhielten von ihm den Auftrag, ab sofort die meisten hohen SA-Führer – einige waren davon ausgenommen – unauffällig zu überwachen und jede ihrer Bewegungen sofort dem SD-Hauptamt zu melden.

Am 28. Juni – so pingelig war die Reichswehr-Führung in »Ehrensachen«, auch wenn es sich um jemanden handelte, der in Kürze mit ihrer Hilfe ermordet werden sollte – wurde der Hauptmann a. D. Ernst Röhm aus dem Deutschen Offiziersbund ausgeschlossen – allerdings, ohne daß er selbst oder gar die Öffentlichkeit etwas davon erfuhr.

Erst am folgenden Tag, dem 29. Juni, erhielt Röhm von der Generalität eine offene Warnung, doch ist es fraglich, ob sie zu seiner Kenntnis gelangte: Es war ein vom Reichswehr-Chef General v. Blomberg namentlich gezeichneter Aufsatz, der – was bis dahin noch nie geschehen war – im parteiamtlichen »Völkischen Beobachter« erschien und worin es hieß: *»Die Wehrmacht . . . (steht) hinter dem Führer des Reiches, Adolf Hitler, der einst aus unseren Reihen kam und der stets einer der unseren bleiben wird.«* Das klang sehr abwehrbereit.

Doch seltsam, während das Heer seit Tagen einsatzbereit war, Göring seine Landespolizei alarmiert und zusammengezogen hatte, Himmlers SS bereits Waffen empfing und den Überfall probte, der SD die angeblich putschbereiten SA-Führer beschattete und die Abschußlisten vervollständigte, rüstete sich die SA nicht zum Kampf, sondern bereitete sich auf den Urlaub vor. Röhm-Intimus Karl Ernst, SA-Obergruppenführer von Berlin, hatte sich sogar schon abgemeldet; er war mit seiner Braut nach Bremen gefahren, um von dort aus mit einem Vergnügungsdampfer eine Hochzeitsreise nach Teneriffa anzutreten. Gruppenführer Georg v. Detten, Chef des Politischen Amts der Obersten SA-Führung, hatte vom 1. Juli an Zimmer in Bad Wildungen bestellt, wo er vier Wochen Ferien machen wollte. Und Ernst Röhm selbst ging in Bad Wiessee spazieren und sagte zu seinem Adjutanten, daß er sehr froh sei, nun Hitler bald wiederzusehen; daß er sich freue, Hitler zu der SA-Führer-Tagung am Tegernsee eingeladen und von ihm auch eine feste Zusage erhalten zu haben.

Hitler war bereits am 28. Juni von Berlin nach Essen gereist, zur Hochzeit seines dortigen NSDAP-Gauleiters Terboven. Göring hatte den »Führer« begleitet, doch auf einen Anruf Himmlers hin, der meldete, die Berliner SA unter Führung von Karl Ernst wolle in achtundvierzig Stunden losschlagen und das Regierungsviertel besetzen – in Wahrheit hatte Ernst seine Truppe schon beurlaubt und war nach Bremen abgefahren –, wies Hitler Göring an, sofort nach Berlin zu fliegen und dort, auf ein Zeichen hin, rücksichtslos »durchzugreifen«.

Am Vormittag des 29. Juni besichtigte Hitler Arbeitsdienstlager. Am Nachmittag fuhr er zu seinem Kriegskameraden Dreesen, der in Bad Godesberg ein Luxushotel hatte, und dorthin bestellte er sich Sepp Dietrich, den Kommandeur seiner SS-Leibgarde, der gegen 20 Uhr eintraf, aber sogleich auf Hitlers Weisung hin nach München weiterfliegen mußte, von wo aus er sich zur Entgegennahme neuer Befehle telefonisch melden sollte. Gleichzeitig wurden auf Anordnung des Reichswehrministeriums die Mordkommandos in Marsch gesetzt: 220 Mann der Leibstandarte reisten noch in der

Nacht mit der Bahn nach Oberbayern.

Am 30. Juni 1934, gegen 2 Uhr früh, stieg ein zitternder, völlig übermüdeter »Führer« mit seinem Gefolge in eine startklare Ju 52. Das dreimotorige Flugzeug sollte ihn schnellstens nach München bringen, und von dort wollte er, nunmehr fest entschlossen, sofort nach Bad Wiessee und die »Verräterbrut« überraschend »ausrotten«.

Den letzten Anstoß zu dieser Entscheidung hatte eine Meldung des bayerischen Gauleiters und Innenministers Adolf Wagner gegeben: In München randaliere die SA öffentlich gegen »Führer« und Reichswehr! Tatsächlich waren einige SA-Stürme am späten Abend des 29. Juni durch die Straßen der Landeshauptstadt marschiert; man hatte auch Rufe gehört wie »Die Reichswehr ist gegen uns!« – aber das Ganze hatten Agenten Heydrichs und Himmlers organisiert, und als die bayerischen SA-Kommandeure, Obergruppenführer Major a. D. August Schneidhuber und Gruppenführer Wilhelm Schmid, davon hörten, waren sie sofort zu ihren Leuten gefahren und hatten sie eilig wieder nach Hause geschickt. »Wir stehen rückhaltlos hinter dem Führer!« war das letzte, was die Münchner SA-Leute von ihren Kommandeuren hörten.

Um 4 Uhr früh wurde Gruppenführer Schmid telefonisch zu Hitler befohlen, der inzwischen in München eingetroffen war. Er eilte zum »Führer« und wollte Erklärungen abgeben, aber er kam nicht mehr dazu. Hitler riß ihm sofort die Rangabzeichen ab und schrie ihn an: »Sie sind verhaftet und werden erschossen!« Minuten später wurde er von SS-Führern und Beamten der bayerischen Politischen Polizei ins Untersuchungsgefängnis Stadelheim eingeliefert, wohin auch schon Obergruppenführer Schneidhuber gebracht worden war.

Inzwischen hatte Gauleiter Wagner die Massenverhaftungs-Aktion anhand der mit Himmler und Heydrich abgestimmten Todeslisten anlaufen lassen, und Hitler war bereits im Auto unterwegs an den Tegernsee. Gegen halb sieben Uhr morgens traf er mit seinen Begleitern im Bad Wiessee ein. In der Pension Hanslbauer holten sie den völlig überraschten Röhm und seine Kumpane aus den Betten und trieben sie mit vorgehaltener Pistole in den Keller. Der Breslauer SA-Obergruppenführer Edmund Heines, Mitglied des Reichstags, wurde gleich, zusammen mit seinem Bettgefährten, niedergeschossen.

Die übrigen Verhafteten sollten sofort nach Stadelheim gebracht werden, aber ehe dies geschehen konnte, traf ein Lastwagen mit der schwerbewaffneten »Stabswache« der obersten SA-Führung ein, deren Kommandeur, Standartenführer Uhl, als Gefangener im Keller saß. Es entstand eine für Hitler höchst kritische Situation, denn die Totschläger-Garde Röhms war auf ihren Chef eingeschworen. Doch Hitler gelang es, die Leibwachen seines alten Kampfgefährten durch scharfe Befehle zum Abzug zu bewegen. Als sie es sich, schon auf der Rückfahrt, anders überlegten und zwischen Wiessee und Gmund wieder umdrehten, war es zu spät. Man hatte die Gefangenen schon aus dem Keller geholt und in entgegengesetzter Richtung, über Rottach-Egern, abtransportiert. Hitler zog es vor, seine Macht über Röhms Gefolge nicht nochmals auf die Probe zu stellen; mit seinen Begleitern folgte er eilig dem Häftlingstransport und fuhr auf kleinen Umwegen nach München zurück.

Dort waren unterdessen die am Hauptbahnhof mit den Nachtschnellzügen aus allen Teilen des Reiches zur Weiterfahrt nach Bad Wiessee eintreffenden hohen SA-Führer von Beamten der bayerischen Politischen Polizei festgenommen und ebenfalls nach Stadelheim gebracht worden: Rittmeister a. D. Georg v. Detten, MdR; Manfred Freiherr v. Killinger, MdR; Hauptmann a. D. Hans Peter v. Heydebreck; Fritz Ritter v. Kraußer; Hans-Joachim v. Falkenhausen; Hans Hayn, MdR, und viele, viele andere.

Wer aber den Geheimpolizisten am Münchener Hauptbahnhof entwischte, wer etwa mit dem Auto nach Bad Wiessee weiterfuhr, geriet in andere Fallen. Einige SA-Führer wurden unterwegs von Hitler selbst angehalten und aufgefordert, seiner Wagenkolonne nach München zu folgen; dort sei um 10 Uhr eine wichtige Führerbesprechung im »Braunen Haus«.

Im NSDAP-Hauptquartier, das von der Reichswehr abgeriegelt worden war, wartete unterdessen Dr. Goebbels, der sich – nachdem er zuvor mit Röhm enge Verbindung gehalten hatte – erst zwei Tage zuvor, als die Stärkeverhältnisse klargeworden waren, eilig Hitler angeschlossen hatte. Als der übernächtigte »Führer« gegen 10 Uhr eintraf, gab er Goebbels ein Zeichen, und der stürzte zum Telefon und übermittelte dem in Berlin ungeduldig wartenden Göring das Code-Wort zum Losschlagen: *Kolibri.*

In München, wo der frömmelnde Reichsstatthalter Ritter v. Epp vergeblich versuchte, Hitler dazu zu bewegen, wenigstens ihrem gemeinsamen Kampfgefährten Röhm die Chance einzuräumen, sich vor einem Kriegsgericht zu verantworten, übernahm der verspätet eingetroffene Leibstandarten-Kommandeur Sepp Dietrich, auch er Mitglied des Reichstags, die Todesliste, die ihm ein weiterer Reichstagsabgeordneter, der Erbprinz zu Waldeck-Pyrmont, übergab.

Prinz zu Ysenburg, v. Epps Adjutant, erinnerte sich später an die Unsicherheit, die in der Umgebung des »Führers« darüber bestand, ob Hitler seinen alten Freund Röhm begnadigt hätte oder nicht; auch ob der Ritter v. Kraußer, Träger höchster Kriegsorden, von der Exekution ausgenommen worden wäre.

Sie wurden indessen alle erschossen: Schneidhuber, Schmid,

v. Heydebreck, Hayn, v. Detten, v. Falkenhausen, auch der Standartenführer Hans Joachim Graf v. Spreti-Weilbach und alle die anderen, die man verhaftet hatte, zuletzt auch, am 1. Juli 1934, 18 Uhr, der Reichsminister und SA-Stabschef Ernst Röhm, den der Dachauer KZ-Kommandant Eicke, zusammen mit einem anderen SS-Führer, Lippert, in einer Stadelheimer Gefängniszelle mit Pistolenschüssen »erledigte«.

In Berlin hatten unterdessen Göring, Himmler und Heydrich die Treibjagd beginnen lassen. Landespolizei, Gestapo und SS verhafteten einen SA-Führer nach dem anderen und brachten die Gefangenen in die ehemalige Kadettenanstalt Lichterfelde, wo sie an die Wand gestellt und erschossen wurden. Vom 30. Juni nachmittags an bis in die frühen Morgenstunden des 2. Juli hörten die Bewohner der Umgebung die Salven krachen.

Aber es war nicht allein das Führerkorps der SA, das in München, Berlin und anderswo rücksichtslos liquidiert wurde; die SS benutzte die Gelegenheit auch zur Ermordung all jener, die zuviel wußten und Himmler wie auch seinem neuen Verbündeten Göring gefährlich werden konnten, daneben wurden auch zahlreiche private Rachegelüste befriedigt:

In München wurde der einstige Generalstaatskommissar Ritter v. Kahr entführt; man fand ihn später, mit Spitzhacken erschlagen, im Dachauer Moor. Ein Mitwisser privatester Hitler-Geheimnisse, der Pater Bernhard Stempfle, wurde mit drei Herzschüssen und gebrochener Wirbelsäule aufgefunden, und den Musikkritiker Dr. Wilhelm Schmid, den die Häscher mit dem Arzt Ludwig Schmitt, einem intimen Kenner der braunen Prominenz, verwechselt hatten, schleppten SS-Männer ebenfalls zur Hinrichtungsstätte, wo er sofort erschossen wurde.

In Berlin ermordeten einige Gestapo-Beamte den Reichskanzler a. D. General Kurt v. Schleicher und dessen Frau; der Generalmajor Ferdinand v. Bredow, Vorgänger v. Reichenaus im Ministeramt des Reichswehrministeriums und Freund des Generals v. Schleicher, wurde ebenfalls von der Gestapo hinterrücks erschossen. Auf Befehl Heydrichs ermordete der SS-Hauptsturmführer Kurt Gildisch den Ministerialdirektor Dr. Erich Klausener, Leiter der Katholischen Aktion, in dessen Amtszimmer. Anschließend holte Gildisch den SA-Führer Karl Ernst, MdR und preußischer Staatsrat, von der Hochzeitsreise zurück und lieferte ihn in Lichterfelde ab, wo er sofort erschossen wurde.

Am frühen Nachmittag des 30. Juni wurde der zurückgetretene Reichsorganisationsleiter Gregor Strasser, dem Hitler eine Woche zuvor zum Zeichen der Aussöhnung das Goldene Ehrenzeichen der NSDAP verliehen hatte, aus seiner Wohnung entführt und von hinten erschossen.

Einzelnummer 10 Pfg.

Extra-Blatt

Oberbayer. Gebirgsbote, Holzkirchen · Miesbacher Anz., Miesbach · Tegernseer Ztg., Tegernsee, Aiblinger Ztg., Bad Aibling · Rosenheimer Tagbl., Rosenheim · Kolbermoorer Volksblatt, Kolbermoor · Chiemgau-Ztg., Prien · Tölzer Ztg., Bad Tölz · Wolfratshauser Tagbl., Wolfratshausen, Wasserburger Anzeiger, Wasserburg a. I. · Grafinger Zeitung, Grafing.

Samstag, 30. Juni 34

Röhm verhaftet und abgesetzt

Röhm aus Partei und S.A. ausgeschlossen

München, 30. Juni

Die Reichspressestelle der N.S.D.A.P. teilt folgende Verfügung des Führers mit:

Ich habe mit dem heutigen Tage den Stabschef Röhm seiner Stellung enthoben und aus Partei und S.A. ausgestoßen. Ich ernenne zum Chef des Stabes Obergruppenführer Lutze.

S.A.-Führer und S.A.-Männer, die seinen Befehlen nicht nachkommen oder zuwiderhandeln, werden aus S.A. und Partei entfernt bzw. verhaftet und abgeurteilt.

gez. Adolf Hitler
Oberster Partei- und S.A.-Führer

Der Führer an den neuen Stabschef

München, 30. Juni

Der Führer hat folgendes Schreiben an den Obergruppenführer der S.A. Lutze gerichtet:

An Obergruppenführer Lutze.

Mein lieber S.A.-Führer Lutze!

Schwerste Verfehlungen meines bisherigen Stabschefs zwangen mich, ihn seiner Stellung zu entheben. Sie, mein lieber Obergruppenführer Lutze, sind seit vielen Jahren in guten und schlechten Tagen ein immer gleich treuer und vorbildlicher S.A.-Führer gewesen. Wenn ich Sie mit dem heutigen Tage zum Chef des Stabes ernenne, dann geschieht dies in der vollen Ueberzeugung, daß es Ihrer treuen und gehorsamen Arbeit gelingen wird, aus meiner S.A. das Instrument zu schaffen, das die Nation braucht und ich mir vorstelle.

Es ist mein Wunsch, daß die S.A. zu einem treuen und starken Glied der Nationalsozialistischen Bewegung ausgestaltet wird. Erfüllt von Gehorsam und blinder Disziplin, muß sie mithelfen, den neuen deutschen Menschen zu bilden und zu formen.

gez. Adolf Hitler

Aufruf des neuen Stabschefs

Der Führer hat mich an seine Seite als Chef des Stabes berufen. Das mir dadurch bewiesene Vertrauen muß und werde ich rechtfertigen durch unverbrüchliche Treue zum Führer und restlosen Einsatz für den Nationalsozialismus und dadurch für unser Volk.

Als ich vor etwa 12 Jahren zum erstenmal Führer einer kleinen S.A. war, habe ich drei Tugenden an die Spitze meines Handelns gestellt und sie von der S.A. gefordert. Diese drei Tugenden haben die S.A. groß gemacht und heute, wo ich in schicksalsschwerer Stunde meinem Führer an verantwortlicher Stelle dienen darf, sollen sie erst recht Richtschnur für die ganze S.A. sein:

Unbedingte Treue!

Schärfste Disziplin!

Hingebender Opfermut!

So wollen wir, die wir Nationalsozialisten sind, gemeinsam marschieren.

Ich bin überzeugt, dann kann es nur ein Marsch zur Freiheit werden.

Es lebe der Führer! Es lebe unser Volk!

Der Chef des Stabes:
gez. Lutze.

Befehl des Obersten S.A.-Führers Adolf Hitler

Adolf Hitler hat an den Chef des Stabes, Lutze, folgenden Befehl gegeben:

Wenn ich Sie heute zum Chef des Stabes der S.A. ernenne, dann erwarte ich, daß Sie sich hier eine Reihe von Aufgaben angelegen sein lassen, die ich Ihnen hiermit stelle:

1. Ich verlange vom S.A.-Führer genau so wie er vom S.A.-Mann blinden Gehorsam und unbedingte Disziplin.

2. Ich verlange, daß jeder S.A.-Führer wie jeder politische Führer sich dessen bewußt ist, daß sein Benehmen und seine Aufführung vorbildlich zu sein haben für seinen Verband, ja für unsere gesamte Gefolgschaft.

3. Ich verlange, daß S.A.-Führer – genau so wie politische Leiter –, die sich in ihrem Benehmen in der Öffentlichkeit etwas zuschulden kommen lassen, unnachsichtlich aus der Partei und der S.A. entfernt werden.

4. Ich verlange insbesondere vom S.A.-Führer, daß er ein Vorbild in der Einfachheit und nicht im Aufwand ist. Ich wünsche nicht, daß der S.A.-Führer kostbare Diners gibt oder an solchen teilnimmt. Man hat uns früher hierzu nicht eingeladen, wir haben auch jetzt dort nichts zu suchen. Millionen unserer Volksgenossen fehlt auch heute noch das Notwendigste zum Leben. Sie sind nicht neidig dem, den das Glück mehr gesegnet hat, aber es ist eines Nationalsozialisten unwürdig, den Abstand, der zwischen Not und Glück ohnehin gegebener groß ist, noch besonders zu vergrößern. Ich verbiete insbesondere, daß Mittel der Partei, der S.A. oder überhaupt der Öffentlichkeit zur Festgelage und dergleichen Verwendung finden. Es ist unverantwortlich, von Geldern, die zum Teil sich aus den Groschen unserer ärmsten Mitbürger ergeben, Schlemmereien abzuhalten. Das luxuriöse Stabs-Quartier in Berlin, in dem, wie nunmehr festgestellt wurde, monatlich bis zu 30 000 Mark für Festessen usw. ausgegeben wurden, ist sofort aufzulösen.

Ich untersage daher für alle Parteidienststellen die Veranstaltung sogenannter Festessen und Diners aus irgendwelchen öffentlichen Mitteln. Und ich verbiete allen Partei- und S.A.-Führern die Teilnahme an solchen. Ausgenommen davon ist nur die Erfüllung der vom Staate ge-

Folgende sieben Verräter wurden bereits erschossen:

Im Zusammenhang mit dem aufgedeckten Komplott wurden folgende Meuterer erschossen:

Obergruppenführer A. Schneidhuber;
Obergruppenführer Edmund Heines;
Gruppenführer Ernst, Berlin;
Gruppenführer Schmidt, München;
Gruppenführer Hans Hayn;
Gruppenführer Heydebreck;
Standartenführer Graf Spreti, München.

Der »Röhmputsch« in der gleichgeschalteten Presse

Vizekanzler v. Papens engste Mitarbeiter, v. Bose und Edgar Jung, ermordete die Gestapo ebenfalls; die Baronin v. Strotzingen, Papens Privatsekretärin, und sein übriger Stab wurden in ein Konzentrationslager eingeliefert. Als sich der Vizekanzler bei Göring beschweren wollte, warf dieser ihn, wie v. Papen später schrieb, »mehr oder weniger« hinaus und stellte ihn unter Hausarrest und SS-Bewachung.

Am wildesten hauste der SS-Führer Udo v. Woyrsch in Schlesien. Dutzende von SA-Führern, aber auch einige SS-Rivalen, ließ er von seinen Leuten umbringen. Ein anderer SS-Oberabschnittsführer, Erich v. d. Bach-Zelewski, schickte zwei seiner Leute zu seinem persönlichen Feind, dem SS-Reiterführer Anton Freiherrn v. Hohberg und Buchwald, den die Mörder in seinem Arbeitszimmer »erledigten«.

Wieviel Menschen bei dem Blutbad insgesamt ums Leben gekommen sind, ist bis heute nicht genau festzustellen gewesen. Hitler selbst gab am 13. Juli 1934 vor dem – um etliche NSDAP-Abgeordnete verringerten – Reichstagsplenum bekannt, daß 61 Personen, darunter 19 »höhere SA-Führer«, erschossen worden seien; weitere dreizehn hätten »sich der Verhaftung widersetzt« und seien dabei ums Leben gekommen, und drei hätten »Selbstmord begangen« – zusammen also 77 Tote. In Wahrheit sind allein in Berlin mehr als hundertfünfzig Personen, zumeist SA-Führer, im Hof der Kadettenanstalt Lichterfelde erschossen worden; namentlich bekannt sind davon, und von den übrigen Toten in Berlin und im Reich, etwa zweihundert. Die Gesamtzahl der Opfer wurde nach dem Zusammenbruch des Nazi-Reiches mehrfach in Strafprozessen erörtert und wiederholt mit »über tausend« angegeben.

Weit furchtbarer als die Morde selbst, deren Opfer, mit einigen tragischen Ausnahmen, selbst vielfache Mörder gewesen waren, zumindest aber mit ihren Henkern jahrelang den Terror gegen andere geübt hatten, waren die Folgen des Massakers für das, was es noch an Resten der öffentlichen Moral, an Rechtsstaatlichkeit und bei den privilegierten Schichten an »Anstandsregeln« gegeben hatte.

Am 3. Juli 1934 beschloß das Reichskabinett mit den Stimmen der bürgerlichen Minister ein Gesetz, dessen einziger Satz lautete: *»Die zur Niederschlagung hoch- und landesverräterischer Angriffe am 30. Juni und am 1. und 2. Juli 1934 vollzogenen Maßnahmen sind als Staatsnotwehr rechtens.«* Und damit waren alle verübten Greuel legalisiert. Prominente Staats- und Strafrechtler beeilten sich, in juristischen Fach- und bürgerlichen Intelligenzblättern die Weisheit, strenge Rechtmäßigkeit und unbedingte Notwendigkeit der vom »Führer« befohlenen Massenmorde nachzuweisen. Von Schloß Neudeck kam ein Glückwunsch-Telegramm des greisen Feldmarschall-Präsidenten (wobei es dahingestellt bleiben mag, ob Hindenburg wußte und billigte, was sein Staatssekretär Meißner unter Hinzuziehung des Präsidentensohns Oskar, an Hitler drahtete). In den Kasinos der Reichswehr-Offiziere wurde das »großartige Ereignis« mit Sekt gefeiert. General v. Blomberg lobte »die soldatische Entschlossenheit« und den »vorbildlichen Mut«, mit denen »der Führer die Verräter und Meuterer selbst angegriffen und niedergeschmettert« habe. Generalmajor von Witzleben – zehn Jahre später ließ Hitler ihn an einem Fleischerhaken enden – bedauerte, daß er nicht selbst dabei habe mitwirken können, als man die SA-Führer an die Wand stellte. Oberleutnant Claus Schenk Graf v. Stauffenberg meinte, der »Führer« habe endlich »die Eiterbeulen aufgestochen«. Auch alle anderen Herren der Reichswehr-Führung, von denen später die meisten Hitler zum Opfer fielen, lobten die »Bravour« seines Vorgehens; viele gratulierten dem General v. Reichenau, der die Vorbereitungen des Massakers mit Heydrich abgesprochen und technisch ermöglicht hatte. Nur der frühere Chef der Heeresleitung, General v. Hammerstein, und der 85jährige Generalfeldmarschall v. Mackensen erhoben Protest gegen die Ermordung der Generäle v. Schleicher und v. Bredow.

»Im Staat gibt es nur einen Waffenträger: die Wehrmacht«, hatte Hitler in seiner Reichstagsrede vom 13. Juli den Generälen noch einmal versichert, denen zu Gefallen die SA-Führer von ihm geopfert worden waren. Deshalb zeigte sich die Reichswehr-Führung, wie William L. Shirer es aus eigener Beobachtung beschrieben hat, »selbstzufrieden und zuversichtlich«. Es störte sie auch nicht, daß Hitler schon eine Woche später, am 20. Juli 1934, die SS »im Hinblick auf die großen Verdienste, besonders in Zusammenhang mit den Ereignissen des 30. Juni«, zur selbständigen Organisation erhob und ihr auch genehmigte, bewaffnete Einheiten – die sogenannte »Verfügungstruppe«, ferner die Leibstandarte sowie die zur Bewachung der Konzentrationslager eingesetzten »Totenkopf-Verbände« – aufzustellen. Der SD war schon vor dem 30. Juni zur einzigen politischen Nachrichtenorganisation erklärt worden.

Damit hatten Himmler und Heydrich erreicht, was sie wollten: Die SA war »erledigt« (und spielte auch tatsächlich fortan keine Rolle mehr unter dem Kommando ihres neuen Stabschefs Viktor Lutze); die Fundamente für den Aufbau dessen, was Eugen Kogon später den »SS-Staat« genannt hat, waren gelegt. Und die Frage, wer denn nun eigentlich die herrschenden Nazis waren, läßt sich für die Zeit nach dem 30. Juni 1934 vornehmlich anhand der Ranglisten jenes »Schwarzen Korps« beantworten, dessen Exekutionskommandos die Reihen der Nazi-Prominenz gelichtet hatten.

Bis 1933 – so Heinz Höhne in seiner Geschichte der SS, »Der Orden unter dem Totenkopf« – »hatten drei Typs die SS bestimmt: der ehemalige Freikorpsmann, der Intelligenzler . . . und der kleinbürgerliche Parteiveteran . . Nur zehn Prozent überlebten den Andrang der Neuen, die ab März 1933 . . . in die Organisation Himmlers einsickerten. Den Anfang machte der Adel. Schon kurz vor der Machtübernahme waren namhafte Aristokraten zur SS gestoßen, unter ihnen der Erbgroßherzog von Mecklenburg, der

Erbprinz zu Waldeck und Pyrmont, die Prinzen Christof und Wilhelm von Hessen . . . Im Frühjahr 1933 ergoß sich weiteres blaues Blut in die SS-Venen. Der Prinz von Hohenzollern-Emden und der Graf v. d. Schulenburg traten in die SS ein, und bald glichen die Ranglisten der Schutzstaffel Seiten aus dem Gotha . . . Die schwarzuniformierten Adligen besetzten manche Position in den oberen Rängen . . . 1938 stellten sie 18,7 Prozent der SS-Obergruppenführer, 9,8 Prozent der SS-Gruppenführer, 14,3 Prozent der SS-Brigadeführer . . .« Und daran änderte sich nur wenig; auch noch die allerletzten Dienstalterslisten der SS – Stand vom 9. November 1944 – zeigen in den Generalsrängen einen Adelsanteil zwischen 12 Prozent bei den SS-Obergruppenführern und -Gruppenführern und 16 Prozent bei den dienstältesten SS-Brigadeführern. Doch es war nicht der Adel allein, der das »Schwarze Korps« zu einer Elite-Organisation machte.

Von den insgesamt 1362 ranghöchsten SS-Führern – vom SS-Standartenführer an aufwärts – waren fast 87 Prozent ehemals aktive Offiziere des kaiserlichen Heeres oder der Reichswehr, darunter nicht wenige Generäle.

Insgesamt 382 der 1362 obersten SS-Führer waren Akademiker, und von diesen führten 320 – über 23 Prozent – einen Doktortitel; 52 waren Professoren, zumeist Ordinarien.

Insgesamt gehörten, von wenigen Ausnahmen abgesehen, die allermeisten SS-Führer der obersten Ränge den schon im Kaiserreich privilegierten Schichten an, waren entweder ehemalige Offiziere oder Akademiker oder beides. Der hohe Anteil von Adligen unterstreicht diese Tatsache nur noch, ebenso der Umstand, daß zahlreiche hohe SS-Führer in engen verwandschaftlichen Beziehungen zu den die Industrie beherrschenden Familien standen. Und daß umgekehrt diese SS-Generalität – unter Einschluß der etwa den Obristen gleichzusetzenden Standartenführer – den Großteil der Führungsschicht des »Dritten Reiches« umfaßte, geht aus folgenden Zahlen hervor:

Von den hundert obersten Führern der SS – von Hitler und Himmler bis zum Regierungspräsidenten Wilhelm Freiherr v. Holzschuher auf Schloß Gymnich – waren acht Mitglieder der Reichsregierung mit vollem Kabinettsrang, zwei Staatsminister, neun Staatssekretäre und zwei Reichskommissare; dreizehn amtierten als Reichsstatthalter oder Ministerpräsidenten in den Ländern, vier als Oberpräsidenten preußischer Provinzen. Nicht weniger als 61 waren zugleich Mitglieder des Reichstags, und 18 gehörten dem preußischen Staatsrat an. Zwar hatten einige von diesen »Granden des Dritten Reichs« ihren hohen SS-Rang nur »ehrenhalber«, aber das ändert nichts an den Fakten. Denn natürlich übte die SS auch über ihre »Ehrenführer« erheblichen Einfluß aus, und ihre Auswahl läßt umgekehrt Rückschlüsse auf die Elite-Vorstellungen der obersten SS-Führung zu.

Das gilt auch für den sogenannten »Freundeskreis des Reichsführers SS Heinrich Himmler«, der aus dem »Keppler-Kreis« hervorgegangen war, jenem Gremium von führenden Männern der Wirtschaft, die vor der »Machtergreifung«, vor allem im entscheidenden Wahlkampfjahr 1932, die Hitler-Partei finanziert hatten. Diesem »Freundeskreis« gehörten nur wenige – nach einem Verzeichnis vom November 1939 nur 36 – Mitglieder an; zu keiner Zeit waren es mehr als 49.

Einige dieser »Freundeskreis«-Angehörigen hatten reine Gastgeber-Funktionen, zum Beispiel Gruppenführer Otto Ohlendorf, Chef des SD-Inland und 1940/42 Leiter der Einsatzgruppe D in Südrußland und auf der Krim; Obergruppenführer Oswald Pohl, Chef der Konzentrationslager; Gruppenführer Erwin Rösener, zuständig für Bandenbekämpfung in Kärnten, Steiermark und Tirol; Oberführer Wolfgang Sievers, Chef des »Ahnenerbe« genannten SS-Vereins zur Förderung des Germanenkults, oder Gruppenführer Dr. Hermann Behrends, zuletzt Höherer SS- und Polizeiführer für Serbien und Montenegro (wobei anzumerken ist, daß alle fünf Genannten später wegen ihrer Kriegsverbrechen zum Tode verurteilt und hingerichtet worden sind). Neben diesen und einigen weiteren hohen SS-Führern gehörten dem »Freundeskreis« vornehmlich die folgenden prominenten Unternehmer und Bankiers an: Dr. Ing. e. h. Rudolf Bingel, Generaldirektor des Siemens-Konzerns; Karl Blessing, Vorstandsmitglied im Unilever-Konzern; Friedrich Flick, Chef des Flick-Konzerns; Dr. Karl Ferdinand Ritter v. Halt, Mitglied des Vorstands der Deutschen Bank AG; Ewald Hecker, Präsident der Industrie- und Handelskammer Hannover, Betriebsführer der Zeche »Friedrich der Große«, Herne, und Aufsichtsrat der Ilseder Hütte AG; Dr. h. c. Emil Helfferich, Aufsichtsratsvorsitzender der HAPAG und Repräsentant der ESSO-Deutschland AG; Otto Heuer, Vorstandsvorsitzender der Portlandzementwerke Heidelberg; Dr. Richard Kaselowsky, Chef des Oetker-Konzerns; Fritz Kranefuß, kaufmännischer Leiter der Braunkohle-Benzin AG; Carl Vincent Krogmann, Schiffsreeder und Teilhaber der Firma Wachsmuth & Krogmann, seit 1933 Regierender Bürgermeister der Hansestadt Hamburg; Karl Lindemann, Teilhaber der Firma Melchers & Co, Bremen, Vorsitzender des Aufsichtsrats der ESSO-Deutschland und der HAPAG; Dr. Karl Rasche, Vorstandsmitglied der Dresdner Bank AG; Friedrich Reinhart, Aufsichtsratsvorsitzender der Commerzbank AG; Hellmuth Roehnert, Vorsitzer des Vorstands des Rheinmetall-Borsig-Konzerns; August Rosterg, Generaldirektor der Wintershall AG und Aufsichtsratsvorsitzender des Deutschen Kali-Syndikats; Dr. Ing.

Walter Schieber, Generaldirektor des Zellwolle-Konzerns und von 1942 an Chef des Rüstungslieferungsamts; Dr. Heinrich Schmidt, Aufsichtsratsvorsitzender des Asphalt-Konzerns, der Wintershall AG, der Kali-Bank und der Braunkohle-Benzin AG; Dr. Hermann Schmitt, Generaldirektor des Allianz- und Aufsichtsratsvorsitzer des Münchner Rück-Versicherungskonzerns; Kurt Freiherr v. Schröder, Inhaber des Bankhauses I. H. Stein in Köln; Otto Steinbrinck, Generalbevollmächtigter des Flick-Konzerns; Dr. Ing. Albert Vögler, Generaldirektor der Vereinigten Stahlwerke und Präsident des Vereins deutscher Eisenhüttenleute; Dr. Wilhelm Voss, Generaldirektor der Waffenwerke Brünn und Präsident der AG. vorm. Skoda-Werke; Hans Walz, Generaldirektor des Bosch-Konzerns, und Franz Heinrich Witthoeft, Inhaber der Firma A. O. Meyer, Hamburg, Aufsichtsrat der Commerzbank, der Deutschen Werft und zahlreicher weiterer Unternehmen.

So haben wir im »Freundeskreis des Reichsführers SS Heinrich Himmler« noch einmal die Antwort auf unsere Frage, wer denn nun eigentlich »die Nazis« waren: Da gab es ehemalige Offiziere, Freikorpsführer und im SD aufgestiegene Akademiker, die zusammen den Terror organisierten, dazu ein paar dekorative Aristokraten, Bank-Barone, Professoren und Großbürger, und im Hintergrund die Herren der Konzerne und des Finanzkapitals – *das* waren »die Nazis«, die die Massen der meist kleinbürgerlichen und bäuerlichen Mitläufer anführten.

12. Wer leistete dem Faschismus Widerstand?

Am 2. August 1934, morgens gegen 9 Uhr, starb Generalfeldmarschall Paul v. Beneckendorf und v. Hindenburg im Alter von fast 87 Jahren. Bereits drei Stunden später wurde ein *schon am Vortag* vom Reichskabinett beschlossenes Gesetz bekanntgegeben, das die Frage der Nachfolge des Staatsoberhaupts auf verfassungswidrige Weise regelte: Das Amt des Reichspräsidenten und der Oberbefehl über die Wehrmacht gingen auf den »Führer und Reichskanzler« Adolf Hitler über.

Die Offiziere und Mannschaften von Heer und Kriegsmarine waren bereits wenige Minuten nach Hindenburgs Tod vereidigt worden – nicht auf Volk und Vaterland, schon gar nicht auf die mit Füßen getretene Verfassung, sondern auf die Person desjenigen Mannes, der genau einen Monat zuvor seine engsten Freunde und Kampfgefährten, dazu Dutzende von Männern, die ihm fest vertraut hatten und treu ergeben waren, kaltblütig hatte umbringen lassen, desgleichen die nächsten Mitarbeiter seines Vizekanzlers, auch seinen Amtsvorgänger und dessen Ehefrau, einen weiteren Reichswehr-General und zahlreiche andere mehr oder weniger prominente Zeugen seiner düsteren Vergangenheit.

Schlimmer noch: Erst eine Woche zuvor, am 25. Juli 1934, war – wie niemand bezweifelte: auf Hitlers Befehl hin (wenngleich es, wie man heute weiß, eine weitgehend eigenmächtige Aktion der SS gewesen war) – der klerikal-faschistische österreichische Bundeskanzler Engelbert Dollfuß in seinem Büro am Ballhausplatz von einem in österreichischer Heeresuniform eingedrungenen SS-Kommando ermordet worden. Zwar hatte die Wiener Regierung den Putschversuch der Nazis rasch niederschlagen können; ein Eingreifen der von Italiens faschistischem Diktator Benito Mussolini zur Verteidigung der Unabhängigkeit Österreichs mobilisierten und bereits am Brenner aufmarschierten Divisionen war nicht nötig gewesen. Aber die ganze zivilisierte Welt hatte sich hell empört über die »Meuchelmord-Politik« der Nazis und ihres »Führers«.

Die alte deutsche Geld- und Macht-Elite nahm indessen an alledem keinen nennenswerten Anstoß – nicht an den vielen Morden und schon gar nicht an den zahlreichen Verfassungsbrüchen. Einer ihrer Vertreter, der eitle und intrigante Konzernherrn-Schwiegersohn und Gutsbesitzer Franz v. Papen, der am 30. Juni 1934 selbst nur um Haaresbreite dem Schicksal seiner engsten Mitarbeiter und seines »Freundes und Nachfolgers«, des Generals v. Schleicher, entgangen war, übernahm sogleich nach dem gescheiterten Nazi-Putsch in Wien »stolz und freudig« als »Gesandter in besonderer Mission des Führers« dessen Rechtfertigung gegenüber den aufgebrachten Österreichern (und insgeheim auch die Beruhigung des Papstes, dessen besonderer Günstling der ermordete Dollfuß gewesen war).

Die alte Elite und mit ihr das deutsche Bürgertum, dessen Vorbild sie war, trösteten sich mit dem alten Sprichwort: *Wo gehobelt wird, fallen Späne . . .* Schließlich hatte Hitler ja die Kommunisten und Sozialdemokraten, die Gewerkschaften, die Betriebsräte, die lästigen Tarifverträge, die jüdische Konkurrenz und vieles andere »weggehobelt«; die sich ohnehin schon wiederbelebende Konjunktur wurde von der heimlichen Aufrüstung, die die Nazis eifrig vorantrieben, sehr gefördert, und den Nutzen von alledem hatten vornehmlich die großen Konzerne, an deren zusätzlichen Profiten die Arbeiter und Angestellten nicht mehr, wie früher, mit steigenden Löhnen beteiligt waren.

So hatte beispielsweise die größte »Waffenschmiede des Reiches«, die Firma Fried. Krupp in Essen, im Jahre 1932 rund 36000 Arbeiter und Angestellte beschäftigt und ihnen insgesamt 69 Millionen Reichsmark an Löhnen und Gehältern bezahlt; im ganzen Jahr 1933 brauchte Krupp seiner auf 43400 Köpfe angewachsenen »Gefolgschaft bei steigendem Gewinn nur noch 67 Millionen Reichsmark zu zahlen. Die Lohnkürzungen, mit deren Hilfe dieses Wunder möglich geworden war, hatten zwar in der Gießerei und auf einigen Krupp-Zechen zu heftigen Protesten der Arbeiterschaft und zu wilden Streiks geführt. Aber da war die mit dem Werkschutz eng zusammen arbeitende Gestapo rasch zur Stelle gewesen, hatte die »Rädelsführer« in ein Konzentrationslager »eingewiesen« und zwei alte Gewerkschafter, die der Sympathie mit den Streikenden verdächtig waren, zur Abschreckung der Belegschaft gleich an Ort und Stelle mit Stahlruten »fertiggemacht«; ein paar Arbeiter waren strafversetzt worden, und von da an hatten bei Krupp aus Furcht und Resignation wieder »Ruhe und Ordnung« geherrscht.

Doch nicht nur bei Krupp in Essen, auch überall sonst in der Wirtschaft und besonders in der Rüstungsindustrie konnten die Unternehmer mit dem faschistischen Regime sehr zufrieden sein: Die Löhne wurden niedrig gehalten; noch 1937 lagen sie deutlich unter dem Niveau des Elendswinters 1931/32, als die Weltwirtschaftskrise ihren Höhepunkt erreicht hatte. Gleichzeitig stiegen die Pro-Kopf-Leistungen der Arbeiter steil an. Schon bald konnten die Unternehmen zur 60-Stunden-Woche übergehen und auf die für sie so lästige Überstundenbezahlung verzichten. Und von 1936 an brauchten die Firmenleitungen nicht einmal mehr zu befürchten, durch allzu rigorose Ausbeutung gute Fachkräfte zu verlieren, denn durch gesetzliche »Bindung an den Arbeitsplatz« wurde die

Freizügigkeit der »Gefolgschaftsmitglieder« drastisch eingeschränkt und jeder unerwünschten Abwanderung ein Riegel vorgeschoben.

Zudem gab es weiterhin ein riesiges Arbeitskräfte-Reservoir, denn die Erwerbslosigkeit nahm auch im »Dritten Reich«, entgegen allen Versprechungen und Propagandalügen, keineswegs in dem Maße ab, wie es viele Nazi-Wähler des Jahres 1932 gehofft und die Konzernherren befürchtet hatten. Trotz erheblicher Verstärkung der Reichswehr – sie erreichte schon im Herbst 1934 eine Mannschaftsstärke von rund 260000, was mehr als dem zweieinhalbfachen des nach dem Versailler Vertrag Erlaubten entsprach –, trotz des Eintritts von weiteren Hunderttausenden in die kasernierten Polizei- und SS-Verbände sowie in den noch freiwilligen Arbeitsdienst, trotz Masseneinstellungen beim Autobahnbau sowie bei der Rüstungsindustrie und trotz der Flucht von mehr als hunderttausend Menschen ins Ausland, der Internierung von Zehntausenden in den Konzentrationslagern und Gefängnissen, gab es im Frühjahr 1934 noch immer mehr als vier Millionen Erwerbslose, von denen allerdings nur noch rund zehn Prozent Unterstützung aus der Arbeitslosenversicherung erhielten. Das Gros war auf Krisen- und Wohlfahrtsfürsorge angewiesen, und das Heer der Erwerbslosen ohne jegliche Unterstützung aus öffentlichen Mitteln hatte sich auf fast eine Million vermehrt.

Daß diese Menschen keine begeisterten Nazis waren, liegt auf der Hand. Aber es gibt auch deutliche Anhaltspunkte dafür, daß unter denen, die ihren Arbeitsplatz behalten hatten oder dank der Konjunkturbelebung wieder eingestellt worden waren, die allermeisten nach wie vor in Opposition zum Hitler-Regime standen, nur wagten sie keinen offenen Widerstand.

Immerhin: Als aufgrund des »Gesetzes zur Ordnung der nationalen Arbeit« vom 20. Januar 1934 überall »Vertrauensräte« – das war der faschistische »Ersatz« für die früheren Betriebsräte – »gewählt« werden sollten (wobei es sich in Wahrheit nur darum handelte, die Liste der vom »Betriebsführer«, zusammen mit dem DAF-»Betriebsobmann« bereits endgültig bestimmten »Vertrauensräte« zustimmend oder ablehnend »zur Kenntnis zu nehmen«), gaben im Reichsdurchschnitt mehr als drei Viertel aller Arbeitnehmer entweder Nein-Stimmen ab oder enthielten sich der Stimme. Begreiflicherweise verzichtete die Nazi-Führung auf eine Veröffentlichung dieses für sie so blamablen »Wahlergebnisses«.

Weniger deutlich trat die Opposition gegen den Hitler-Faschismus am 19. August 1935 zutage, als nicht allein die Arbeitnehmerschaft, sondern alle rund 45 Millionen Wahlberechtigten bestätigen sollten, daß sie mit der eigenmächtigen, im Widerspruch zur Verfassung und selbst zum Ermächtigungsgesetz stehenden Abschaffung des Reichspräsidenten-Amtes und mit Hitlers Übernahme auch dieser Funktion sowie des Oberbefehls über die Wehrmacht einverstanden seien. Rund 90 Prozent, mehr als 38 Millionen Deutsche, stimmten an diesen Tage mit »Ja«; nur 4,2 Millionen Männer und Frauen hatten den Mut, dazu »Nein« zu sagen, und fast drei Millionen blieben den Wahllokalen fern oder gaben ungültige Stimmzettel ab.

Das schien für Hitler ein großer Sieg zu sein, doch er war weit weniger auf gewandelte Überzeugungen zurückzuführen, auch keineswegs allein ein Ergebnis der von Goebbels wieder einmal gelieferten »Propagandaschlacht«, als vielmehr vor allem eine Auswirkung des Gestapo- und SS-Terrors. Die Wähler, besonders das Bürgertum, die Intelligenz und die Beamtenschaft, hatten sich noch nicht von dem Schrecken erholt, den ihnen die Massenmorde vom 30. Juni und 1. Juli 1934 eingeflößt hatten. Die eingeschüchterten Wähler fragten sich: Wenn Hitler nicht einmal davor zurückschreckt, seine Freunde, ja sogar Reichswehr-Generäle umbringen zu lassen, was mag er erst mit uns kleinen Leuten machen, wenn herauskommt, daß wir gegen ihn gestimmt haben?

Denn natürlich traute man den braunen Meuchelmördern nicht nur eine Fälschung der Abstimmungsresultate zu, sondern auch jede Verletzung des Wahlgeheimnisses (obwohl die vielfältigen Tricks, mit deren Hilfe die Nazis kontrollierten, wer bei den Volksabstimmungen nicht das geforderte »Ja« ankreuzte, erst etwas später angewandt wurden, zumindest erst von 1938 an nachweisbar sind).

Jeder Deutsche, der auch nur halbwegs bei Verstand war, wußte oder ahnte zumindest, auch wenn er sich sonst für Politik überhaupt nicht interessierte, mit welcher Brutalität die neuen Machthaber jeden erkannten Gegner behandelten. Jedermann in Deutschland kannte schon damals – auch wenn er dies später mit allem Nachdruck leugnete – die Einrichtung der Konzentrationslager. Die Zeitungen meldeten in den ersten Jahren der Naziherrschaft recht häufig die Einlieferung dieses oder jenes mehr oder weniger prominenten Antifaschisten in ein – mitunter namentlich genanntes – »KZ«. Und es hatte sich auch schnell herumgesprochen, welchen grauenhaften Mißhandlungen und sadistischen Quälereien die Lagerinsassen ausgesetzt waren.

Selbst wer der Goebbels-Propaganda von der »Erziehung durch Arbeit« und den freigegebenen Fotos von unter SS-Bewachung fleißig Torf stechenden KZ-Häftlingen Glauben schenkte, mußte zumindest wissen, daß der Lageraufenthalt alles andere als angenehm war. Und das allein genügte vollauf, die allermeisten ängstlichen Bürger von offener Kritik sowie von der Abgabe einer »Nein«-Stimme bei den häufigen Volksabstimmungen abzuhalten. »Halte dich zurück«, flüsterten besorgte Ehefrauen ihren Männern zu, wenn diese in den eigenen vier Wänden einmal loszupoltern wagten, etwa wenn der erhoffte Sonntagsbraten auf Weisung der Nazi-Partei hin in ein Eintopfgericht verwandelt, die Ersparnis aber von ihr sofort als »Winterhilfswerk«-Spende kassiert worden war, »sei ja still, sonst kommst du auch nach . . .« Und dann folgte, je nach der Gegend, der Name dieses oder jenes Konzentrationslagers.

Und es gab deren viele: Da war im Norden von Berlin das gefürchtete Lager Oranienburg, später Sachsenhausen; am bekanntesten in Deutschland war das Lager von Dachau bei München; bei Stuttgart lag das KZ Heuberg, in der Nähe von Weimar Buchenwald, das 1937 errichtet wurde, während zuvor im sächsisch-thüringischen Raum die Lager Lichtenburg, Bad Sulza, Hohenstein, Sachsenburg und Colditz, in Berlin die berüchtigte Folterstätte im Columbia-Haus und Hermann Görings »Privat-KZ«, die Kaserne in der General-Pape-Straße, sowie fünf Dutzend weitere »wilde« Lager bestanden, zum Beispiel das Lager Kemna in Wuppertal, die Folterstätte im alten Zuchthaus Sonnenburg bei Frankfurt an der Oder, das KZ Bornim oder auch das in Königs Wusterhausen. Dazu kamen die Moor-Lager im Emsland, Papenburg und Esterwege, die besonders gefürchtet waren, obwohl sie offiziell der Justizverwaltung, nicht der SS, unterstanden.

Später kamen noch die großen Konzentrationslager Neuengamme bei Hamburg, Flossenbürg in der bayerischen Oberpfalz nahe der tschechoslowakischen Grenze, Groß-Rosen im Regierungsbezirk Breslau, das Frauenlager Ravensbrück in Mecklenburg sowie – nach der Eroberung Österreichs – das Lager Mauthausen bei Linz hinzu. Und als sich während des Zweiten Weltkriegs der Machtbereich der Nazis über Europa auszuweiten begann, entstanden noch viele weitere Konzentrationslager: Auschwitz in Westgalizien, Maidanek bei Lublin, Natzweiler in den elsässischen Vogesen, Stutthof bei Danzig, Bergen-Belsen bei Hannover, Riga, Treblinka und viele andere.

Indessen gab es auch schon vor Ausbruch des Zweiten Weltkriegs innerhalb des Großdeutschen Reiches weit mehr als hundert Konzentrations-, Neben-, Arbeits- und Straflager, deren Insassen fast ausschließlich Deutsche und in der großen Mehrzahl politische Gefangene waren. Nach einem Gestapobericht vom 10. April 1939 befanden sich damals, fast ein halbes Jahr vor Kriegsbeginn, nicht weniger als 162734 politische Häftlinge in den deutschen Konzentrationslagern; weitere 112432 politische Gefangene verbüßten in Zuchthäusern und Gefängnissen Freiheitsstrafen, zumeist wegen Hochverrats und ähnlicher Delikte, weitere 27369 saßen wegen politischer Strafverfahren in Untersuchungshaft. Insgesamt wurden in den Jahren zwischen 1933 und 1939 mehr als 225000 Männer und Frauen aus politischen Gründen zu Gefängnis- und Zuchthausstrafen verurteilt, Tausende hingerichtet oder ermordet. Mehr als eine Million Deutsche mußten in den ersten sechs Jahren der Nazi-Herrschaft für kurze oder längere Zeit die Qualen einer »Schutzhaft« in einem der Konzentrationslager auf sich nehmen. Es waren dies Kommunisten, Sozialdemokraten, christliche Gewerkschafter, mutig gegen den Faschismus aufgetretene Geistliche aller Konfessionen oder auch einfache Menschen, die ohne weltanschauliche Bindung nichts anderes getan hatten, als ihrem Gewissen zu folgen.

Denn der deutsche antifaschistische Widerstand, der »Aufstand des Gewissens«, hat wahrlich nicht erst mit jener Offiziersverschwörung begonnen, die im sechsten Kriegsjahr, im elften Jahr der Nazi-Herrschaft, zu dem gescheiterten Attentat auf Hitler vom 20. Juli 1944 führte!

Zwar ist in der Bundesrepublik Deutschland seit deren Gründung von offizieller Seite her stets so getan worden, als hätte es aktiven Widerstand gegen die Hitler-Diktatur im wesentlichen nur an diesem 20. Juli 1944 gegeben. Daneben wird allenfalls noch der »Weißen Rose«, der Flugblätter-Agitation schwärmerischer Idealisten wie der Geschwister Scholl, sowie des einen oder anderen tapfer gegen Hitler predigenden Kirchenmannes gedacht.

Aber mehr als ein Jahrzehnt vor dem 20. Juli 1944 hatte die deutsche Arbeiterschaft und die linke Intelligenz schon viele Tausende von zumeist unbekannten Blutzeugen für ihren Widerstandswillen zu verzeichnen: Hier ein Kranführer und zwei Hilfsarbeiter, die, um die Verhaftung eines Kollegen zu verhindern, der Gestapo mit Vorschlaghämmern und Eisenstangen entgegengetreten und kurzerhand niedergeschossen worden waren; dort vier namenlose Kumpel, die es gewagt hatten, der Zechenleitung mit Streik zu drohen und dafür in einem Moor-Lager zu Tode gequält worden waren; anderswo vielleicht ein Landarbeiter-Ehepaar, das einen Flüchtling versteckt und seine Menschlichkeit mit dem Tode gebüßt hatte; oder ein Schriftsteller, der für verfolgte Kollegen eingetreten, dafür ins Gefängnis gesteckt und angeblich »auf der Flucht erschossen« worden war; dazu die vielen mutigen Männer und Frauen, die beim illegalen Wiederaufbau ihrer zerschlagenen Partei- oder Gewerkschaftsorganisationen von der Polizei entdeckt oder von Spitzeln verraten, verhaftet, gefoltert, in den Selbstmord getrieben oder mit dem Fallbeil hingerichtet worden waren.

Am 2. August 1934, als die späteren Teilnehmer an der Offiziersrevolte vom 20. Juli 1944, in voller Kenntnis der Existenz der Konzentrationslager, des Gestapo-Terrors, der Judenverfolgungen, erst recht der von der Reichswehr unterstützten Massenmorde vom 30. Juni und 1. Juli 1934, Adolf Hitler Gehorsam und Treue bis in den Tod schworen, leisteten schon Hunderttausende von Deutschen im Untergrund oder vom Exil aus unter ständiger Lebensgefahr dem Faschismus aktiven Widerstand, verweigerten mehr als 7 Millionen Männer und Frauen dem blutbefleckten Diktator zumindest die Zustimmung zu seiner Gewaltherrschaft.

Sie alle, denen die Ehre gebührt, sich *nicht* dem Terror gebeugt, *nicht* die Nazi-Diktatur unterstützt, vielmehr allen Verlockungen der Goebbels-Propaganda widerstanden, auf ihr Gewissen gehört und, wenn irgend möglich, den Faschismus aktiv bekämpft zu haben, waren allerdings für die späten Verschwörer vom 20. Juli 1944 damals noch allergrößtenteils »Unpersonen«, »rotes Pack«, »Bolschewistengesindel«, »dreckige Sozis«, »jüdisch-marxistisch verseuchte Schreiberlinge« oder »Pazifisten-Schweine«. Und selbst wenn sie diese in ihren Kreisen damals durchaus gebräuchlichen Bezeichnungen nicht anwandten, so ließen sie sie unwidersprochen; andernfalls hätten sie nämlich ihre hohen Posten nicht halten, als Offiziere nicht Karriere machen können.

Damals, zu Beginn der Nazi-Herrschaft, war nämlich Dr. Carl Friedrich Goerdeler, das spätere Haupt der Verschwörung vom 20. Juli 1944, noch Hitlers Reichskommissar für die Preisbildung mit Sitz im Kabinett; Johannes Popitz amtierte als Hermann Görings Finanzminister in Preußen; Hjalmar Schacht, der schon bei der »Harzburger Front« mit von der Partie gewesen war, diente von 1934-37 dem »Führer« als Reichswirtschaftsminister, dann bis Anfang 1943 als Reichsminister ohne Geschäftsbereich, außerdem von 1933-39 als Reichsbankpräsident und sorgte für die Finanzierung der Kriegsvorbereitungen. Ulrich v. Hassell schmiedete als Hitlers Botschafter bei Mussolini an der faschistischen »Achse« Rom-Berlin; Friedrich Werner Graf v. d. Schulenburg übernahm 1934 die Vertretung des »Dritten Reiches« in Moskau, ganz zu schweigen von den Militärs, ohne deren Hilfe Hitler nie zur Macht gelangt wäre und die sich erst sehr spät auf das besannen, was sie ihre Offiziersehre nannten.

Aber auch noch zehn Jahre später, bei den letzten Putschvorbereitungen, zeigten sich einige der Hauptverschwörer vom 20. Juli 1944 keineswegs als bekehrte Antifaschisten, vielmehr als unbelehrbare Reaktionäre. So widersetzten sich Goerdeler und v. Hassell fast bis zuletzt einer Beteiligung des Gewerkschafters Wilhelm Leuschner und des Sozialdemokraten Dr. Julius Leber an der nach dem geplanten Sturz Hitlers zu bildenden Regierung. Und zu einer Zeit, da die Opfer des Terrors der SS und Gestapo schon nach Millionen zählten, spielte Popitz noch ganz ernsthaft mit dem Gedanken, ausgerechnet deren Chef, den Reichsführer SS Heinrich Himmler, zum Nachfolger Hitlers zu machen! Die meisten anderen Verschwörer faßten entweder eine Militärdiktatur oder die Wiedererrichtung der Hohenzollern-Monarchie ins Auge.

Der einzige ernsthafte Versuch der Generale und der mit ihnen verbündeten alten Führungsschicht, jenen Hitler, den sie selbst an die Macht gehievt hatten, wieder zu stürzen, bevor es zum Zusammenbruch des ganzen Gesellschaftssystems käme, wurde zehn Jahre zu spät, zudem halbherzig und so dilettantisch unternommen, daß er von vornherein keine Aussicht auf Erfolg hatte. Die Verschwörer und ihre Dreiviertel-, Halb- und Achtel-Sympathisanten, die nach dem mißglückten Attentat auf Hitler zu Hunderten gefoltert und hingerichtet wurden, starben dann meist als einzelne sehr tapfer und wohl auch in der Überzeugung, für eine gute Sache ihr Leben zu opfern (wenngleich es sogar ihnen selbst hätte zweifelhaft erscheinen müssen, ob es wirklich so gut gewesen wäre, Hitler durch einen Hohenzollern-Prinzen, eine Militärdiktatur oder gar durch Himmler zu ersetzen . . .). An ihrer persönlichen Redlichkeit, ihrem erwachten Gewissen, ihrem Mut und ihrer Vaterlandsliebe ist gewiß nur in wenigen Ausnahmefällen zu zweifeln, allerdings auch nicht an der Tatsache, daß sie ihren Widerstandswillen (oder doch wenigstens den gleichen Dilettantismus, den sie bei der Durchführung der Revolte vom 20. Juli 1944 an den Tag legten!) ein Jahrzehnt zuvor hätten zeigen sollen.

Doch im Jahre 1934, als Hitler mit Hilfe der Generäle Staatsoberhaupt und Oberbefehlshaber der Wehrmacht geworden war, hatte der antifaschistische Widerstand in Deutschland nicht die geringste Unterstützung von seiten der Militärs und der alten Elite, auch nicht von seiten der katholischen Kirche, die weder an der Zerschlagung der sozialistischen Parteien und Gewerkschaften noch an der Verfolgung der Juden etwas auszusetzen fand, und die sich mit dem vorteilhaften Konkordat, das sie mit Hitler hatte schließen können, über die »Schönheitsfehler« des faschistischen Regimes hinwegtröstete, denn, so sagte sich auch der hohe Klerus, *wo gehobelt wird, fallen Späne . . .*

Am 12. September 1934 sprach der päpstliche Nuntius in Berlin, Monsignore Cesare Orsenigo, dem für die vielen Morde, auch an prominenten Katholiken, verantwortlichen »Führer« die besondere Hochachtung des Heiligen Stuhls aus und lobte Hitlers »hingebende Sorge für das Wohl des deutschen Volkes«.

Hitler war darüber höchst erfreut. Diese nazifreundliche Haltung des Vatikans half ihm, die Ermordung von Dollfuß in Vergessenheit geraten zu lassen und einen neuen großen innen- und außenpolitischen Erfolg zu erringen:

Am 13. Januar 1935 hatte die Bevölkerung des Saargebiets in einer Abstimmung darüber zu entscheiden, ob ihr rund 800000 Einwohner zählendes, an Bodenschätzen reiches Land weiter unter Völkerbundverwaltung und in engen wirtschaftlichen Beziehungen zu Frankreich stehen, zugleich frei von Gestapo-Terror bleiben oder wieder ein Teil des Deutschen Reiches und damit der Hitler-Diktatur unterworfen werden sollte.

Alle Anstrengungen der breiten antifaschistischen Front aus Sozialdemokraten, Kommunisten und Liberalen, zu denen auch christliche Gewerkschafter und zahlreiche katholische Pfarrer gestoßen waren, wurden indessen zunichte gemacht, teils durch eine raffinierte, von Goebbels gesteuerte Propaganda größten Stils, teils durch massive Wahlbeeinflussung der meist fromm katholischen Bevölkerung durch ein Einschwenken höchster kirchlicher Würdenträger auf die Linie der Nazis.

Neben den »Heim-ins-Reich«-Predigten der Bischöfe, die die antifaschistische Einheitsfront ins Wanken brachten, hatten die an die vaterländischen Gefühle der Saarländer appellierenden Goebbels-Propagandisten natürlich auch die volle Unterstützung der alten saarländischen Geld- und Macht-Elite. Die Herren des Stumm- und des Röchlings-Konzerns, um nur die beiden wichtigsten Großaktionärsgruppen zu nennen, setzten sich mit ihrem ganzen Einfluß dafür ein, auch den saarländischen Unternehmern die Annehmlichkeiten zu verschaffen, die die Nazis ihren Kollegen im Reich gewährt hatten.

Aber es meldete sich auch noch einmal die rechte Sozialdemokratie in einer für die braune Propaganda recht vorteilhaften Weise zu Wort: Vierzehn Tage vor der von Goebbels zum Testfall der Popularität der Nazi-Diktatur, auch außerhalb ihres unmittelbaren Machtbereichs, erklärten Saar-Abstimmung, am 29. Dezember 1934, veröffentlichte die »Kölnische Zeitung« ein Interview mit Carl Severing, der bis zu seiner Absetzung durch v. Papen im Juli 1932 preußischer Innenminister, danach noch bis zum Verbot der Partei ein sehr prominenter SPD-Reichstagsabgeordneter und Spitzenfunktionär und 1933 vorübergehend in SA-»Schutzhaft« gewesen war. Severing erklärte nun öffentlich: *»Ich wünsche auf das dringendste . . ., daß der Tag der Abstimmung eine imposante Mehrheit für die Rückgliederung des Saargebiets an Deutschland ergeben möge . . . Jetzt wird die Entscheidung für oder gegen Deutschland getroffen, und ich wünsche dringend, daß sie für Deutschland lauten möge!«*

Carl Severing, der – wie er zugleich versicherte – nicht beabsichtigte, »aus der politischen Zurückhaltung hervorzutreten«, tat damit in Wahrheit genau das Gegenteil: Seine Erklärung konnte an der Saar nur als entschiedene Absage an die für die Beibehaltung des *Status quo* eintretende antifaschistische Einheitsfront, von den ehemaligen Mitgliedern der verbotenen SPD im Reich nur als ein Appell des einst so prominenten Genossen aufgefaßt werden, sich mit der Hitler-Diktatur abzufinden und diese sogar noch zu unterstützen.

(Der von vielen Sozialdemokraten gehegte Verdacht, das für die Nazis so nützliche Severing-Interview sei von Goebbels nur erfunden, zumindest gefälscht oder von Severing nur unter starkem Druck so hitlerfreundlich abgefaßt worden, bestätigte sich übrigens nicht. Nach dem Zusammenbruch des Hitler-Regimes wurde Carl Severing, der seit 1947 wieder für die SPD im Landtag von Nordrhein-Westfalen saß, danach gefragt. Er erklärte, sein Appell an die Saarländer, nicht den Parolen der antifaschistischen Einheitsfront zu folgen, sondern für den Anschluß an das Nazi-Reich zu stimmen, habe nicht nur damals seiner Überzeugung entsprochen; er stehe vielmehr, trotz aller inzwischen gemachten Erfahrungen, noch immer dahinter.)

Die Verwirrung, die die Kanzelreden hoher kirchlicher Würdenträger, erst recht die Erklärungen einst führender linker Politiker wie die Carl Severings, in den Reihen der heimlichen antifaschistischen Opposition im Hitler-Reich stiftete, wurde noch vermehrt durch die Haltung der Westmächte, insbesondere Großbritanniens, gegenüber Hitler. Weit davon entfernt, den Vertragsbrüchen, offenen Drohungen, heimlichen Rüstungen und blutigen Übergriffen der Nazis energisch gegenüberzutreten, zeigten sich die Regierungen, zumal die in London und Paris, immer tiefer beeindruckt. Ja, viele der bürgerlichen, vor allem der konservativen Politiker des westlichen Auslands entwickelten für die aggressive faschistische Diktatur im Hitler-Reich nicht nur großen Respekt, sondern auch zunehmende Sympathie.

Schon im Oktober 1933 hatte Lord Balfour, der »große alte Mann« der britischen Konservativen, in einem Zeitungsinterview erklärt, wie er und seine Freunde von der Schwerindustrie die durch Hitlers »Machtergreifung« veränderte Lage in Europa beurteilten: *»Werden die Deutschen wieder Krieg anfangen? Ich denke, daran kann es keinen Zweifel geben, und . . . ich bin fast davon überzeugt, daß wir eines Tages die Deutschen aufrüsten lassen oder sie sogar selbst bewaffnen müssen. Angesichts der . . . furchtbaren Gefahr im Osten ist ein unbewaffnetes Deutschland wie . . . eine reife Pflaume, die darauf wartet, von den Russen gepflückt zu werden. Eine der großen Gefahren für den Frieden in Europa ist heute der total waffenlose Zustand Deutschlands.«*

Daß Deutschland keineswegs »total waffenlos« war, wußte natürlich auch Lord Balfour, aber es entsprach der damaligen Haltung vieler Konservativer, nicht nur in England, augenzwinkernd so zu tun, als ob Deutschland den Versailler Vertrag strikt einhielte. Ein starkes, bis an die Zähne bewaffnetes und totalitär-antimarxistisch regiertes Reich als »Bollwerk gegen den Bolschewismus« wünschten sich damals die alten Geld- und Macht-Eliten fast aller europäischen Länder. Dafür waren sie bereit, sich nicht nur mit dem – ja nicht sie oder ihresgleichen in Deutschland betreffenden, sondern vornehmlich gegen »die Roten« gerichteten – Terror im Nazi-Reich abzufinden, sondern auch mit immer neuen Verletzungen des Versailler Vertrags durch die Machthaber in Berlin: Schon am 16. März 1935, nur zwei Monate nach seinem triumphalen Sieg an der Saar, wo weniger als neun Prozent der Abstimmungsberechtigten gegen die Rückgliederung gestimmt hatten, verkündete Hitler die Wiedereinführung der allgemeinen Wehrpflicht; die Friedensstärke des Heeres wurde auf 36 Divisionen (rund 550000 Mann mit einjähriger Dienstzeit) festgesetzt. Bereits einige Tage zuvor war die Schaffung einer deutschen Luftwaffe offiziell bekanntgegeben worden, und im Mai 1935 erließ die Regierung ein geheimes Gesetz, die Umstellung der gesamten deutschen Wirtschaft auf Kriegsbedingungen betreffend, und im Juni 1935 wurde die allgemeine, vormilitärische Arbeitsdienstpflicht eingeführt.

Während die französische Regierung gegen diesen eklatanten Bruch des Versailler Vertrags und aller späteren Abmachungen nicht bloß förmlich protestierte – womit der zur Zusammenarbeit mit Hitler durchaus bereite Außenminister Pierre Laval es eigentlich hatte bewenden lassen wollen –, sondern unter dem starken Druck der Öffentlichkeit, zumal der Linken, eilig einen Beistandspakt mit der Sowjetunion schloß, beließ es die britische Regierung bei einem äußerst gemäßigten Protest. Und schon wenige Wochen später schloß Großbritannien mit den Deutschen sogar ein – Hitlers Vertragsbrüche stillschweigend legalisierendes – Abkommen, das Deutschland den Bau einer Kriegsflotte gestattete, die 35 Prozent der Gesamtstärke der Seestreitkräfte des britischen Commonwealth erreichen durfte; mit ihrer U-Boot-Tonnage sollte die deutsche Kriegsflotte nicht über 45 Prozent der Gesamt-U-Boot-Tonnage des britischen Commonwealth hinausgehen.

Da sich die USA völlig zurückhielten, England immer offener mit Nazi-Deutschland sympathisierte und zudem bald darauf die Italiener mit der Eroberung Abessiniens begannen, durch die Mussolini in Konflikt mit London und Paris geriet, sah Hitler keinen Grund mehr, sich Hemmungen aufzuerlegen und außenpolitische Rücksichten zu nehmen:

Am 15. September 1935 verkündete er die sogenannten »Nürnberger Gesetze« gegen die jüdische Minderheit. Sie verboten unter anderem Eheschließungen, aber auch außereheliche Beziehungen, sogenannte »Rassenschande«, zwischen Juden und »Ariern« und unterbanden jede Betätigung von Personen jüdischer Abstammung, außer in Handel und Gewerbe. Diese Gesetze, die in abgemilderter Form auch Deutsche halb- oder vierteljüdischer Abstammung diskriminierten, betrafen mehr als zwei Millionen Menschen im Reich – mit welchen beabsichtigten, aber auch durchaus unbeabsichtigten Folgen, davon wird noch die Rede sein. Die Ausführungsbestimmungen zu den »Nürnberger Gesetzen«, die im wesentlichen nur schein-legalisierten, was ohnehin schon des Landes Brauch geworden war, brachten den Betroffenen noch zahlreiche weitere Erschwernisse, für die Staatssekretär Dr. Wilhelm Stuckart und Ministerialrat Dr. Hans Maria Globke, der spätere Staatssekretär und engste Mitarbeiter Konrad Adenauers, verantwortlich zeichneten.

Ein halbes Jahr später, am 7. März 1936, wagte Hitler noch eine weitere Provokation, diesmal der westlichen Nachbarn: Er erklärte kurzerhand alle vertraglichen Abmachungen hinsichtlich der Entmilitarisierung des Rheinlandes für »erloschen« und ließ die Wehrmacht ins linksrheinische Gebiet einmarschieren. Und wieder unternahmen die Westmächte nichts, um den immer dreister werdenden Diktator in seine Schranken zu weisen. Diese Haltung der westlichen Demokratien, die sich von Hitlers Beteuerungen, seine gewaltige Aufrüstung sei bestimmt nicht gegen sie gerichtet, täuschen ließen und so dem Diktator immer neue Triumphe bescherten, wirkte sich auf den Widerstandswillen der innerdeutschen Opposition sehr nachteilig aus. Viele resignierten und zogen sich völlig aus der politischen Arbeit zurück; andere begannen, »mit den Wölfen zu heulen«, und um ihres oder ihrer Kinder beruflichen Fortkommens willen traten sie sogar in die Nazi-Partei oder eine ihrer zahlreichen Gliederungen ein.

Dennoch gab es zu keiner Zeit ein völliges Aufhören des Widerstands. Immer wieder flackerten Streiks auf – zum Beispiel im Mai 1935, als rund sechstausend Arbeiter der Chemnitzer Wanderer-Werke die Arbeit niederlegten; oder im Juli 1935 bei den U-Boot-Werften von Vegesack bei Bremen, wo die streikenden Arbeiter von der Polizei gewaltsam gezwungen wurden, die Arbeit wiederaufzunehmen; oder im Februar 1936, als die Kumpel von vier Zechen in Wanne-Eickel durch einen Proteststreik die Freilassung von fünfzig willkürlich verhafteten Kollegen erzwangen. Am 25. Juni 1936 streikte die gesamte Belegschaft der Adam Opel AG in Rüsselsheim und demonstrierte gegen die wachsende Ausbeutung; 262 Arbeiter wurden daraufhin fristlos entlassen, 37 als »Rädelsführer« verhaftet.

In allen industriellen Ballungsgebieten und fast in jedem Großbetrieb bildeten sich geheime Zellen der KPD und SPD, die miteinander und mit anderen Gruppen und illegalen Gewerkschaftsorganisationen Kontakt hielten, gemeinsame Aktionen, beispielsweise Geldsammlungen für die Familien Verhafteter oder Untergetauchter, durchführten und den Widerstandswillen wachzuhalten suchten.

Dieser antifaschistischen Opposition, die sich mit Hilfe heimlich hergestellter und verteilter Flugblätter Gehör zu verschaffen verstand, begegnete das Nazi-Regime nicht allein mit Bespitzelung und Terror, sondern auch dadurch, daß immer größere Teile der jüngeren Jahrgänge zum Militär und zum Arbeitsdienst eingezogen, Hunderttausende von Arbeitern mittlerer Jahrgänge zu Befestigungsarbeiten am sogenannten »Westwall« oder zum Autobahnbau dienstverpflichtet wurden. Dadurch gelang es, die heimlich aufgebauten Gruppen immer wieder auseinanderzureißen, und wegen der großen Vorsicht, die versprengte Mitglieder in neuer Umgebung walten lassen mußten, dauerte es oft sehr lange, bis sie wieder Anschluß an Widerstandskreise fanden.

Wie umfangreich, aber auch mit wie großen Risiken verbunden, die Opposition in den Jahren der Naziherrschaft war, lassen einige Zahlen erkennen: Bis Ende 1935 hatten allein die ordentlichen Gerichte 20 883 Personen wegen illegaler politischer oder gewerkschaftlicher Betätigung zu meist langjährigen Freiheitsstrafen oder zum Tode verurteilt, wobei man bedenken muß, daß daneben Zehntausende ohne Gerichtsverfahren in KZ- und »Schutzhaft« genommen worden waren. Vom Dezember 1935 an verstärkte sich die Verfolgung der Opposition, und es kam zu zahlreichen Massenprozessen. Nachdem Ende 1934 über dreihundert Antifaschisten in den nördlichen Vororten von Hamburg bei Razzien verhaftet worden waren, begann am 13. Dezember 1935 der »Elmshorner Massenprozeß«; fast gleichzeitig kamen im »Wuppertaler Gewerkschaftsprozeß« 628 von insgesamt über 1100 wegen illegaler Gewerkschaftsbildung Verhafteten zur Aburteilung. Im April 1936 folgte ein Strafprozeß in Magdeburg gegen 120 Angehörige von linken Widerstandsgruppen, im Mai ein Verfahren vor dem Oberlandesgericht Hamm gegen 450 Mitglieder einer sozialdemokratischen Untergrundorganisation. Von Anfang 1935 bis Ende 1937 wurden weitere 18 755 Kommunisten und 2107 Sozialdemokraten wegen illegaler politischer Betätigung und »Vorbereitung zum Hochverrat« verhaftet und vor Gericht gestellt.

Die aktivsten Widerstandskämpfer und auch diejenigen, die die Hauptlast der gnadenlosen Verfolgung durch Gestapo und Justiz zu tragen hatten, waren ohne Zweifel die deutschen Kommunisten. Schon in den Tagen nach dem Reichstagsbrand, im März 1933, waren ihre Kader zerschlagen, die meisten ihrer Spitzenfunktionäre, darunter auch ihr langjähriger Führer Ernst Thälmann, in die Konzentrationslager verschleppt oder »auf der Flucht erschossen« worden. Bis Ende 1938 verlor die KPD fast zwei Drittel ihrer älteren und erfahrenen Parteimitglieder durch immer neue Verhaftungen; Tausende von ihnen wurden, oft unter fürchterlichen Mißhandlungen, ermordet; Zehntausende starben infolge der grausamen Haftbedingungen, und die Überlebenden blieben fast ausnahmslos bis zum endgültigen Zusammenbruch der Nazi-Herrschaft in Haft. Dennoch setzten die wenigen Kommunisten, die der Verfolgung durch die Gestapo entgingen, den Kampf gegen den Faschismus im Untergrund oder vom Exil aus unbeirrt fort. Häufig arbeiteten sie im engen Bündnis mit Sozialdemokraten, die – vor allem in Berlin, im Ruhrgebiet und in den bayerischen Großstädten – ebenfalls starke illegale Organisationen aufrechterhalten konnten, sowie mit christlichen Gewerkschaftern zusammen. Und daneben gab es, unabhängig vom linken Untergrund, die aus der Pfarrer-Notgemeinschaft entstandene »Bekennende Kirche« der evangelischen Opposition.

Der geistige Führer dieser »Bekennenden Kirche«, die dem hitlertreuen »Reichsbischof« Ludwig Müller den Gehorsam verweigerte und deren Pfarrer mutig gegen die Barbarei der Nazis, insbesondere die Judenverfolgungen, predigten, war der Berlin-Dahlemer Pastor D. Martin Niemöller. Er wurde 1934 aus dem Amt entfernt, 1937 verhaftet und nach einem Gerichtsverfahren, das mit Freispruch endete, als »persönlicher Gefangener des Führers« bis Kriegsende in KZ-Haft gehalten. Mindestens 130 weitere Pfarrer der »Bekennenden Kirche« kamen ebenfalls in Konzentrationslager, wo viele von ihnen, oft nach besonders grausamen Mißhandlungen, ums Leben kamen.

Daneben gab es auch einen – zunächst weit weniger deutlichen – katholischen Widerstand, der anfangs weniger von der Kirche als von Gruppen in ihrem Gewissen aufgerüttelten Gläubigen ausging, die dem Terror nicht tatenlos zusehen wollten; erst in späteren Jahren traten auch einzelne hohe Würdenträger der Kirche, etwa der Bischof von Münster, Clemens August Graf v. Galen, mutig gegen die Rassenpolitik der Nazis, die Judenverfolgung und die Massenmorde an Geisteskranken auf. Und in den letzten Jahren der Naziherrschaft beteiligten sich zahlreiche katholische Geistliche und Laien am aktiven Widerstand, und viele von ihnen, beispielsweise der Münchner Domkapitular und spätere Weihbischof Johann Neuhäusler, kamen ins KZ oder wurden, wie der Jesuitenpater Alfred Delp, im Juli 1944 verhaftet, anschließend vom Volksgerichtshof zum Tode verurteilt und hingerichtet.

Insgesamt gesehen ist es sicherlich nicht übertrieben, wenn man schätzt, daß mindestens vierzig Prozent des deutschen Volkes, später noch weit mehr, in heimlicher Opposition zur Hitler-Herrschaft standen; von den übrigen verhielten sich die meisten ängstlich-neutral und taten ohne nennenswertes politisches Engagement, was sie für ihre Pflicht hielten. Und nur eine Minderheit, allenfalls 20–25 Prozent, waren überzeugte, begeisterte oder gar fanatische Nazis. Doch umgekehrt war auch die Anzahl derer, die als Oppositionelle – aktiven oder wenigstens passiven Widerstand leisteten, sich im Untergrund organisierten und auf den Sturz der Diktatur hinarbeiteten, relativ gering, und sie wurde infolge des immer dichter werdenden Spitzelnetzes und der rigorosen Verhör- und sonstigen Methoden der Gestapo bis 1943 immer kleiner. Erst gegen Ende des Krieges nahm unter dem Eindruck des Geschehens (und begünstigt durch die Überlastung und teilweise Auflösung der Überwachungsdienste) der deutsche Widerstand kräftig zu.

Es fehlte indessen von Anfang an der deutschen Opposition an Einigkeit, Geschlossenheit und gemeinsamer Führung. Zwar hatten die Kommunisten wiederholt Angebote zur Bildung einer Volksfront gemacht, und im Januar 1934 hatten die in die Tschechoslowakei emigrierten Reste des SPD-Parteivorstands das sogenannte »Prager Manifest« veröffentlicht, worin es hieß, es sei »ein schwerer historischer Fehler« gewesen, daß die SPD 1918 »den alten Staatsapparat fast unverändert übernahm«, daß sie die Macht »von vornherein mit den bürgerlichen Parteien, mit der alten Bürokratie, ja mit dem reorganisierten militärischen Apparat teilte«. Daraus wurde die Forderung abgeleitet, nach der Überwindung des Hitler-Faschismus den alten politischen Apparat zu zerschlagen, Großbanken, Großgrundbesitz und Schwerindustrie entschädigungslos zu enteignen und die politischen Machtpositionen der Gegenrevolution restlos zu zerstören. Über die Aufgaben der Arbeiterbewegung im »Dritten Reich« hieß es im »Prager Manifest«: »Mit dem Sieg des totalen Staates ist die Frage seiner Überwindung mit grausamer Eindeutigkeit gestellt. Die Antwort lautet: totale Revolution . . . Die Differenzen in der Arbeiterbewegung werden vom Gegner selbst ausgelöscht. Die Gründe der Spaltung werden nichtig . . . Die Einigung der Arbeiterklasse wird zum Zwang, den die Geschichte selbst auferlegt.«

Aber diesen eindrucksvollen Worten folgte nicht die Tat, jedenfalls nicht von seiten des Exil-Parteivorstandes. Deren starker rechter Flügel, zu dem auch Otto Wels gestoßen war, hatte dem »Prager Manifest« nur zugestimmt, um auf diese Weise seine erschütterte Autorität bei der Basis wiederherzustellen, denn der weitere Kurs der Parteiführung blieb gegen jede Aktionseinheit mit den Kommunisten und gegen jede Volksfrontbildung gerichtet.

Dagegen schlossen im Juni 1935 die französischen Sozialisten und Kommunisten einen »Pakt der Aktionseinheit«, der auch erhebliche Auswirkungen auf den deutschen Widerstand, insbesondere auf den Zusammenschluß der deutschen politischen Emigranten, hatte. Und auch in Spanien kam es einige Monate später zur Bildung einer breiten antifaschistischen Volksfront, die bei den Wahlen im Februar 1936 die Mehrheit im Parlament errang, sogleich die seit dem asturischen Bergarbeiteraufstand vom Oktober 1934 beseitigten demokratischen Freiheiten wiederherstellte und die politischen Gefangenen befreite. Schon wenige Wochen später, im April und Mai 1936, errang die Volksfront auch in Frankreich einen überwältigenden Wahlsieg; der Sozialist Léon Blum wurde Ministerpräsident.

Unter dem Eindruck dieser hoffnungsvollen Entwicklung schlossen sich im Mai 1936 in Paris führende Vertreter von SPD, KPD und anderen sozialistischen Gruppen sowie Repräsentanten des liberalen Bürgertums und der deutschen Intelligenz zu einem »Ausschuß zur Vorbereitung einer deutschen Volksfront« zusammen. Unter Vorsitz von Heinrich Mann, der nach dem Urteil seines noch berühmteren Bruders Thomas »politisch viel früher auf dem Plan« war, entwickelte dieser Ausschuß Richtlinien für den Kampf gegen den Hitler-Faschismus und seine Kriegsvorbereitungen sowie für die künftige staatliche und gesellschaftliche Ordnung in einer vom Nazi-Terror befreiten Heimat. Am 26. Mai 1936 erließ er einen Aufruf – »Seid einig, einig gegen Hitler!« –, der in der ganzen Welt große Beachtung fand.

Schon sehr bald wurde die in Bildung begriffene deutsche Volksfront ihrer ersten Bewährungsprobe unterworfen: Am 18. Juli 1936 putschten spanische Militärs gegen die Republik, und aus diesem Putsch entwickelte sich bald ein sehr blutiger und erbitterter Bürgerkrieg. Auf seiten der Putschisten, an deren Spitze der General Francisco Franco stand, kämpften marokkanische Kolonialtruppen, Fremdenlegionäre und Teile der regulären Armee, unterstützt von den Konzernen, Banken und Großagrariern sowie dem hohen Klerus und den reaktionären Teilen des spanischen Bürgertums. Zur Verteidigung der Republik bildete die Arbeiterschaft, zusammen mit den Kleinbauern und den fortschrittlichen Bürgern, eine Volksarmee, die sich den Streitkräften der Putschisten als mindestens ebenbürtig, oftmals weit überlegen erwies.

In vielen Städten, besonders im Baskenland und in Katalonien, stürmten Arbeiter die Kasernen, bewaffneten sich und schlugen den Putsch nieder. Matrosen der spanischen Kriegsflotte überwältigten ihre mit General Franco sympathisierenden Offiziere und sorgten dafür, daß ein Großteil der Schiffe in republikanischer Hand blieb. In den ersten Wochen nach Beginn des Putsches wurde klar, daß die faschistischen Verbände ohne Hilfe von außen vor einer totalen Niederlage standen; drei Viertel des Landes waren bereits wieder fest in den Händen der rechtmäßigen Regierung. Doch dann regte sich plötzlich wieder der Kampfgeist der schon fast geschlagenen Putschisten; sie hatten über Nacht modernste Waffen und umfangreiche Verstärkung bekommen, griffen wieder an und erzielten beachtliche Geländegewinne.

Bald zeigte sich, daß die Franco-Putschisten von Hitler und

Mussolini umfangreiche Waffenhilfe erhielten, und wenig später trafen auch, anfangs heimlich, dann kaum noch getarnt, deutsche und italienische Truppen in Spanien ein. Mit Panzern, schweren Geschützen, Bombenflugzeugen und Kriegsschiffen griffen sie auf seiten Francos massiv in den Kampf gegen die Republik ein. Und nun begann die Bewährung der deutschen antifaschistischen Aktionseinheit.

Als erstes beteiligte sich der deutsche Widerstand an der raschen Aufstellung und Ausrüstung von Freiwilligenverbänden, die dann als Internationale Brigaden für die Verteidigung der spanischen Republik kämpften. Die Freiwilligen, die aus allen Teilen der Welt nach Spanien kamen, insgesamt mehr als dreißigtausend Mann, waren Menschen unterschiedlichster Herkunft und gehörten den verschiedensten politischen Parteien und Gruppen an. Annähernd fünftausend Deutsche, meist Kommunisten oder Sozialdemokraten, teils Emigranten, teils aber auch junge Männer, die direkt aus Nazi-Deutschland kamen, reihten sich in diese Internationalen Brigaden ein, unter ihnen der ehemalige KPD-Reichstagsabgeordnete Hans Beimler, dem die Flucht aus dem Konzentrationslager Dachau gelungen war.

Die Internationalen Brigaden, besonders deren deutsche Bataillone »Ernst Thälmann« und »Edgar André«, zeichneten sich besonders aus bei der erbitterten Verteidigung von Madrid. Die Franco-Truppen, unterstützt mit deutschem Kriegsmaterial und italienischen Panzerverbänden, versuchten im späten Oktober 1936 die spanische Hauptstadt im Sturm einzunehmen. General Franco prahlte damals, am 7. November werde er Madrid erobern; von vier Seiten her werde er die Stadt angreifen, und eine »fünfte Kolonne«, seine Anhängerschaft innerhalb der Stadt, werde im entscheidenden Augenblick den Verteidigern in den Rücken fallen.

Francos Rechnung ging indessen nicht auf. Erst 29 Monate später als geplant gelang ihm schließlich mit weit überlegenen Streitkräften der Einzug in die bis zuletzt erbittert verteidigte Stadt, nachdem er im Frühjahr 1937 am Jarama, dann bei Guadalajara schwere Niederlagen erlitten hatte.

Der gemeinsame bewaffnete Kampf deutscher Antifaschisten aus KPD und SPD sowie anderen republikanischen und sozialistischen Gruppen für die spanische Republik wurde vom innerdeutschen Widerstand auf mancherlei Weise unterstützt: In allen deutschen Nachschubhäfen für die in Spanien unter dem Namen »Legion Condor« eingesetzten Luftwaffenverbände wurde die Beladung der Transportschiffe mit Waffen, Munition und Gerät für die Franco-Truppen durch insgeheim organisierte *Go slow*-Aktionen verzögert, die Namen und Bestimmungshäfen der Schiffe sowie genaue Angaben über ihre Fracht den republiktreuen spanischen Gesandtschaften in Den Haag und Prag über geheime Nachrichtenwege gemeldet. In zahlreichen Großbetrieben, in den Zechen Mitteldeutschlands und des Ruhrgebiets, auf den Bremer und Hamburger Werften, bei den Farbwerken Hoechst und im oberschlesischen Revier wurden Geldsammlungen durchgeführt, deren Erlöse durch Matrosen ins Ausland geschmuggelt und zum Kauf von Nahrungsmitteln, Medikamenten, Waffen und Munition für die spanischen Republikaner verwendet wurden.

Während in Spanien noch der Kampf tobte, mußte der innerdeutsche antifaschistische Widerstand einen Triumph Hitlers nach dem anderen zähneknirschend hinnehmen:

Am 1. August 1936 begannen in Berlin die XI. Olympischen Spiele. Trotz der in aller Welt bekannten Greuel, Massenmorde, Konzentrationslager und Kriegsvorbereitungen des Naziregimes kamen die Teilnehmer an den Spielen von überall her freudig nach Berlin, dazu Zehntausende von ausländischen Zuschauern. Ihnen zeigten die Nazis mit ungeheurem Propagandaaufwand ein Land, in dem »Ruhe und Ordnung« herrschte; wo nur gefeiert und gejubelt wurde; wo es scheinbar weder Arbeitslose noch Bettler, noch Rowdies gab und jedermann zufrieden war. Und sie hatten die Genugtuung, daß sich die Gäste davon blenden ließen; zahlreiche Amerikaner und Franzosen, aber auch viele Engländer, glaubten fortan nicht mehr, was Flüchtlinge aus Deutschland von dort berichteten. Und Hitlers besonderer Triumph war es, daß die französische Olympiamannschaft ihm geschlossen den Faschistengruß entbot und mit ausgestrecktem rechtem Arm an seiner Loge vorbeimarschierte.

Acht Tage nach Beendigung der Olympiade, die Hitlers außenpolitisches Prestige enorm gehoben hatte, verkündete er die Verlängerung der allgemeinen Militärdienstpflicht auf zwei Jahre, zwei Monate später, am 18. Oktober 1936, einen Vierjahresplan. Beide Maßnahmen konnten nur als verstärkte Kriegsvorbereitungen verstanden werden, zumal Göring, nun auch noch Beauftragter für den Vierjahresplan, dazu die Parole *Kanonen statt Butter!* ausgab.

Eine Woche später, am 25. Oktober 1936, schloß das Nazi-Reich einen Freundschaftspakt mit dem faschistischen Italien, die sogenannte »Achse«, und am 25. November 1936 kam es zum Abschluß eines Bündnisses zwischen Deutschland und Japan, dem sogenannten »Antikomintern-Pakt«, der scheinbar nur gegen die Kommunistische Internationale (Komintern) gerichtet war, in Wahrheit aber schon die Grundlage einer Allianz für einen bevorstehenden weltweiten Krieg darstellte.

Das ganze Jahr 1937 stand, soweit es Nazi-Deutschland betraf, völlig im Zeichen beschleunigter und enorm verstärkter Aufrüstung, wobei die Kämpfe in Spanien der Waffenerprobung dienten.

Ende 1937 konnte Hitler triumphierend die völlige Beseitigung der Erwerbslosigkeit verkünden, und tatsächlich herrschte bereits, infolge des fieberhaften »Westwall«- und strategisch wichtigen Autobahnbaus sowie immens gesteigerter Produktion von Flugzeugen, Panzern, Geschützen, Lastwagen und sonstigem Wehrmachtsbedarf, ein spürbarer Arbeitskräfte-, aber auch Rohstoffmangel.

Anfang 1938 fühlte sich Hitler, da er weder von seiten der Westmächte noch bei der alten Geld- und Macht-Elite des Reiches Widerstand spürte, stark genug, sein schon in allen Einzelheiten feststehendes Konzept eines großen, in Etappen durchzuführenden Angriffskrieges in die Tat umzusetzen. Dazu brauchte er zunächst noch willfährigere Truppenführer als die alte Reichswehr-Generalität. Und kaum hatte er gegenüber Göring und Himmler seinen Wunsch nach personellen Veränderungen angedeutet, da lieferten Gestapo und SD auch schon das entsprechende »Material«: General v. Blomberg, den Hitler 1936 zum ersten Feldmarschall des »Dritten Reiches« ernannt hatte, mußte seinen Abschied nehmen, nachdem man ihn mit der Vergangenheit seiner zweiten Frau, die als Prostituierte polizeilich registriert war, konfrontiert hatte; Generaloberst v. Fritsch, Oberbefehlshaber des Heeres, wurde eine Homosexuellen-Affäre angedichtet, die ihn zum Rücktritt zwang.

Dann übernahm Hitler selbst die Funktion des gestürzten Generalfeldmarschalls v. Blomberg, löste das Reichswehrministerium auf, ernannte einen der beflissensten Befehlsempfänger, den General Wilhelm (»Lakaitel«) Keitel, zum Chef eines neugeschaffenen »Oberkommandos der Wehrmacht« (OKW), und wieder einmal ließ sich die Generalität dieses rücksichtlose Vorgehen widerspruchslos gefallen.

Gleichzeitig mit diesen Veränderungen im Kabinett wurde der Reichsaußenminister Freiherr v. Neurath zum Vorsitzenden eines – nur auf dem Papier bestehenden – Geheimen Kabinettrats ernannt; das Auswärtige Amt übernahm der ehrgeizige Nazi-Amateurdiplomat Joachim v. Ribbentrop. Und neuer Reichswirtschaftsminister – anstelle des schon Ende 1937 zurückgetretenen, nunmehrigen Reichsministers ohne Geschäftsbereich, Dr. Hjalmar Schacht, wurde eine Kreatur Görings, Dr. Walter Funk.

Nach diesen Personalveränderungen, die am 5. Februar 1938 bekanntgegeben wurden, zitierte Hitler den österreichischen Staatschef, Bundeskanzler Kurt v. Schuschnigg, Nachfolger des ermordeten Dollfuß, in sein Landhaus auf dem Obersalzberg bei Berchtesgaden. Am 12. Februar wurde Schuschnigg dort in Anwesenheit zahlreicher Wehrmacht-Generäle das Zugeständnis abgenötigt, den Nazis in Österreich volle Freiheit zu lassen; andernfalls werde die Wehrmacht einmarschieren. Und als Schuschnigg daraufhin einen Volksentscheid »für ein freies und deutsches, unabhängiges und soziales, für ein christliches und einiges Österreich« ausschreiben ließ, befahl Hitler, was ohnehin längst beschlossene Sache war: die militärische Besetzung und »Eingliederung« Österreichs.

Und wieder rührte sich, zur tiefen Enttäuschung der innerdeutschen Opposition, der antifaschistischen Emigranten und der von Dollfuß und Schuschnigg zu Tausenden eingekerkerten österreichischen Sozialdemokraten und Kommunisten, nirgendwo eine Hand, um dem Übergriff Hitlers Einhalt zu gebieten. Die Westmächte hatten sich mit dem »Anschluß« Österreichs an das Reich längst abgefunden; auch Mussolini intervenierte diesmal nicht wie 1934, und Hitler, der dies befürchtet hatte, atmete erleichtert auf. Von den Österreichern selbst war ohnehin kein Widerstand zu erwarten; das Bundesheer erhielt Befehl, sich kampflos zu ergeben; die Regierung Schuschnigg war schon am Vorabend des Einmarsches zurückgetreten. Die deutschen Truppen wurden von der Bevölkerung mit unbeschreiblichem Jubel begrüßt; die Freude über die endlich herbeigeführte Vereinigung mit dem Deutschen Reich war größer als alle Furcht vor dem Nazi-Terror; selbst der Kardinal-Erzbischof von Wien begrüßte Hitler vor dem Stephansdom mit erhobener rechter Hand.

Für Hitler aber, obwohl er selbst aus Österreich stammte, war – wie General Jodl und andere Männer aus seiner nächsten Umgebung später übereinstimmend bekundeten – der »Anschluß« seiner Heimat nur insoweit von Interesse, als er nun sein nächstes Opfer, die Tschechoslowakei, fest in den Würgegriff bekam. Mit der Rheinland-Besetzung und dem Bau des »Westwalls« hatte er Osteuropa von Frankreich abgeriegelt; mit der Besetzung Österreichs war die Tschechoslowakei umklammert. Hatte Deutschland erst die Tschechoslowakei, war Polen im Rücken umfaßt, konnte ebenfalls erobert und zum Aufmarschgebiet gegen die Sowjetunion werden . . .

Schon vom April 1938 an waren Wehrmacht- und SS-Verbände zum Einmarsch in die Tschechoslowakei bereitgestellt. Gleichzeitig begann eine Propaganda-Kampagne großen Stils, bei der die notwendige »Befreiung unserer sudetendeutschen Brüder und Schwestern« als vordringlichste Aufgabe bezeichnet wurde, und die Nazis unter den rund 3,5 Millionen Deutschen in der Tschechoslowakei wurden von Berlin aus zu immer neuen Protesten gegen »das tschechische Joch« sowie zu Provokationen ermuntert, die einen Vorwand für den Einmarsch liefern sollten.

Schon im Juni 1936 ließ die britische Regierung – so in einem vom Außenamt inspirierten Leitartikel der »Times« – deutlich erkennen, daß sie einem »Anschluß« des überwiegend von Deutschen bewohnten Sudetengebiets an das Deutsche Reich zuzustimmen bereit wäre, aber Hitler war zu diesem Zeitpunkt noch darauf aus, die ganze Tschechoslowakei sofort und auf einmal zu bekommen.

Bis zum September 1936 hatte sich die »Sudeten-Krise« soweit zugespitzt, daß die Sowjetunion sofortige gemeinsame Beratungen des französischen, tschechoslowakischen und sowjetischen Generalstabs, eine britisch-französich-sowjetische Außenministerkonferenz und eine Drei-Mächte-Garantie für das von Deutschland bedrohte Land vorschlug. Doch die britische Regierung winkte ab; Premierminister Neville Chamberlain bot statt dessen, mit Zustimmung der französischen Regierung, die er unter Druck gesetzt hatte, Hitler an, in den von Deutschen besiedelten Gebieten der Tschechoslowakei unter internationaler Kontrolle Volksabstimmungen durchführen zu lassen, deren Ausgang über den »Anschluß« entscheiden sollte.

Hitler aber blieb bei seiner Forderung nach sofortiger Abtretung, mindestens des gesamten Sudentengebietes, und er setzte seinen Willen durch. Am 29. September 1938 kamen der britische Premier Sir Neville Chamberlain, der seit einem halben Jahr amtierende französische Ministerpräsident Edouard Daladier und der – auf Wunsch des amerikanischen Präsidenten Franklin D. Roosevelt hinzugezogene – italienische Diktator Mussolini zu einer Blitzkonferenz mit Hitler nach München. Sie einigten sich über die Köpfe der Tschechen und Slowaken hinweg, die gar nicht erst gefragt wurden, auf folgende Regelung dessen, was sie die »Sudetenfrage« nannten:

In der Zeit vom 1. bis 10. Oktober 1938 mußte die Tschechoslowakei alle von Hitler begehrten Gebiete räumen und intakt an die Deutschen abtreten. Daß dabei das gesamte, hochmoderne Verteidigungssystem des kleinen Landes in die Hände seiner Gegner fiel, seine Hauptverkehrsadern zerschnitten wurden und rund siebenhunderttausend Tschechen ihre Heimat verlassen oder sich dem Joch der deutschen Faschisten beugen mußten, spielte dabei keine Rolle. Denn dafür gab Hitler den Westmächten das feierliche Versprechen, fortan keine weiteren territorialen Forderungen in Europa mehr zu stellen.

Die meisten Deutschen waren überzeugt davon, daß Hitler keinen Augenblick daran dachte, dieses Versprechen auch zu halten. Aber sie waren, gleich ob Nazis oder Oppositionelle, zunächst glücklich, daß die drohende Gefahr eines weltweiten Krieges – zumindest für kurze Zeit – gebannt war. Weite Teile der Bevölkerung hatten in den Tagen vor dem Münchner Abkommen ihre Furcht vor einem neuen Weltkrieg bekundet; ohne Heil-Geschrei, stumm und starr, hatten die Menschen in Deutschland am Straßenrand gestanden, als die zum Einmarsch in die Tschechoslowakei befohlenen Truppen in langen Kolonnen durch die Städte und Dörfer gezogen waren.

Jeder politisch denkende Mensch in Deutschland wußte und die Massen ahnten es zumindest, daß Hitler nach diesem neuerlichen Erfolg bald zum nächsten Schlag ausholen würde, und tatsächlich begannen auch schon in den ersten Tagen nach Abschluß des Münchner Abkommens die deutschen Vorbereitungen für die baldige Einverleibung auch der Rest-Tschechoslowakei.

Doch zuvor wütete der Terror erst noch einmal in Deutschland. In der Nacht vom 9. zum 10. November 1938 wurde im ganzen deutschen Herrschaftsgebiet ein in allen Einzelheiten vorbereitetes, vom Reichssicherheitshauptamt und dessen Chef Reinhard Heydrich organisiertes und zentral gelenktes Pogrom durchgeführt. Jüdische Geschäfte und Warenhäuser wurden zertrümmert, geplündert und in Brand gesteckt. SS und SA, unterstützt von Hitlerjugend, verwüsteten die Wohnungen der jüdischen Bürger. Rund zwanzigtausend jüdische Männer wurden in Konzentrationslager verschleppt und grausam mißhandelt. Zahlreiche Morde und Vergewaltigungen begleiteten das Zerstörungswerk, dem auch Hunderte von Synagogen, Gemeindehäusern, Friedhofskapellen, Schulen und Altersheime der jüdischen Gemeinden zum Opfer fielen.

Die ganze Aktion, die die Goebbels-Propaganda als einen »Ausbruch der Volkswut« – wegen der Ermordnung eines deutschen Legationssekretärs in Paris durch einen jüdischen Jungen aus Polen – hinzustellen bemüht war, erregte in der ganzen Welt und auch bei den allermeisten Deutschen, Abscheu und Empörung. Aber nur in seltenen Ausnahmefällen wagte der eine oder andere Beherzte, den Verfolgten Beistand zu leisten. Zu groß war inzwischen die Furcht vor dem Terror der Gestapo und SS geworden.

Während die niedergebrannten Synagogen noch rauchten, ordnete Hermann Göring, wie zum Hohn, die sofortige Beseitigung aller an jüdischen Geschäften und Betrieben entstandenen Schäden durch die Geschädigten selbst oder auf deren Kosten an; Versicherungsansprüche der Juden verfielen der Reichskasse. Zudem wurde ihnen zur »Wiedergutmachung« eine »Sühneleistung« von einer Milliarde Reichsmark auferlegt.

Wenig später verfügte Göring auch noch die vollständige Verdrängung der Juden aus allen Zweigen der Wirtschaft und die Beschlagnahme ihrer Vermögen. Durch eine »Reichspolizeiverordnung über das Auftreten der Juden in der Öffentlichkeit« vom 28. November 1938 wurde ihnen außerdem der Besuch von Theatern, Kinos, Konzerten, Museen, Ausstellungen, Sportplätzen, Badeanstalten und Kuranlagen sowie deutscher Schulen, ferner das Führen und Halten von Kraftfahrzeugen untersagt.

»Die Juden sind unser Unglück!«, hatte die Nazipropaganda den Deutschen jahrelang einzureden versucht. Kurt Tucholsky, der scharfsinnige und spöttische Gesellschaftskritiker der Weimarer Republik, bemerkte dazu schon sehr früh: *»Was die Ritter von der traurigen Gestalt anfingen, wenn sie keine Juden hätten, ist nicht auszudenken. Sie leben geradezu von ihnen. Und kein Argument stimmt ... Politisch lenkt die Wahlparole gegen die Juden die Aufmerksamkeit eines schwer düpierten Volkes von seinen eigentlichen Verbrechen ab: ... von den Repräsentanten eines schlechten Deutschtums, das einen zweifeln läßt, ob es ein besseres gab ...«*

Nun, es gab ein besseres Deutschland. Es war jedoch verbannt in den Untergrund, in stumme Opposition, in wortlosen Protest und heimlichen, äußerst mutigen und im Wortsinne waghalsigen Widerstand, in die Konzentrationslager und Zuchthäuser, nicht zuletzt aber auch ins Exil, wohin nun, nach der Schreckensnacht vom 9. zum 10. November 1938 und, wie jeder spürte, am Vorabend eines neuen furchtbaren Krieges, weitere Zehntausende flüchteten.

Und mit dieser Massenflucht aus Nazi-Deutschland – und dem gleichzeitigen Rückzug von vielen anderen anständigen Deutschen in die »innere Emigration« – begann bereits, ohne daß die bornierten, durch ihre zahlreichen Triumphe geblendeten Führer des »Dritten Reiches« und die vom Terror profitierende alte Geld- und Macht-Elite es ahnten, nach dem moralischen Untergang Deutschlands nun auch schon die erste Phase seiner totalen wirtschaftlichen, politischen und militärischen Niederlage. Die Weichen für die rasende Fahrt in die Katastrophe waren jetzt endgültig gestellt.

13. Waren die Juden unser Unglück?

Wenige Wochen nach jenem größten – noch heute schönfärberisch »Reichskristallnacht« genannten – Judenpogrom der deutschen Geschichte, am 19. Dezember 1938, schrieb ein deutscher Wissenschaftler in seinem Labor im Berlin-Dahlemer Kaiser-Wilhelm-Institut spätabends noch einen Weihnachtsbrief an seine langjährige engste Mitarbeiterin, die seit kurzem Berlin verlassen hatte und nun in Schweden lebte.

Für den Briefschreiber war es ein anstrengender, in vieler Hinsicht sehr aufregender Tag gewesen: Neben seiner gerade in ein entscheidendes Stadium getretenen wissenschaftlichen Arbeit hatte sich der Professor mit allerlei ihm sehr lästigen anderen Dingen befassen müssen – mit der Weitervermietung der bisherigen Wohnung seiner emigrierten Mitarbeiterin, mit dringenden Geldforderungen an sie, die die Behörden stellten und die es rasch zu begleichen galt, um eine Zwangsversteigerung des in Berlin zurückgelassenen Besitzes der Kollegin zu verhindern, und auch mit persönlichen Mißhelligkeiten: Tags zuvor war in Berlin die Ausstellung »Der Ewige Jude« eröffnet worden, und zu den dort – zur Anstachelung des im Volk offenbar unzureichend vorhandenen Judenhasses – mit meist stark retuschierten Porträts als »jüdische Volksfeinde« Angeprangerten gehörte, neben vielen seiner Freunde, auch er selbst, obwohl er gar kein Jude war. Das »Versehen« war auf seine und des Präsidenten der Kaiser-Wilhelm-Gesellschaft, Carl Boschs, Intervention hin korrigiert, sein Foto wieder entfernt worden. Aber dies alles hatte Nervenkraft und viel wertvolle Zeit gekostet.

»Zwischendurch arbeite ich, soweit ich dazu komme . . .«, schloß der Professor in dem Weihnachtsbrief an die emigrierte Kollegin seinen Bericht über die aufregenden Ereignisse dieses Tages, *»Es ist gleich 11 Uhr abends, und um 11.15 Uhr will Straßmann wiederkommen. Es ist nämlich etwas bei den ›Radium-Isotopen‹, was so merkwürdig ist, daß wir es vorerst nur Dir sagen . . .«*

Es war ein sehr folgenschwerer Weihnachtsbrief. Sein Verfasser war der spätere Nobelpreisträger Otto Hahn, die Empfängerin seine langjährige Mitarbeiterin Lise Meitner. Sie hatte – bis 1938 wegen ihrer österreichischen Staatsangehörigkeit unbehelligt – als Jüdin ihre Tätigkeit am Kaiser-Wilhelm-Institut, trotz Fürsprache prominentester Wissenschaftler, aufgeben müssen und war noch vor dem Pogrom vom 9. November 1938 nach Schweden emigriert.

Otto Hahns Brief erreichte sie, als sie gerade in der Nähe von Göteborg Ferien machte und Weihnachtsbesuch von ihrem Neffen, dem vor den Nazis nach Kopenhagen geflohenen jüdischen Physiker Otto Frisch, erhalten hatte, und mit ihm diskutierte »die Meitnerin«, wie Hahn sie zu nennen pflegte, sehr eingehend die aufregenden Neuigkeiten aus Berlin.

»Kaum waren die Weihnachtstage vorüber«, so beschreibt David Irving die weitere Entwicklung in seinem Bericht *Der Traum von der deutschen Atombombe*, der 1967 in deutscher Übersetzung erschienen ist, *»kehrte Lise Meitner nach Stockholm zurück, während Dr. Otto Frisch wieder nach Kopenhagen reiste, wo er* (dem ebenfalls »nichtarischen«, später vor den Nazis geflüchteten berühmten Atomtheoretiker und Nobelpreisträger) *Niels Bohr über die – in Berlin immer noch nicht veröffentlichte – Entdeckung Hahns berichtete; außerdem erklärte er Bohr, zu welchen Folgerungen er und seine Tante im Hinblick auf die freigesetzten Energiemengen gelangt seien. Kurz darauf fuhr Bohr in die Vereinigten Staaten, wo er mehrere Monate blieb. Das Geheimnis reiste mit ihm über den Atlantik . . .«**

Inzwischen war auch Professor Hahn, den Lise Meitner über die Ergebnisse ihrer Überlegungen natürlich sofort unterrichtet hatte, zur vollen Erkenntnis dessen gelangt, was sein gelungenes Atomspaltungs-Experiment für Folgen haben könnte. Was er dachte, sprach Otto Hahn einige Wochen später, im Februar 1939, gegenüber einem jungen Kollegen, Professor Carl Friedrich v. Weizsäkker, offen aus: *»Wenn meine Entdeckung dazu führen sollte, daß Hitler eine Atombombe bekommt, begehe ich Selbstmord!«*

Wie Otto Hahn dachten auch andere von den wenigen, damals noch in Deutschland verbliebenen Naturwissenschaftlern von internationalem Rang. Der holländische Chemie-Nobelpreisträger Pieter Debye, Direktor des Kaiser-Wilhelm-Instituts für Physik, weigerte sich standhaft, als man ihn nach Kriegsausbruch dazu aufforderte, eine klare Sympathieerklärung für Hitler und das Nazi-Reich abzugeben; er zog es vor, Berlin zu verlassen und eine Professur in den USA anzunehmen.

Robert Jungk nennt als wichtigste Ursache für die Vereitelung des Baus einer deutschen Atombombe *»die persönliche Haltung der wichtigsten deutschen Atomforscher, die glücklicherweise nichts taten, um den Bau einer solchen Bombe gegen behördliches Unverständnis und technische Unzulänglichkeiten durchzusetzen, sondern mit Erfolg die nationalsozialistischen Amtsstellen von dem*

* Vergleiche hierzu: Bernt Engelmann, »Deutschland ohne Juden«, München 1970 (dtv-Taschenbuch Nr. 979), darin insbesondere das Kapitel »Die emigrierte Bombe«, worin die Zusammenhänge zwischen der Judenverfolgung der Nazis und dem Bau der amerikanischen Atombombe ausführlich geschildert werden.

Gedanken an eine so unmenschliche Waffe ablenkten«. Und zu gegenteiligen Vermutungen einiger Amerikaner nahm Carl Friedrich v. Weizsäcker, engster Mitarbeiter Werner Heisenbergs, in einem Privatbrief (an Max Himmelhuber) folgendermaßen Stellung: *»Man muß verstehen, daß es für die amerikanischen Physiker, die sich vielfach durch die Atombombe selbst in ihrem Gewissen bedrängt fühlen, eine zu große Anforderung ist, . . . zuzugeben, daß die deutschen Physiker sich über die moralische Seite der Sache schon früher ausführliche Gedanken gemacht haben . . . Deshalb haben Heisenberg und ich immer die Form gewählt, öffentlich nur zu sagen, daß wir die Bombe nicht machen konnten und daß wir darüber froh waren.«*

Warum man in Nazi-Deutschland »die Bomben nicht machen« konnte, darüber äußerte sich ein anderer berühmter, in Deutschland gebliebener Atomwissenschaftler, der Nobelpreisträger Max v. Laue, im Frühjahr 1940 gegenüber einem gleichfalls antinazistisch eingestellten und deshalb wegen der Möglichkeit, daß Hitler Atomwaffen bekommen könnte, sehr besorgten Kollegen, dem von der Gestapo bedingt freigelassenen Physiker Fritz Houtermans: *»Herr Kollege«*, erklärte Max v. Laue unverblümt, *»eine Erfindung, die man nicht machen will, macht man auch nicht!«*

Die Abneigung der meisten deutschen Wissenschaftler von Weltruf gegen die Nazis beruhte durchaus auf Gegenseitigkeit. So war Max Planck 1937 von den faschistischen Machthabern gezwungen worden, als Präsident der Kaiser-Wilhelm-Gesellschaft zurückzutreten. Er hatte sich durch sein mutiges Eintreten für entlassene und verfolgte jüdische Kollegen sowie durch seine streng wissenschaftliche Haltung zu der von ihm ausgebauten Einsteinschen Relativitätstheorie bei Hitler höchst mißliebig gemacht.

Aber die Feindschaft der Nazis gegen Max Planck und dessen Maßregelung durch das Regime stellten keinen Einzelfall dar. Nachdem zweiundzwanzig führende Wissenschaftler, darunter Planck, v. Laue, Heisenberg, Hilbert und Prandtl, gegen die Entlassung des schwerkriegsverletzten jüdischen Ordinarius für Mathematik an der Universität Göttingen, Richard Courant, protestiert hatten, startete das Zentralorgan der SS, »Das Schwarze Korps«, am 15. Juli 1937 einen massiven Angriff auf Persönlichkeiten, die das Blatt – und so lautete auch die Überschrift des Hetzartikels – *»Weiße Juden in der Wissenschaft«* nannte.

»Es gibt eine primitive Art des Antisemitismus, die sich darauf beschränkt, den Juden an sich zu bekämpfen«, begann der eine ganze Zeitungsseite einnehmende Aufsatz, und es wurde darin dann ausführlich dargelegt, *»daß es nicht um die Juden ›an sich‹ geht, sondern um den Geist oder Ungeist, den sie verbreiten«* – auch

und gerade auf kulturellem und wissenschaftlichem Gebiet.

Diesen Einfluß, so meinte das SS-Zentralorgan, gelte es, nunmehr »auszuschalten«, ebenso die *»Gesinnungsjuden«* wie Max Planck, Werner Heisenberg, den Pionier der Kernforschung Arnold Sommerfeld sowie die Nobelpreisträger Paul Dirac und Erwin Schrödinger, die sämtlich mit Namen erwähnt wurden, und zwar als *»Menschen arischen Geblüts, die sich für den jüdischen Geist empfänglich zeigten und ihm hörig wurden«*.

»Ist der Träger dieses Geistes nicht Jude, sondern Deutscher«, erklärte »Das Schwarze Korps« weiter, *»so muß er uns doppelt so bekämpfenswert sein als der Rassejude . . . Es gibt vor allem ein Gebiet, wo uns der jüdische Geist der ›Weißen Juden‹ in Reinkultur entgegentritt . . .: die Wissenschaft. Sie vom jüdischen Geist zu säubern, ist die vordringlichste Aufgabe, denn dem ›Weißen Juden‹, dem wir im Alltag begegnen, können wir wohl mit den Mitteln der Polizei und schärferer Gesetze beikommen; eine jüdisch verseuchte Wissenschaft aber ist die Schlüsselstellung, von der aus das geistige Judentum immer wieder maßgebenden Einfluß auf alle Lebensgebiete der Nation erringen kann . . .«*

Die Verblendung, die dieser scharfe Angriff der SS-Führung auf die deutsche Wissenschaft und ihre prominentesten Vertreter deutlich erkennen läßt, war das Resultat eines wütenden Hasses der Nazis auf alles, was sich in Deutschland auf Geist, Kultur, humanistische Tradition und logisches Denken gründete, daher die faschistische Ideologie und Praxis gleichermaßen abstoßend fand, insbesondere aber die nazistische Rassentheorie und deren verbrecherische Praktizierung.

Die Theorie der Nazis ging davon aus, daß die Juden Deutschlands und der übrigen Welt einer fremden, »semitischen« Rasse vorderasiatischen Ursprungs angehörten und infolgedessen, unabhängig von ihrer Religion, den miteinander blutsverwandten deutschen Stämmen »artfremd« wären; die Deutschen, bei denen »nordisch-germanische« Rassenmerkmale überwögen, hätten ein gemeinsames »arisches Bluterbe« und gehörten deshalb einer »Herrenrasse« an, die es zu schützen gelte vor einer »unweigerlich zum Verfall führenden« Vermischung mit den »minderrassigen« Fremden, insbesondere mit den extrem minderwertigen »Semiten«.

Nun war der Begriff »semitisch« ausschließlich auf die *Sprach*gruppe zu beziehen, zu der das Hebräische gehört, das die Sprache der Bibel, der Theologie und des Gottesdienstes der Juden ist. Diese aber deshalb »Semiten« zu nennen oder gar eine »semitische Rasse« zu konstruieren, war absurd; ebensogut hätte man alle Katholiken als »Lateiner« oder gar als »lateinische Rasse« bezeichnen können, denn auch deren Theologie und Liturgie sind fremdsprachig.

Was die angeblich vorderasiatische Herkunft der deutschen Juden anging, so traf sie nur für die mosaische Religion und einige Stammväter, die im ersten nachchristlichen Jahrhundert die Gesetze des Moses auch in die römischen Kolonien am Rhein verbreitet hatten. Deshalb die Juden, die im 20. Jahrhundert im deutschen Kulturbereich lebten, als »Vorderasiaten« und deshalb »artfremd« zu bezeichnen, war genau so unsinnig, wie wenn man alle Christen Deutschlands schlicht »Levantiner« hätte nennen wollen, denn auch deren Glauben hatte sich ja vor fast zweitausend Jahren von den Küsten Kleinasiens aus durch Apostel, die dem Völkergemisch der Levante entstammten, nach Italien und von dort aus über Westeuropa verbreitet.

Carl Zuckmayer, selbst »Nichtarier«, hat in dem Theaterstück »Des Teufels General« den Rassenwahn der Nazis auf seine Weise mit der Realität konfrontiert. Einen um den rechten Ahnenpaß besorgten Offizier klärt sein General Harras so auf: *»Denken Sie doch – was kann da nicht alles vorgekommen sein in einer alten Familie. Vom Rhein – noch dazu. Vom Rhein. Von der großen Völkermühle. Von der Kelter Europas! . . . Und jetzt stellen Sie sich doch mal Ihre Ahnenreihe vor – seit Christi Geburt. Da war ein römischer Feldhauptmann, ein schwarzer Kerl, braun wie 'ne reife Olive, der hat einem blonden Mädchen Latein beigebracht. Und dann kam ein jüdischer Gewürzhändler in die Familie, das war ein ernster Mensch, der ist noch vor der Heirat Christ geworden und hat die katholische Haustradition begründet. – Und dann kam ein griechischer Arzt dazu, oder ein keltischer Legionär, ein Graubündner Landsknecht, ein schwedischer Reiter, ein Soldat Napoleons, ein desertierter Kosak, ein Schwarzwälder Flözer, ein wandernder Müllerbursch vom Elsaß, ein dicker Schiffer aus Holland, ein Magyar, ein Pandur, ein Offizier aus Wien, ein französischer Schauspieler, ein böhmischer Musikant – das hat alles am Rhein gelebt, gerauft, gesoffen und gesungen und Kinder gezeugt – und – und der Goethe, der kam aus demselben Topf, und der Beethoven, und der Gutenberg, und der Matthias Grünewald, und – ach was, schau im Lexikon nach. Es waren die Besten, mein Lieber! Die Besten der Welt! Und warum? Weil sich die Völker dort vermischt haben. Vermischt – wie das Wasser aus Quellen und Bächen und Flüssen, damit sie zu einem, großen, lebendigen Strom zusammenrinnen. Vom Rhein – das heißt: vom Abendland. Das ist natürlicher Adel. Das ist Rasse. Seien Sie stolz darauf, Hartmann – und hängen Sie die Papiere Ihrer Großmutter in den Abtritt. Prost.«*

Und so, wie Zuckmayers Harras es schildert, war es auch: Das älteste bekannte Schriftstück, das das Vorhandensein einer größeren Anzahl fest ansässiger jüdischer Bürger in den Mauern einer deutschen Stadt dokumentarisch belegt, ist ein Edikt Kaiser Konstantins vom 11. Dezember 321, die städtischen Ehrenämter der Juden von Köln betreffend. Auch diese hatten gewiß allenfalls eine »nichtarische« Urgroßmutter, an der einmal ein römischer Legionär, womöglich germanischer oder gallischer Herkunft, Gefallen gefunden hatte; oder sie waren einfach Abkömmlinge von Bekehrten keltisch-germanischer, römischer oder anderer Abkunft – genau wie die bekehrten Christen der damaligen Zeit, die am Rhein lebten.

Gewiß ist, daß die Juden in jenem Gebiet, das wir heute Deutschland nennen, während des ganzen ersten nachchristlichen Jahrtausends ein wichtiges, wenn nicht gar beherrschendes Element in allen Städten darstellten, die damals eine Rolle spielten: in Köln, Mainz, Trier, Speyer, Worms, Frankfurt, Augsburg oder auch Konstanz, um nur einige zu nennen. Sie waren die deutschen Bürger schlechthin, obschon es daneben auch christliche Stadtbewohner gab; sie waren vorherrschend unter den Pionieren der ersten deutschen Siedlung an Elbe und Saale, auch maßgeblich beteiligt an der Erhebung von Worms zugunsten Heinrichs IV., dem ersten selbständigen Eingreifen einer deutschen Stadt in die politischen Geschicke der Nation. Die meist begüterten und gebildeten Juden der deutschen Städte gehörten auch zu den Bürgerschichten, die sich am frühesten an deutscher Dichtung beteiligten, wobei sie Deutsch mit hebräischen Lettern schrieben, genau wie die Christen nicht Runen, sondern lateinische Buchstaben verwendeten. Es ist kein Zufall, daß die älteste, als einzige in mittelhochdeutscher Sprache erhaltene Fassung des Gudrun-Epos, die erst vor wenigen Jahren entdeckt wurde, in vokalisierter hebräischer Schrift aufgezeichnet ist. Und wie eng und friedlich Christen und Juden im ersten Jahrtausend zusammenlebten, zeigt das *inter Judaeos,* das mitten zwischen den Häusern der Juden und neben ihrem Bad errichtete älteste Rathaus von Köln, der mächtigsten Stadtgemeinde des frühen Mittelalters.

Erst die Kreuzzüge vernichteten das jüdische Bürgertum (und für lange Zeit auch die städtische Kultur und Zivilisation), da sich diese gebildete Schicht beharrlich weigerte, an etwas anderes als an einen unsichtbaren Gott und dessen moralische Gesetze, die zehn Gebote, zu glauben. Damals, von 1096 an, ging eine Judengemeinde nach der anderen unter. Wer nicht erschlagen wurde, floh – zumeist nach Polen, wo die mittelhochdeutsche Sprache im Jiddischen, die alte Bürgertracht im Kaftan und die rheinischen Orts- als Familiennamen sich noch fast ein weiteres Jahrtausend lang erhielten –, und die kläglichen Reste des deutschen Judentums lebten fortan, bis zum Beginn des 19. Jahrhunderts, als diskriminierte, gedemütigte, ausgebeutete oder als Werkzeug feudalistischer Ausbeutung benutzte, immer wieder verjagte Minderheit unter den Christen (genau wie andere verfolgte Minderheiten auch) oder gingen durch freiwillige oder zwangsweise Taufe in der deutschen Christenheit auf. Und nur gelegentlich erhielten sie Verstärkung von außen, so um 1500 aus Portugal und Spanien, als einige Opfer der dortigen Judenvertreibung Zuflucht an der deutschen Nordseeküste suchten, und von etwa der Mitte des 19. Jahrhunderts an auch aus dem Zarenreich, dessen Verhältnisse für die Juden unerträglich geworden waren, wobei das ursprünglich aus Deutschland stammende Ostjudentum im Laufe der Jahrhunderte slawische und chasarische Einschläge* aufwies.

Das angeblich »fremdrassige«, »artfremde« deutsche Judentum, das vom Beginn der Aufklärung bis zum Jahre 1933 mit zunehmender bürgerlicher Gleichberechtigung einen enormen Beitrag zum deutschen Geistesleben und zur kulturellen Entwicklung auf allen Gebieten geleistet hat, war nach seiner Sprache, Kultur, Gesinnung und allen anderen Merkmalen ein Bestandteil der deutschen Nation. Sämtliche antropologischen Messungen und sonstigen Untersuchungen – von denen Rudolf Virchows über die Fishbergs und auch die der NS-Rasseforscher bis zu den Blutgruppen- und Rhesusfaktor-Vergleichen der UNESCO – konnten keinerlei Verwandtschaft der deutschen (oder anderen europäischen) Juden mit orientalischen Völkern, nicht einmal mit den Juden des Jemen oder Bucharas, schon gar nicht mit denen anderer, noch weiter entfernter Kulturkreise, feststellen. Es gab und gibt eben keine »jüdische Rasse«, sondern nur die Zugehörigkeit auch der europäischen Juden zu jenem abendländischen Völkergemisch, das die Machthaber des »Dritten Reiches«, von denen kaum einer von sich behaupten konnte, »nordisch« auszusehen, als »arisch« bezeichneten.

Mangels anderer Merkmale waren die Nazis bei der Verfolgung der Juden gezwungen, in seltsamer Unlogik *ausschließlich von der Konfession* der Eltern, Groß- und mitunter auch noch der Urgroßeltern eines Staatsbürgers auf dessen »Rasse« zu schließen, während sie gleichzeitig predigten, daß *nicht* die Religion, sondern allein »das Blut« den Wert oder Unwert eines Menschen bestimme.

Es kam deshalb bei der Propagierung ihrer abstrusen »Rassenlehre« zu vielen, manchmal geradezu grotesken Pannen, beispielsweise als auf einer Bildtafel, die bei der SS zu Schulungszwecken Verwendung finden sollte, als Idealtyp des »nordischen« Mädchens ein Foto der »blonden He« – so nannte man Helene Mayer, die langjährige deutsche Meisterin im Florettfechten der Damen, die 1936 noch einmal für Deutschland die Olympia-Silbermedaille

* Der chasarische Einschlag, zumal bei den Juden Ost- und Südost-Europas, erklärt sich aus dem Übertritt des Königs und der Oberschicht der Chasaren, eines zuerst zwischen dem Schwarzen und dem Kaspischen Meer ansässigen, alttürkischen Volkes, zum Judentum um die Mitte des 8. Jahrhunderts.

gewann und 1937 Weltmeisterin wurde – in heldischer Pose gezeigt wurde. Dabei war Helene Mayer als »rassisch« Verfolgte bereits in die USA emigriert; die berühmte Fechterin, inzwischen Professorin der Staatswissenschaften an der Universität von Berkeley, war als einzige lebende Deutsche, trotz ihrer jüdischen Abstammung, von den SS-Rassekundlern für würdig befunden worden, ein »Rasse«-Ideal zu repräsentieren, für das aus der Vergangenheit meist Uta von Naumburg und der Bamberger Reiter herhalten mußten.

Um keine Spur weniger grotesk, nur weit makaberer und in den Auswirkungen geradezu katastrophal war die auf den nazistischen »Rasse«-Theorien basierende, von beflissenen Ministerialbürokraten wie Hans Maria Globke administrativ handhabbar gemachte (und dabei noch verschärfte) »Arier«-Gesetzgebung des »Dritten Reiches«. Für die Betroffnen hatten diese Gesetze – und das war auch ihr Zweck – eine zunächst diskriminierende, den privaten Freiheitsraum stark einengende und schließlich existenzvernichtende Wirkung. Doch auch die Folgen für die Gesamtheit der Deutschen waren – was die Gesetzgeber keineswegs vorhergesehen oder gar bezweckt hatten – verheerend, vor allem auf den Gebieten der Wissenschaft und der Künste. Denn während man jüdische Geschäfte und Fabriken von der »arischen« Konkurrenz, sofern diese nur habgierig und skrupellos genug war, leicht »arisieren«, das heißt: zu Schleuderpreisen übernehmen lassen konnte, war dies in anderen Bereichen schwer oder gar nicht möglich.

So verloren etwa die deutschen Hochschulen bereits in den ersten zwei Jahren der Nazi-Diktatur, bis Ende 1934, rund zwölfhundert Professoren, meist Juden oder Angehörige linker Organisationen, und in den nächsten fünf Jahren verließen – gezwungenermaßen oder freiwillig und voller Abscheu – viele Tausende weitere Hochschullehrer, »Nichtarier« oder auch »Arier«, die deutschen Universitäten. Gleichzeitig mit diesem Abzug von Wissenschaftlern, dessen Ausmaß und qualitative Auswirkung noch ganz ungenügend erforscht sind, sank an den deutschen Universitäten die Anzahl der Studierenden von 1933 bis 1939 rapide, nämlich von 127 920 auf 58 325. An den Technischen Hochschulen gingen die Einschreibungen im gleichen Zeitraum von 20474 auf 9554 zurück.

Doch weit plastischer als alle Statistiken zeigt ein einziger Satz eines (›arischen‹) Göttinger Mathematikers die wahre Situation an den deutschen Hochschulen nach Beginn der Verfolgung der »Juden und ihres Anhangs« und dem Einzug des Ungeistes. Auf die besorgte Frage des Nazi-Kultusministers Dr. Bernhard Rust anläßlich eines Festessens, das ihm die Universität Göttingen gab, ob denn das dortige, weltberühmte mathematische Institut unter den durch die »Arier«-Gesetzgebung bedingten personellen Veränderungen wirklich, wie man mitunter höre, etwas gelitten hätte, erwiderte der aus Ostpreußen stammende greise Professor David Hilbert: »Jelitten? Nee, Herr Minister, dat jibt es jar nicht mehr . . .«

Tatsächlich hatte die Universität Göttingen nicht nur eine ganze Reihe weltbekannter Mathematiker – unter ihnen Hermann Weyl, einen engen Freund Einsteins, der 1933 einem Ruf nach Princeton gefolgt war, und Richard Courant, der nun in New York die größte und bedeutendste mathematische Abteilung der USA aufbaute –, sondern auch ihre angesehensten Physiker verloren, beispielsweise den Nobelpreisträger James Franck und Max Born, der erst in der Emigration den Nobelpreis erhielt. Die Göttinger Physiker- und Philosophen-Schule, aus der Wolfgang Pauli, Werner Heisenberg, Paul Dirac, Maria Goeppert-Mayer, Enrico Fermi und auch der spätere »Vater der Wasserstoff-Bombe«, Eduard Teller, hervorgegangen waren, hatte sich in alle Winde zerstreut.

Die Beispiele ließen sich beliebig fortsetzen. Nicht nur Göttingen, sondern alle Universitäten des Reiches verloren die meisten ihrer Koryphäen. Und besonders hart betroffen wurden, neben den mathematischen und physikalischen Abteilungen, vor allem die Medizin, die Chemie, die Technologie, aber auch alle rechts- und geisteswissenschaftlichen Fächer.

Es war indessen nicht allein der freiwillige oder erzwungene Auszug so vieler hervorragender Lehrer und Forscher, der das wissenschaftliche Leben in Deutschland lähmte, sondern auch der Haß der Nazi-Führung gegen alles, was nicht ihren eigenen primitiven Vorstellungen entsprach. Das Resultat war eine geistige und kulturelle Verödung, die sich auf alle Gebiete erstreckte: Malerei, Architektur, Musik, Theater, Film und Literatur, kurz, alle Bereiche der Kunst waren davon ebenso betroffen wie die Wissenschaften.

Aus den deutschen Galerien verschwanden nicht nur die Werke jüdischer Maler wie Marc Chagall, Lovis Corinth, Emil Orlik oder Max Liebermann (der, als man ihn nach seiner Meinung zu der Entwicklung in Deutschland seit 1933 fragte, erwiderte: *»Man kann gar nicht soviel essen, wie man kotzen möchte . . .«*), sondern auch die von »entarteten«, anderwärts hochgeschätzten »Ariern« wie etwa Klee, Gauguin, Picasso, Matisse, van Gogh oder Kandinsky. Kokoschka, Beckmann, Feininger und viele andere emigrierten; Emil Nolde wurde mit Malverbot belegt.

Auf dem Gebiet der Architektur vollzog sich Entsprechendes: Das berühmte Dessauer Bauhaus wurde geschlossen; für die bedeutendsten Architekten (und nicht nur die Juden unter ihnen wie Erich Mendelsohn oder Richard J. Neutra, sondern auch für »Arier« wie Walter Gropius und Ludwig Mies van der Rohe) war fortan in Deutschland kein Platz mehr. Ja nicht einmal vor der Zerstörung

»artfremder« Bauwerke machte die Barbarei halt: Das Palais Ephraim, eine Perle des Berliner Rokoko, fiel der Spitzhacke zum Opfer.

Was sich im Bereich der – vor 1933 Weltruf genießenden – deutschen Bühnen abspielte, hat der dann ebenfalls emigrierte Autor und Regisseur Max Ophuels treffend beschrieben: *»So ging ich also am nächsten Morgen ins Theater. Es war 10.10 Uhr. Traditionsgemäß trudelten die Berliner Schauspieler erst langsam und verschlafen gegen 11 Uhr ein. Als ich auf die leere Bühne trat, stand am Souffleurkasten ein Mann, der mir unbekannt war . . .– er hätte ein stellungsloser Ingenieur sein können oder Zivilbeamter der Kriminalpolizei. Er sagte mit schmalen Lippen: ›Ich bin der neue Direktor. Herr Barnowsky wird dieser Tage seine Stelle niederlegen . . . Von jetzt ab beginnen wir die Proben um zehn. Wer nach zehn kommt – ob Talent oder nicht –, ist nicht mehr interessant . . . Und das gilt auch für Sie – nebenbei . . .‹ Ich ging zur Telefonzelle hinter den Kulissen, rief meine Frau an und sagte: ›Packen!‹ Auch die Valetti meinte: ›Wenn die Stationsvorsteher die Bühne übernehmen, dann wird's Zeit!‹ . . .«*

Rosa Valetti, die große »komische Alte« des Theaters und Films vor 1933, hatte nichts gegen wirkliche Stationsvorsteher am rechten Ort. Was sie meinte und womit sie den Nagel auf den Kopf getroffen hatte: Von nun an war die Kunst – wie alles andere in Deutschland – »vorgesetzten«, ihren Führern gegenüber servilen, ihre »Untergebenen« brutal tretenden Uniformträgern ausgeliefert, die immerzu »Dienst« taten, sich mittels Trillerpfeifen artikulierten und alles ihrer eigenen Borniertheit »gleichzuschalten« trachteten.

Dank der »Arier«-Gesetzgebung konnten sie sich zu den Edlen, zu den »Herrenmenschen« zählen, und das Publikum hatte sich mit dem zu begnügen, was sie ihm vorsetzten. Die Spießer fanden sich auch damit ab; es war für sie nur etwas verwirrend, daß so vieles, was sie bislang mit Respekt oder gar Vergnügen konsumiert hatten, jüdisch und damit »artfremd« sein sollte – etwa Mendelssohn-Bartholdys Lieder oder Heinrich Heines Loreley oder auch Charly Chaplin, der Clown Grock oder der populäre Heldendarsteller Conrad Veidt, ja selbst ihre Lieblingsoperette »Im weißen Rößl« . . . Auf Albert Einstein und seine Relativitätstheorie, auf Sigmund Freud und die Psychoanalyse, erst recht auf vieles andere, das sie nicht begriffen, konnten sie leichten Herzens verzichten – aber warum, so fragten sie sich im stillen, mußten Richard Tauber und Gitta Alpar, Josef Schmidt und Fritzi Massary emigrieren? Warum durfte Elisabeth Bergner nicht mehr auftreten? Wieso kam Marlene Dietrich nicht wieder, die doch bestimmt nicht »artfremd« war? Wo war Adolf Wohlbrück geblieben, wo Lilli Palmer, Ernst

Deutsch, Therese Giehse, Peter Lorre, Fritz Kortner, Grete Mosheim und Max Pallenberg?

So berechtigt die Fragen nach diesen und vielen anderen, nicht minder großen und beliebten Künstlern waren, die Nazis hatten darauf nur eine Antwort, die von Dr. Josef Goebbels so formuliert worden war: »*Gewiß ist der Jude auch ein Mensch. Noch nie hat das jemand von uns bezweifelt. Aber der Floh ist auch ein Tier – nur kein angenehmes. Da der Floh kein angenehmes Tier ist, haben wir vor uns und unserem Gewissen nicht die Pflicht, ihn zu hüten und zu beschützen und ihn gedeihen zu lassen, sondern ihn unschädlich zu machen. Gleich so ist es mit den Juden ... Heraus mit dem Gesindel! Wir wollen für unser deutsches Volk eine judenreine deutsche Kultur ...!*«

Hitlers Borniertheit und Haß gingen noch weiter, nicht nur hinsichtlich dessen, was er den Juden anzutun gedachte und dann ja auch antat, sondern auch in bezug auf die Opfer, die er in Verfolg seines infernalischen Judenhasses den Deutschen abverlangte. In den Erinnerungen des aus Deutschland geflüchteten »nichtarischen« Chemie-Nobelpreisträgers Richard Willstätter findet sich dafür ein eindrucksvoller Beweis:

»*Als die Säuberung der Kaiser-Wilhelm-Institute wie der Universitäten schon sehr weit fortgeschritten war*«, so berichtet Professor Willstätter, »*erbat Geheimrat Carl Bosch eine Audienz beim ›Führer‹, um vor der weitgehenden Entlassung nichtarischer Forscher zu warnen. Aber der ›Führer‹ bestand auf der schärfsten Durchführung der eingeleiteten Maßnahmen. Darauf wies Bosch auf die schwere Beeinträchtigung hin, die der Pflege von Chemie und Physik in Deutschland drohe. ›Dann arbeiten wir eben einmal hundert Jahre ohne Physik und Chemie!‹, war nach Boschs Erzählung die Antwort des ›Führers‹ ...*«

Und so mußten denn, während das »Dritte Reich« mit aller Kraft aufrüstete und auf einen neuen Weltkrieg zusteuerte, nicht nur Ärzte und Schauspieler, Architekten und Soubretten, Philosophen und Regisseure, Juristen und Laborantinnen, Chefredakteure und Dentisten, Kameraleute und Pharmakologen, kurz, alle, die irgendeinen Beruf, der eine gewisse Qualifikation erforderte, ausübten und die entweder selbst »Nichtarier« oder »jüdisch versippt« waren, ihre Posten aufgeben. Sie konnten, wenn sie in Deutschland blieben, bei der Müllabfuhr, der Kanalreinigung, auf Friedhöfen und in einigen Betrieben, zum Beispiel bei der Kadaververwertung, als Hilfsarbeiter ein kärgliches Brot verdienen (und ihrem Abtransport zur »Endlösung« entgegensehen), sofern sie es nicht vorzogen und noch die Möglichkeit hatten, Deutschland zu verlassen. Rund dreihunderttausend »Nichtarier« traten die Flucht an, viele erst im letzten Augenblick, und mit ihnen gingen weitere Hunderttausende, die zwar nach den »Rasse«-Gesetzen »Arier« waren, es aber vorzogen, oft ohne vom Gestapo-Terror direkt bedroht zu sein, in der Fremde zu leben.

Unter denen, die als Juden ihre Stellungen aufgeben mußten und ins Exil flüchteten, waren nicht wenige, die Schlüsselstellungen in der kriegsentscheidenden Forschung und Industrie eingenommen hatten (oder hätten einnehmen können), wofür ein paar Beispiele genannt seien:

Reinhold Rüdenberg mußte als Jude 1933 seine Professur an der Technischen Hochschule Charlottenburg aufgeben und verlor dann auch seinen Posten als Chef-Elektroingenieur des Siemens-Konzerns. 1936 flüchtete er nach London, und als Erfinder des Elektronenmikroskops und des selbstanlaufenden Wirbelstrom-Induktionsmotors erhielt er bald darauf einen Ruf an die amerikanische Harvard-Universität. Er bereicherte die amerikanische Elektroindustrie durch zahlreiche wichtige Erfindungen; unter anderem gelang ihm später die direkte Umwandlung von Atomkraft in Wechselstrom.

Paul Schwarzkopf, der im Ersten Weltkrieg das Berliner Wolfram-Laboratorium, später das Metallwerk Plansee geleitet hatte, emigrierte 1936 in die USA, wurde dort Chefmetallurge eines bedeutenden Konzerns und leistete als Erfinder der *»powder metallurgy«* wichtige Beiträge zu den alliierten Kriegsanstrengungen.

Ein Spezialist auf dem Gebiet der Gletscherforschung, Max F. Perutz aus Wien (der später für seine bahnbrechenden Arbeiten über Proteine und Nukleinsäuren mit dem Nobelpreis ausgezeichnet wurde), flüchtete nach England und war während des Krieges unter anderem mit der Erprobung der Anlage künstlicher Flugbasen auf im Nordatlantik schwimmenden Eisflächen befaßt.

Georg Schlesinger, bis 1933 Deutschlands führender Maschinenbauer und Ordinarius an der Technischen Hochschule Charlottenburg, ging bald nach seiner Entlassung ins Exil und wurde im Zweiten Weltkrieg Direktor der Forschungsabteilung eines britischen Instituts.

Die bedeutendsten Beiträge zur amerikanischen Radar-Entwicklung leisteten die späteren Physik-Nobelpreisträger Hans Bethe, vor seiner Flucht in die USA Privatdozent für theoretische Physik an der Universität München, und Felix Bloch, Schüler von Heisenberg und Niels Bohr, mit 27 Jahren bereits Privatdozent für theoretische Physik an der Universität Leipzig, vor allem aber der holländisch-jüdische Physiker Samuel Goudsmit, dessen Eltern von den Nazis ermordet wurden, während er selbst noch Zuflucht in den USA gefunden hatte.

Diese sieben Beispiele mögen genügen.

Der britische Kriegs-Premierminister Winston Churchill meinte dazu schon 1940: »*Seit die Deutschen die Juden aus Deutschland vertrieben und dabei ihr eigenes technologisches Niveau gesenkt haben, sind wir ihnen wissenschaftlich voraus!*« Und Hitlers Großadmiral Doenitz klagte 1943 in einem Schreiben an den Reichsforschungsrat, daß »*der Feind den U-Boot-Krieg durch seine wissenschaftliche Überlegenheit unwirksam gemacht*« hätte.

Es gibt indessen noch einen weiteren wichtigen Faktor, der am Anfang dieses Kapitels bereits angedeutet wurde und der alle Spekulationen darüber, ob sich das Hitler-Regime durch seine juden- und geistesfeindliche Politik vielleicht selbst aller Siegeschancen im Zweiten Weltkrieg beraubt haben könnte, müßig erscheinen läßt, nämlich die Atombombe, die erste jener nuklearen Waffen, die die Machtverhältnisse in der Welt völlig verändert haben.

Zwar sind Kernwaffen im Zweiten Weltkrieg gegen das Nazi-Reich nicht zum Einsatz gekommen, sondern nur noch gegen Japan, das 1945 weiter Widerstand leistete, als die Faschisten in Europa unter den vereinten Schlägen der Sowjetunion und der Westmächte bereits bedingungslos kapituliert hatten. Aber gerade dieser Umstand berechtigt zu der Annahme, daß auch ein längeres »Durchhalten« der Armeen Hitlers und der Einsatz weiterer »Wunderwaffen« von seiten der Deutschen nicht die geringste Aussicht gehabt hätten, das Kriegsglück noch einmal zugunsten der Nazis zu wenden. Denn natürlich wäre Hitler allenfalls imstande gewesen, diejenigen neuen Waffen einzusetzen, deren Entwicklung 1945 bereits im Gange war; Atombomben zählten dazu – glücklicherweise – nicht. Und so hätten die Amerikaner, die Mitte 1945 schon über fertige, jederzeit einsatzbereite Kernwaffen verfügten, jedem noch so verbissenen deutschen Widerstand den Garaus machen können.

Hitler hatte von Anfang an die seiner Meinung nach auf »jüdischer Spekulation« beruhende theoretische Physik verachtet und die militärische Anwendbarkeit ihrer Ergebnisse für einen – gleichfalls jüdischen – »Bluff« gehalten. Die führenden deutschen Atomphysiker, die ihm das Gegenteil hätten beweisen können, waren entweder längst von ihm verjagt worden oder zeigten keine Neigung, dem Vernichter des deutschen Geisteslebens und Verächter jeder Moral auch noch eine solche Waffe in die Hand zu geben, ja hätten – wie Otto Hahn es formulierte – »eher Selbstmord« begangen.

Die Amerikaner hingegen dachten anders als Hitler, sowohl über den Wert der theoretischen Physik und die ihr zugrunde gelegte Einsteinsche Relativitätstheorie als auch über die sich damit befassenden Wissenschaftler, die aus dem sich während des Zweiten Weltkriegs mächtig ausdehnenden Bereich faschistischen Terrors zu ihnen geflüchtet waren. Die zahlreichen Emigranten im »Atom-

Club«, wie die Gruppe der mit der nuklearen Entwicklung befaßten Koryphäen sich nannte, wußten – durch Lise Meitner, Otto Frisch und Niels Bohr –, daß Otto Hahn die Kernspaltung Ende 1938 im Laborversuch gelungen war; sie schätzten die Fähigkeiten ihrer in Nazi-Deutschland zurückgebliebenen Kollegen, die technischen und sonstigen Möglichkeiten des »Dritten Reiches« und die Skrupellosigkeit seiner Führung richtig ein. Und sie zogen daraus den – wie wir wissen: irrigen, wenngleich naheliegenden – Schluß, Hitler könnte in absehbarer Zeit über Atombomben verfügen, vor denen alle seine Kriegsgegner, die solche Waffen nicht hatten, dann würden kapitulieren müssen. Einer Weltherrschaft des Nazi-Faschismus hätte danach nichts mehr im Wege gestanden.

Dieser entsetzliche Gedanke ließ die emigrierten Wissenschaftler nicht ruhen. Besonders vier von ihnen – Leo Szilard, Eugen Wigner, Victor Weißkopf und Eduard Teller – beschäftigten sich damit Tag und Nacht. (Szilard, bis 1933 Privatdozent in Berlin, war dabei die treibende Kraft; Teller, der – wie übrigens auch Weißkopf – in Göttingen, zuvor in Leipzig bei Heisenberg studiert hatte, war 1933 zu Niels Bohr nach Kopenhagen geflüchtet und hatte dort mit dem Bohr- und Heisenberg-Schüler Carl Friedrich v. Weizsäcker enge Freundschaft geschlossen, so daß er von den vieren am besten über die personellen Voraussetzungen einer deutschen Atomforschung Bescheid wußte.

Überlegungen der vier Wissenschaftler, daß man die amerikanische Regierung vor den Gefahren einer deutschen Kernwaffenentwicklung warnen müßte, führten dazu, daß Eugen Wigner, der wie Albert Einstein an der Universität von Princeton lehrte, Szilard Gelegenheit verschaffte, das ganze Problem mit Einstein ausführlich zu erörtern.)

Albert Einstein begriff sofort, wie ernst die Sorgen waren, die Szilard und seine Freunde quälten. Und er war es, der dann einen ausführlichen Brief an Präsident Franklin D. Roosevelt schrieb, der diesem dann am 6. Oktober 1939, fünf Wochen nach Ausbruch des Kriegs in Europa, von einem mit den Emigranten eng befreundeten Berater des Präsidenten, Alexander Sachs, im Weißen Haus übergeben und erläutert wurde.

Von diesem ersten Anstoß bis zur Inangriffnahme des *Manhattan Project* – so lautete der Deckname für das erste Atombomben-Bauprogramm der USA – vergingen 26 Monate, und dann dauerte es, trotz des Einsatzes von rund dreihunderttausend Facharbeitern, Technikern und Wissenschaftlern aller naturwissenschaftlichen Bereiche, nochmals über drei Jahre, bis die erste Bombengeneration einsatzbereit war. Zur Spitzengruppe der Physiker, Chemiker und Mathematiker, ohne die das *Manhatten Project* nicht hätte gemeistert werden können, gehörte eine erstaunlich große Anzahl von deutschen Emigranten und eine Schar von höchstqualifizierten Wissenschaftlern aus anderen europäischen Ländern, die vor oder wegen der Judenverfolgung geflüchtet waren:

Außer Szilard, Wigner, Teller, Weißkopf und dem vor dem Zugriff der Nazis mit seiner jüdischen Frau aus Italien geflüchteten Physik-Nobelpreisträger Enrico Fermi, mit dem die Szilard-Gruppe schon vor der Unterredung mit Einstein in Kontakt gewesen war, kamen auch Fermis jüdische Landsleute, Emilio Gino Segré, der später den Nobelpreis erhielt, und Professor Bruno Rossi; aus dem von Hitlers Truppen besetzten Dänemark kam Niels Bohr; von den aus Nazi-Deutschland zunächst nach England Geflüchteten nahmen Otto Frisch und Rudolf Peierls, der vor seiner Flucht in Leipzig bei Heisenberg studiert hatte, am *Manhattan Project* teil. Hans v. Halban, gebürtiger Leipziger, war 1933 zunächst zu Niels Bohr nach Kopenhagen, dann zu Joliot-Curie nach Paris geflohen, von dort kurz vor dem Einmarsch der Truppen Hitlers auf abenteuerlichen Wegen (und unter Mitnahme der gesamten Vorräte Frankreichs an Schwerem Wasser, das für die Atombombenherstellung benötigt wurde) nach England; auch er wirkte am *Manhattan Project* mit.

Neben Fermi gehörte Hans Bethe, der Privatdozent für theoretische Physik an der Universität München gewesen war, zur obersten Führungsgruppe des Projekts; maßgeblichen Anteil hatten auch der deutsche Physik-Nobelpreisträger James Franck, der Göttingen 1933 unter Protest verlassen hatte; der schon an anderer Stelle erwähnte Heisenberg-Schüler Felix Bloch und der Spezialist für Niedrigtemperaturphysik, Immanuel Estermann, ein gebürtiger Berliner, seit 1933 am Carnegie-Institut. Für die »Chemie der Bombe« war der bis 1933 in Deutschland tätige Forscher Eugen Rabinowitch zuständig. Als »Chef-Mathematiker« des *Manhattan Project* fungierte Hans v. Neumann, bis 1933 Professor in Berlin, der das Rechenzentrum leitete und es mit der ersten Computer-Generation ausstattete. Und Georg Placzek aus Prag, ein enger Freund von Bethe und Weißkopf, der in Berlin, Göttingen und dann bei Niels Bohr studiert hatte, spielte ebenfalls eine wichtige Rolle.

Als am 17. September 1942 ein Berufssoldat, der amerikanische Brigadegeneral Richard Groves, die militärische Gesamtleitung des *Manhattan Project* übernahm, erklärte er seinen Sicherheitsoffizieren: »Sie werden es hier nicht leicht haben, denn Sie müssen hier auf die größte Ansammlung von unberechenbaren, närrischen Käuzen und *crackpots* aufpassen, die es je gab!« – ein Urteil, dem sich auch Hitler sofort angeschlossen hätte, allerdings mit schrecklichen Konsequenzen für die Betroffenen. Brigadier Groves unternahm sogleich »Erziehungsversuche«, besonders an den deutschen Emigranten und vor allem an Szilard. Später meinte er: »Na ja, gewiß, ohne Szilards Hartnäckigkeit hätten wir nie eine Atombombe gebaut, aber nachdem die Sache lief, hätte er von mir aus ruhig verschwinden können . . .«

Szilard und die anderen »Narren« wären indessen gar nicht entbehrlich gewesen, und sie fuhren fort, Groves und die anderen Militärs durch Mißachtung der Konventionen, geistreiche Späße und unbändige Intelligenz zu verwirren und zu entsetzen, wobei sich der noch sehr junge Professor Richard Feynman, ein Sohn ostjüdischer Flüchtlinge und späterer Nobelpreisträger, besonders hervortat. Er brachte es sogar fertig, General Groves' streng bewachten und durch supermoderne Kombinationsschlösser gesicherten Chef-Panzerschrank gewaltlos zu öffnen, darin – mitten unter den allergeheimsten Papieren – einen Zettel zu deponieren und den Safe wieder sorgfältig zu verschließen, ohne daß die Wachen etwas davon bemerkten. Auf dem Zettel aber stand in einer kindlich anmutenden Handschrift: *»Top Secret – nur für General Groves persönlich: Rat' mal, wer das wohl war!«*

»Ratet mal, wer das wohl war!« – das hätten einige Dutzend aus Europa geflohene Koryhäen der Kernphysik auch die wenigen überlebenden, auf ihre Aburteilung als Hauptkriegsverbrecher im Nürnberger Prozeß wartenden Paladine Hitlers fragen können, als die erste Atombombe Hiroshima vernichtete und, einige Wochen nach der bedingungslosen Kapitulation des Großdeutschen Reiches, auch die Japaner zwang, die Waffen zu strecken, zugleich aber auch dem letzten unbelehrbaren Nazi bewies, daß es für den »Führer« und angeblich »größten Feldherrn aller Zeiten« keinerlei Chancen eines Sieges mehr gegeben hatte.

Aber die am *Manhattan Project* maßgeblich beteiligten Emigranten zeigten, was den katastrophal erfolgreichen Einsatz der ersten Atombomben anging, keinerlei Genugtuung – im Gegenteil! Um ihrer Ehre willen sei bemerkt, daß die meisten der von uns namentlich erwähnten und etliche weitere Wissenschaftler, die vor Hitler in die USA geflohen waren, einen mutigen Versuch unternahmen, den Einsatz »ihrer« Bombe zu verhindern. Mutig deshalb, weil der Protest einzelner Menschen gegen ein ihnen unmoralisch erscheinendes Vorgehen des Staates, in dem sie leben, zu allen Zeiten Mut erfordert hat.

Den Emigranten unter den amerikanischen Atomforschern, die sich 1945 mit energischem Protest gegen einen Einsatz der von ihnen selbst angeregten, maßgeblich mitkonstruierten und unter enormen finanziellen Opfern ihres Gastlandes fertiggestellten Bombe wandten, drohte zwar kein Folterkeller und kein KZ, doch immerhin berufliche Kaltstellung und der Vorwurf groben Undanks.

Es verdient deshalb hervorgehoben zu werden, daß an der Denkschrift, mit der der Einsatz der ersten Atombombe verhindert werden sollte, drei nach 1933 aus Deutschland geflohene jüdische Wissenschaftler maßgebenden Anteil hatten: James Franck, unter dessen Namen diese Denkschrift als »Franck Report« in die Geschichte eingegangen ist; Eugen Rabinowitch, Chef der Abteilung »Chemie der Bombe« und Leo Szilard.

Und gerade Szilard, der eigentliche Initiator des *Manhattan Project*, war es dann, der im Frühjahr 1945 den schon fast verzweifelten Versuch unternahm *»den unheimlichen ›Dschinn‹, den wir, wie der Fischer in Tausendundeiner Nacht, aus der Flasche herausgelassen hatten, wieder einzufangen und einzusperren, ehe er Unheil anrichten konnte«.*

»Während des ganzen Jahres 1943 und eines Teils von 1944«, heißt es in Szilards Bericht weiter, *»war es unsere größte Sorge, daß die Deutschen eine Atombombe vor der Landung (der Westalliierten) in Europa fertigstellen könnten . . . 1945 aber, als wir aufhörten, uns Sorgen zu machen, was die Deutschen uns antun könnten, da begannen wir uns besorgt zu fragen, was die Regierung der Vereinigten Staaten wohl anderen Ländern antun könnte.«*

Wieder war es Albert Einstein, an den Szilard sich wandte, damit dieser durch sein immenses Ansehen einem Appell an den Präsidenten der USA, keine Atombomben einzusetzen, den nötigen Nachdruck verliehe. Und wieder zögerte Einstein keinen Augenblick. Sein Brief an Roosevelt, der zusammen mit einem Memorandum der maßgebenden Mitarbeiter am *Manhattan Project* dem Präsidenten zugeleitet wurde, verfehlte indessen sein Ziel. Roosevelt fand nicht mehr die Zeit, sich damit zu befassen; Einsteins Brief und die Denkschrift fanden sich unter den unerledigten Papieren des am 12. April 1945 verstorbenen Präsidenten. Und während Roosevelt stets ein sehr offenes Ohr für die Vorschläge und Warnungen der von den Nazis aus Europa Verjagten gehabt hatte, war sein Nachfolger, der Provinz-Drogist Harry S. Truman, nicht der Mann, auf den Appell einiger »Eierköpfe« aus Deutschland etwas zu geben; er gab dem geplanten Einsatz der Atombomben gegen das schon geschlagene Japan seine Zustimmung.

»Nicht lange nach Hiroshima«, so erinnert sich Leo Szilard, *»besuchte ich Einstein. Als ich sein Arbeitszimmer betrat, schaute er mich traurig an und sagte: ›Da haben Sie es nun. Die alten Chinesen haben schon recht gehabt: Am besten ist es, überhaupt nicht zu handeln . . .‹«*

Und Einstein zog auch Konsequenzen aus dem ihn tief enttäuschenden Mißbrauch einer nur für einen ganz bestimmten Notfall gedachten Verteidigungsmöglichkeit durch die Regierung der USA. *»Zum Schluß seines Lebens«*, so berichtete später sein Neffe, Dr. Josef Spier, *»war er der unglücklichste Mensch. Und ich verrate*

Ihnen jetzt ein Geheimnis, das er mir damals, 1954, offenbarte. Er verpflichtete mich, es nie zu sagen, bevor er das Zeitliche gesegnet habe . . . An diesem Tage, an dem ich ihn zum letztenmal lebend sah, sagte er zu mir, ›Weißt du, mein Sohn, ich habe noch etwas gefunden, auf dem Grenzgebiet der Mathematik und der Astronomie. Das habe ich jüngstens kaputtgemacht. Einmal ein Verbrecher an der Menschheit geworden zu sein, genügt mir . . .«

Ob der große Humanist, der für seine Herzensgüte berühmt war, und ob auch die anderen Initiatoren des amerikanischen Atombomben-Baus tatsächlich damit »Verbrecher an der Menschheit« wurden, sei es auch nur durch eine tragische Verkennung der tatsächlichen Gegebenheiten, mag dahingestellt bleiben.

Ganz sicher ist, daß es ohne die leidgeprüften, äußerst wachsamen und hochqualifizierten Flüchtlinge aus dem Machtbereich Hitlers keine Atombomben gegeben hätte, mit deren Hilfe die USA imstande gewesen wären, von Juni 1945 an auch Nazi-Deutschland auszulöschen (was dann die dort propagierte These, *»Die Juden sind unser Unglück!«*, anschließend als eine auf sehr makabre Weise erfüllte Prophezeiung hätte erscheinen lassen). Sicher ist auch, daß die von den Nazis verübten Greuel, und nicht allein die an den Juden begangenen Verbrechen, sondern alles, was – vom Januar 1933 an – den deutschen Antifaschisten, später auch denen der eroberten Länder, an widerwärtigsten Grausamkeiten angetan wurde, den Abscheu des größten Teils der Menschheit wachgerufen und entscheidend dazu beigetragen hat, daß ein selbst kaum bedrohtes, schwach bewaffnetes und seit dem Ersten Weltkrieg jeder weiteren Einmischung in die europäischen Angelegenheiten abholdes Land wie die USA sich schließlich doch noch zum Kriegseintritt an der Seite Großbritanniens und der Sowjetunion bereitfand.

Schon im März 1941 erhielt Roosevelt die ihm zuvor vom Kongreß verweigerten Vollmachten, den zu diesem Zeitpunkt ganz allein noch gegen Hitler-Deutschland kämpfenden Briten mit gewaltigen Kriegslieferungen zu Hilfe zu kommen. Nach Hitlers Überfall auf die Sowjetunion am 22. Juni 1941 und den großen Anfangserfolgen der gigantischen deutschen Offensive wurde die amerikanische Rüstungshilfe am 7. November 1941 gegen heftigen Widerstand der Rechten im Kongreß auch auf die Sowjetunion ausgedehnt. Und schon am 11. September 1941 hatte Präsident Roosevelt der amerikanischen Flotte Befehl erteilt, jedes gesichtete deutsche U-Boot ohne Warnung anzugreifen und zu versenken. Der japanische Überraschungsangriff auf Pearl Harbor vom 7. Dezember 1941 und die deutsche Kriegserklärung an die USA vier Tage später veränderten die Lage der Dinge, soweit sie das Verhältnis der Vereinigten Staaten zum Hitler-Reich betrafen, nur noch insofern, als nun die USA ihre Kriegsanstrengungen noch erheblich steigerten und Vorbereitungen für ihren Angriff gegen Deutschland, zunächst aus der Luft, dann auch zu Lande, zu treffen begannen. An diesem völligen Wandel der ursprünglich auf strikte Nicht-Einmischung bedachten Haltung der USA gegenüber dem von Hitler in Europa entfesselten Krieg, hatten die vor den Nazis geflüchteten und ihre Berichte einen entscheidenden Anteil.

Damit und mit der Atombombe als letztem, kriegsentscheidendem Mittel in der Hand, nicht Hitlers, sondern der Alliierten, konnten die aus Deutschland als angeblich »minderwertige Rasse« Vertriebenen mit Hitler Abrechnung halten und das Konto begleichen. Und wenn man bedenkt, daß der zweite kriegsentscheidende, gewiß nicht minder bedeutsame Faktor der heldenhafte Widerstand der Roten Armee war und – nach der Kapitulation der deutschen 6. Armee am 31. Januar 1943 in Stalingrad – ihr unaufhaltsamer Vormarsch von der Wolga bis zur Elbe, so mag man auch darin eine ausgleichende Gerechtigkeit der Geschichte erkennen. Denn schließlich waren es die Kommunisten, die, zusammen mit den deutschen Juden, als erste den Verfolgungen der Nazis ausgesetzt waren, von ihnen gehetzt, gefoltert, eingekerkert, zu Zehntausenden ermordet wurden und die den antifaschistischen Widerstand vom ersten bis zum letzten Tage aufrechterhielten.

14. Die Geschichte wird aufstehen und reden

Genau zwanzig Jahre lagen zwischen dem 9. November 1918, als spätabends Ebert mit General Groener das für die Weimarer Republik bestimmende Bündnis schloß, und dem 9. November 1938, dessen Abendstunden den deutschen Juden Verwüstung, Mord und Brand brachten.

Zehn Monate später, am 1. September 1939, gingen in Europa die Lichter aus. Bald stand die halbe Welt in Flammen; Hitlers Wehrmacht, die zuvor schon Österreich, das Sudetenland, alsdann die Rest-Tschechoslowakei besetzt hatte, überfiel und eroberte nacheinander Polen, Dänemark, Norwegen, Holland, Belgien, Luxemburg, Frankreich, Jugoslawien und Griechenland, landete in Nordafrika und stieß bis tief nach Ägypten hinein vor, fiel in die Sowjetunion ein und hielt im Herbst des Jahres 1942 ein Gebiet unter Kontrolle, das – nur unter Aussparung Schwedens und der Schweiz – von der Biskaya im Westen bis zu den östlichen Ausläufern des Kaukasus, fast bis zum Kaspischen Meer, vom Nordkap bis tief in die Libysche Wüste reichte.

Erst im Spätherbst 1942 leitete ein erbitterter sowjetischer Widerstand an der Wolga und eine Gegenoffensive der Roten Armee im Kampf um Stalingrad die große Wende ein.

Schon vor diesem Zeitpunkt hatten viele politische Flüchtlinge aus dem Nazi-Reich konkrete Pläne für die Zukunft Deutschlands nach dem Ende der faschistischen Diktatur entwickelt. Man war – so jedenfalls meinte man – aus Schaden klüger geworden; man hatte nachgedacht über die grundlegenden Fehler, die 1918/19 gemacht worden waren. Man schätzte auch die Gefahren realistisch ein, die bei einer teilweisen Wiederholung entscheidender Versäumnisse eintreten konnten, und man erkannte endlich die Notwendigkeiten:

»*Eine tiefgreifende demokratische Umwälzung ist in Deutschland unerläßlich*«, erklärte Hans Vogel, Mitglied der »Londoner Gruppe« des SPD-Parteivorstands, in einer Rundfunkansprache zum 23. Jahrestag der deutschen Novemberrevolution, am 9. November 1941, »*sie darf aber diesmal nicht haltmachen vor den sozialreaktionären Schichten, die Hitler zur Macht brachten und die für das gegenwärtige Unglück verantwortlich sind: den Großgrundbesitzern, den Schlotbaronen und Bankgewaltigen. Diese Schichten haben die deutsche Arbeiterklasse immer gefürchtet und gehaßt, und die deutsche Arbeiterklasse hat die geschichtliche Aufgabe, ihre Macht endgültig zu brechen, nachdem die erste große Gelegenheit 1918 versäumt wurde.«*

Damals, im November 1918 und in den folgenden Wochen, war indessen nicht nur eine große Gelegenheit versäumt worden, nämlich die völlige Zerschlagung der alten wirtschaftlichen Machtstrukturen und Besitzverhältnisse, die Ebert und seine Freunde unangetastet ließen, so wie sie auch die kaiserliche Verwaltung und Justiz ohne nennenswerte Veränderungen übernahmen. Vielmehr begingen die Führer der von ihnen gar nicht gewollten, ja gehaßten Revolution etwas, das der Zyniker Joseph Fouché *»schlimmer als ein Verbrechen«* genannt hätte, nämlich einen nicht wiedergutzumachenden Fehler: Sie schlossen ein Bündnis mit den geschlagenen Militärs, bewaffneten die Konterrevolutionäre und ließen sogar sie die eigenen Genossen zusammenschießen. Damit wählten sie nicht nur selber ihre späteren Metzger, sondern gaben ihnen auch noch Strick und Messer und gründliche Ausbildung bei gutem Lohn. Und dies alles aus tiefwurzelnder, unüberwindlicher Furcht vor der sozialen Revolution, die sie zwar selbst zum Fernziel erhoben hatten, aber offenbar um keinen Preis erleben wollten; aus Angst vor den Kommunisten, die es, streng genommen, zu diesem Zeitpunkt als selbständige Partei noch gar nicht gab.

Dieser Antikommunismus, den Thomas Mann später einmal *»die Grundtorheit unserer Epoche*«* genannt hat (auch wenn dies sein Sohn Golo dann nicht mehr wahrhaben wollte und widerrufen zu können meinte), bewirkte aber noch weit mehr als das Auseinanderbrechen der mächtigen, traditionsreichen deutschen Arbeiterpartei und das Bündnis der rechten Mehrheit mit der Konterrevolution, aus dem schließlich diejenigen als Sieger hervorgingen, die alsdann, finanziert von der alten Geld- und Macht-Elite, die Republik zerschlugen und die verfeindeten Brüder, Sozialdemokraten und Kommunisten, wieder vereinten – als wehrlose Gefangene in Folterkellern, Zuchthäusern und Konzentrationslagern, als Leichen in zahlreichen Massengräbern und vielerorts auch im gemeinsamen Kampf aus dem Untergrund und in den Internationalen Brigaden.

Mit dem Bündnis, das die rechte Mehrheit der damals stärksten und angesehensten Partei der internationalen Arbeiterbewegung im November 1918 mit der Konterrevolution schloß, war auch der Führungsanspruch aufgegeben, den der mitteleuropäische Sozialismus einst besessen hatte. Die deutschen Sozialdemokraten überließen Marx und Engels, Bebel und Liebknecht fortan den Kommunisten. Und an die Stelle der geistigen Auseinandersetzung zwischen den verschiedenen Meinungen innerhalb einer großen Partei mit der Pflicht, sich immer aufs neue wieder zusammenzuraufen,

* Das Zitat stammt aus einem Aufsatz von Thomas Mann, der 1944 in den *Deutschen Blättern* (Santiago de Chile) veröffentlicht wurde.

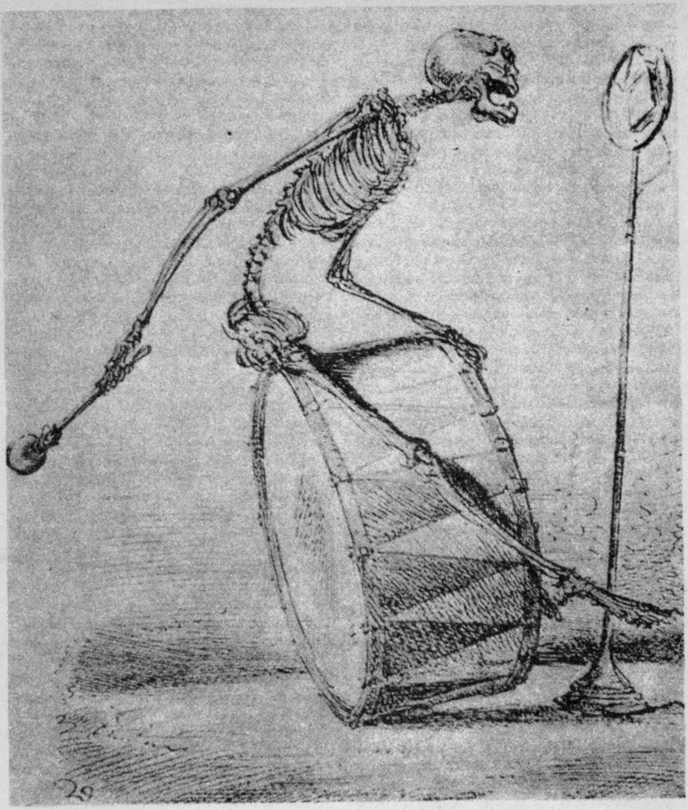

A. Paul Weber: . . . und komme nach kurzer Pause wieder

trat der Bruderkampf, der die Kluft immer tiefer und breiter werden ließ.

Von dem naiven Glauben der rechten SPD-Führung an die Dankbarkeit jener, die sie vor »den Roten« gerettet hatte, blieb am Ende nichts übrig als enttäuschte Hoffnung und ein seniler Hindenburg, an den man sich klammerte, ja den man noch für verehrungswürdig hielt, als die Fußtritte, die dieses Standbild austeilte, seine Anbeter bereits auf den Abfallhaufen der Geschichte befördert hatten.

»Und dennoch wird sich der November 1918 nicht wiederholen«, erklärte genau ein Jahr nach der Rundfunkansprache Hans Vogels vom 9. November 1941, ebenfalls in London, ein anderer, weiter rechts stehender Führer der deutschen Sozialdemokratie im Exil,

Erich Ollenhauer, und er fuhr fort: »*Zwischen 1918 und heute liegt eine Welt von Erfahrungen und Erkenntnissen für uns alle. Es gibt kein Zurück zum November 1918 und zur Republik von Weimar. Heute wissen wir: Es ist wichtig für die Arbeiterklasse, die politische Macht zu erkämpfen, aber noch wichtiger ist es, sie zu behaupten und zielbewußt anzuwenden. Die neue deutsche Revolution muß die politische Demokratie sichern durch einschneidende Veränderungen in der bestehenden wirtschaftlichen Ordnung. Die Hintermänner Hitlers in der Schwerindustrie und im Großgrundbesitz müssen mit Hitler stürzen. Die Basis ihrer Macht, ihr wirtschaftlicher Besitz, muß ihnen genommen werden!*«

Zwar wurde Erich Ollenhauer nach der Befreiung Deutschlands vom Faschismus ein führender Mann der neugegründeten SPD in den westlichen Besatzungszonen des zerschlagenen Reiches und war von 1952 bis zu seinem Tode Parteivorsitzender der Sozialdemokraten in der Bundesrepublik. Aber deren Gesellschaftsordnung bestimmten andere.

Zwar waren auch deren erklärte Grundsätze – das Ahlener Programm der Christlich-Demokratischen Union von Anfang Februar 1947 – entschieden antikapitalistisch und antifaschistisch. In der Präambel hieß es: »*Das kapitalistische Wirtschaftssystem ist den staatlichen und sozialen Lebensbedingungen des deutschen Volkes nicht gerecht geworden. Nach dem furchtbaren politischen, wirtschaftlichen und sozialen Zusammenbruch als Folge einer verbrecherischen Machtpolitik kann nur eine Neuordnung von Grund aus erfolgen.*« Und zu den Forderungen der Christlichen Demokraten, deren Vorsitzender, Dr. Konrad Adenauer, dann als erster Bundeskanzler anderthalb Jahrzehnte lang die Richtlinien der Politik in der West-Hälfte Deutschlands bestimmte, gehörten: die entschädigungslose Enteignung und Bestrafung von Kriegsverbrechern und politisch belasteten Nationalsozialisten; die Vergesellschaftung des Bergbaus und der eisenschaffenden Großindustrie; Entmachtung und strenge Kontrolle aller Großbanken und Konzerne sowie, im Rahmen des Zweckmäßigen, deren Entflechtung; strenge Kartellgesetzgebung; gesetzliche Begrenzung des privaten Wirtschaftsbesitzes, wobei keiner Familie mehr als zehn Prozent eines Unternehmens gehören sollten; innerbetriebliche Mitbestimmung und Ertragsbeteiligung der Arbeitnehmer sowie eine durchgreifende Bodenreform, die die Zerschlagung und Entmachtung des Großgrundbesitzes zum Ziel hatte.

Doch nichts von alledem ist verwirklicht worden. Die Kriegsverbrecher wurden größtenteils begnadigt und amnestiert; die Macht der Konzerne und Großbanken stieg ins Unermeßliche; der alte Beamtenapparat wurde restauriert; eine neue große Armee geschaffen und den alten Offizieren anvertraut, der Großgrundbesitz intakt erhalten; die alte Geld- und Macht-Elite behielt, ja verstärkte noch ihren Einfluß. Und dies alles geschah entsprechend den Wünschen der USA, der neuen Führungsmacht der West-Allianz, in die die Bundesrepublik Deutschland integriert wurde. Aber hatten nicht auch die Führer der Vereinigten Staaten feierlich gelobt, den Hitler-Faschismus *mitsamt seinen Wurzeln* zu vernichten, die Schuldigen zu bestrafen und keine Wiederherstellung der alten Macht- und Besitzverhältnisse zuzulassen?

Gewiß, aber die Verhältnisse und die sich daraus ergebenden Zweckmäßigkeiten hatten sich eben geändert. Und so müssen sich die Bürger der Bundesrepublik Deutschland wohl mit Friedrich Gottlieb Klopstock (1724–1803) trösten, der gemeint hatte, *»die Geschichte wird schon zu ihrer Zeit aufstehen und reden. Und wenn sie geredet hat, so kommt alles vorhergegangene Geschwätz nicht mehr in Betracht«.*

Bildnachweis

Folgende Aufnahmen wurden uns vom Bavaria Verlag Gauting zur Verfügung gestellt: Rosa Luxemburg, Truppen der Räte-Republik in München.
Alle übrigen Fotos: Ullstein-Bilderdienst Berlin.
Quellen der Textabbildungen: Seite 8, 194, 225: Fragen an die deutsche Geschichte – Historische Ausstellung im Reichstagsgebäude in Berlin. – Seite 43, 128: Otto Nagel, Käthe Kollwitz, VEB Verlag der Kunst, Dresden o. J. – Seite 60, 111, 182: Anschläge. Politische Plakate in Deutschland 1900–1970, Langewiesche-Brandt, Ebenhausen 1972. – Seite: 69, 73: Erwin Könneman/Hans Joachim Krusch, Aktionseinheit contra Kapp-Putsch, Dietz Verlag, Berlin 1972. – Seite 100, 275: Erlebte Geschichte. Von Zeitgenossen gesehen und geschildert, Verlag der Nation, Berlin 1972.

Literaturhinweise*

I. Wir Untertanen – Ein Deutsches Anti-Geschichtsbuch

Abel, Wilhelm, Massenarmut und Hungerkrisen im vorindustriellen Deutschland, Göttingen 1972

Alewyn, Richard, u. S. Sälzle, Das große Welttheater. Die Epoche der höfischen Feste in Dokument und Deutung, Hamburg 1959 (Rowohlts Deutsche Enzyklopädie, 92)

Augstein, Rudolf, Preußens Friedrich und die Deutschen, Frankfurt/M. 1968; 1971 (Fischer-Bücherei, 1212)

Baschwitz, Kurt, Hexen und Hexenprozesse. Die Geschichte eines Massenwahns, München 1966 (dtv, 365)

Birker, Karl, Die deutschen Arbeiterbildungsvereine von 1840–1870, Berlin 1972

Bloch, Ernst, Thomas Münzer als Theologe der Revolution, Frankfurt/M. 1962 (Bibliothek Suhrkamp, 77; zuerst 1921)

Böhme, Helmut, Deutschlands Weg zur Großmacht. Studien zum Verhältnis von Wirtschaft und Staat während der Reichsgründungszeit 1848–1881, Köln 1972

Borst, Arno, Lebensformen im Mittelalter, Berlin 1973

Bosl, Karl, Die wirtschaftliche und gesellschaftliche Entwicklung des Augsburger Bürgertums vom 10. bis zum 14. Jahrh., München 1969 (Bayer. Akad. d. Wiss.; phil. hist. Klasse, 1969, 3)

Bosl, Karl, Frühformen der Gesellschaft im mittelalterlichen Europa, München/Wien 1964

Braunfels, Wolfgang, Karl der Große, Reinbek 1972 (Rowohlts Monographien, 187)

Brecher, August, Die kirchliche Reform in Stadt und Reich Aachen von der Mitte des 16. bis zum Anfang des 18. Jhs., Münster 1957

Brecht, Bertolt, Mutter Courage und ihre Kinder. Eine Chronik aus dem Dreißigjährigen Krieg, Frankfurt/M. 1963

Büchner, Georg, Der hessische Landbote, Frankfurt/M. 1965, hrsg. v. H. M. Enzensberger

Büsch, O., Militärsystem und Sozialleben im alten Preußen 1713–1807, Berlin 1962

Césaire, Aimé, Über den Kolonialismus, Berlin 1968 (frz. Paris 1958³)

Conze, Werner, Quellen zur Geschichte der deutschen Bauernbefreiung, Göttingen o. J. (1972)

Conzemius, V., Jakob III. von Eltz, Erzbischof von Trier. Ein Kurfürst im Zeitalter der Gegenreformation, Wiesbaden 1956

Craig, Gordon A., Die preußisch-deutsche Armee 1640–1945, Staat im Staate, Düsseldorf 1960

Darmstadt, Rolf, Der Deutsche Bund in der zeitgenössischen Publizistik, Bern/Frankfurt/M. 1971

Demann, Peter, Sozialdemokratie und Kaisertum unter Wilhelm II. Die Auseinandersetzung der Partei mit dem moralischen System, seinen verfassungs- und gesellschaftspolitischen Voraussetzungen, Wiesbaden 1974

Engelberg, Ernst, Deutschland 1849–1871, Berlin 1972

Engelberg, Ernst, Deutschland 1871–1897, Berlin 1965

Engelmann, Bernt, Die goldenen Jahre. Die Sage von Deutschlands glücklicher Kaiserzeit, Gütersloh 1968; München 1969 (dtv, 624)

* Bei älteren Veröffentlichungen beziehen sich die bibliographischen Angaben auf die derzeit im Buchhandel erhältlichen Neuauflagen.

Engels, Friedrich, Aufstand für die deutsche Reichsverfassung 1849, Offenbach 1948
Engels, Friedrich, Der deutsche Bauernkrieg, hrsg. v. Hermann Duncker, Berlin 1925; ern. Düsseldorf 1947
Epperlein, Siegfried, Karl der Große, Berlin 1971
Epperlein, Siegfried, Herrschaft und Volk im karolingischen Imperium. Studien über soziale Konflikte und dogmatisch-politische Kontroversen im fränkischen Reich, Berlin 1969
Epperlein, S., Bauernbedrückung und Bauernwiderstand im hohen Mittelalter. Zur Erforschung der Ursachen bäuerlicher Abwanderung nach Osten im 12. und 13. Jahrhundert vorwiegend nach Urkunden geistlicher Grundherrschaften, Berlin 1960
Feuchtwanger, Lion, Erfolg. Drei Jahre Geschichte einer Provinz, Hamburg 1955
Fischer, Fritz, Weltmacht oder Niedergang. Deutschland im Ersten Weltkrieg, Frankfurt 1965
Fischer, Fritz, Griff nach der Weltmacht. Die Kriegszielpolitik des kaiserlichen Deutschland 1914/18, Düsseldorf 1964[3]
Fischer, W., Quellen zur Geschichte des deutschen Handwerks, Göttingen u. a. 1957
Fontane, Theodor, Frau Jenny Treibel, Berlin 1893; auch München 1963 (in: Sämtliche Werke)
Fontane, Theodor, Irrungen, Leipzig 1888; ern. München 1962 (in: Sämtliche Werke)
Forte, Dieter, Martin Luther und Thomas Münzer oder Die Einführung der Buchhaltung, Berlin 1971
Franz, Günter, Der Dreißigjährige Krieg und das deutsche Volk. Untersuchungen zur Bevölkerungs- und Agrargeschichte, Stuttgart 1961[3] (verm.)
Franz, Günter (Hrsg.), Quellen zur Geschichte des deutschen Bauernstandes im Mittelalter, Darmstadt 1967
Franz, Günter, Der deutsche Bauernkrieg, Darmstadt 1956[4] (ohne den Aktenband der 1. Aufl. München 1935)
Gloger, Bruno, Als Rübezahl schlief. Vom Aufstand der schlesischen Weber 1844, Berlin 1961
Goebel, K. (Hrsg.), Aufstand der Bürger. Revolution 1849 im westdeutschen Industriezentrum, Hrsg. K. Goebel, Wuppertal 1974
Gollwitzer, H., Die Standesherren, Stuttgart 1957; Göttingen 1964[2]
Grimmelshausen, v., Der abentheuerliche Simplicissimus, Nürnberg 1669; ern. Frankfurt/Hamburg 1962
Der große deutsche Bauernkrieg. Museum für Deutsche Geschichte, Berlin, Zeughaus (Katalog)
Hauptmann, Gerhart, Die Weber. Berlin 1892; auch 1966 (in: Sämtliche Werke)
Hauptmann, Gerhart, Florian Geyer. Die Tragödie des deutschen Bauernkrieges, Berlin 1896; auch 1966 (in: Sämtliche Werke)
Hebbel, Friedrich, Maria Magdalena. Ein bürgerliches Trauerspiel. Hamburg 1844; auch München 1963 (in: Werke)
Helfferich, Karl, Deutschlands Volkswohlstand, 1888–1913, Berlin 1913
Heinemann, Gustav, Zur Reichsgründung 1871. Zum 100. Geburtstag von Friedrich Ebert, Stuttgart 1971
Henning, Hansjoachim, Das westdeutsche Bürgertum in der Epoche der Hochindustrialisierung 1860–1914. Soziales Verhalten u. soziale Strukturen, Tl. 1, Wiesbaden 1972
Heym, Stefan, Lassalle. Ein biographischer Roman, München/Esslingen 1969
Hinze, K., Die Arbeiterfrage zu Beginn des modernen Kapitalismus in Brandenburg-Preußen 1685–1806, Berlin 1963[2]
Hirsch, Helmut, August Bebel dargestellt in Selbstzeugnissen und Bilddokumenten, Reinbek 1973 (Rowohlts Monographien, 196)

Hirsch, Helmut, Rosa Luxemburg dargestellt in Selbstzeugnissen und Bilddokumenten, Reinbek 1969 (Rowohlts Monographien, 158)
Hohorst, G., J. Kocka u. G. A. Ritter, Materialien zur Statistik des Kaiserreichs. 1871–1914. Sozialgeschichtliches Arbeitsbuch, München 1974
Huch, Ricarda, Der Dreißigjährige Krieg, IT Frankfurt 1974
Huch, Ricarda, Das Zeitalter der Glaubensspaltung, Berlin/Zürich 1937
Hümmler, Heinz, Opposition gegen Lassalle. Die revolutionäre proletarische Opposition im Allgemeinen Deutschen Arbeiterverein 1862/63–1866, Berlin 1963
Illustrierte Geschichte der deutschen Revolution 1848/49, Berlin 1973
Institut für Marxismus-Leninismus beim ZK der SED (Hrsg.), Geschichte der Deutschen Arbeiterbewegung, Band 1–2
Jantke, Carl/Hilger, Dietrich, Die Eigentumslosen. Der deutsche Pauperismus und die Emanzipationskrise in Darstellungen und Deutungen der zeitgenössischen Literatur, Freiburg/München 1965
Jessen, Hans (Hrsg.), Der Dreißigjährige Krieg in Augenzeugenberichten, München 1971 (dtv, 866) → 781
Jessen, Hans (Hrsg.), Die Deutsche Revolution 1848/49 in Augenzeugenberichten, München 1973 (dtv, 927)
Junghans, Helmar (Hrsg.), Die Reformation in Augenzeugenberichten, München 1973 (dtv, 887)
Keyer, E., Bevölkerungsgeschichte Deutschlands, Leipzig 1959[4]
Klein, Fritz, Deutschland von 1897/98 bis 1917, Berlin 1972
Koch, M. J., Die Bergarbeiterbewegung im Ruhrgebiet zur Zeit Wilhelms II., Düsseldorf 1954
Köllmann, Wolfgang, Bevölkerung in der industriellen Revolution. Studien zur Bevölkerungsgeschichte Deutschlands im 19. Jahrh., Göttingen 1974
Koselleck, R., Preußen zwischen Reform und Revolution, Stuttgart 1967
Koselleck, Reinhart, Louis Bergeron u. François Furet, Das Zeitalter der europäischen Revolutionen 1780–1848, Frankfurt/M. 1969 (Fischers Weltgeschichte, Bd. 26)
Krafft, Eberhard, Die Haltung des wirtschaftenden Bürgertums im 19. Jh., dargestellt am Handwerker, Kaufmann und Unternehmer. Eine kulturgeschichtliche Betrachtung, Halle 1941
Kraft, Günther, Historische Studien zu Schillers Schauspiel »Die Räuber«. Über eine mitteldeutsche fränkische Räuberbande des 18. Jahrhunderts, Weimar 1959
Kraus, A., Die Unterschichten Hamburgs in der ersten Hälfte des 19. Jahrhunderts, Entstehung, Struktur, Lebensverhältnisse, Stuttgart 1965
Kuczynski, Jürgen, Das Entstehen der Arbeiterklasse, München 1967
Kuczynski, Jürgen, Die Geschichte der Lage der Arbeiter unter dem Kapitalismus, Band 1–4, Berlin 1961
Lambert, Bernard, Bauern im Klassenkampf. Anregungen für die vergessene Analyse einer Ausbeutung, Berlin 1971
Lassalle, Ferdinand, Reden und Schriften. Aus der Arbeiteragitation, 1862–1864. Mit einer Lassalle-Chronik, hrsg. v. Friedrich Jenaczek, München 1970 (dtv, 676)
Le Goff, Jacques, Das Hochmittelalter, Frankfurt/M. 1965, (Fischers Weltgeschichte, Bd. 25)
Leidigkeit, Karl-Heinz, Wilhelm Liebknecht und August Bebel in der deutschen Arbeiterbewegung 1862–1869, Berlin 1957
Lütge, Friedrich, Die mitteldeutsche Grundherrschaft. Untersuchungen über die bäuerlichen Verhältnisse Mitteldeutschlands im 16.–18. Jahrhundert, 1966[2]
Mann, Golo, Wallenstein, Frankfurt/M. 1971; auch 1974 (Fischer-Tb., 1600)
Mann, Heinrich, Der Untertan, München, dtv 256/57
Mayer, Gustav, Arbeiterbewegung und Obrigkeitsstaat, hrsg. v. Hans-Ulrich Wehler, Bonn–Bad Godesberg 1972

Mitteis, Heinrich, Der Staat des hohen Mittelalters, Weimar 1955[5]
Mommsen, Wilhelm, Größe und Versagen des deutschen Bürgertums. Ein Beitrag zur politischen Bewegung des 19. Jahrh., insbesondere zur Revolution 1848/49, München 1964[2]
Moore, Barrington, Soziale Ursprünge von Diktatur und Demokratie. Die Rolle der Grundbesitzer und Bauern bei der Entstehung der modernen Welt, Frankfurt 1969
Obermann, Emil, Bürger, Militaristen. Militär und Demokratie in Deutschland, Stuttgart 1958 (zur Geschichte Preußens zwischen 1648 und 1871)
Obermann, Karl, Deutschland 1815–1849, Berlin 1967
Oldenbourg, Zoé, Die Kreuzzüge. Traum und Wirklichkeit eines Jahrhunderts, Frankfurt/M. 1967
Paczensky, Gert v., Die Weißen kommen. Die wahre Geschichte des Kolonialismus, Hamburg 1970
Pernoud, Régine, Die Kreuzzüge in Augenzeugenberichten, hrsg. u. eingel. v. Hagen Thürnau, München 1972 (dtv, 763)
Pölnitz, Götz Freiherr von, Jakob Fugger. Kaiser, Kirche und Kapital in der oberdeutschen Renaissance, 2 Bde., Tübingen 1949–1951
Pöls, Werner, Sozialistenfrage u. Revolutionsfurcht in ihrem Zusammenhang mit den angeblichen Staatsstreichplänen Bismarcks, Lübeck/Hamburg 1970
Preradovich, N. v., Die Führungsschichten in Österreich und Preußen, 1804–1918, Wiesbaden 1955
Pross, Harry, Hrsg., Dokumente zur deutschen Politik 1806–1870, Frankfurt/M. 1963 (Fischer-Tb., 415)
Pulzer, Peter G., Die Entstehung des politischen Antisemitismus in Deutschland und Österreich, 1867–1914, Gütersloh 1966 (engl. 1964)
Puppke, L., Sozialpolitik und soziale Anschauungen frühindustrieller Unternehmer in Rheinland-Westfalen, Köln 1966
Radbruch, R. M. u. G., Der deutsche Bauernstand zwischen Mittelalter und Neuzeit, Göttingen 1961[2]
Rosenberg, Arthur, Die Entstehung der deutschen Republik, 1871–1918, Berlin 1928
Rothfels, Hans, Bismarck, der Osten und das Reich, Darmstadt 1960
Rothfels, Hans, Theodor Lohmann und die Kampfjahre der staatlichen Sozialpolitik (1871–1905), Berlin 1927
Rudé, George, Die Massen in der Französischen Revolution, München/Wien 1961
Sartre, Jean-Paul, Kolonialismus und Neokolonialismus. 7 Essays, Reinbek 1968
Saul, K., Staat, Industrie und Arbeiterbewegung im Wilhelminischen Reich 1903–1914, Düsseldorf 1974
Schieder, Wolfgang, Anfänge der deutschen Arbeiterbewegung. Die Auslandsvereine im Jahrzehnt nach der Julirevolution von 1830, Stuttgart 1963
Schilfert, Gerhard, Deutschland 1648–1789, Berlin 1962
Schnabel, Franz, Deutsche Geschichte im 19. Jahrhundert, 4 Bde., Freiburg 1929–1937 (ern. 1964 ff.)
Schraepler, Ernst, Handwerkerbünde und Arbeitervereine, 1830–1853, Die politische Tätigkeit deutscher Sozialisten von Wilhelm Weitling bis Karl Marx, Berlin/New York 1972
Schraepler, Ernst, August Bebel. Sozialdemokrat im Kaiserreich, Göttingen 1966
Schuetz, Arnold Heinz, Johann Jacoby, a Prussian Democrat. The Years 1847–1877, Ann Arbor/Mich. 1971
Schulz, Ursula, Die deutsche Arbeiterbewegung 1848–1919 in Augenzeugenberichten, Düsseldorf 1968
Schulze-Westen, Karl, Das Vermächtnis der Urburschenschaft. Verlauf u. Gedankenwelt einer studentischen Bewegung nach zeitgenössischen Dokumenten dargestellt, Bochum 1952

Steiger, Günter, Aufbruch. Urburschenschaft und Wartburgfest, Leipzig 1967
Steinmann, Paul, Bauer und Ritter in Mecklenburg. Wandlungen der gutsherrlich-bäuerlichen Verhältnisse im Westen und Osten Mecklenburgs vom 12./13. Jahrh. bis zur Bodenreform 1945, Schwerin 1960
Steinmetz, Karl, Deutschland 1476–1648, Berlin 1967
Sturmberger, H., Georg Erasmus Tschernembl. Religion, Libertät und Widerstand. Ein Beitrag zur Geschichte der Gegenreformation und des Landes ob der Enns, Graz u. a. 1953
Thienel, Ingrid, Städtewachstum im Industrialisierungsprozeß des 19. Jahrhunderts. Das Berliner Beispiel, Berlin 1972
Uhlen, L., Gruppenbewußtsein und informelle Gruppenbildung bei deutschen Arbeitern im Jahrhundert der Industrialisierung, Berlin 1964
Waas, Adolf, Die Bauern im Kampf um Gerechtigkeit, 1300–1525, München 1964
Wachenheim, Hedwig, Die deutsche Arbeiterbewegung 1874–1914, Köln/Opladen 1967
Wehler, Hans-Ulrich, Sozialdemokratie und Nationalstaat. Die deutsche Sozialdemokratie und die Nationalitätenfragen in Deutschland von Karl Marx bis zum Ausbruch des Ersten Weltkrieges, Würzburg 1962 (auch Diss. Köln 1962); 2. Aufl. 1971 Göttingen o. d. T. Sozialdemokratie u. Nationalstaat. Nationalitätenfragen in Deutschland
Wehler, Hans-Ulrich, Krisenherde des Kaiserreichs, 1871–1918. Studien zur deutschen Sozial- und Verfassungsgeschichte, Göttingen 1970
Wehner, Herbert, Rosen und Disteln. Zeugnisse vom Ringen um Hamburgs Verfassung und Deutschlands Erneuerung im Jahre 1848/49, Hamburg 1948
Ziegeler, Wolfgang, Möglichkeiten der Kritik am Hexen- und Zauberwesen im ausgehenden Mittelalter, Zeitgenössische Stimmen u. ihre soziale Zugehörigkeit, Köln/Wien 1973
Zuckmayer, Carl, Der Hauptmann von Köpenick; Des Teufels General, Frankfurt 1966 (in: Meisterdramen)

II. Einig gegen Recht und Freiheit – Deutsches Anti-Geschichtsbuch 2. Teil

Adler, Hans Günther, Der verwaltete Mensch. Studien zur Deportation der Juden aus Deutschland, Tübingen 1974
Arendt, Hannah, Eichmann in Jerusalem, München 1964
Aron, Raymond, Demokratie und Totalitarismus, Hamburg 1970 (frz. 1965)
Aronson, Shlomo, Reinhard Heydrich und die Frühgeschichte von Gestapo und SD, Stuttgart 1971
Ashby, Henry, Faschismus und Kapitalismus in Deutschland. Studien zum Verhältnis zwischen Nationalsozialismus und Wirtschaft, Göttingen 1972
Bennecke, Heinrich, Die Reichswehr und der Röhmputsch, München 1964
Berghahn, Volker R., Der Stahlhelm. Bund der Frontsoldaten 1918–1935, Düsseldorf 1966
Bessen, Waldemar, Friedrich Ebert. Verdienst und Grenze, Göttingen 1963
Beyer, Hans, Von der Novemberrevolution zur Räterepublik in München, Berlin 1957
Bloch, Charles, Hitler und die europäischen Mächte 1933/34, Frankfurt/M. 1966
Bloch, Ernst, Erbschaft dieser Zeit, Frankfurt/M. 1973 (Bibliothek Suhrkamp, 388)
Borch, H. v., Obrigkeit und Widerstand. Zur politischen Soziologie des Beamtentums, Tübingen 1954
Born, Karl Erich, Die deutsche Bankenkrise 1931. Finanzen und Politik, München 1967

Bracher, Karl Dietrich, Die Entstehung der Weimarer Verfassung, Hannover 1963
Bracher, Karl Dietrich, Die Auflösung der Weimarer Republik, Villingen 1964
Bracher, Karl Dietrich, Die deutsche Diktatur. Entstehung, Struktur, Folgen des Nationalsozialismus, Köln/Berlin 1969
Braubach, Max, Der Einmarsch deutscher Truppen in die entmilitarisierte Zone am Rhein im März 1936, Köln/Opladen 1956
Bredel, Willi, Die Prüfung. Roman aus einem KZ, Moskau/Leningrad 1935
Bredel, Willi, Maschinenfabrik N & K, Ein Roman aus dem proletarischen Alltag, Wien 1930
Breitling, Rupert, Die nationalsozialistische Rassenlehre. Ausbreitung, Nutzen und Schaden einer politischen Ideologie, Meisenheim 1971
Broszat, Martin, H.-A. Jacobsen u. H. Krausnick, Konzentrationslager, Kommissarbefehl, Judenverfolgung, Olten/Freiburg i. B. 1965; München 1967 (dtv, 463)
Brüning, Heinrich, Memoiren 1918–1934, 2 Bde., Stuttgart 1970; München 1972 (dtv, 860/61)
Buchheim, Hans, Anatomie des SS-Staates, Bd. 1, Olten/Freiburg 1965
Bullock, Allan, Hitler. Eine Studie über Tyrannei, Düsseldorf 1969 (Neuaufl.)
Croner, Fritz, Soziologie der Angestellten, Köln/Berlin 1962
Czichen, Eberhard, Wer verhalf Hitler zur Macht? Zum Anteil der deutschen Industrie an der Zerstörung der Weimarer Republik, Köln 1972[3]
Deschner, Karlheinz, Mit Gott und den Faschisten. Der Vatikan im Bunde mit Mussolini, Franco, Hitler und Pavelić, Stuttgart 1965
Deuerlein, Ernst (Hrsg.), Der Aufstieg der NSDAP in Augenzeugenberichten, München 1974 (dtv, 1040)
Dobisch, Klaus, Rudi Goguel u. Werner Müller, Juden unterm Hakenkreuz. Verfolgung und Ausrottung der deutschen Juden 1933–1945, Frankfurt/M. 1973
Döblin, Alfred, Berlin Alexanderplatz, Berlin 1929
Dorpalen, Andreas, Hindenburg in der Geschichte der Weimarer Republik, Berlin/Frankfurt 1966 (engl. 1964)
Dorst, Tankred, Hrsg., Die Münchner Räterepublik. Zeugnisse und Kommentare, Frankfurt 1968 (ed. suhrkamp, 178)
Dorst, Tankred, Toller, Frankfurt/M. 1968
Drechsler, Hanno, Die Sozialistische Arbeiterpartei Deutschlands. Ein Beitrag zur Geschichte der deutschen Arbeiterbewegung am Ende der Weimarer Republik, Meisenheim 1965; Erlangen 1971
Eliasberg, George, Der Ruhrkrieg von 1920, Bonn–Bad Godesberg 1974 (Einf. Richard Löwenthal)
Ellwein, Thomas, Das Erbe der Monarchie in der deutschen Staatskrise. Zur Geschichte des Verfassungsstaates in Deutschland, München 1954
Engelmann, Bernt und Günter Wallraf, Ihr da oben – wir da unten, Köln 1973
Engelmann, Bernt, Das Reich zerfiel, die Reichen blieben. Deutschlands Geld- und Machtelite. Mit Rangliste der 500 großen alten Vermögen, Hamburg 1972; auch München 1975 (dtv, 1061)
Engelmann, Bernt, Deutschland ohne Juden. Eine Bilanz, München 1970; ern. 1974 (dtv, 979)
Erger, Johannes, Der Kapp-Lüttwitz-Putsch. Ein Beitrag zur deutschen Innenpolitik 1919/20, Düsseldorf 1967
Esters, Helmut u. Hans Pelger, Gewerkschafter im Widerstand, Hannover 1967
Fallada, Hans, Bauern, Bonzen und Bomben, Reinbek, rororo 651
Fallada, Hans, Kleiner Mann – was nun? Reinbek, rororo 1
Fallada, Hans, Wolf unter Wölfen, Reinbek, rororo 1057
Fallada, Hans, Wer einmal aus dem Blechnapf frißt, Reinbek rororo 54/55
Fest, Joachim C., Hitler, Eine Biographie, Frankfurt/M. 1973

Fest, Joachim C., Das Gesicht des Dritten Reiches. Profile einer totalitären Herrschaft, München 1963
Fischer, Wolfram, Deutsche Wirtschaftspolitik von 1918 bis 1945, Köln/Opladen 1968
Flinker, Martin, Thomas Manns politische Betrachtungen im Lichte der heutigen Zeit, Den Haag 1959
Frentz, Hans, Der unbekannte Ludendorff, Wiesbaden 1973
Gladen, Albin, Geschichte der deutschen Sozialpolitik bis zur Gegenwart, Wiesbaden 1974
Goodspeed, Donald James, Ludendorff. Soldat, Diktator, Revolutionär, Gütersloh 1968
Grossmann, Kurt R., Die unbesungenen Helden, Berlin 1957
Grossmann, Kurt Richard, Emigration. Geschichte der Hitler-Flüchtlinge, 1933–1945, Frankfurt/Main 1969
Groueff, Stephane, Projekt ohne Gnade. Das Abenteuer der amerikanischen Atomindustrie, Gütersloh 1968
Grünberg, Karl, Brennende Ruhr. Roman aus dem Kapp-Putsch, Rudolstadt 1929; München 1974
Grunberger, Richard, Das zwölfjährige Reich. Eine Sozialgeschichte des nationalsozialistischen Deutschland, Wien 1972
Haffner, Sebastian, Die 7 Todsünden des Deutschen Reiches. Grundfehler deutscher Politik nach Bismarck und auch heute, Hamburg 1965
Haffner, Sebastian, Die verratene Revolution. Deutschland 1918/19, Bern/München 1969
Haffner, Sebastian, Der Selbstmord des Deutschen Reiches, Bern/München 1970
Hannover-Drück Elisabeth/Heinrich Hannover, Der Mord an Rosa Luxemburg u. Karl Liebknecht. Dokumentation eines politischen Verbrechens, Frankfurt/M. 1967 (ed. suhrkamp, 233)
Hannover, H. und E., Politische Justiz 1918–1933, Frankfurt a. M. 1966
Heberle, Rudolf, Landbevölkerung und Nationalsozialismus, Stuttgart 1963
Heiber, Helmut, Die Republik von Weimar, München 1967; 1972^6 (dtv, 4003)
Hillmann, Günter (Hrsg.), Die Rätebewegung I. und II. Texte des Sozialismus und Anarchismus 1800–1950, Reinbek 1971 (rororo klassiker, 269, 277–279)
Hochhuth, Rolf, Der Stellvertreter, Reinbek 1963 (Verw. E. Piscator)
Höhne, Heinz, Der Orden unter dem Totenkopf, Gütersloh 1967
Höppner-Seidel, Waltraut, Wilhelm Weitling, der erste Theoretiker und Agitator des Kommunismus, Berlin 1961
Hoffmann, Gabriele, Sozialdemokratie und Berufsbeamtentum. Zur Frage nach Wandel u. Kontinuität im Verhältnis der Sozialdemokratie zum Berufsbeamtentum in der Weimarer Zeit, Hamburg 1972
Irving, David, Die Geheimwaffen des Dritten Reiches, Reinbek 1968, rororo 6638/40
Kaltefleiter, Werner, Wirtschaft und Politik in Deutschland, Köln/Opladen 1966
Klotzbach, Kurt, Gegen den Nationalsozialismus. Widerstand und Verfolgung in Dortmund 1930–1945, Hannover 1970
Könnemann, Erwin, Einwohnerwehren und Zeitfreiwilligenverbände, Berlin 1971
Kogon, Eugen, Der SS-Staat, Frankfurt/Main 1946; München 1974
Kolb, Eberhard, Die Arbeiterräte in der deutschen Innenpolitik, 1918/19, Düsseldorf 1962
Kopp, Otto (Hrsg.), Widerstand und Erneuerung. Neue Berichte und Dokumente vom inneren Kampf gegen das Hitler-Regime, Stuttgart 1966
Kraus, Karl, Die letzten Tage der Menschheit, München, dtv-Sonderreihe 24
Kühnl, Reinhard, Formen bürgerlicher Herrschaft. Liberalismus – Faschismus, Reinbek 1971 (rororo, 1342)

Lamm, Hans, Die innere und äußere Entwicklung des Judentums im Dritten Reich, Erlangen 1951
Lucas, Erhard, Märzrevolution 1920. Der bewaffnete Arbeiteraufstand im Ruhrgebiet in seiner inneren Struktur und in seinem Verhältnis zu den Klassenkämpfen in den verschiedenen Regionen des Reiches, Frankfurt 1973
Lucas, Erhard, Märzrevolution im Ruhrgebiet. Vom Generalstreik gegen den Militärputsch zum bewaffneten Arbeiteraufstand, März–April 1920, Frankfurt 1970
Ludwig, Emil, Hindenburg. Legende und Wirklichkeit, Hamburg 1962; München 1965 (Heyne-Tb., 35)
Marchwitza, Hans, Sturm auf Essen. Die Kämpfe der Ruhrarbeiter gegen Kapp, Watter und Severing, Köln 1972
Marcus, Hermann, Die Macht der Mächtigen. Deutschland und seine Wirtschaftsriesen, Düsseldorf 1972
Maser, Werner, Die Frühgeschichte der NSDAP, Frankfurt/M. 1965
Mayer, Gustav, Radikalismus, Sozialismus und bürgerliche Demokratie, hrsg. und Nachw. Hans-Ulrich Wehler, Frankfurt/M. 1969 (ed. suhrkamp, 31)
Merkes, Manfred, Die deutsche Politik im spanischen Bürgerkrieg, 1936–1939, Bonn 1969[2]
Meyer, Gertrud, Nacht über Hamburg, Frankfurt a. M. 1971
Milatz, Alfred, Wähler und Wahlen in der Weimarer Republik, Bonn 1965
Mörchen, Helmut J., Politische Essayistik und Publizistik der Weimarer Republik. Heinrich Mann, Thomas Mann, Kurt Tucholsky, Ernst Jünger, Stuttgart 1973
Mommsen, Hans (Hrgs.), Industrielles System und politische Entwicklung in der Weimarer Republik, Düsseldorf 1974
Müller, Hans, Katholische Kirche und Nationalsozialismus. Dokumente 1930–1935, München 1965 (Einl. K. Sontheimer; dtv, 328)
Müssener, Helmut, Exil in Schweden. Politische und kulturelle Emigration nach 1933, München 1974
Muschg, Walter, Die Zerstörung der deutschen Literatur, Bern 1956
Neumann, Sigmund, Die Parteien der Weimarer Republik, Stuttgart 1973[3] (Einführung K. D. Bracher)
Noske, Gustav, Erlebtes aus Aufstieg und Niedergang einer Demokratie, Offenbach 1947
Obermann, Karl (Hrsg.), Flugblätter der Revolution. Eine Flugblattsammlung zur Geschichte der Revolution von 1848/49 in Deutschland, München 1972 (dtv, 4111)
Oertzen, Friedrich Wilhelm von, Die deutschen Freikorps 1918–1923, München 1930[6]
Ogger, Günter, Friedrich Flick, der Große, Bern/München 1971
Paterna, Erich, Werner Fischer u. a., Deutschland von 1933–1939, Berlin 1969
Petzold, Joachim, Die Dolchstoßlegende. Eine Geschichtsfälschung im Dienst des deutschen Imperialismus und Militarismus, Berlin (Ost) 1963
Pritzkoleit, Kurt, Wem gehört Deutschland?, München 1957
Pritzkoleit, Kurt, Männer, Mächte, Monopole, Düsseldorf 1960
Raddatz, Fritz J., Karl Marx, Hamburg 1975
Reichhold, Ludwig, Arbeiterbewegung jenseits des totalen Staates. Die Gewerkschaften und der 20. Juli 1944, Wien/Köln 1965
Remarque, Erich Maria, Der Funke Leben, Köln 1952
Rönnefahrth, Helmut, Die Sudetenkrise in der internationalen Politik, Wiesbaden 1961
Rosenberg, Arthur, Entstehung und Geschichte der Weimarer Republik, hrsg. v. Kurt Kersten, Frankfurt 1955; ern. 1961
Rosenberg, Arthur, H. Marcuse u. O. Bauer, Faschismus und Kapitalismus, Politische Texte, Frankfurt/M. 1967
Ross, Dieter, Hitler und Dollfuß. Die deutsche Österreichpolitik 1933/34, Hamburg 1966

Rothfels, Hans, Die deutsche Opposition gegen Hitler, Frankfurt/M. 1969 (Fischer-Bücherei, 1021; erw. u. verb.)
Schade, Franz, Kurt Eisner und die bayerische Sozialdemokratie, Hannover 1961
Schlabrendorff, Fabian von, Offiziere gegen Hitler, Frankfurt/M. 1966
Schmidt, Giselher, Spartakus. Rosa Luxemburg u. Karl Liebknecht, Frankfurt/M. 1971
Schmidt, Siegfried, Robert Blum. Vom Leipziger Liberalen zum Märtyrer der deutschen Demokratie, Weimar 1971
Schneider, Dieter, u. Rudolf Kuda, Arbeiterräte in der Novemberrevolution. Ideen, Wirkungen, Dokumente, Frankfurt/M. 1968 (ed. suhrkamp, 296)
Schoenberner, Gerhard (Hrsg.), Wir haben es gesehen. Augenzeugenberichte über Terror und Judenverfolgung im Dritten Reich, Hamburg, 1962
Schulz, Gerhard, Aufstieg des Nationalsozialismus, Berlin 1974
Schulz, Klaus-Peter, Kurt Tucholsky in Selbstzeugnissen und Bilddokumenten, Reinbek 1960 (Rowohlts Monographien, 31)
Schulze, Hagen, Freikorps und Republik 1918–1920, Boppard 1969
Schweizer, Arthur, Die Nazifizierung des Mittelstandes, Stuttgart 1970
Seghers, Anna, Das siebte Kreuz, Neuwied 1973
Shepherd, Gordon, Engelbert Dollfuß, Graz/Köln 1961 (engl. 1961)
Shirer, William L., Aufstieg und Fall des Dritten Reiches, Köln/Berlin 1961 (engl. 1960)
Sörgel, Werner, Metallindustrie und Nationalsozialismus, Frankfurt/Main 1965
Sontheimer, Kurt, Antidemokratisches Denken in der Weimarer Republik, München 1962
Stampfer, Friedrich, Die 14 Jahre der ersten deutschen Republik, Offenbach 1947
Stucken, Rudolf, Deutsche Geld- und Kreditpolitik 1914–1953, Tübingen 1953[2]
Treviranus, Gottfried R., Das Ende von Weimar. Heinrich Brüning und seine Zeit, Düsseldorf/Wien 1968
Treue, Wilhelm, Deutschland in der Weltwirtschaftskrise in Augenzeugenberichten, Düsseldorf 1967
Uhe, Ernst, Der Nationalsozialismus in den deutschen Schulbüchern. Eine vergleichende Inhaltsanalyse von Schulgeschichtsbüchern aus der Bundesrepublik Deutschland und der DDR, Bern 1972
Vogelsang, Reinhard, Der Freundeskreis Himmler, Göttingen 1972
Vogelsang, Thilo, Reichswehr, Staat und NSDAP, Stuttgart 1962
Vossler, Otto, Die Revolution von 1848 in Deutschland, Frankfurt/M. 1967 (ed. suhrkamp, 210)
Winkler, Heinrich August, Mittelstand, Demokratie und Nationalsozialismus. Die politische Entwicklung von Handwerk und Kleinhandel in der Weimarer Republik, Köln 1972
Zapf, W., Wandlungen der deutschen Elite. Ein Zirkulationsmodell deutscher Führungsgruppen 1919–1961, München 1965
Ziemer, Gerhard, Inflation und Deflation zerstören die Demokratie. Lehren aus dem Schicksal der Weimarer Republik, Stuttgart 1971
Zur Geschichte der deutschen antifaschistischen Widerstandsbewegung, 1933–1945, Berlin 1957

III. Literatur zu beiden Bänden

Abendroth, Walter, Die deutschen Gewerkschaften. Weg demokratischer Integration, Heidelberg 1955
Abendroth, Wolfgang, Sozialgeschichte der europäischen Arbeiterbewegung, Frankfurt/M. 1972 (ed. suhrkamp, 108)

Beiträge zum nationalen Geschichtsbild der deutschen Arbeiterklasse, Berlin 1962 (Zeitschr. f. Geschichtswiss., 10; Sonderh.)
Böhme, Helmut, Prolegomena zu einer Sozial- und Wirtschaftsgeschichte Deutschlands im 19. und 20. Jahrhundert, Frankfurt 1968 (ed. suhrkamp, 253)
Bolte, Karl Martin, Deutsche Gesellschaft im Wandel, 2 Bde., Opladen 1967[2]
Braudel, Fernand, Die Geschichte der Zivilisation, München 1971 (frz. 1967)
Dahrendorf, Rolf, Soziale Klassen und Klassenkonflikt in der industriellen Gesellschaft, Stuttgart 1957
Demeter, Karl, Das deutsche Offizierkorps in Gesellschaft und Staat 1650–1945, Frankfurt/Main 1962 (Neuaufl.)
Engelmann, Bernt, Krupp. Legenden und Wirklichkeit, München 1969; auch 1970 (dtv, 726)
Engelmann, Bernt, Meine Freunde, die Geldgiganten. Die Macht am Rhein. Der alte Reichtum, die neuen Reichen, München 1968
Engelsing, Rolf, Zur Sozialgeschichte deutscher Mittel- und Unterschichten, Göttingen 1972
Enzensberger, Hans Magnus u. a., Hrsg., Klassenbuch 1–3. Ein Lesebuch zu den Klassenkämpfen in Deutschland (umfaßt die Zeit von 1756–1850, 1850–1919, 1920–1971) 3 Bde., Berlin/Neuwied 1972 (Slg. Luchterhand, 79–81)
Farner, Konrad, u. Theodor Pinkus, Der Weg des Sozialismus. Quellen und Dokumente vom Erfurter Programm 1891 bis zur Erklärung von Havanna 1962, Reinbek 1964 (rowohlts deutsche enzyklopädie, 189/190)
Freund, Michael, Deutsche Geschichte, Gütersloh 1973 (erw.)
Grebing, Helga, Geschichte der deutschen Arbeiterbewegung. Ein Überblick, München 1973 (dtv, 647; 4. Aufl.)
120 Jahre deutsche Arbeiterbewegung in Bildern und Dokumenten, Hrsg. Museum für Deutsche Geschichte, Berlin, Berlin 1965[2]
Institut für Marxismus-Leninismus beim ZK der SED (Hrsg.), Geschichte der Deutschen Arbeiterbewegung, Band 3–5, Berlin 1966
Kuczynski, Jürgen, Die Geschichte der Lage der Arbeiter unter dem Kapitalismus, Band 5 und 6, Berlin 1964/66
Kuczynski, Jürgen, Die Geschichte der Lage der Arbeiter in Deutschland von 1800 bis in die Gegenwart, 2 Bde., Berlin 1947
Landauer, Carl, Die Sozialdemokratie. Geschichtsabriß u. Standortbestimmung, Hamburg 1972
Lütge, Friedrich, Deutsche Sozial- und Wirtschaftsgeschichte Berlin u. a. 1966[3] (verb.)
Mehring, Franz, Geschichte der deutschen Sozialdemokratie, 4 Bde., Stuttgart 1919–1921
Pross, Harry (Hrsg.),Die Zerstörung der deutschen Politik. Dokumente 1871–1933, Frankfurt/M. 1961 (Fischer Bücherei 264)
Rosenberg, Arthur, Demokratie und Sozialismus. Zur politischen Geschichte der letzten 150 Jahre, Frankfurt/M. 1962 (zuerst Amsterdam 1938)
Schulz, Klaus-Peter, Proletarier, Klassenkämpfer, Staatsbürger. 100 Jahre deutsche Arbeiterbewegung, München 1963 (Kindler Tb., 29)
Wehler, Hans-Ulrich, Hrsg., Moderne deutsche Sozialgeschichte, Köln/Berlin 1966
Wentzcke, Paul (Hrsg.), Darstellungen und Quellen zur Geschichte der deutschen Einheitsbewegung im 19. und 20. Jahrh., Heidelberg 1957; ersch. Bd. 1

Register